KB239229

한자견문록

漢 字 見 聞 錄

한자견문록

세시기에
담긴
한자의
문화인류학

임 형 석

글항아리

이 책은 2008년 2월 12일부터 그해 연말까지 『국제신문』에 연재한 한자 칼럼 대부분 및 2009년 이후 쓴 한자 칼럼에서 추린 글을 묶어 펴낸 것입니다. 2008년 칼럼 제목은 '한자 세시기'입니다. 칼럼 제목을 정한 뜻을 우선 말씀드려보겠습니다. 그러면 이 책이 왜 이렇게 엮였는지, 무엇을 말하고자 하는지도 아시게 되리라 생각합니다.

1.

칼럼 제목에 '한자'가 낀 내력을 먼저 말씀드리겠습니다.

연재를 시작할 즈음, 저는 현재 발행 중인 일간지 가운데 한자 칼럼이 있는 신문이 몇이나 되는지 조사해본 적이 있습니다. 제가 글을 싣는 신문을 포함해도 겨우 서넛 정도에 지나지 않더군요. 한자 칼럼의 전성기였던 1970년대나 1980년대, 거의 모든 일간지가 한자 칼럼을 내던 것에 비하면 초라한 수준입니다. 일이 왜 이렇게 되었을까 생각해보았습니다. 제 나름의 추론은 '신문이라는 근대 매체의 본성과 역할 때문인 것이 큰 이유였고, 넓게 보자면 근현대 동아시아의 변동이 부른 일'이라는 것이었습니다.

한자는 이 땅에 근대가 밀려오기 전 가장 중요한 교육 항목 가운데 하나였습니다. 한글이 있었지만 고급 지식에 접근하기 위해서는 한자가 필요했기 때문이지요. 근대 이후에도 한자는 번역어로 변신해서 질긴 목숨을 이어갑니다. 중국과 일본이 더 이상 고급 지식의 생산지는 아니게 되었지만 서유럽 중심의 고급 지식을 전달하는 경유지였기 때문입니다. 이들과 우리가 한자라는 지역적 보편 문자를 공유한다는 편리함도 물론 있었습니다. 하지만 1945년 이후 세계 질서의 변화로 인해 고급 지식의 습득에서 한자의 자리가 급격히 사라집니다. 바꿔 말하면, 고급 지식에서 차지하는 과학기술의 비중이 커지고 서유럽, 특히 이제 영미 중심의 세계가 발신하는 지식이 중국이나 일본을 거치지 않고 직접 이 땅에 들어오면서 한자도 덩달아 시들게 되었다는 말입니다.

근대 동아시아 질서가 요동칠 때 우리 신문은 어떻게 적응했을까요? 우리 신문이 오로지 한글만 쓰기 시작한 때가 1980년대 말쯤이라는 사실을 떠올려볼 만합니다. 이전에는 한자를 빽빽하게 사용하고 한글은 '토씨' 정도로만 쓰다가 차차 한자를 직접 드러내는 일이 사라지고 꼭 필요한 한자만 성기게 쓰게 되었고 마침내 한글만 쓰는 신문이 나타난 것이지요. 한자를 기본으로 습득한 사람이 차츰 적어진 까닭이 크겠습니다. 이런 일은 어떻게 나타나게 된 걸까요?

교육 정책을 비롯한 사회 변동 탓이 크지 않을까요? 1945년 이후

식민지의 굴레에서 막 벗어난 신생국가에서 자신의 말과 글에 대한 갈망이 큰 것은 당연합니다. 우리 국어학계에서 '한글 전용론'이 나타난 것은 이런 생각의 귀결입니다. 더구나 식민지 잔재 청산이라는 애족적 과제와 한글 전용론이라는 애국적 태도가 결합하고 교육 정책에 큰 영향을 미친 것도 이해가 됩니다. 그런데 엉뚱하게도 한글 전용론은 한자 사용 폐지라는 반작용으로 드러납니다. 당시 상황을 잠시 되짚어보겠습니다.

직접 식민 지배에서는 벗어났지만 예속을 완전히 떨쳐버리지 못한 상황에서 벗어나려는 노력은 여러 가지가 있습니다. 1960년대 이후 산업화도 이런 맥락에서 동떨어졌다고는 할 수 없지요. 평가는 뒤로 물리고 현실만 본다면, 산업화 시대 대한민국의 모델은 일본이었습니다. 역사의 아이러니이지요. 일본을 경유하는 영미 중심의 지식은 한자 없이도 받아들일 수 있지만 일본이 일단 소화한 외국의 지식이나 일본 자체에서 발신하는 지식을 이해하려면 한자라는 매체가 필수적인 상황이 여전했다는 말입니다. 이런 시절 한글 전용론이 교육 정책으로 현실이 되자 한자가 꼭 필요한 일본 지식 수입이라는 현실과 불일치를 일으켰고 둘의 불화를 해소할 고육책이 필요한 때가 찾아왔다는 이야기입니다.

학교 현장에서 한자 교육의 실종과 한자를 알아야 고급 지식을 흡수할 수 있는 신생국가의 현실 사이에서 틈을 메우려는 시도가 그때 신문 매체에 나타났습니다. 국가가 포기한 한자 교육을 매일 현실과 마주하는 신문 매체가 외면할 수는 없었던 까닭이겠지요. 한자 교육이 옳은지 그른지는 뒤로 미루고 일단 사회가 요구하는 지식의 전달이라는 책임을 떠맡은 셈입니다. 그래서 이제까지의 신문 한자 칼럼이란 우리가 현대를 맞이하는 삐걱거림을 증명하는 한 가지 사례이기도 하다고 생각합니다.

한동안 한자를 잊고 살았지만 1980년대 이후 세계적 자본주의의 확장과 역학 변동이 나날이 깊어진 끝에 한자에 대한 관심이 거꾸로 되살아나는 오늘날입니다. 한자를 자국 문자로 사용하는 중국이 세계 정치 경제에서 차지하는 비중이 늘었기 때문입니다. 중국어와 더불어 한자에 대한 관심도 나날이 늘어갑니다. 이제 이 땅에서도 한자가 독자적 교육 시장을 형성하게 된 지경이니 말이지요.

당분간은 한때 한자 교육의 사회적 역할을 맡은 신문이 한자 교육을 다시 맡거나 지면이 늘 것 같지는 않습니다. 신문의 역할이 끝난 것은 아니지만 한자 교육은 갖가지 사회 교육 단체의 한자 검정 시험 같은 형태로 시장이 맡고 있기 때문입니다. 이런 시절에 한자 칼럼은 무엇을 해야 할까요? 이것이 제가 연재를 맡을 때 고민한 문제입니다.

칼럼을 쓰기 시작하면서 저는 '한자 검정 시험에서 최고 등급을 받은 사람들'을 위해서 쓴다는 말을 입에 달고 있었습니다. 모든 사람을 상대해야 하는 신문 매체에 적합한 생각은 아닐지도 모르겠습니다. 하지만 한자 칼럼들이 하릴없이 문을 닫은 끝물에 칼럼을 쓰게 된 노릇을 고민한 나름의 답이었습니다. 그렇다고 일부의 말처럼 한자 시장에 적극 뛰어들자는 것은 절대 아니었습니다. 도리어 그런 일에 눈살 찌푸리는 마음에서 나온 말입니다.

현재 교육 시장은 이탈자를 양산하는 체제입니다. 평생 자기 개선의 방편이 되어야 할 교육이 도리어 역기능을 행하는 대한민국의 교육 시장, 그중 하나인 한자 교육 시장도 마찬가지입니다. 이탈자는 갈 데가 없는 처지입니다. 이미 수백, 수천 글자를 아는 마당에 다시 한자 공부를 하자니 그렇고, 그렇다고 한문으로 된 옛글을 직접 읽자니 답답하기만 합니다.

한자 교육에 대한 여러 입장이 있을 것입니다. 중국의 부상이라는 현실이나 그에 따를 미래 예측이 주류를 이룬다고 생각합니다. 하지만 좀 더 깊은 지식이나 자기 개선의 길도 될 수 있지는 않을까요? 한자 칼럼이 맡아야 할 임무를 제시하고 그에 따른 새로운 책임이 신문에 있다고 생각한 그때, 〈한자 세시기〉를 선보였습니다.

2.

칼럼 제목에 '세시기'를 왜 내세웠는지 이제 말씀드리겠습니다.

학교 현장이든 신문이든 한자 교육의 내용은 이제껏 전통문화, 특히 왕조가 있던 시절의 상층 문화와 연관되어 있습니다. 이런 내용이 꼭 나쁘다는 것은 아니지만 이런 한정 때문에 자칫 한자 교육의 내용이나 범위를 잘못 알려줄 수도 있겠다 싶었습니다. 더구나 한자 교육 내용은 600여 년이나 지속한 조선 왕조의 역사적 관성 때문에 대부분 한쪽으로 치우칠 때가 많았습니다. 유교와 중국 중심이라는 것이 대표적이지요.

연재를 시작하자 관성을 뿌리치고 싶은 욕심이 생겼습니다. 여러분이 이전의 신문 한자 칼럼에서 산발적으로 다루던 세시기의 내용을 독립 주제로 삼은 것은 이런 생각에서였습니다. 연재를 시작하고 얼마 지나지 않았을 때, 가까운 분들로부터 '네 혼자 욕심 때문에 독자들 한자 공부에 큰 쓸모도 없는 글을 쓰는 것 아니냐'는 타박을 들었습니다. 욕심이 있었던 것은 부인할 수 없는 사실입니다.

하지만 공공성을 지닌 소중한 신문 지면을 낭비한다고 생각하지 않습니다. 세시기가 좋은 주제라는 생각과, 꼭 세시기가 아니더라도 이런 성격의 한자 칼럼이 앞으로 한자 교육이 나아갈 방향이라고 생각하기 때문입니다.

'세시기'라는 이름은 중국 땅에서, 남북조시대에 나온 것입니다. 종름이 쓴 『형초세시기』가 처음이라고 하지요. 세시기란 것은 본래 중국의 책 이름입니다. 하지만 세시기 형태의 글쓰기는 중국의 전유물도, 또 남북조시대라야 나온 것도 아니라고 생각합니다. 보다 넓은 뜻에서 세시기 형태의 글쓰기가 중국뿐 아니라 전 세계에, 심지어 중국에서도 남북조시대보다 이르게 있다고 저는 생각합니다.

먼저 사전에서 '세시기' 항목을 찾아보지요. '일 년 중에 철따라 행하는 여러 가지 민속 행사나 풍물을 적어 풀이해놓은 책'이라고 짤막하게 푼 것을 볼 수 있습니다. 중국이나 남북조시대에 얽매이지 않고 세시기의 뜻을 넓게 풀고 있습니다. 허나 아직 만족할 만한 정의는 아닙니다. 세시기가 담고 있는 내용을 민속 행사나 풍물이라고만 한정했기 때문입니다. 세시와 결합한 '세시풍속'이라는 말을 쓰곤 하는데 여기에 담긴 뜻은 사전의 풀이와 같습니다. 하지만 제가 생각하는 세시기, 그리고 제가 이미 본 세시기 가운데 어떤 것은 이런 범위를 넘어섭니다.

제가 생각하는 세시기는 '자연의 변모에 따른 시간의 율동을 인간에게 주는 이야기'입니다. 최초의 시인들에게서 이런 자취를 찾을 수 있을 것 같습니다. 가까운 중국의 『시경』 시인들이나 멀리 그리스 헬리콘 산기슭의 양치기 출신 시인 헤시오도스 같은 시인에게서 말입니다. 『시경』의 시나 헤시오도스의 『노동과 나날』은 제가 생각하는 세시기와 동일한 정신이 낳은 산물일 것 같습니다.

그래서 그럴까요. 문학과 신화뿐 아니라 신화를 이어받은 역사에도 같은 정신의 산물이라는 징표가 본래 있었던 것 같습니다. 무던히도 재미없는 중국의 역사책 『춘추』의 제목이 벌써 계절의 이름을 딴 것을 볼 수 있습니다. 자연과 사회의 이형동질성을 굳게 믿은 한나라 때나 그 여파가 미친 남북조시대까지 '춘추'라는 말을 제목에 포함시킨 책이 많이 나오는 사실은 근거가 없지 않을 것입니다.

세시기는 문학, 신화, 역사의 핏줄을 이어받았지만 그 위대함은 잊어버리고 시시콜콜한 세상 잡사에만 관심을 기울이는 듯합니다. 돌이켜보면 세시기라는 이름의 시작인 『형초세시기』부터 본래 그랬지 싶습니다. 세시기라는 이름은 어쩌면 타락한 문학, 신화, 역사의 자식 이름일 수도 있을 듯합니다. 하지만 세시기라는 이름을 붙인 제 뜻은 이런 처지에 머물지 않고 물길을 거슬러 올라가 세시기의 근원에 담긴 뜻을 살피자는 것이었습니다. 또한 자연의 변모에 무감각한 현대인에게 시간의 율동을 알려주자, 현대 문명을 바꿀 실마리가 되어보자는 뜻도 있습니다. 제 한자 칼럼 〈한자 세시기〉는 시시콜콜한 이야기로 읽어도 괜찮습니다만, 뜻으로 읽어도 좋다고 생각합니다.

3.

이왕 세시기를 말씀드린 김에 한중일 삼국의 세시기에 대해 조금 더 말씀드리겠습니다. 이 책을 읽다가 흥미가 생기면 참고하시라는 뜻입니다. 방금 말씀드린 것처럼 세시기라는 이름은 중국 남북조시대의 『형초세시기』에서 시작됩니다. 굉장히 이르지요. 일본에도 얼마 지나지 않은 때에 소개된 것으로 보아 우리 조상들도 그때쯤 알고 있었을 듯합니다. 제목에 세시기라는 말이 들어가는 책도 많지만 꼭 그 말이 들어가지 않아도 세시기인 책들이 속속 등장합니다. 중국의 세시기들은 국립민속박물관에서 번역·발행한 책들이 가장 기본적이면서 유명한 것들입니다.

우리나라에서 가장 이른 때 나온 책은 『동경잡기』일 듯합니다. 1670년에 발행했다니까 벌써 350년 가까이 되었습니다. 이후 19세기에 세시기가 여럿 집중적으로 나타납니다. 이런 현상이 생겨난 데는 우선 청나라 고증학의 영향을 꼽지 않을 수 없겠습니다. 조선 시대의 세시기들도 국립민속박물관에서 번역·발행한 책들에서 가장 기본적이면서 유명한 책들을 만나실 수 있습니다.

중국과 조선의 세시기를 굳이 서점에서 구하지 않으셔도 됩니다. 국립민속박물관(http://www.nfm.go.kr)에 접속하셔서 '자료마당→자료이용→발간자료 원문검색→세트와 시리즈→세시기 번역총서' 순으로 이동하시면 확장자명 PDF로 만들어진 다양한 세시기를 무료로 보실 수 있다는 점을 알려드립니다.

우리나라나 중국에 비해 세시기를 현대적으로 가장 많이 활용하는 나라는 일본일 것입니다. 일본에서 처음 독자적인 세기기가 나온 것은 1688년이랍니다. 가이바라 고우코가 쓴 『일본세시기』가 나온 해이지요. 우리 『동경잡기』가 나온 것과 비슷한 때이니 지은 배경도 비슷하지 싶습니다. 그런데 19세기 일본의 유명한 극작가 교쿠테이 바킨이 하이쿠의 일종인 기요세의 모음집 『배해세시기』를 내놓으면서 세시기에 새로운 뜻을 불어넣습니다. 어떤 사항이든 계절의 변모와 관련된 것이라면 세시기라는 이름을 붙일 수 있게 된 것이지요. 제가 확인한 것만 100가지가 넘으니 '세시기 왕국'이라고 해도 좋을 듯합니다.

4.

끝으로 읽는 법에 대해 말씀드리겠습니다.

이 책은 본디 '세시기'를 염두에 두고 썼기 때문에 모두 삼백예순다섯 개 항목으로 되어 있습니다. 각 항목은 우선 제가 알리고 싶은 한자말을 표제어로 제시합니다. 그리고 글자마다 뜻, 소리, 부수와 획수를 표시해두었습니다. 한자를 배워보자는 뜻입니다. 본문에서도 한자를 우선 드러낸 뒤 괄호를 치고 한자말을 읽는 법을 한글로 제시합니다. 역시 한자를 배워보자는 뜻입니다.

본문은 표제어와 관련된 지식을 소개하고 풀이하는 방식입니다. 사전 같다는 느낌이 들 수 있습니다만 그리 딱딱하지는 않으리라 생각합니다. 편안하게 읽어주십시오. 표제어의 선정과 그에 관련된 지식 대부분은 '별과 꽃'이라는 말로 요약할 수 있을 듯합니다. 자연의 변모와 시간의 율동을 가장 잘 알 수 있는 두 가지라고 생각한 까닭입니다. 그 밖에 민속이라든지 문학 분야에 속할 만한 것이 많습니다. 심각한 뜻이 있다고 믿고 읽으셔도 좋을 것 같습니다.

2012년 12월

임형석

節氣歌

마디 절(竹-9) 기운 기(气-6) 노래 가(欠-10)

節氣歌(절기가)는 24가지 節氣(절기)를 외우기 좋게 일곱 글자씩
한 구절로 만든 노래입니다. 중국에는 節氣歌가 여러 가지 있습니
다. 우선 대표적인 노래를 보시지요.

봄비가 봄을 놀라게 하니 청명 곡우의 날씨이고
春雨驚春淸穀天(춘우경춘청곡천)
여름은 까끄라기 가득하고 여름 더위 이어지네
夏滿芒夏暑相連(하만망하서상련)
가을은 이슬 속에 있고 가을 추위에 서리 내려
秋處露秋寒霜降(추처노추한상강)
겨울에는 눈 내리고 눈 내린 겨울에는 작고 큰 추위
冬雪雪冬小大寒(동설설동소대한)

북반구의 온대 지방은 1년 열두 달이 春夏秋冬(춘하추동) 네 계절
로 이루어져 있습니다. 四季(사계)는 대체로 각각 석 달씩이지요. 한
달은 다시 보름씩 나눕니다. 기후 변화가 상대적으로 비교적 분명
한 단위가 15일씩이기 때문입니다. 그래서 1년을 스물넷으로 等分
(등분)한 하나하나의 단위는 氣(기운 기)가 됩니다. 한 마디를 더 작

게, 닷새 단위로 나누기도 하는데 그것을 候(물을 후)라고 합니다. 候는 72가지이지요.

한 단위가 넘어갈 때마다 각각의 단위를 구분해줄 표시가 필요합니다. 한 마디의 氣가 변할 때마다 해당되는 마디를 총체적으로 표시하는 기준점을 바로 節 또는 節氣라고 부르는 것입니다. 계절마다 여섯 가지 節氣가 있습니다.

앞서 소개드린 節氣歌는 중국 시의 일반적인 형식에 맞추기 위해서 구절마다 일곱 글자를 사용하고 있습니다. 구절마다 한 계절의 여섯 절기를 포함시키려다보니 6과 7의 불일치가 일어납니다. 그런 까닭에 節氣 이름과 관련 없는 글자를 넣고 있습니다. 그리하여 節氣歌는 시처럼 풀이할 수도 있게 되는데, 내용은 앞서 보신 대로입니다.

매 구절을 시처럼 이어서 풀이하지 않고 스물네 가지 節氣를 가르쳐주려는 節氣歌의 목적대로 節氣 이름을 본다면 이렇게 됩니다.

봄 節氣는 立春(입춘), 雨水(우수), 驚蟄(경칩), 春分(춘분), 清明(청명), 穀雨(곡우)입니다. 節氣歌에서는 春이 立春, 雨가 雨水, 驚이 驚蟄, 다시 春이 春分, 清이 清明, 穀이 穀雨 순서입니다. 마지막 天은 다른 구절과 脚韻(각운)도 맞추고 글자 수도 맞추려고 허투루 넣은 글자입니다. 天의 본뜻은 하늘이지만, 날씨라는 뜻도 있지요.

여름 節氣는 立夏(입하), 小滿(소만), 芒種(망종), 夏至(하지), 小暑(소서), 大暑(대서)입니다. 節氣歌에서는 夏가 立夏, 滿이 小滿, 芒이 芒種, 다시 夏가 夏至, 暑相連이 小暑와 大暑입니다. 小暑와 大暑는 暑(더울 서) 자를 공통으로 사용하기 때문에 '이어진다'라고 써서 글자 수를 맞췄습니다.

가을 節氣는 立秋(입추), 處暑(처서), 白露(백로), 秋分(추분), 寒露(한로), 霜降(상강)입니다. 節氣歌에서는 秋가 立秋, 處가 處暑, 露가 白露, 다시 秋가 秋分, 寒이 寒露, 霜降은 그대로 썼습니다.

겨울 節氣는 立冬(입동), 小雪(소설), 大雪(대설), 冬至(동지), 小寒(소한), 大寒(대한)입니다. 節氣歌에서는 冬이 立冬, 雪이 小雪, 다시 雪이 大雪, 冬이 冬至, 小大寒은 小寒과 大寒을 한꺼번에 썼습니다.

「초봄」, 최북, 종이에 엷은 색, 각 48.4×31.2cm, 18세기, 국립중앙박물관.『사시팔경도첩』에 실린 그림으로, 여기 실린 여덟 개의 그림은 계절의 변화와 풍광을 담고 있다.

「늦봄」

「초여름」

「늦여름」

「초가을」

「늦가을」

「초겨울」

「늦겨울」

庶民維星

여러 서(广-8) 백성 민(氏-1) 바 유(糸-8) 별 성(日-5)

庶民維星(서민유성)은 '모든 백성은 별이다'라는 뜻입니다. 『尚書 (상서)』「洪範(홍범)」에 나오는 말이지요.

모든 백성은 별이니 별은 바람을 좋아하며 별은 비를 좋아한다.
庶民維星(서민유성) 星有好風(성유호풍) 星有好雨(성유호우)

다른 것도 많은데 별은 왜 하필 바람과 비를 좋아할까요? 여기서 維가 수수께끼를 푸는 열쇠입니다. 維는 제사 지낼 때 祝文(축문) 의 맨 앞 구절에 있는 維歲次(유세차)에도 보입니다. 歲(세)는 바로 太歲(태세)이고 次(차)는 순서이지요. 維歲次는 太歲의 순서가 지 금 어디쯤이라고 신에게 알리는 말입니다. 太歲는 태양계의 木星 (목성)을 가리키는데 木星은 아주 커서 肉眼(육안)으로 쉽사리 관 측할 수 있는 별입니다. 변변한 기구가 없던 고대 천문 관측자는 太 歲를 기준삼아 달력을 만들었지요. 이렇게 만든 달력이 星曆(성 력), 곧 '별 달력'입니다.

維는 바, 곧 흔히 말하는 밧줄입니다. 밧줄은 흩어진 것을 묶는 데 쓰는 도구이지요. 維는 그래서 '매다'라는 동사도 됩니다. 維歲 次에서도 보았듯, 維는 그냥 밧줄이 아니라 별을 매는 밧줄입니다.

별의 밧줄은 별끼리 묶어 별자리가 되는 게 아닙니다. 별의 밧줄은 아래, 땅을 향합니다. 나는 어느 별에서 왔나? 아이는 곧잘 밤하늘을 보며 묻습니다. 하늘의 별과 땅의 백성이 밧줄로 한데 매어 있음을 아이가 아는 것은 아닐까요.

아이 눈에만 보이는 밧줄도 모습을 드러낼 때가 있습니다. 바람과 비로 말입니다. 옛사람들에게 바람과 비는 짙고 옅은 농도 차이만 있습니다. 하늘에서 내려온 별의 밧줄인 바람과 비는 땅에 촘촘히 박히고 스며들어 땅과 하나가 됩니다. 단군신화의 風伯(풍백)과 雨師(우사)도 이걸 살피고 조절한 사람들일 것입니다. 별 볼 일 없는 듯하지만, 별은 우리네 삶에 절실합니다. 그래서 庶民維星은 '모든 백성이 별'이라는 비유가 아니라 '모든 백성이 별과 단단히 묶인' 현실입니다.

봄

봄 節氣는 立春(입춘), 雨水(우수), 驚蟄(경칩), 春分(춘분), 淸明(청명), 穀雨(곡우)입니다. 24節氣가 태양과 지구의 상관관계에서 발생한 것이기 때문에 節氣는 太陽曆(태양력)을 따릅니다. 歲時(세시)를 꼭 節氣로만 따지지는 않습니다만, 우리가 節氣를 큰 마디로 삼았기 때문에 太陽曆을 주로 사용할 것입니다.

다른 계절과 마찬가지로 봄에는 여섯 節氣가 있습니다. 하나의 기운이 드는 마디, 곧 節入日(절입일)은 대략 다음과 같습니다. 모두 양력 날짜이고 해마다 하루나 이틀씩 차이가 납니다.

立春: 2월 4일 또는 5일
雨水: 2월 18일 또는 19일
驚蟄: 3월 5일 또는 6일
春分: 3월 20일 또는 21일
淸明: 4월 4일 또는 5일
穀雨: 4월 20일 또는 21일

花信風

꽃 화(艸-4) 믿을 신(人-7) 바람 풍(風-0)

花信風(화신풍)은 '꽃 소식을 몰고 오는 바람', 곧 '꽃바람'입니다. 信(신)은 여기서 소식의 뜻이지요. 지금은 따뜻해져서 꼭 들어맞지 않지만 三寒四溫(삼한사온), 사흘 춥고 나흘 따뜻한 것이 小氷期(소빙기)의 우리 겨울 날씨였습니다.

예전에는 해가 바뀌고 봄 준비를 하면서 花信風으로 기후를 짐작했습니다. 초봄부터 초여름까지 닷새에 한 번씩, 꼬박 24번을 부는 꽃바람입니다. 닷새마다 돌아오는 것은 候(물을 후)라고 말씀드렸지요. 1년에 모두 72가지가 있습니다. 그중 봄에 4분의 1, 곧 18번이 있지요.

그런데 花信風은 가장 추운 때인 小寒(소한)부터 시작됩니다. 이때부터 꽃이 피기 시작한다니 고개를 갸우뚱하게 됩니다만, 花信風의 기준은 지금으로부터 수백 년 전의 중국 江南(강남) 지역입니다. 이제 순서에 맞춰 꽃 이름을 알아보겠습니다.

小寒(소한) 지나 梅花(매화), 山茶(산다), 水仙(수선)이요

大寒(대한) 지나 瑞香(서향), 蘭花(난화), 山礬(산반)이라

立春(입춘) 지나 迎春(영춘), 櫻桃(앵도), 望春(망춘)이요

雨水(우수) 지나 油菜(유채), 杏花(행화), 李花(이화)라

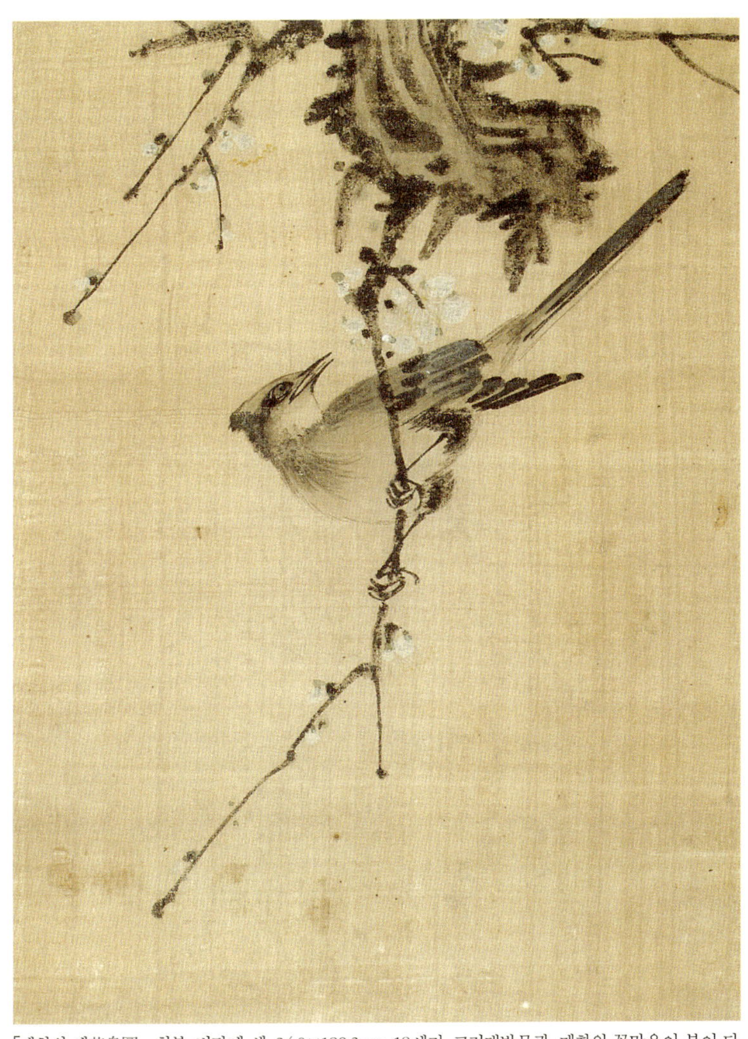

「매화와 새花鳥圖」, 최북, 비단에 색, 24.0×189.3cm, 18세기, 고려대박물관. 매화의 꽃망울이 봄이 다 가왔음을 알린다.

驚蟄(경칩) 지나 桃花(도화), 棠梨(당리), 薔薇(장미)요

春分(춘분) 지나 海棠(해당), 梨花(이화), 木蓮(목련)이라

淸明(청명) 지나 桐花(동화), 麥花(맥화), 柳花(유화)요

穀雨(곡우) 지나 牧丹(목단), 酴醾(도미), 楝花(연화)라

봄바람이 피우는 꽃이 이리 많은가요. 櫻桃니 薔薇니 하는 알 만한 이름도 있습니다만 山矾이니 酴醾니 낯선 이름도 있습니다. 梅花는 품종이 다양합니다. 冬至(동지) 무렵부터 꽃망울을 한껏 머금는 품종도 있으니 말입니다. 그보다 늦은 小寒은 梅花가 피고도 남겠지요.

스물네 가지 花信風 가운데 처음 부는 바람 이름이 梅花風(매화풍), 매화꽃을 피우는 바람입니다. 마지막 바람 이름은 楝花風(연화풍), 멀구슬나무 꽃을 피우는 바람입니다. 멀구슬나무 꽃이 피고 나면 여름이 되겠지요.

花信風은 봄에만 해당됩니다. 다른 계절에도 꽃은 때맞춰 핍니다만 봄꽃보다 중요성이 떨어지지요. 왜 봄꽃이 중요하냐고요? 농사로 먹고살던 시절에 생긴 것이기 때문입니다.

臘盡春回

섣달 납(肉-15) 다될 진(皿-9) 봄 춘(日-5) 돌 회(囗-3)

臘盡春回(납진춘회)는 '섣달도 다 가고 봄이 돌아온다'는 뜻이고 매화를 노래한 孫道絢(손도현)의 「菩薩蠻(보살만)」에서 나온 말입니다.

섣달이 다 가니 봄 오는 것 보이고 臘盡見春回(납진견춘회)
차가운 가지 끝에 꽃은 다시 피네 寒梢花又開(한초화우개)

孫道絢은 송나라 때 학자 朱熹(주희)와 교분이 있던 黃銖(황수)의 어머니이며 시를 잘 썼다고 합니다. '술에 취해 신선을 그리며'라는 제목의 「醉思仙(취사선)」 시구에는 이런 구절이 있습니다.

저녁노을 붉게 물든 산을 보고 晚霞紅看山(만하홍간산)
뿌연 아지랑이 어둑어둑함에 홀려 迷暮靄煙暗(미모애연암)

여기서 霞(하)는 노을이라는 뜻이고 靄(애)는 아지랑이라는 뜻입니다. 노을과 아지랑이라. 生氣爛漫(생기난만)하다는 봄 경치임에 틀림없을 것입니다. 이 어머니는 冲虛居士(충허거사)라는 호를 쓸 정도로 멋있었던 사람이니 이런 시가 나오는가봅니다. 冲虛는 莊子

(장자)를 가리키는 데 쓰는 말이고, 居士는 흔히 불교의 재가수행자를 가리키는 말입니다. 도교와 불교에 심취한 분이었던 모양이지요.

「菩薩蠻」은 본디 '菩薩蠻隊(보살만대)'라 불리던 종합예술입니다. 춤과 음악은 사라지고 가사만 남았지요. 「菩薩蠻」은 사연이 있는 음악입니다. 어딘지 모르지만 서쪽에 있다는 女蠻國(여만국) 외교사절단이 당나라에 온 적이 있다고 합니다. 그들은 푸른 눈동자에 투명하고 고운 살결을 지닌 매혹적이기 그지없는 미녀들이었다고 하지요. 발끝까지 보석을 치렁치렁 늘어뜨린 황금 모자를 쓴 그들의 아름다운 모습은 불교의 보살을 떠올리게 했습니다. 앙코르와트에서 만날 수 있는 압사라 여신 같았을까요? 그리하여 '보살 모습의 女蠻國 사절단'이라는 뜻으로 菩薩蠻隊라고 불렀습니다. 게다가 이런 미녀들이 음악과 춤까지 공연했다니, 그들에 대한 소문은 오늘까지 전해지고 있습니다.

立春打牛

설 립(立-0) 봄 춘(日-5) 칠 타(手-2) 소 우(牛-0)

立春(입춘)은 24절기의 첫 절기입니다. 打牛(타우)는 '소를 때리다' 라는 뜻이지요. 소를 때리다니요? 중국의 立春 풍속인데 진짜 소를 때리는 동물 학대는 아닙니다. 打牛는 打春(타춘), 곧 '봄 때리기'라고도 했습니다. 중국인은 왜 소를 때려야만 했을까요? 소를 '격려하기' 위해서라는 어이없는 해설도 있습니다. 격려하는데 왜 때리나요?

소 때리기는 콩과 관련이 있는 듯합니다. 立春 하루 전에 迎春(영춘), 곧 봄맞이를 합니다. 이때 太歲(태세)라는 神像(신상)을 앞잡이 삼아 春牛(춘우), 곧 '봄 소'라고 부르는 소 인형을 끌고 오지요. 보통 관청에서 하루 재운 春牛는 관리들이 아침에 대나무 작대기로 패게 마련입니다. 그러면 뱃속에 넣어둔 五穀(오곡)이 쏴아 하고 소리를 내며 사방으로 흩어집니다. 그걸로 끝이 아닙니다. 春牛 뱃속에 미리 넣어둔 송아지 인형을 꺼내 太歲廟(태세묘), 곧 太歲를 모시는 사당으로 모시고 갑니다. 관청에서 神堂(신당)으로 가는 사이, 풍물을 잡히고 소란스런 그때 아이들이 송아지 인형에 콩을 던진답니다.

대나무 터지고 풍물 잡히고 콩 던지는 중국의 요란한 봄맞이 풍경입니다. 여기서 중요한 것은 소리, 아주 시끄러운 소리입니다. 일본 立春 풍속에 '마메마키'라는 콩 뿌리기 풍속이 있습니다. 마찬가지로 시끄러운 소리를 내지요. 콩을 뿌리는 시끄러운 소리가 액운을 몰아낸다고 믿었답니다. 우리 조상들도 다르지 않아서 콩윷을 만들어 왁자지껄 놀았답니다.

打牛나 콩 뿌리기나 콩윷을 노는 것 모두 뜻은 마찬가지입니다. 나라마다 방법이 다를 뿐이겠지요. 결국 봄은 그냥 오는 것이 아닌 모양입니다. 고함도 지르고 콩도 던지고 시끄럽게 굴어야 오는 봄, 봄은 소리로 오나봅니다.

大豆

큰 대(大-0) 콩 두(豆-0)

大豆(대두)는 '콩'을 가리키는 말입니다. 古朝鮮(고조선)의 터전인 滿洲(만주)와 韓半島(한반도)가 원산인 곡식입니다. 중국 남부가 콩의 원산지라고 주장하는 사람도 있으나, 仰韶文化(앙소문화)나 龍山文化(용산문화)의 유적지에서 콩이 나오지 않으므로 가능성은 낮습니다.

『詩經(시경)』은 콩을 가리킬 때 菽(콩 숙)이라고 합니다. 菽의 꼬투리가 豆(제사 그릇 두)와 비슷하게 생긴 바람에 菽을 豆로 쓰게 되었다고 합니다. 豆는 나무로 만든 굽이 높은 제사 그릇입니다. 서쪽에서 팥처럼 알갱이가 작은 콩들이 나중에 들어오자 이것을 小豆(소두), 원래 콩은 大豆라 구분하게 되었습니다.

菽은 본디 艸(풀 초)가 없는 叔(아재비 숙)이라고만 쓰는 글자입니다. 叔은 尗(콩 숙)에 오른손을 가리키는 又(또 우)가 붙은 모양입니다. 그러니 叔은 콩깍지를 따는 모양을 그린 글자이겠습니다. 한자의 假借(가차)를 설명하는 재미있는 구절이 시라카와 시즈카(白川靜·백천정) 선생의 『文字逍遙(문자소요)』라는 책에 나옵니다.

金文(금문)의 弔(조상할 조)를 叔, 淑(맑을 숙)의 뜻으로 쓰고 (…) 弔처럼 象形字(상형자)의 오래된 시대의 소리를 헤아릴 수 있는 가능성이 있습니다.

弔의 어원은 여러 가지로 생각할 수 있지만, 神木(신목)을 기어오르는 신성한 뱀과 관련이 있습니다. 弔의 古代音(고대 음)이 '숙'인 것은 古朝鮮의 또 다른 이름인 肅愼(숙신)과 관련이 있을지도 모릅니다. 콩은 이래저래 우리와 떼려야 뗄 수 없는 곡식인가봅니다.

句芒

글귀 구 (口-2) 까끄라기 망 (艸-3)

句芒(구망)은 고대인이 믿던 '봄의 신'입니다. 句는 본디 勾(굽을 구)라고 쓰는 글자인데, 소리가 같아서 나중에 번갈아 쓰게 되었습니다. 迎春(영춘) 때 太歲(태세)를 모시는 풍속은 앞서 말씀드렸습니다. 太歲는 일고여덟 살 먹은 아이 모습으로 만든 인형이라는데, 太歲가 바로 句芒의 속칭입니다. 그래서 芒童(망동), 곧 '구망 어린이'라고도 부릅니다.

식물이 싹틀 때 구부러진 모양을 본떴다는 말부터 새의 몸에 사람 머리를 달고 두 마리 용을 올라탄 신이라는 말까지, 句芒의 내력에 대해 말이 많습니다. 句芒이 句龍(구룡)이며 동쪽의 신이란 말도 있습니다. 중국인은 句芒이 少皞氏(소호씨)의 후손이자 伏犧氏(복희씨)의 신하라는 족보까지 일찌감치 만들어두었습니다. 식물, 새, 용의 상징이 모여 있고, 이들은 묘하게 연결되어 있습니다.

상상의 나래를 펼쳐보지요. 少皞氏는 서쪽에 살던 새 토템을 가진 부족이었습니다. 句芒은 그들이 동쪽으로 옮겨온 뒤, 농사를 지으면서 뱀 토템을 가진 부족과 어울리며 만든 신이 아닐까요? 용 토템이 뱀에서 나왔다는 주장도 있으니 그럴듯도 합니다.

중국 上海博物館(상해박물관)에 소장된 遺物(유물)을 본 적이 있습니다. 上海博物館은 고대 중국 靑銅器(청동기)를 많이 소장한 곳으로 유명하지만, 쇳덩이보다 아주 조그만 玉器(옥기) 몇 점이 제 눈길을 사로잡았습니다. 紅山文化(홍산문화) 유적에서 나온 것들입니다. 紅山文化가 우리 고대사와 관련 있다는 말도 있으니 더 친근했습니다.

그중 玉猪龍(옥저룡), 곧 '옥으로 만든 돼지용'이 있었습니다. 句의 뜻 부분인 勹(쌀 포)를 닮은 모습도 句芒과 무관치 않을 것입니다. 句芒과 玉猪龍을 생각하며 우리 문화와 정신의 뿌리를 곰곰이 생각해보게 되었습니다.

옥저룡, 높이 10.3cm, 기원전 3800년, 상하이박물관. 고리 속에 다시 고리가 있다는 환중환環中環의 뜻이 담겼다.

穀日

곡식 곡(禾-9) 날 일(日-0)

穀日(곡일)은 '곡식날'이라는 뜻이고 정월 초여드렛날의 다른 이름입니다. 穀日에는 갖가지 볶은 곡식으로 농사를 망치는 해충을 쫓는 呪術(주술)이 널리 행해졌습니다. 지방에 따라 판본이 조금씩 다릅니다.

경남 居昌(거창)에서는 콩을 볶아 '새삼 볶자 새삼 볶자'라고 외치며 콩을 심을 밭 여기저기에 볶은 콩을 뿌렸다 합니다. 새삼은 메꽃과의 잡초입니다. 고려시대에 鳥伊麻(조이마), 조선시대에 鳥麻(조마)라고 썼는데, 鳥(새 조)와 麻(삼 마)의 뜻 부분을 취한 吏讀(이두)입니다. 새삼 볶기를 하면 콩 농사를 망치는 잡초인 새삼이 나지 않는다고 믿었답니다.

穀日을 '좀날'이라 부르기도 합니다. 穀日에 五穀(오곡)을 볶아 먹으면 좀이 슬지 않는다는 믿음에서 나온 말입니다. 좀은 옷이나 책을 갉아먹는 벌레이지요. 澱粉(전분)이 있는 물건은 죄 먹을 수 있습니다. '좀먹다'는 드러나지 않게 조금씩 자꾸 해를 입히는 일입니다. '세월이 좀먹나'라는 말도 있는데, 좀 느긋해지라는 말이겠습니다. 좀을 고상하게 부를 때는 壁魚(벽어)라고 합니다. 영어에서도 좀을 은빛 물고기(Silverfish)라고 하니, 보는 눈은 모두 비슷한 모양입니다.

韓非子(한비자)는 공리공담을 일삼는 學者(학자), 입만 벌리면 옛날이 어쩌고저쩌고하는 言古者(언고자), 제멋대로 무기를 지니고 다니는 帶劍者(대검자), 일을 두려워하는 患御者(환어자), 본업에 충실하지 않는 商工之民(상공지민) 다섯 부류를 五蠹(오두)라고 불렀습니다. 五蠹는 '다섯 가지 좀'이란 뜻이니 나라를 좀먹는다는 말입니다. 穀日을 맞으면 세상과 나라의 좀을 쫓는 액막이나 한판 벌여야겠습니다.

毛蟲日

털 모(毛-0) 벌레 충(虫-12) 날 일(日-0)

毛蟲日(모충일)은 '털 가진 벌레의 날'이란 뜻입니다. 달리 有毛日(유모일)이라고도 부릅니다. 有毛란 '털이 있다' 또는 '털을 가진다'라는 뜻입니다. 반대말은 당연히 無毛日(무모일)이겠습니다. 정월 초하루부터 시작하는 열이틀 동안을 十二支日(십이지일)이라 합니다. 十二支는 알다시피 열두 가지 상징 동물과 結付(결부)되어 있습니다.

十二支 가운데 子丑寅卯午未申酉戌亥(자축인묘오미신유술해)는 각각 쥐, 소, 범, 토끼, 말, 양, 잔나비, 닭, 개, 돼지에 해당되고 털 가진 짐승입니다. 辰巳(진사)는 각각 용, 뱀에 해당되고 털 없는 짐승입니다. 그래서 辰巳로 표시하는 날은 無毛日이고 나머지 날은 有毛日이 됩니다.

털 없는 용과 뱀은 옛날에 모두 神聖(신성)하다고 받들던 짐승이지요. 이들이 들어간 날을 禁忌視(금기시)하는 것은 사람이 쓸 수 있는 날이 아니라고 생각한 까닭입니다. 術家(술가)에서 꺼리는 방위가 동북쪽 鬼方(귀방)인 것과 같은 맥락입니다. 『周易(주역)』 「說卦傳(설괘전)」에 '하느님은 동쪽에서 난다帝出乎震(제출호진)'라는 수수께끼 같은 말이 있습니다. 震方(진방)은 보통 正東(정동)을 기준으로 45도 안을 가리키니 그 북쪽 끄트머리가 鬼方에 잇달았지요.

「일월십이지그림日月十二支圖」, 양지, 75.0×84.5cm, 20세기 전반, 온양민속박물관.

春日

봄 춘(日-5) 날 일(日-0)

春日(춘일)은 '봄날'이라는 뜻입니다. 해마다 오는 석 달 동안의 봄을 가리키는 말이기도 하지만, 특히 음력 정월 열사흘날을 가리키기도 합니다. 달리 '농삿날'이라고도 합니다. 春日이 있으니 다른 계절도 빠질 수 없습니다. 열나흘은 夏日(하일), 열닷새는 秋日(추일), 열엿새는 冬日(동일)로 짝을 맞추지요.

정월 열나흘날 夏日을 평안도 龍岡(용강)에서는 婦人日(부인일), 곧 '시집간 여자의 날'이라 부르기도 했답니다. 龍岡에서는 이날 시집간 여자가 남의 집을 찾아가면 그 집 조 농사가 잘된다고 믿었습니다. 이날 남자는 절대 외출할 수 없고 外間(외간) 사람과 만나는 것은 禁忌(금기)입니다.

세계적인 과학 잡지 『네이처』 2005년 10월호에 재미있는 記事(기사)가 실린 적이 있습니다. 중국 靑海省(청해성) 民和縣(민화현) 喇家村(나가촌)에서 조사를 하던 중국 지질학자들이 발견한 대접 이야기입니다. 靑海는 지금 중국 땅에 속하는 黃河(황하) 상류 지역입니다. 뒤집힌 대접 안에는 最長(최장) 5센티미터나 되는 국수가 담겨 있었습니다. 4000년 전 이곳에 홍수가 났고 먹던 국수 그릇이 엎어진 채 묻힌 것으로 추정된답니다.

세계 최초의 喇家村 국수는 좁쌀로 만든 것이라고 밝혀졌습니

다. 조는 7000년 넘는 오랜 역사를 가진 곡식이지요. 평안도 龍岡
에 있었다는 婦人日 풍속은 出産(출산) 가능한 여자들과 조 농사
를 연결하는 생각이 핵심일 듯합니다. 여자들의 生産力(생산력)을
곡식 농사와 결부시킨 사람들은 조를 기르던 굉장히 오래된 기억을
품고 있나봅니다.

元宵

으뜸 원(儿-2) 밤 소(宀-7)

元宵(원소)는 '밤 가운데 으뜸인 밤'이라는 뜻입니다. 정월 대보름 밤을 가리키며 元夕(원석)이라고도 합니다. 三元(삼원)은 한 해에 가장 중요한 세 보름날이라는 뜻입니다. 정월 대보름이 上元(상원), 칠월 보름이 中元(중원), 시월 보름이 下元(하원)입니다.

元宵는 큰 명절이기에 元宵節(원소절)이라고도 합니다. 우리가 대보름날이면 오곡밥과 묵은 나물을 먹듯이, 중국 북쪽 지방 사람들은 이날 元宵를 먹습니다. 元宵는 湯圓(탕원)과 아주 비슷하지만 조금 다른 음식입니다. 元宵는 소를 찹쌀가루에 굴려서 만들고 湯圓은 찹쌀 반죽을 해서 만두 빚듯 빚지요.

중국 명나라 때 사람 劉若愚(유약우)는 명나라 宮庭(궁정)의 이런저런 사실을 담은 『酌中志(작중지)』라는 책을 썼습니다. 거기서 元宵를 이렇게 소개하고 있습니다.

고운 찹쌀가루 안에 호두, 설탕, 장미로 소를 삼아 물을 뿌려가며 굴리는데 호두만 한 크기다. 다름 아니라 강남 지방에서 탕원이라 부르는 것이다. 用糯米細麵(용나미세면) 內用核桃仁白糖玫瑰爲餡(내용핵도인백당매괴위함) 灑水滾成(쇄수곤성) 如核桃大小(여핵도대소) 卽江南所稱湯圓也(즉강남소칭탕원야)

「다리 밟으며 달 구경하기街橋步月」, 임득명, 24.2×18.9cm, 1786, 삼성출판박물관.

중국 남쪽 지방 사람들은 冬至(동지)에 湯圓을 먹습니다. 중국 영화 「赤壁大戰(적벽대전)」을 보면 決戰(결전)의 날을 하필 冬至로 설정하고 있습니다. 영화에서는 출전을 앞둔 오나라 군대가 孫權(손권)의 누이 孫尚香(손상향)이 가져온 湯圓을 함께 먹습니다. 周瑜(주유)는 가족들과 함께 湯圓을 먹자며 사기를 높인 뒤 출전하지요. 중국 말에서 湯圓과 모든 가족이 모인다는 뜻의 團圓(단원)의 소리는 비슷합니다. 湯圓은 중국 송나라 때부터 먹기 시작했다니 湯圓을 團圓의 뜻과 동일시한 것도 그 이후인 듯합니다. 영화는 영화입니다.

藥食

약 약(艹-14) 밥 식(食-0)

藥食(약식)은 '약밥'을 가리키는 말입니다. 藥飯(약반)이라고도 합니다. 정월 대보름에 즐겨 해먹는 음식인데 藥食은 우리말 약밥을 한자로 옮긴 것입니다. 중국에서는 藥食同源(약식동원), 곧 '약과 음식은 근원이 같다'는 말에서나 藥食이란 말을 붙여 씁니다.

丁若鏞(정약용)이 지은 『雅言覺非(아언각비)』는 말의 뿌리를 밝힌 사전의 일종입니다. 그는 우리나라 음식에 왜 藥 자가 많은지에 대해 이렇게 설명합니다.

우리나라 말에서는 꿀을 약이라 한다. 그래서 달콤한 술을 약주라 하고 달콤한 밥을 약반이라 하며 달콤한 과자를 약과라 한다. 按東語(안동어) 蜜謂之藥(밀위지약) 故蜜酒曰藥酒(고밀주왈약주) 蜜飯曰藥飯(밀반왈약반) 蜜果曰藥果(밀과왈약과)

丁若鏞은 藥飯, 곧 약밥을 달콤한 밥이라고 합니다.

藥食은 간장 따위를 넣어 검은 빛깔을 띱니다. 藥食의 까만색은 이것이 본디 '까마귀 제삿밥'이었기 때문입니다. 신라 炤智王(소지왕)은 대보름날 天泉亭(천천정)에 가던 길에 쥐와 까마귀의 도움으로 급히 궁궐에 돌아와 叛逆(반역)을 꾸미던 一黨(일당)을 잡을 수 있었습니다. 그리하여 대보름날을 烏忌日(오기일), 곧 까마귀를 공경하는 날로 정하고 까만색 찰밥을 지어 까마귀에게 제사를 지냈다고 합니다.

藥食은 찹쌀을 물에 잘 불려서 지에밥을 찐 뒤, 다시 紅棗(홍조), 黃栗(황률), 密(밀), 眞油(진유), 眞醬(진장), 黑糖(흑당)을 버무려 시루 따위에 넣고 뭉근한 불에 오래 쪄야 합니다. 紅棗는 대추, 黃栗은 밤, 密은 꿀, 眞油는 참기름, 眞醬은 간장, 黑糖은 흑설탕입니다. 堅果(견과), 곧 딱딱하고 고소한 열매가 건강에 좋다는 것은 잘 알려져 있지요. 조상님들은 어떻게 해야 제일 맛난지 아셨던 모양입니다.

陳菜食

묵을 진(阜-8) 나물 채(艸-8) 밥 식(食-0)

陳菜食(진채식)은 '대보름 나물'을 가리키는 말입니다. 陳菜는 '묵은 나물'이라는 뜻이지요. 갖가지 말린 나물을 잘 무르도록 삶은 뒤, 기름에 볶거나 푹 끓여서 즐기는 대보름 別味(별미)입니다. 陳菜를 먹으면 더위를 먹지 않는다지요.

나물은 사람이 기른 菜蔬(채소)나 저절로 난 山野草(산야초)를 맛나게 만든 飯饌(반찬)을 가리킵니다. 익힌 나물인 熟菜(숙채)와 생나물인 生菜(생채)를 통틀어 가리키지만 보통 熟菜를 나물이라 합니다.

陳菜食은 시래기, 무, 호박고지, 박고지, 가지오가리, 버섯, 고사리, 고비, 취 아홉 가지를 장만합니다. 시래기는 靑莖(청경), 무는 蘿葍(나복), 호박고지는 南瓜菜(남과채), 박고지는 匏菜(포채), 가지오가리는 茄皮(가피), 버섯은 藨蕈(표심), 고사리는 蕨菜(궐채), 고비는 薇菜(미채)입니다. 취는 이름이 여러 가지입니다. 참취, 곧 馬蹄菜(마제채)나 곰취, 곧 雄蔬(웅소)가 흔합니다.

고지나 오가리는 납작납작하거나 잘고 길게 썰어 말린 나물을 가리키는 말입니다. 『東國歲時記(동국세시기)』에는 이밖에도 콩나물을 말린 大豆黃卷(대두황권)도 기록하고 있습니다. 어떤 지방에서는 아주까리 나물을 하기도 합니다. 아주까리는 보통 皮麻子(피마자)라고 하지만 蓖麻(비마), 革麻(비마)라고도 씁니다.

『農家月令歌(농가월령가)』「正月令(정월령)」은 이렇게 노래합니다.

움파와 미나리를 무엄에 곁들이면

보기에 신신하여 五辛菜(오신채)를 부러하랴

묵은 산채 삶아내니 肉味(육미)와 바꿀소냐

五辛菜는 五辛盤(오신반)이라 하는 봄나물 무침이고 肉味는 고기를 말합니다. 소박함을 피하는 게 인지상정인데 도리어 즐기는 멋들어진 노래입니다.

五辛盤

다섯 오(二-2) 매울 신(辛-0) 소반 반(皿-10)

五辛盤(오신반)은 葱芽(총아), 山芥(산개), 辛甘草(신감초), 芹菜(근채), 黃芽(황아) 따위의 채소를 겨자즙에 무친 음식입니다. 본디 입춘 날에 임금님 수라상에 올렸다는 봄맞이 음식이지요. 葱芽는 움파, 山芥는 나도냉이, 辛甘草는 승검초, 芹菜는 미나리, 黃芽는 움에서 싹을 틔운 무 싹입니다. 새싹 채소를 요즘 들어 먹기 시작한 것은 아니지요.

밥상에서 봄을 찾는 건 임금님만이 아닙니다. 立春菜(입춘채)는 입춘 날 여염집 밥상에 오르던 봄맞이 음식입니다. 葱芽, 山芥, 辛甘草 따위를 함께 무쳐 먹었답니다. 임금님 五辛盤이 부럽지 않은 백성들 밥상입니다. 이마저 여의치 않으면 움에 묻어둔 무라도 꺼내 곱게 채치고 조물조물 무쳐서 細生菜(세생채)를 만들어 먹었지요.

五辛(오신)은 본디 매운맛을 내는 다섯 가지 양념을 가리키는데 五葷(오훈)이라고도 합니다. 五辛盤이란 이름은 매운맛을 가진 채소 때문에, 혹은 매운 겨자 양념 때문에 붙여진 것인지 알 수 없습니다. 입맛을 돋우는 데는 겨자 양념이 그만입니다. 유월 流頭(유두)의 음식 九折坂(구절판)도 겨자로 양념을 하지요. 손쉬운 겨자 양념으로는 중국집 '양장피'가 얼른 떠오릅니다.

양장피를 해파리무침과 혼동하는 경우가 많습니다. 요리책에는

洋粉皮雜菜(양분피잡채)를 양장피라고 소개하고 있습니다. 洋粉皮는 서양 粉皮라는 말입니다. 粉皮는 녹말로 만든 넓적하고 반투명한 국수의 일종입니다. 진짜 해파리무침은 중국에서 拌海蜇絲(반해철사)라고 합니다. 海蜇은 해파리, 絲는 채, 拌은 휘저어 뒤섞는다는 뜻입니다. 중국에서도 洋粉皮雜菜를 먹는 동네가 있는지 모르겠지만, 저들도 양장피를 한국 요리라고 합니다. 九折坂을 떠올리게 하는 양장피는 결국 우리 발명품인가봅니다.

葱芽

파 총(艸-9) 싹 아(艸-4)

葱芽(총아)는 '파 싹'이라는 뜻입니다. 겨우내 묵은 파가 새로 싹을 틔운 '움파'를 가리키는 말입니다. 冬葱(동총), 곧 '겨울 파'라고도 하지요. 葱은 蔥(파 총)이라고도 씁니다. 움파의 움은 먹을거리를 貯藏(저장)하는 시설물을 가리킵니다. 크든 작든 움의 構造(구조)는 한결같습니다. 웅덩이를 파는 것입니다.

대파는 뿌리 바로 위의 줄기를 주로 먹는다고 줄기파라 합니다. 흰 부분이 많아야 좋은 것입니다. 쪽파와 같은 것은 잎을 먹는다고 잎파라고도 하지요. 쪽파는 뿌리가 나뉘기 때문에 골파, 分葱(분총)이나 잎이 가늘다고 실파, 細葱(세총)이라 합니다.

양파는 '서양에서 들어온 파'라는 뜻입니다. 그런 까닭에 중국에서는 洋葱(양총)이라 부릅니다. 까놓으면 윤기가 흐르는 매끈한 살이 마치 옥구슬 같아서 玉葱(옥총)이라는 예쁜 이름도 있습니다. 서양에서는 '파'라 하면 양파입니다. 파 이름도 自然(자연)히 양파를 기준으로 합니다.

영어에서 葱에 해당되는 말은 스칼리온(Scallion)입니다. 대파는 봄 파(Spring Onion)나 푸른 파(Green Onion)라고 합니다. 스칼리온은 그리스 말 아스콜로니온(Askolonion)에서 왔습니다. 舊約(구약) 시대에 이스라엘을 괴롭힌 블레셋의 마을 이름 아스칼론

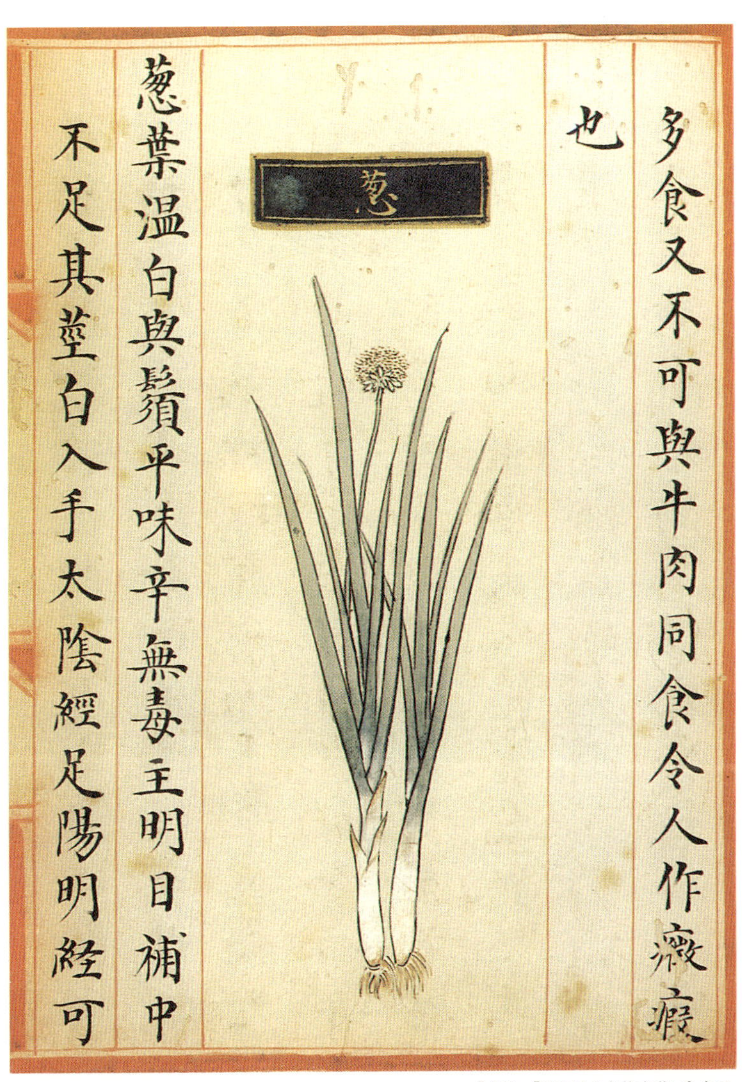

多食又不可與牛肉同食令人作癥瘕
也

葱葉溫白與鬚平味辛無毒主明目補中
不足其莖白入手太陰經足陽明経可

「파葱」,『식물본초食物本草』에 수록.

(Ascalon)을 땄답니다. 거기서 양파가 났던 것일까요?

　대파는 웰시 양파(Welsh Onion)라고도 합니다. 또한 웨일스
(Wales)의 나라 紋章(문장)이 바로 공처럼 핀 파 꽃입니다. 그래서
대파는 웨일스와 관련되었다고 생각합니다. 허나 웰시는 外國(외국)
이라는 뜻의 고대 영어 웰리스크(Welisc)가 訛傳(와전)된 것이라니
어디서부터 오해가 생긴 것일까요?

鬼日

귀신 귀(鬼-0) 날 일(日-0)

鬼日(귀일)은 '귀신 날'이라는 뜻입니다. 정월 열엿새의 다른 이름입니다. 예전에는 바깥나들이를 삼가고 아무 일도 하지 않는 날이었답니다. 『東國歲時記(동국세시기)』는 정월 열엿새를 이렇게 말합니다.

시골 풍속에서는 이날 꼼짝도 하지 않고 나무로 만든 물건을 받아들이지 않으며 꺼리는 날이다. 아마 경주의 유풍을 답습한 듯하다. 鄕俗(향속) 不動作(부동작) 不納木物(불납목물) 爲忌日(위기일) 似襲慶州之遺風也(사습경주지유풍야)

경주는 新羅(신라)를 가리키니까 新羅시대에 이미 鬼日의 풍속이 있었던 듯합니다. 鬼日에 앞서서 여러 날의 이름이 있습니다. 한번 알아볼까요?

六畜(육축)이라는 말이 있습니다. 六畜은 옛날 중국에서 家畜(가축)을 통틀어 가리킬 때 부르는 말입니다. 『春秋左傳(춘추좌전)』은 馬(말 마), 牛(소 우), 羊(양 양), 豕(돼지 시), 犬(개 견), 鷄(닭 계)를 꼽습니다. 『周禮(주례)』는 六畜을 六牲(육생)이라고도 부릅니다. 제사지낼 때 바치는 희생이라는 뜻입니다.

옛날에는 六畜의 이름이 각각 정월 초하루부터 엿새 동안에 配當(배당)되어 있었습니다. 초하루는 닭, 이틀은 개, 사흘은 돼지, 나흘은 양, 닷새는 소, 엿새는 말의 날입니다. 해당되는 날의 짐승은 그날 죽이지 않는다고 했습니다.

六畜의 날이 지나고 정월 초이렛날이 사람 날, 즉 人日(인일)입니다. 초하루에서 초이레까지는 7일이고 초여드레부터 열엿새까지는 9일입니다. 人日과 鬼日은 그래서 7과 9라는 숫자와 상관 있겠지요.

일본에서는 人日에 나나쿠사가유(七草粥·칠초죽)를 쑤어 먹습니다. 七草는 일곱 가지 봄나물, 곧 春七草(춘칠초)를 가리킵니다. 저들은 나나쿠사가유를 먹으면 만병을 막는다고 믿었습니다. 우리가 대보름에 陳菜食(진채식)을 먹는 것과 같은 이치입니다.

鹽豉

소금 염(鹵-13) 메주 시(豆-4)

鹽豉(염시)는 간장, 된장, 고추장을 담는 기본 중의 기본 '메주'를 뜻하는 말입니다. 『奎章全韻(규장전운)』은 豉 자를 '소금물에 메주를 담그는 것配鹽幽菽(배염유숙)'이라고 풀었습니다. 『奎章全韻』은 조선 正祖(정조) 때 李德懋(이덕무)가 지은 일종의 사전이지요.

정월 말날은 대표적으로 醬(장 장) 담그는 날입니다. 醬을 담그려면 메주부터 만들어야지요. 먼저 立冬(입동) 무렵, 가을에 打作(타작)한 콩을 고릅니다. 물에 잘 일어서 하룻밤 불리지요. 이튿날 콩을 쑤어 절구에 곱게 찧고 모양을 만듭니다. 메주 띄우는 철이면 뜨뜻한 아랫목은 메주 차지입니다.

잘 띄운 메주를 정월이 되면 꺼내서 햇볕에 잘 말립니다. 그리고 손 없는 날이나 정월 말날에 醬으로 담급니다. 메주가 열 덩이라면 물은 스무 덩이만큼, 소금은 예닐곱 덩이만큼의 比率(비율)로 합니다. 이밖에 메주 재료나 그 밖의 이유로 比率이 다를 수도 있습니다.

요즘 대개의 가정에서는 醬을 사먹습니다. 工場(공장)에서 만드는 醬에는 콩뿐 아니라 다른 穀物(곡물)이 들어갑니다. 그리고 이것을 전통 된장이 아니라고 생각하지요. 開化期(개화기) 이후 일본 醬이 들어온 까닭에, 工場에서 만든 것을 倭醬(왜장)이라 여기기 때문입니다. 허나 조선시대에도 末醬(말장)이라는 밀가루를 넣은 醬이 있었습니다.

미소(味噌·미쟁)는 일본 된장 이름입니다. 우리 된장 냄새는 싫어
하면서 외려 미소를 좋아하는 사람이 많아졌습니다. 미소는 나라
(奈良·내량)시대에 우리에게서 건너간 된장이지요. 그래서 처음에
는 고마비시오(高麗醬·고려장)라고 불렀답니다. 메주를 한자로 蜜沮
(밀저)·密祖(밀조)라고 표기하는데, 이를 일본 말로 音讀(음독)하면
미소입니다. 메주가 미소이고 미소가 메주인 셈이니, 장인지 메주인
지도 구별을 못 하는 것일까요.

高麗는 일본 말로 읽을 때 두 가지 소리가 납니다. 하나가 '고마'
또는 '구마'이고 다른 하나가 '고라이'입니다. 고마나 구마는 삼국시
대 高句麗(고구려)를 가리키고 고라이는 高麗 왕조를 가리키지요.
미소가 본디 고마비시오였다면 고려의 장이 아니라 고구려의 장이
란 말입니다.

春勝

봄 춘(日-5) 이길 승(力-10)

　春勝(춘승)은 '봄이 이긴다' 또는 '봄에 이긴다'라고 보기 쉬운 말이고 입춘을 맞아 대문에 내거는 春聯(춘련)을 달리 부른 말입니다. 입춘 글귀를 통틀어 부르는 春聯의 聯(잇달 련) 자는 聯句(연구), 곧 시구 둘을 합친 꼴을 가리킵니다. 立春大吉(입춘대길) 하면 꼭 建陽多慶(건양다경)이 따라 붙는 것처럼 말입니다.

　勝은 이긴다는 뜻 말고 뛰어나다는 뜻도 있습니다. 그래서 春勝을 '입춘에 내거는 뛰어난 글귀'라고 오해하기도 쉽지요. 허나 春聯을 달리 부르기 이전 春勝은 영판 다른 물건이었습니다. 勝 자는 비녀나 떨잠 따위의 머리꾸미개도 가리키는 말입니다. 새봄맞이를 기뻐하며 머리에 꽂은 꾸미개가 春勝의 본뜻입니다.

　색색의 천 조각으로 사람이 만든 造花(조화), 곧 가짜 꽃을 꽂기 전에는 살아 있는 生花(생화)를 꽂았을 듯합니다. 봄꽃이 활짝 피는 때는 춘분 무렵인데, 아직 추운 입춘에 生花를 찾지 못해 색색 비단을 오려 만든 것이 春勝입니다. 비단 깃발을 만들어 걸기도 했는데 이것을 春幡(춘번), 곧 입춘 깃발이라 합니다.

　영화 같은 데서 어떤 캐릭터를 설정할 때 쓰는 전형적인 방법들이 있습니다. 예를 들면 미친 여자를 형상화할 때, 머리에 꽃을 꽂게 만드는 것이지요. 그런데 미친 여자는 왜 꽃을 꽂는 것일까요?

「프리마베라」, 보티첼리, 1482년경, 우피치 미술관.

예전 풍속을 보면 꼭 미친 사람이 아니더라도 머리에 꽃을 꽂는 일이 있었습니다. 다른 때는 아니고 특별한 행사가 있을 때, 대체로 重陽節(중양절)이나 입춘, 춘분 무렵의 행사가 열릴 때입니다. 이때 꽃을 꽂은 이유는 靈性(영성)이 지배하는 행사이기 때문입니다. 미친 여자가 꽃을 꽂는 것도 그들이 靈性과 관련이 있다는 표시였을 듯합니다. 春勝도 마찬가지라고 생각합니다.

理性(이성)이 지배하는 시절이 되면서 봄 넋이 지피는 일을 꺼린 사람들은 春勝을 머리에서 떼어내고, 그저 시커먼 글자 春聯을 문에 바르기 시작했지 싶습니다.

嘗膽看花

맛볼 상(口-11) 쓸개 담(肉-13) 볼 간(目-4) 꽃 화(艸-4)

嘗膽(상담)은 '쓸개를 핥다', 看花(간화)는 '꽃을 보다'라는 뜻입니다. 청나라 사람 梁章鉅(양장거)의 『楹聯叢話(영련총화)』에 나오는 말입니다. 楹聯(영련)은 楹帖(영첩)이라고도 합니다. 종이 또는 판자에 써서 벽과 기둥에 붙이거나 거는 말을 가리키지요. 楹聯은 글자수에 제한이 없지만 짝은 맞춰야 합니다. 두 구절이 마주 보고 짝을 맞춘다고 對聯(대련)이나 對子(대자)라고도 합니다. 對는 마주 본다는 뜻이고, 相對(상대)라는 말이 바로 이 뜻입니다.

立春大吉(입춘대길)이니 建陽多慶(건양다경)이니 써서 立春에 대문에 붙이는 立春帖(입춘첩)도 楹聯의 일종입니다. 이 경우 특별히 春聯(춘련)이라고도 부릅니다. 春聯은 後蜀(후촉)의 임금 孟昶(맹창)이 지어서 桃符(도부)에 붙인 데서 유래했다고 합니다. 桃符는 복사나무를 깎아 귀신을 쫓으려고 문 앞에 거는 물건입니다. 立春帖뿐 아니라 중국 설날 대문에 붙이는 春聯이나 年畫(연화)도 모두 桃符에서 나왔다고 합니다.

梁章鉅의 아버지는 글씨를 쓸 때마다 아들을 불러 뜻을 가르치곤 했답니다. 어느 날 그의 큰아버지와 아버지가 각각 楹帖을 써서 짝을 맞춘 일이 있었답니다. 큰아버지는 먼저 이렇게 지었지요.

세상맛을 보려거든 쓸개를 핥아보고
欲知世味須嘗膽(욕지세미수상담)
인정을 모르겠거든 꽃을 보라
不識人情只看花(불식인정지간화)

그랬더니 梁章鉅의 아버지는 이런 짝을 내놨다고 합니다.

인과에 연연하지 않는 것이 선함의 시작이고
非關因果方爲善(비관인과방위선)
출세에 연연하지 않는 것이 공부의 시작이다
不計科名始讀書(불계과명시독서)

원인 없는 결과가 있을 리 만무하지만 상상도 지나치면 망상이
되는 법입니다. 두고두고 생각해볼 말입니다.

砂糖

모래 사(石-4) 사탕 탕(米-10)

砂糖(사탕)은 단맛을 주는 조미료인 甘味料(감미료)를 가리킵니다. 흰색 結晶(결정)일 때가 많아서 눈처럼 하얗다고 雪糖(설탕)이란 말을 더 흔히 씁니다. 砂는 結晶의 모양을 가리키는 말입니다. 沙(모래 사)와 바꿔 쓸 수 있어서 沙糖(사탕)으로도 씁니다. 糖은 탕으로도 읽지만 당으로도 읽지요.

예전에는 주로 엿이나 꿀로 단맛을 냈습니다. 糖은 본디 곡물을 고아 만든 엿을 가리키는 말입니다. 그래서 米(쌀 미)가 부수입니다. 이제는 사탕수수나 사탕무로 만든 砂糖이 주로 단맛을 냅니다. 사탕수수는 甘蔗(감자), 사탕무는 甘菜(감채)나 甛菜(첨채)라고 합니다.

砂糖은 또한 砂糖을 끓여 만든 과자를 가리키는 말이기도 합니다. 일본 장사치들이 시작한 十四日記念日(십사일기념일)의 하나에 화이트데이라는 것이 있습니다. 남자가 여자에게 선물을, 특히 砂糖을 준다는 날입니다. 2월 14일 밸런타인데이의 속편입니다. 받았으니 준다는, 弊(폐)를 끼치지 않는다는 일본적 心性(심성)과 장사치의 商術(상술)이 맞아떨어져 새로 생긴 기념일들입니다.

밸런타인데이는 본디 성 발렌티누스를 기리는 날입니다. 다른 祝日(축일)들이 대개 그렇듯이 로마의 축제날과 관련이 있습니다. 루

페르칼리아(Lupercalia)는 2월 15일 로마에서 벌였던 豐饒(풍요)와
淨化(정화)의 봄 축제입니다. 밸런타인데이가 대체한 본래 축제일이
지요. 루페르는 라틴어 루푸스(Lupus)에서 온 것이라 합니다. 루푸
스는 늑대라는 뜻입니다. 그래서 알몸에 양가죽을 두르고 늑대 가
면을 쓴 사람들이 거리를 달렸다는데, 오늘 우리와 사뭇 다른 풍경
이고 다른 마음이었지 싶습니다.

月華

달 월(月-0) 빛날 화(艸-8)

月華(월화)는 '달빛'이란 뜻입니다. 月光(월광), 月色(월색), 兎景
(토경) 등이 같은 뜻을 지닌 말입니다. 華는 花(꽃 화)의 원래 글자입
니다. 그러니 달빛은 원래 '달 꽃', 달이 흩어 뿌린 꽃입니다. 이름이
전하지 않는 시인의 시구가 하나 있습니다.

달빛은 물처럼 다락집에 스미고 月華如水浸樓臺(월화여수침누대)

시인의 달빛은 촉촉했던 모양입니다. '上元詩(상원시)', 곧 대보름
날 지은 시라는 제목만 남아 있습니다. 중국인은 대보름을 上元(상
원)이라 불렀습니다. 上元이 있으니 中元(중원), 下元(하원)이 있는
것은 당연합니다.

'달은 인류 최초의 TV'라는 말은 걸작입니다. 2006년 작고한 예
술가 백남준의 말인데, 냉철하고도 훌륭한 통찰입니다. 어쨌든 중
국 이름은 밋밋하니 재미가 덜합니다. 上中下(상중하), 무슨 TV 드
라마도 아닌데 말입니다.

달을 향한 인간의 상상은 끝이 없습니다. 저도 달에 대해 생각해
봅니다. 우선 달은 밤에 뜨는 하늘의 불, 곧 밤의 해일 것입니다. 달
과 불이 무슨 상관이냐고요? 심마니의 말을 들으면 그렇다는 말입

「고사관월도高士觀月圖」, 전 이경윤, 종이에 엷은 색, 44.4×28.3cm, 서울대박물관.

니다. 심마니는 신화, 전설과 오랫동안 함께한 직업이지요.

심마니들은 불을 도리어 '달'이라 부른답니다. 그들은 씨앗도 달이라고 한답니다. 그래서 심마니가 '부리시리', 곧 山蔘(산삼)을 캐면 꼭 '달'을 묻어주는 법입니다. 부리는 으뜸이나 불 등의 뜻을 가지고 있습니다. 풀 중에 으뜸인 山蔘은 그렇기에 달을 품은 불이겠습니다.

중국인은 上元에 재미삼아 燈火(등화), 곧 등불을 밝히지만 우리는 대보름에 달집을 태웁니다. 곧 '달집태우기'라고 이름을 붙였지요. 옛사람들은 보름달이 죽는 달이라고 생각했습니다. 새해 들어 처음 맞은 보름달은 묵은해의 아직 죽지 않은 달이라고 생각한 모양입니다. 그래서 미련 없이 가시라고 달님의 묵은 집을 태워드린다는 뜻이겠지요. 그래야 새로운 씨앗, '달'을 잉태하리라 생각한 모양입니다.

笊籬

조리 조(竹-4) 울타리 리(竹-19)

笊籬(조리)는 흔히 쌀을 이는 데 쓰는 주방 기구입니다. 가늘게 짼 대오리나 싸리 따위를 결어 만듭니다. 조선시대에는 笊籬를 뜻과 상관없이 釣來(조래)라고도 썼습니다. '조리'가 우리말이라고 생각했기 때문인 듯합니다. 조선 사람 丁若鏞(정약용)도 분명 중국 말 소리를 잘못 옮긴 탓에 釣來라고 쓴다고 했습니다.

원나라 사람 戴侗(대동)이 지은 사전『六書故(육서고)』에는 이런 말이 있습니다.

> 현재 대나무를 국자처럼 짜서 쌀을 인다. 조리라고 부른다.
> 今人織竹如勺以漉米(금인직죽여작이녹미) 謂之爪籬(위지조리)

원나라 때만 해도 조리의 쓸모가 우리나 중국이 같은 것을 알겠습니다.

중국에서는 언젠가부터 笊籬라는 말을 쓰지 않고 다른 물건을 가리키는 漏勺(누작)으로 통틀어 불렀습니다. 漏勺은 '새는 국자'라는 뜻입니다. 구멍이 숭숭 뚫린 국자이지만 鐵網(철망) 등을 얼금얼금 얽어 만들기도 합니다. 펄펄 끓는 솥에서 건더기를 자주 건져야 하는 중국 요리에서 비슷한 물건 이름이 笊籬라는 이름을 잡아먹은 셈입니다.

'형태는 기능을 따른다'는 말은 機能主義(기능주의) 미학의 주장입니다. 동아시아 삼국의 笊籬 꼴을 보면, 대나무를 재료로 하는 점은 같지만 생김새며 쓸모가 다릅니다. 우리 笊籬는 자루가 달린 작은 삼태기, 중국 笊籬는 구멍 뚫린 국자, 일본 笊籬는 우리 채반 소쿠리처럼 생겼습니다. 삼태기는 곡식을 일기에 알맞고 구멍 국자는 튀김이나 국수 따위를 건지기에 알맞으며 채반 소쿠리는 국수를 담아내기에 알맞지요. 그래도 機能主義가 잡아내지 못하는 뜻은 삼국이 제각각입니다.

風箏

바람 풍(風-0) 쟁 쟁(竹-8)

風箏(풍쟁)은 하늘에 띄우는 '연'이라는 뜻입니다. 연은 댓가지를 가로세로로 얽은 뒤 종이를 바르고 실을 맨 다음 하늘에 띄우는 장난감입니다. 風箏의 箏은 본디 열세 줄짜리 현악기를 가리킵니다. 중국 五代(오대) 시기 사람 李鄭(이정)이 연을 날리고 놀다 싫증이 나자 연에 조그마한 대나무 피리를 달았는데 箏 소리가 났기 때문에 風箏이란 이름을 얻었다고 합니다.

風箏은 본디 風鳶(풍연) 또는 紙鳶(지연)이라고도 합니다. 종이를 바르기 때문에 紙(종이 지) 자가 붙고 鳶(솔개 연)은 날짐승 이름입니다. 솔개의 한자 이름은 黑鳶(흑연)이고 영어 이름은 블랙 카이트(Black Kite)이지요. 모두 '검은색 연'이라는 뜻입니다. 솔개의 학명은 밀부스 미그란스(Milvus migrans)인데 밀부스는 연, 미그란스는 移動(이동)하다라는 뜻입니다. 학명을 이렇게 재미나게 붙이기도 합니다. 솔개는 하늘에 가만히 떠 있기를 잘하는 새라서 연과 비슷하다고 여겼던 모양입니다.

중국 전국시대를 風靡(풍미)한 제자백가의 한 사람인 墨子(묵자)가 연을 최초로 고안했다고 합니다. 墨子는 3년 동안 전쟁을 치르면서 通信(통신) 수단을 연구한 결과 木鳥(목조)라는 나무새를 만들었다고 합니다. 본디 나무로 만들던 살은 나중에 墨家(묵가)의 한

「연날리기」, 김준근, 종이에 채색, 123.6×70.3cm, 조선 말기, 로열온타리오박물관.

사람인 魯班(노반)이 대나무로 바꿨다지요. 이때까지만 해도 아마 비단을 발랐을 텐데, 종이가 나온 뒤 비단 자리를 대신했지 싶습니다. 紙鳶은 아마 그렇게 나왔을 것입니다.

우리는 예전에 正初(정초)부터 대보름까지 연을 날렸습니다. 연을 발명했다고 주장하는 중국에서는 4월 초 淸明(청명) 무렵이 연 날리기 철입니다. 중국 산동 濰坊(유방)에서는 1984년부터 해마다 국제연날리기대회를 열고 있습니다. 축제가 넘쳐나는 우리나라도 어디나 있는 그저 그런 축제 말고 이런 특색 있는 축제, 바람직한 축제가 늘었으면 좋겠습니다.

福壽草

복 복(示-9) 목숨 수(士-11) 풀 초(艸-6)

福壽草(복수초)는 '복과 장수를 주는 꽃'이라는 뜻입니다. 입춘부터 우수 사이, 봄이 올 듯 말 듯한 때 펴서 봄소식을 전하는 꽃입니다. 가을 꽃 金盞花(금잔화)와 비슷하게 생겼다고 側金盞花(측금잔화), 연꽃처럼 보인다고 雪蓮(설련)이라고도 합니다. 봄꽃인데 말입니다. 강원도 橫城(횡성) 사람들은 '눈꽃송이'라는 예쁜 이름을 붙여주었습니다.

福壽草의 학명은 아도니스 아무렌시스(Adonis amurensis), 곧 아무르의 아도니스란 뜻을 가지고 있습니다. 아무르(Amur)는 몽골 북쪽에서 發源(발원)하여 사할린 근처에서 바다와 만나는 아무르강을 가리킵니다. 아무르는 강 하류의 원주민 말 마무(Mamu)에서 나온 러시아 이름입니다. 몽골에서는 하라 무렌(Khara muren), 중국에서는 黑龍江(흑룡강)이라 부릅니다. 黑龍江은 만주족 말 사할리얀 울라(Sahaliyan ula)의 한자말입니다. 어쨌든 모든 이름은 '검은 강'이라는 한가지 뜻입니다.

福壽草를 가리키는 아도니스는 본디 그리스 신화 속에 나오는 美少年(미소년)의 이름입니다. 그의 아름다움에 반한 아프로디테는 젖먹이 아도니스를 地下世界(지하세계)의 왕비 페르세포네에게 맡긴 적이 있습니다. 페르세포네도 그에게 반해 붙잡아두려 했고, 결국 제우스가 審判(심판)을 내렸습니다. 페르세포네와 3년, 아프로디테와 3년, 나머지 3년은 아도니스가 결정하라고 말입니다.

페르세포네는 죽음, 아프로디테는 삶의 상징입니다. 둘 사이를 오가는 아도니스는 죽음과 부활인 셈이지요. 아도니스는 아돈(Adon)이라는 페니키아 말에서 유래했습니다. 舊約聖書(구약성서)에서 야훼(Yahweh)를 뜻하는 아도나이(Adonai)와 아돈은 또한 主(주)라는 뜻의 같은 말입니다. 지중해 세계에 이런 교차가 있는 것이 신기할 따름입니다.

「잠에서 깨어나는 아도니스」, 존 윌리엄 워터하우스, 95.9×188.0cm, 1899, 로드 로이드-웨버.

水仙

물 수(水-0) 신선 선(人-3)

水仙(수선)은 '물의 신선'이라는 말입니다. 水仙이라는 신선이 따로 있는 것은 아니고 수선화의 꽃 이름을 줄여 부르는 말입니다. 仙은 '산에 사는 사람'이라는 꼴을 가지고 있으니 물과 큰 인연이 없어 보일지도 모르지만 말입니다.

물을 좋아하는 식물 수선화는 달리 水仙菖(수선창)이라고도 합니다. 菖(창포 창) 자를 쓰는 까닭은 물가에 자라는 꽃 菖蒲(창포)와 잎이 닮았기 때문입니다. 칼처럼 뾰족하고 긴 잎사귀 때문에 수선화에 붙은 별명은 水仙菖 말고도 天葱(천총), 天蒜(천산), 雅蒜(아산) 따위가 있습니다. 葱(파 총)과 蒜(달래 산)은 흔히 보는 파와 마늘인데 모두 잎사귀가 닮았습니다.

수선화는 본디 지중해 원산의 꽃입니다. 지중해 지역은 겨울이 따뜻하고 습한 까닭에 겨울에 꽃을 피우지요. 중국에는 1300년 전 당나라 말기에 들어왔다고 합니다. 송나라 시인 黃庭堅(황정견)은 수선화를 아름답게 노래했습니다.

능파선자는 더러운 티끌에서 났어도
凌波仙子生塵襪(능파선자생진말)
물 위로 재빨리 가늘어진 달을 밟네

「수선화도水仙花圖」, 정학교, 종이에 엷은 색, 35.7×20.2cm, 서울대박물관.

水上輕盈步微月(수상경영보미월)

그 누가 이런 애 끊는 넋을 부르나

是誰招此斷腸魂(시수초차단장혼)

겨울 꽃 심어 깊은 슬픔 깃들였네

種作寒花寄愁絶(종작한화기수절)

凌波仙子는 파도 위를 사뿐히 걷는다는 전설 속의 여자 신선인데 중국 福建(복건) 漳州(장주)에 전하는 수선화 전설에 나옵니다. 福建은 예부터 수선화로 유명한 고장이고 凌波仙子가 바로 水仙인 셈입니다.

細雨濛濛

가늘 세(糸-5) 비 우(雨-0)
가랑비 올 몽(水-14) 가랑비 올 몽(水-14)

細雨濛濛(세우몽몽), 특히 濛濛이 입에서 구를 때마다 아름다운 소리에 온몸이 간질거리는 느낌이 듭니다. 細雨는 가랑비, 濛濛은 자욱한 모양을 가리키는 말이지요. 비나 안개, 연기에 모두 해당되는 말인데 煙雨(연우) 같은 말에도 잘 드러납니다. 연기와 비가 아닌 연기 같은 비, 곧 '안개비'라는 말에서 말입니다. 사실 細雨와 煙雨는 잘 구분되지 않습니다.

당나라 시인 溫庭筠(온정균)은 이런 노래를 부른 적이 있습니다.

가랑비 자욱하게 진홍색 옷에 들어
細雨濛濛入絳紗(세우몽몽입강사)
풍호에서 도시락 먹어도 온 천지 봄이로세
灃湖寒食孟珠家(풍호한식맹주가)

溫庭筠은 당나라 명문가 출신입니다. 좋은 집안이 이로울 때도 있지만 꼭 그렇지만은 않습니다. 黨爭(당쟁)으로 유명한 당나라에서 반대파가 권력을 잡고 있는 때에 산 사람이라면 더구나 좋지 않을 수도 있지요. 溫庭筠은 불리한 조건에서 살았습니다.

그는 마흔부터 科擧(과거)시험에 도전했지만 번번이 미역국을 먹

「봄비를 맞으며騎驢圖」, 김정대, 13.0×18.0cm, 19세기, 조선미술박물관.

었다고 합니다. 불합격은 떼어놓은 당상이라, 분한 김에 남들을 몰래 거들어 합격시킨 적도 여러 번이라지요. 나이 쉰다섯 먹은 溫庭筠은 이런 특별대우를 받은 적도 있다고 합니다. 전체 수험생 가운데 혼자만 텐트 안에서 시험을 보라는 명령이 내려졌다지요. 그 와중에도 괴력을 발휘하여 여덟 명을 거들어 합격시켰다는 이야기가 있습니다.

溫八叉(온팔차), '여덟 개의 손'이란 별명도 이때부터 생겼지만 科擧도 이것으로 끝이었습니다. 이야기가 아름답게 들리는 것은 부조리한 현실에 대한 불만 가득한 마음 때문이겠습니다. 조선 백정 임꺽정의 실상이 『明宗實錄(명종실록)』의 산적이라도 사람들 가슴을 들썩이게 하는 것처럼 말입니다.

雨水(우수) 절기의 이름은 '빗물'이란 뜻입니다. 立春(입춘) 지난 지도 보름이나 되는 이때는 눈이 아닌 비가 내리기 시작하는 시절입니다.

가랑비 옷을 적셔도 빗방울 보이질 않고
細雨濕衣看不見(세우습의간불견)
고운 꽃 떨어져도 낙화성 들리질 않네

閑花落地聽無聲(한화낙지청무성)

당나라 시인 劉長卿(유장경)의 멋진 시구입니다. 아직 추위가 가
시지 않은 때입니다만, 그래도 봄비와 꽃을 떠올리면 언 마음이 조
금씩 풀리는 듯합니다.

是天明命

옳을 시(日-5) 하늘 천(大-1) 밝을 명(日-4) 목숨 명(口-5)

是天明命(시천명명)은 '이것은 하늘의 밝은 명령이다'라는 뜻입니다. 是는 옳다는 뜻도 있지만 '이' '이것'이라는 대명사이기도 합니다. '是ㅣ 天의 明命'이라는 말이 「獨立宣言書(독립선언서)」에 나옵니다. 여기서 是는 조선 독립을 가리킵니다.

'朝鮮建國(조선건국) 4252년 3월 1일', 곧 1919년을 맞이하여 조선의 자주독립을 선언한 적이 있습니다. 삼일운동, 만세운동 등은 이 사건을 포착한 이름이지요. 만세운동을 이런저런 시각으로 볼 수도 있겠지만 저는 우리 민족의 靈性(영성) 폭발이 알맹이라고 생각합니다. 33인이라는 '朝鮮民族代表(조선민족대표)'의 면면을 보세요. 水雲(수운)과 海月(해월)을 잇는 동학의 세 번째 교조인 義菴(의암) 孫秉熙(손병희) 선생이 중심이 되고 기독교와 불교를 끌어안지 않았습니까. 종교가 중심이 된 靈性운동이라고 볼 만하지 않겠습니까. 민족의 자주와 독립은 靈性 다음 순서였지요.

崔南善(최남선)이 초안을 잡은 「獨立宣言書」 곳곳을 보세요. '金石盟約(금석맹약)을 食(식)하얏다 하야 日本(일본)의 無信(무신)을 罪(죄)하려 안이 하노라.' 철석같은 믿음을 저버렸다 탓하지 않겠다고 합니다. 오히려 '日本(일본)으로 하여금 邪路(사로)로서 出(출)하야' '正經大原(정경대원)으로 歸還(귀환)케 함이로다.' 나쁜 길에 빠진 너희를 구해주겠다지요. 靈性이 아니고서 이렇게 인정스러울 수 있을까요.

靈性운동 덕분에 저는 1919년 5월 베르사유의 제안이 나오기 전 이미 새봄은 왔다고 생각합니다. '新春(신춘)이 世界(세계)에 來(내)하야 萬物(만물)의 回蘇(회소)를 催促(최촉)하는도다.' 만세운동은 그래서 인류의 靈性을 살리자는 생명운동이 됩니다. 神明(신명)을 이해하는 조상님들 덕분에 우리는 이것을 이해할 수 있습니다. 새봄이 올 때마다 神明을 어떻게 풀어볼까 생각하게 만든 조상님들이 자랑스럽습니다.

殉教者

따라 죽을 순(歹-6) 가르침 교(攴-7) 놈 자(耂-5)

殉教者(순교자)는 '순교한 사람'이라는 뜻입니다. 殉教는 종교적 자기 신앙을 否認(부인)하느니 차라리 그를 위해 기꺼이 犧牲(희생)하는 일을 말합니다. 많은 종교가 殉教를 특별한 일로 기리는 까닭은 사람에게 목숨만큼 소중한 것은 없기 때문입니다.

'삼일절은 순교자'라. 咸錫憲(함석헌) 선생 말씀입니다. 해마다 맞는 삼일절이지만 그 죽음을 선포한 선생의 뜻을 잠시 생각해볼까 합니다. 한글을 사랑한 선생의 뜻을 거슬러 죄송하지만 國漢文(국한문)을 섞어 옮겨보겠습니다. 기미년의 「獨立宣言書(독립선언서)」처럼 말입니다.

마틴 루터는 主祈禱文(주기도문)을 가리켜 가장 큰 殉教者라고 말한 일이 있다. 그 式(식)으로 말한다면 三一節(삼일절)은 五千年(오천년) 우리 歷史(역사)에서 가장 큰, 가장 悲慘(비참)한 殉教者라 해야 할 것이다. (…) 왜 가장 큰 殉教者라고 했겠느냐? 그것이 가장 貴(귀)한 眞理(진리)면서 가장 업신여김을 받았기 때문 아니겠나.

나는 이 偉大(위대)한 殉教者를 따라 죽으련다. (…) 3·1運動(운

우리 역사에 크나큰 발자취를 남긴 함석헌 선생. 여기 추린 글은 1973년 3월 『씨올의 소리』에 실린 「통곡! 삼일절」에서 나왔다.

동)은 우리를 살렸지만 우리는 3·1運動을 살려야 한다. (…) 우리
가 三一節의 죽음을 痛哭(통곡)하잔 것은 이 때문이다. 痛哭은
나에 대해 切望(절망)함이요 同時(동시)에 내 속에 들어 있는 無
限(무한)을 믿음이다.

맘으로만 紀念(기념)하는 것은 이불 안에서 활개치는 일이다.
(…) 기쁘거든 노래하고 춤을 추어라, 슬프거든 痛哭하고 발을
굴러라. (…) 죽은 三一節을 놓고 너희는 어쩌려느냐. 여전히 먹
고 마시려느냐. 精神(정신)은 속에 갇혀 쪽쪽 울게 두고 福祉國
家(복지국가)만을 부르는 것은 初喪(초상)집에 가서 떡과 술에 배
를 불리는 것과 무엇이 다르냐.

學如登山

배울 학(子–13) 같을 여(女–3) 오를 등(癶–7) 뫼 산(山–0)

　學如登山(학여등산)은 '배움은 산을 오르는 것과 같다'라는 뜻입니다. 위나라 사람 徐幹(서간)이 쓴 『中論(중론)』에 나오는 말입니다. 서간은 '배움은 산을 오르는 것과 같아서學者如登山焉(학자여등산언)' '움직일수록 더 높아진다動而益高(동이익고)'라고 했습니다. 여기서 산을 오르는 일은 비유지만, 우리 조상들은 참으로 '산 공부'하러 산에 오르곤 했습니다. 산이 신령하다고 여긴 까닭에서입니다.

태산이 높다 하되 하늘 아래 뫼이로다
오르고 또 오르면 못 오를 리 없건마는
사람이 제 아니 오르고 뫼만 높다 하더라.

　글씨 잘 쓰고 시 잘 쓰기로 유명한 蓬萊(봉래) 楊士彦(양사언)의 유명한 시조입니다. 공부 열심히 하라는 소리처럼 들리기도 하지요. 蓬萊라는 호가 심상치 않습니다. 楊士彦은 강원도 회양 고을 사또 일 적 金剛山(금강산)을 자주 올랐다고 합니다. 그래서 지금도 萬瀑洞(만폭동)에 蓬萊楓嶽元化洞天(봉래풍악원화동천)이라는 멋들어진 글씨가 남아 있다고 합니다. 蓬萊는 金剛山의 여름 이름이지만,

본디 瀛州(영주), 方丈(방장)과 더불어 三神山(삼신산), 곧 신령스런 세 산의 하나입니다. 金剛山만 蓬萊는 아닙니다. 우리나라 곳곳에 蓬萊가 널렸지요. 강원도 영월, 전라도 변산, 부산 영도에도 있습니다. 三神山에 仙人(선인)이 산다고 했습니다. 仙(신선 선)은 山人(산인)이니, 산에 오르는 사람은 신선인 것입니다.

우리나라는 산이 많아 도시도 산을 끼지 않은 곳이 없을 지경입니다. 학교도 산을 깎아 짓는 게 우리 실정이니, 모두 用地難(용지난) 때문입니다. 그러나 배움은 본디 산에 올라 '산 공부'하는 일이니 山人이 되라는 뜻이 몰래 작동한 것은 아닐까 싶은 생각도 듭니다. 戱謔(희학), 곧 실없는 농지거리만은 아닐 것입니다.

冬柏

겨울 동(冫-3) 나무 이름 백(木-5)

未堂(미당) 徐廷柱(서정주) 시인은 '눈물처럼 후드득 지는 꽃'이라고 冬柏을 노래했습니다. 가수 송창식은 未堂의 시에 곡을 붙이기도 했지요. 시는 다시 이렇게 묻습니다.

선운사에 가신 적이 있나요?

이처럼 곱게 묻는 사람이 未堂인지, 그이의 누이인지 모르겠습니다. 고운 사람은 이렇게 자답합니다.

눈물처럼 동백꽃 지는 그곳 말이에요

이제야 남쪽부터 冬柏 소식이 들리는 때가 되었습니다. 未堂의 선운사 冬柏은 사월에 핀다니 아직 철은 이릅니다.

전라도 康津(강진) 땅 천 년도 넘은 古刹(고찰) 白蓮寺(백련사)도 冬柏으로 유명한 곳이지요. 白蓮은 '흰 연꽃'이니 白蓮寺는 흰 연꽃 절입니다. 白蓮에 冬柏이라, 너무 희어 붉은 이름들입니다. 白蓮寺는 無染國師(무염국사)가 창건했다고 합니다. 無染은 '물들지 않다' '때 타지 않다'라는 뜻이니 흰 연꽃이라는 이름에 걸맞습니다.

白蓮寺는 圓妙國師(원묘국사) 了世(요세) 스님과 인연이 깊은 절입니다. 경상도 宜寧(의령) 출신인 스님은 普照國師(보조국사) 知訥(지눌) 스님의 道伴(도반)이기도 하지요.

물결이 어지러우면 달이 나타나기 어렵고 밤이 깊으면 등불은 더욱 빛난다.

知訥 스님이 스님에게 보낸 편지 구절입니다. 金一夫(김일부) 선생이 평생 고민했다던 影動天心月(영동천심월)과 같은 뜻인가요? 남녘의 꽃인 冬柏이 서울서도 핀다는 수상한 시절입니다. 了世 스님은 무지한 凡夫衆生(범부중생), 곧 보통 사람도 참회하면 구원받는다며 結社(결사)를 꾸리신 적이 있습니다. 수상한 시절, 다시 생각해볼 일입니다.

「동백꽃山茶畵圖」, 최북, 종이에 엷은 색, 24.2×32.3, 18세기, 국립중앙박물관.

春酒

봄 춘(日-5) 술 주(酉-3)

春酒(춘주)는 '봄 술'이라는 뜻입니다. 봄에 빚는 술이라는 뜻도 있지만 '봄맞이 모임'이라는 뜻도 있습니다. 요즘은 '한겨울의 제철 딸기'처럼 철을 따르지 않는 일을 당연시합니다. 허나 살아 있는 것이 제철을 어길 때 제 맛을 내기는 어려운 법이지요. 奧妙(오묘)한 생명의 사슬이 작동하는 일은 좁아터진 곳에서 조작한다고 더구나 될 일은 아닙니다. 生命力(생명력) 넘치는 봄기운을 받아 익는 春酒 야 더 말할 나위가 없겠지요.

春酒는 식목일 무렵 빚는 淸明酒(청명주)나 음력 정월에 빚는 三亥酒(삼해주) 같은 藥酒(약주)의 별명이기도 합니다. 술을 빚을 때 일단 밑술을 장만하고 덧술을 몇 번 하느냐에 따라 藥酒를 분류합니다.

그저 밑술만 빚으면 單釀酒(단양주), 덧술을 한 번 더하면 二釀酒(이양주), 두 번 더하면 三釀酒(삼양주), 세 번 더하면 四釀酒(사양주)입니다. 최초의 우리말 요리책 『음식디미방』에는 四釀酒까지 소개하고 있으니 정성이 이만저만 아니었겠습니다.

三亥酒는 대표적인 三釀酒입니다. 정월 上亥日(상해일), 곧 첫 번째 돼지날에 밑술을 담고 이월 亥日에 한 번, 삼월 亥日에 다시 한 번 덧술을 더한다고 三亥酒입니다. 오래 기다려 버드나무 꽃이 피면 꼭 익는다고 柳絮酒(유서주)라고도 합니다.

술 좋아하던 趙芝薰(조지훈) 시인은 1·4후퇴 때 대구역 플랫폼에서 맛난 술을 한잔 얻어 마신 적이 있다고 했습니다. 그때 술을 준 중년 신사는 피란 짐으로 딱 藥酒 여섯 병만 들고 나섰다는 사람이었지요. 芝薰은 그의 悠悠(유유)함이 의젓하고 멋있어 부러웠다고 했습니다. 그는 藥酒가 빚은 사람이겠고 기다림의 미학은 이런 것이 아닐까 합니다.

井底之蛙

우물 정(二-2) 밑 저(广-5) 갈 지(丿-3) 개구리 와(虫-6)

井底之蛙(정저지와)는 '우물 안 개구리'라는 뜻입니다. 소견이 좁은 사람을 비유하는 말이지요. 이밖에 '마른 우물의 개구리'인 坎井之蛙(감정지와)나 '우물 안 개구리의 소견'인 井蛙之見(정와지견)도 같은 말입니다. 중국인은 개구리를 절대 곱게 보지 않습니다.

驚蟄(경칩) 절기는 氷河(빙하)가 이 땅에 머물다 두고 떠난 아무르산개구리가 막 나올 철입니다. 우리네는 개구리를 소중하게 여긴 민족입니다. 오죽하면 개구리 임금도 있었을까요. 扶餘(부여)의 金蛙(금와), 금개구리 임금 말입니다. 늙도록 자식이 없던 임금 解夫婁(해부루)는 鯤淵(곤연) 못가의 바위에서 금빛 개구리 모습의 아이를 데려다 길렀다 합니다. 그가 바로 金蛙라지요. 이와 같은 개구리 신화는 女眞族(여진족)의 후손인 滿洲族(만주족)에게도 있습니다. 松花江(송화강) 북쪽에 사는 그들은 자기네가 神蛙(신와), 곧 신령한 개구리의 후손이라 믿고 있습니다. 그들은 蛙母大神(와모대신)을 모시며 제사를 지낸다지요. 중국인과 달리 개구리를 신성시하는 滿洲族도 우리와 한 핏줄인 걸까요.

우리 핏줄만 개구리를 좋게 본 것은 아닙니다. 개구리 모습을 한 이집트 여신 헤케트(Heket)는 생명과 출산의 신입니다. 이집트 사람들은 헤케트가 왕의 탄생을 주관하는 여신이라 믿었고 헤케트를

「청와초접도青蛙草蝶圖」, 곽후郭翊, 명나라.

모시는 여자 사제들은 산파였답니다. 여기서도 개구리는 임금과 관련됩니다! 여기서 옮겨갔을까요? 그리스의 개구리도 사랑과 다산의 여신 아프로디테의 상징입니다.

경남 양산 通度寺(통도사)는 慈藏律師(자장율사)가 세운 절입니다. 거기 慈藏庵(자장암) 뒤쪽 바위에 금개구리 사는 구멍, 곧 金蛙孔(금와공)이 있습니다. 금개구리 임금은 먼 북쪽 바위에서 태어났지만 신기하게도 남쪽 땅 바위에도 살아 있습니다. 왜 그럴까요? 생명을 품었다는 생각은 남북이 없기 때문일지도 모르겠습니다.

三台星

석 삼(一-2) 별 태(口-2) 별 성(日-5)

三台星(삼태성)은 별자리 이름입니다. 이름이 낯설다면 당신은 고등학교를 졸업한 지 좀 되었을 것입니다. 요즘 고등학교 국어책에는 三台星 설화가 실려 있기 때문에 젊은이들에게는 오히려 익숙한 이름입니다. 三台星은 서양 별자리의 오리온자리, 오리온의 허리띠에 해당되는 세 별로 오해되곤 합니다. 허나 北斗七星(북두칠성)을 몸통과 꼬리로 하는 서양 큰곰자리의 발에 해당되지요. 北斗七星 아래 나란히 이어진 세 쌍의 별입니다.

우리 천문학의 오랜 역사뿐 아니라 전 세계 천문학사에서 빛나는 업적 가운데 하나가 고구려 천문도인 「天象列次分野之圖(천상열차분야지도)」입니다. 天象은 하늘의 형상, 列次는 순서대로 늘어놓다, 分野는 들을 나눈다는 뜻이지요. 오래되었지만 참 상세하게 잘 만든 천문도입니다. 별자리가 三垣(삼원) 二十八宿(이십팔수)인 것은 기본입니다. 三垣은 太微垣(태미원), 紫微垣(자미원), 天市垣(천시원) 세 가지를 가리키는데, 북쪽 하늘에서 1년 내내 볼 수 있습니다.

三台星은 太微垣의 가장 중요한 별자리이고 나라의 큰 인물을 상징합니다. 諸葛孔明(제갈공명)도 자신이 三台星의 기운을 받았다고 생각한 사람이지요. 孔明이 五丈原(오장원)에서 마지막 싸움을 벌일 때 동맹군 오나라의 패전 소식을 듣고 기절했다가 깨어난 이야

「천상열차분야지도天象列次分野之圖」, 종이, 145.0×88.5cm, 17세기 후반, 규장각한국학연구인.

기는 유명합니다. 병이 깊은 孔明은 불안한 마음에 밤하늘을 살피다가 자기 별 三台星에 홈星(객성)이 침범한 것을 보고 이레 동안 기도에 들어가지요. 그러나 마지막 날 부하 장군이 놀라 뛰어드는 바람에 기도를 망치고 孔明은 얼마 지나지 않아 죽고 맙니다.

驚蟄(경칩) 즈음 초저녁 하늘 꼭대기에 三台星이 나란히 뜹니다. 나라의 큰 인물을 낳고 보살피는 별이라 했으니 나라의 큰 인물을 내려주십사 하늘에 빌어볼 일입니다.

梅花點茶

매화나무 매(木-7) 꽃 화(艸-4) 점 점(黑-5) 차 차(艸-6)

梅花(매화)는 매화나무 꽃, 點茶(점차)는 차를 우리는 방법 중 하나입니다. 마시는 찻잔에 직접 차를 넣고 뜨거운 물을 붓는 방법, 요즘 흔한 티백에 담긴 녹차나 홍차를 뜨거운 물에 넣어 우리는 간편한 방법이 點茶입니다. 그러니 點茶란 인스턴트 차라고 하면 되겠지요. 차는 茶罐(다관)으로 우리는 게 좋지만 준비할 것이 많아 번거롭기도 한 탓입니다. 梅花點茶는 그래서 梅花茶(매화차)에 뜨거운 물을 부어 마시는 것입니다.

梅花點茶를 하려면 먼저 梅花茶가 있어야겠습니다. 梅花茶를 직접 만드는 방법을 말씀드리겠습니다. 梅花가 필 무렵 반쯤 벌어진 꽃송이를 꼭지째 땁니다. 梅花 1兩(냥=40그램)을 재고 그 위에 볶은 소금 1냥을 골고루 뿌립니다. 그리고 독이 찰 때까지 반복합니다. 잴 때는 손이 직접 닿지 않도록 주의합니다. 상할까 염려되기 때문이지요. 두꺼운 韓紙(한지)로 여러 겹 밀봉한 뒤 응달에 두고 이듬해까지 그대로 두고 익히면 그만입니다. 梅花茶를 우려 마실 때는 먼저 커핏잔 크기의 찻잔에 꿀을 한 숟갈 넣은 뒤 梅花茶 두세 송이를 담고 팔팔 끓인 물을 붓습니다. 그러면 꽃봉오리가 활짝 피면서 梅花香(매화향)이 진동하겠지요.

梅花뿐 아니라 茉莉花(말리화), 곧 재스민이나 玫瑰(매괴), 곧 장미나 蓮花(연화)나 菊花(국화)나 桂花(계화), 곧 계수나무 꽃 따위, 철철이 나는 꽃으로 만든 차도 있습니다. 흔히 花茶(화차)라고 하는 종류이지요. 花茶는 직접 말리기도 하고 꿀에 재기도 하고 녹차에 재서 향을 배게 하는 방법도 있습니다. 허나 꿀에 재거나 녹차에 재는 것은 향기도 향기려니와 梅花茶만큼 찻잔에서 꽃이 예쁘게 피질 않습니다. 이맘때 피는 매화꽃이 이울기 전에 필락 말락 하는 梅花를 찾아 梅花茶를 만들어보는 것은 어떨지요. 참, 소금을 뿌리는 방법은 냉장고가 없던 옛날 방식이고 요즘은 꽃을 따서 그대로 냉동실에 넣어두기도 한답니다.

梅開二度

매화나무 매(木-7)　열 개(門-4)　두 이(二-0)　법도 도(广-6)

梅開二度(매개이도)는 '매화가 두 번째 피다'라는 뜻입니다. 開는 연다는 뜻이지요. 開門(개문)은 문을 열다, 開業(개업)은 가게를 연다는 말입니다. 開花(개화)는 그래서 꽃망울이 열리다, 곧 꽃이 핀다는 뜻입니다. 度는 오늘 낮 기온이 10도라는 말처럼 '거듭되는 회수'의 뜻이 있습니다. 그러니 二度는 두 번째라는 말이 됩니다. 梅開二度는 죽은 매화나무가 되살아나다, 곧 起死回生(기사회생)과 비슷한 말입니다.

梅開二度는 축구선수가 한 경기에서 두 골을 넣었을 때 쓸 정도로 요새 중국인도 흔히 쓰는 말입니다. 사족입니다만, 해트 트릭은 帽子戱法(모자희법)이라고 합니다. 해트 트릭(Hat Trick)은 본디 크리켓 경기에서 연거푸 타자 세 명을 아웃시킨 투수에게 모자를 선물한 데서 생겨났는데, 나중에 축구 경기에서도 쓰게 된 말이지요.

梅開二度는 중국의 오래된 사랑 이야기 二度梅(이도매)와 관련이 있습니다. 당나라 때 陳杏元(진행원)이라는 아리따운 아가씨가 살았는데 오래된 매화나무가 갑자기 시들어 죽어버립니다. 그날 梅良玉(매량옥)의 아버지도 공교롭게 권력자에게 죽임을 당합니다. 梅良玉은 신분을 숨기고 陳杏元의 집에 숨어 지내다가 사랑에 빠집니다. 梅良玉은 어느 날 매화나무에 제사를 지내며 되살아나길 빌고 자신도 雪辱(설욕)하게 해달라고 빌지요. 뒷날 북쪽의 침략을 받은 나라가 陳杏元을 貢女(공녀)로 보내기로 하여 생이별을 하게 됩니다. 끌려가던 중 절벽에 투신한 陳杏元을 王昭君(왕소군)의 넋이 구해주고, 연인이 다시 만나자 감동한 매화나무도 되살아난다는 행복한 결말을 맺습니다.

중국 전통 음악극인 越劇(월극)이나 京劇(경극) 등의 유명 레퍼토리 二度梅의 매화나무는 생명과 죽음이 무엇인지 보여줍니다. 얽히고설킨 생명과 죽음 속에 하늘은 감동하여 죽은 매화나무의 넋을 돌려주었습니다. 넋을 되돌리는 일은 眞情(진정)의 감동에서 나온다고 믿습니다. 하늘을 감동시킬 眞情이 무엇인지 생각해보게 됩니다.

木蓮

나무 목(木-0) 연밥 련(艸-11)

木蓮(목련)은 꽃나무 이름입니다. 봄기운이 돌 무렵부터 여기저기 하얀 꽃망울을 터트리기 시작하지요. 꽃나무치고 木蓮만큼 크고 탐스런 꽃을 피우는 나무도 드물 것입니다. 그래서 사랑을 듬뿍 받는데, 달리 辛夷(신이)라고도 합니다.

木蘭(목란)은 木蓮과 다른 나무이지만, 같은 나무라고 잘못 아는 사람이 많습니다. 木蘭의 우리말은 함박꽃나무이지요. 함박꽃도 큼지막하고 탐스럽기는 마찬가지입니다. 木蓮과 木蘭은 목련과에 속한다 하니 사촌쯤 될까요. 이름도 비슷해서 곧잘 혼동합니다.

월트 디즈니의 1997년 작 「뮬란(Mulan)」은 본디 중국의 花木蘭(화목란) 이야기를 소재로 한 만화영화입니다. 중국 이름 '무란'을 영어답게 뮬란이라 읽었습니다. 花는 성이고 木蘭은 이름입니다. 花木蘭에게 언니가 있는데 그녀의 이름이 花木蓮(화목련)이라 했습니다. 명나라 때 문학인이자 화가인 徐渭(서위)가 쓴 『四聲猿傳奇(사성원전기)』에 나오는 말입니다. 목련과 목란, 발음도 비슷하고 탐스러움도 비슷했기 때문이었을까요.

가수 양희은의 悽愴(처창)한 노래 「하얀 목련」처럼 木蓮은 올해도 어김없이 '그대 떠난 봄처럼' 다시 피고야 말 것입니다. 박목월 시인의 「사월의 노래」 가사에는 '목련꽃 그늘 아래서 베르테르의 편지를 읽는다'는 구절이 있지요. 사랑과 연인을 떠올리게 만드는 木蓮의 꽃말은 아쉬운 사랑, 못 다 피운 사랑, 사모입니다. 은혜, 숭고한 정신, 우애는 木蓮의 또 다른 꽃말입니다. 木蓮의 순결한 흰빛이 숭고한 사랑을 담은 흰 亞麻布(아마포)처럼 보였는지도 모르겠습니다.

「목련」, 김기창, 127.0×43.0cm, 20세기 전반, 조선미술사박물관.

菝葜

청미래 발(艸-8) 청미래 계(艸-9)

菝葜(발계)는 '청미래덩굴'이란 이름을 가진 灌木(관목), 곧 키 작은 나무입니다. 덩굴로 벋는 성질을 지니고 있지요. 암수가 나뉜 나무인 까닭에 암나무에만 열매가 열립니다. 열매를 '명감' 또는 '망개'라 합니다. 예전에는 초여름이면 초록빛 구슬처럼 동그랗고 시큼한 열매를 목걸이처럼 꿰어 팔기도 했습니다. 겨울에는 裸木(나목)에 조롱조롱 맺힌 붉은 열매가 寶石(보석)처럼 빛나지요. 紅燈果(홍등과)라는 별명도 이렇게 붉은 열매에서 나온 말입니다.

菝葜는 줄기에 달린 가시가 성가신 나무입니다. 1억 년 전 白堊期(백악기)의 청미래덩굴 化石(화석)도 가시를 달고 있었다니, 자그마한 恐龍(공룡)들은 자칫 많이 긁히고 스쳤을 법합니다. 菝葜의 중국 별명으로는 金剛藤(금강등), 鐵菱角(철릉각) 따위가 있습니다. 모두 가시 때문에 붙은 이름입니다.

菝葜에는 다른 별명도 많습니다. 山歸來(산귀래), 土茯笭(토복령), 禹餘粮(우여량), 山奇粮(산기량), 仙遺粮(선유량), 萆薢(비해)…… 모두 菝葜의 뿌리 때문에 붙은 말입니다. 중국에서는 菝葜라는 말을 많이 쓰고 일본에서는 山歸來라는 말을 많이 씁니다. 덩이뿌리인 菝葜의 뿌리는 녹말을 많이 함유하고 있어 흉년이 들면 허기를 채우던 救荒植物(구황식물)이었다고 합니다. 그래서 粮(양식

량) 자를 붙인 별명이 많은 것입니다.

이제 경남 宜寧(의령)의 명물이 된 '망개떡'은 팥소를 넣은 찰떡을 청미래덩굴 잎(망개 잎)으로 감싼 여름 떡입니다. 망개 잎에 腐敗(부패)를 방지하는 약효 성분이 있어 쉬이 쉬지 않게 해주지요. 요즘은 鹽藏(염장)한 망개 잎으로 사철 만드는 꾀를 냈다고 합니다. 가시가 성가시고 하잘것없어 보이는 나무이지만, 사람 이로운 일에 한 몸을 바치니 아니 고맙다 못 하겠습니다.

옛날 삼월 삼짇날이면 동쪽으로 흐르는 물에서 묵은 때를 씻어 마음과 몸을 정결히 하던 종교 의식이 있었습니다. 祓禊(불계)라고 하지요. 청미래덩굴을 가리키는 菝葜도 이것과 아무 상관없지는 않을 듯합니다.

蘭亭序

난초 난(艸-17) 정자 정(亠-7) 차례 서(广-4)

「蘭亭序(난정서)」는 진나라 때의 서예가 王羲之(왕희지)가 썼다는 書帖(서첩)입니다. 353년 봄의 정화 의식인 春禊(춘계)에 群賢(군현), 곧 숱한 일가친지가 유명한 산인 會稽山(회계산) 북쪽 蘭亭(난정)이란 곳에 모인 사연을 쓴 유명한 글씨입니다.

「蘭亭序」에는 당나라 태종이 죽으면서 같이 묻어달라는 유언을 남겼다는 전설이 있습니다. 믿거나 말거나 이 무렵 진본이 사라진 모양입니다. 神龍本(신룡본)이라는 베낀 글씨가 유명하지만 당나라 馮承素(풍승소)가 베꼈다는 글씨도 오늘날까지 전합니다.

「蘭亭序」 같은 걸작을 베낄 때 최고급 재료를 엄선해서 쓴 것이야 당연하겠지요. 붓은 쥐 수염으로 만들었다는 鼠鬚筆(서수필)이요, 종이는 누에고치처럼 희고 빛나는 繭紙(견지)라 했습니다. 繭紙는 三韓紙(삼한지) 또는 高麗紙(고려지)라 한답니다. 중국 쪽 기록입니다. 때에 따라 이름은 달라도 이쪽에서 건너가긴 한 모양입니다.

중국과 우리나라가 문화전쟁에 돌입한 지도 꽤나 되었습니다. 강릉 端午祭(단오제)에서 비롯된 일이지요. 2008년에는 우리나라가 書藝(서예)를 인류 구전 및 무형유산 걸작으로 신청하려 한다는 오보가 중국에서 나오기도 했습니다. 언론 통제 국가인 중국에서 그런 일이 빈번한 것은 저들의 정치사회 시스템 탓이지요.

趣舍萬殊靜躁不同當其欣
於所遇暫得於己快然自足不
知老之將至及其所之既惓情
隨事遷感慨係之矣向之所
欣俛仰之間以為陳迹猶不
能不以之興懷況脩短隨化終
期於盡古人云死生亦大矣豈
不痛哉每攬昔人興感之由
若合一契未嘗不臨文嗟悼不
能喻之於懷固知一死生為虛
誕齊彭殤為妄作後之視今
亦由今之視昔悲夫故列
敘時人錄其所述雜世殊事
異所以興懷其致一也後之攬
者亦將有感於斯文

永和九年歲在癸丑暮春之初會
于會稽山陰之蘭亭脩禊事
也群賢畢至少長咸集此地
有崇山峻領茂林脩竹又有清流激
湍暎帶左右引以為流觴曲水
列坐其次雖無絲竹管弦之
盛一觴一詠亦足以暢叙幽情
是日也天朗氣清惠風和暢仰
觀宇宙之大俯察品類之盛
所以遊目騁懷足以極視聽之
娛信可樂也夫人之相與俯仰

「난정서蘭亭序」, 왕희지.

그때 중국에서는 書法(서법)으로 선수를 쳐야 한다고 부산을 떨었습니다. 중국 측 전문가라는 사람은 高麗紙라는 이름이 명나라 때나 되어야 나오니까 「蘭亭序」는 高麗紙에 쓴 일이 없고 우리 쪽의 날조라고 했답니다. 우리 중 누군가 書藝의 기원이 한국이라는 주장을 하면서 「蘭亭序」의 종이를 거론했기 때문에 이런 반응을 보였다는 것이지요.

좋습니다. 작품의 품격으로 평가할 일을 재료로 트집잡는 本末顚倒(본말전도)를 탓하지는 않겠습니다. 허나 분명히 繭紙에 썼다고 기록하고 훗날 高麗紙라는 물건이 繭紙라고 푼 것은 엄연히 중국 쪽 기록입니다. 우리가 지어낸 말이 아닙니다. 제 구미에 맞지 않는다고 조상까지 욕보이는 가짜는 중국에만 있지는 않을 것입니다. 주의하고 또 주의해도 모자랄 일입니다.

薺菜

냉이 제(艸-14) 나물 채(艸-8)

薺菜(제채)는 들나물 '냉이'의 한자 이름입니다. 전 세계에 고루 퍼져 있지만 본디 동유럽부터 소아시아까지가 원산지라고 합니다. 풀밭이나 길가에 흔한 냉이는 이른 봄 하얀 꽃이 피고 나면 心臟(심장) 모양의 작은 열매를 맺습니다. 냉이를 가리키는 우리말 나상구, 나생이, 나중개, 나시 따위가 있듯, 한자말 地菜(지채), 上巳菜(상사채), 菱角菜(능각채), 護生草(호생초) 따위의 이름도 있습니다.

地菜는 '땅 나물'이라는 뜻입니다. 뿌리 잎이 땅 위에 바짝 붙어 무더기로 난 모양에서 나온 이름이겠습니다. 이런 잎을 座葉(좌엽)이라고 합니다. 민들레나 질경이 따위도 모두 座葉 모양 풀입니다. 上巳菜는 '상사일 나물'이라는 뜻입니다. 상사일은 삼월 삼짇날을 가리키니 봄나물이라는 뜻으로 보면 되겠습니다. 菱殼菜는 '모난 깍지 나물'이라는 뜻인데 열매 모양에서 나온 이름입니다. 護生草는 '생명을 보호하는 풀'이라는 뜻이고 양식 떨어진 보릿고개에 사람 목숨 살리는 풀이라는 뜻입니다.

냉이는 나물도 해먹고 양을 불리려고 죽이나 밥에도 넣었지만 뭐니 뭐니 해도 국이 최고겠지요. 제철을 맞는 淺蜊(천리), 곧 모시조개를 넣어 끓이면 그만입니다. 껍질이 모시 옷감 결을 닮았다고 모시조개라고 부르는데 달리 '가무락'이라고도 합니다. 소설가 李丙疇

(이병주)는 뽀얀 쌀뜨물을 받아서 모시조개를 약간 넣고 된장을 풀어서 끓이면 그 쌉쌀한 맛이 향긋한 내음과 더불어 雅趣(아취)를 북돋운다고 했습니다. 입맛이 몹시 당깁니다.

山芥

뫼 산(山-0) 겨자 개(艸-4)

山芥(산개)는 '나도냉이'라는 이름의 풀입니다. '나도'라는 말이 붙은 것은 비슷하게 생겼기 때문입니다. 나도감은 감의 先祖(선조)인 고욤을 가리키는 전라도 말입니다. '나도'와 비슷하게 쓰는 말이 '너도'입니다. 너도밤나무는 밤나무와 비슷하게 생겼지만 밤나무가 아닌 鬱陵島(울릉도) 특산 나무 이름입니다. '나도'나 '너도'는 그런 까닭에 似而非(사이비), 곧 비슷하지만 그것이 아닌 것이지요.

芥는 흔히 갓김치도 담아 먹고 하는 '갓'이라는 푸성귀를 가리키는 말입니다. 그 씨앗을 芥子(개자)라고 합니다. 芥子를 갈아 만든 양념이 바로 겨자입니다. 山芥는 그러므로 글자 그대로 보면 영판 '멧갓' 또는 '산갓'인 것처럼 보이는 탓에 우리나라 사전들은 몽땅 그렇게 써놓았지요. 허나 갓과 나도냉이는 영 딴판인 풀입니다. 글자만 보고 지어내는 望文生義(망문생의)는 이제 그만할 때가 되었습니다.

중국 명나라 때 쓴 『本草綱目(본초강목)』은 갓에 靑芥(청개), 大芥(대개), 馬芥(마개), 花芥(화개), 紫芥(자개), 石芥(석개) 따위 여러 가지가 있다고 했습니다. 보통 가을에 씨를 뿌려 겨울과 봄에 걸쳐 먹습니다. 겨울에 먹는 갓을 蠟菜(납채), 봄에 먹는 것을 春菜(춘채), 늦봄에 먹는 것을 夏芥(하개)라 합니다.

　요즘은 전라도 麗水(여수)가 갓으로 유명하고 특히 그 앞바다의 섬 突山(돌산) 갓이 전국을 風靡(풍미)합니다. 突山 갓이 유명해진 것은 1950년대 이후라 하고 본디 경상도 統營(통영) 갓이 유명했습니다. 새봄, 싱싱한 갓도 맛날 것입니다.

山茱萸

뫼 산(山-0) 수유 수(艸-6) 수유 유(艸-9)

山茱萸(산수유)는 이른 봄에 샛노란 꽃을 피우는 나무 이름입니다. 경상도 金泉(김천) 출신의 시인 문태준은 '산수유나무는 그늘도 노랗다'고 노래한 적이 있지요. 아직 차가운 바람에도 활짝 꽃을 피운 山茱萸는 여기저기 한창 노란 꽃그늘을 드리우고 있습니다. 茱萸라는 이름을 달고 있는 나무는 山茱萸 말고 吳茱萸(오수유)라는 놈이 하나 더 있습니다. 吳茱萸는 쉬나무라는 다른 나무입니다. 山茱萸는 이제 한창 꽃을 피우지만 吳茱萸는 8월에 꽃을 피우지요.

山茱萸의 영어 이름은 라틴어에서 온 코넬(Cornel)도 있지만 '개나무(Dogwood)'라는 이름도 있습니다. 본디 다그우드(Dagwood)라 부르다가 개 나무라고 오해하게 되었지요. 다그(Dag)는 오늘날 대거(dagger)라고 短劍(단검)을 부르는 옛 영어인데 말입니다. 단단한 나무를 무기 재료로 많이 썼답니다. 아메리칸 인디언이 山茱萸를 '화살나무'라 부르는 것도 화살 재료이기 때문입니다.

山茱萸는 『三國遺事(삼국유사)』에도 나오는 오래된 나무입니다. 新羅(신라) 48대 임금 景文王(경문왕)의 귀가 갑자기 길어진 사건이 벌어졌습니다. 모자를 만드는 기술자인 幞頭匠(복두장) 혼자 비밀을 알고 있었다지요. 입이 간질간질했던 그는 道林寺(도림사) 대숲에 들어가 '임금님 귀는 당나귀 귀'라고 소리쳐댔습니다. 바람만 불

면 이 소리가 숲 바깥으로 새어나왔고, 景文王은 이 소리가 싫어 대
숲을 베어내고 山茱萸를 심었다고 합니다. 그랬더니 이번에는 '우리
임금 귀는 길다'는 소리만 바람결에 실려왔답니다. 말의 힘은 이리
도 큰 법입니다.

連翹

잇닿을 련(辵-7) 꼬리 긴 깃털 교(羽-12)

連翹(연교)는 '잇달아 긴 꼬리 깃털'이라는 뜻입니다. 얼른 수탉이나 꿩의 꽁지깃이 떠오르지요. 새 깃털을 떠오르게 하는 連翹는 사실 노란 꽃 피는 '개나리'의 한자 이름입니다. 고려시대에는 犬乃里花(견내리화)라고 이두로 썼답니다. 犬乃里花의 犬은 개, 乃里는 나리, 花는 꽃이니 그대로 옮기면 '개나리꽃'이 됩니다.

壽丹(수단)은 개나리의 대표적인 별명입니다. 목숨을 늘려주는 약이란 뜻이지요. 노란 꽃 때문에 黃壽丹(황수단), 黃奇丹(황기단)이라고 黃(누를 황) 자를 붙이기도 합니다. 奇丹은 기이한 약이란 뜻입니다. 武夷巖茶(무이암차)는 중국 福建(복건)의 유명한 武夷山(무이산) 바위틈에서 자란다는 찻잎인데 그중 大紅袍(대홍포)가 유명하지요. 奇丹은 大紅袍의 원래 이름이기도 합니다.

노란 빛깔 때문에 붙은 이름에는 黃花條(황화조), 黃鏈條(황련조), 黃金條(황금조), 一貫金(일관금) 따위가 있습니다. 條(가지 조)에 붙은 꽃이 황금처럼 보였나봅니다. 一貫은 '일관되다'라고 할 때의 일관입니다. 날렵하게 뻗은 개나리 가지를 가리키는 말입니다. 鏈(쇠사슬 련) 자는 울타리 삼아 많이 심었기 때문인지도 모릅니다.

개나리는 몸살감기에 많이 쓰이는 생약입니다. 특히 열매를 약으로 쓰는데 連翹가 연밥 모양 열매에서 나왔다는 말이 안 되는 말도

있습니다. 蓮實(연실), 곧 연밥은 차라리 도토리가 닮았으면 닮았지
개나리 열매와는 딴판이지요.

花妬娟

꽃 화(艸-4) 강샘할 투(女-5) 예쁠 연(女-7)

花妬娟(화투연)은 '꽃샘'이라는 뜻입니다. 옛사람들은 여자를 꽃에 비기고 嫉妬(질투)를 그 특성이라 생각하기 일쑤였지요. 꽃샘 花妬娟은 그래서 여자의 嫉妬란 뜻이 우선이고 이맘때 기승을 부리기 일쑤인 '꽃샘추위'를 가리키는 말이기도 합니다.

중국에서는 보통 春寒(춘한)이라거나 도로 추워진다고 倒春寒(도춘한)이라고 합니다. 한나라 때의 여자 王昭君(왕소군)의 노래에 전하는 春來不似春(춘래불사춘), 곧 '봄이 와도 봄 같지 않구나'도 꽃샘추위를 빌려 제 마음을 노래한 유명한 구절이지요. 우리나라에서는 3월 7일, 곧 驚蟄(경칩) 며칠 뒤가 첫 번째 꽃샘추위이고 3월 25일, 곧 春分(춘분) 며칠 뒤가 두 번째입니다. 세 번째는 보통 4월 10일, 곧 淸明(청명)이 지나고 난 며칠 뒤입니다.

일본에서는 꽃샘추위를 하나비에(花冷·화랭)라고 부릅니다. 중국과 달리 우리처럼 꽃이라는 말이 들어갑니다. 저들이 좋아하는 벚꽃이 필 무렵, 곧 淸明이 지난 뒤의 마지막 꽃샘추위를 특히 하나비에라고 합니다.

꽃샘추위에는 찬바람도 따르는 법이니 이를 妬花風(투화풍)이라 합니다. 다음은 꽃샘바람 노래 두 가지입니다.

꽃필 시절 갑작스레 세찬 바람 잦으니 花時多顚風(화시다전풍)

다들 꽃샘바람이라고들 하네 人道是妬花(인도시투화)

(…)

어찌 고운 것 샘내서 豈反妬其艶(기반투기염)

갑작스레 세찬 바람 보내는가 而遣顚風加(이견전풍가)

고려시대 李奎報(이규보)의 노래입니다.

꽃 재촉하는 비 이은 꽃샘바람 催花雨妬花風(최화우투화풍)

겨우 꽃필 만하니 꽃 떨구네 纔到開時已敎落(재도개시이교락)

조선시대 사람 申欽(신흠)의 노래입니다.

春分

봄 춘(日-5) 나눌 분(刀-2)

春分(춘분)은 해가 赤道(적도)를 똑바로 비추기 때문에 낮밤의 길이가 같은 날입니다. 태양이 지나는 길을 黃經(황경)이라 하는데 春分은 黃經 0도가 되는 날이지요. 진정한 새 출발, 原點(원점)이라고 해도 좋겠습니다. 그래서인지 春分을 봄의 시작, 한 해의 시작으로 보았던 고대 문명도 숱하게 많았다고 합니다.

正初(정초), 곧 정월 초하루가 한 해의 시작이라는 생각이 보통입니다만, 이리 된 것은 하늘을 둘러싼 힘겨루기에서 正初가 이겼기 때문일 것입니다. 正初가 이긴 것은 까마득한 옛날 해의 시대와 달의 시대가 갈리는 일, 곧 狩獵人(수렵인)이 農夫(농부)가 되었을 때의 일이겠지요.

春分, 秋分(추분), 夏至(하지), 冬至(동지)는 모두 原點의 자격도 갖추고 있고 그 노릇을 한 적도 있습니다. 어떤 문명이냐, 어떤 시대냐에 따라 다르지만 말입니다. 夏至나 冬至는 해의 復活(부활)이므로 시작점의 자격이 충분하지요. 서양의 크리스마스도 본디 冬至 무렵 새해맞이 축제에서 나온 것 아니겠습니까. 春分과 秋分은 낮밤의 길이가 같고 해의 위치도 안성맞춤, 파종과 수확의 의미 깊은 때라서 시작점이 될 수 있었습니다. 둘 중 春分이 새해 첫날인 쪽이 많다는 것만 알려드립니다.

프리기아 모자를 쓴 미트라. 황소가 흘린 피에서 생명이 태어나고 있다.

春分이 새해 첫날이 된 데에는 최초로 천문을 기록한 메소포타미아 사람들 영향이 큽니다. 그들은 황소자리에 큰 의미를 뒀다고 하지요. 지금은 그렇지 않지만 5000년 전 春分點(춘분점)을 포함한 황소자리는 북반구 온대지역의 농사 시작 시기와 맞아떨어졌다고 고대 천문학을 연구하는 사람들은 말합니다.

여기에 황소 숭배까지 결합하면 페르시아의 태양신 미트라(Mithra)가 됩니다. 황소자리 알데바란의 아들로 여긴 金星(금성)도 한 세트이지요. 春分을 原點이라 여긴 사람들은 해, 황소, 金星을 믿은 이들입니다. 이런 생각은 지금의 봄 축제에까지도 많은 흔적을 남겼습니다. 오늘날 봄 축제에 이런 뜻은 사라지고 지루한 일상과 무의미한 오락만 남았지만 말입니다.

菫花

제비꽃 근(艸-8) 꽃 화(艸-4)

菫花(근화)는 제비꽃입니다. 菫이라고만 쓰기도 합니다. 제비꽃은 얼핏 가냘파 보이지만, 무리로 피어나 강인한 생명력을 뽐내는 꽃입니다. 天上(천상)을 수놓는 것이 별이라면 地上(지상)을 수놓는 것은 꽃이지요. 제비꽃은 별자리 가운데 황소자리 꽃입니다. 황소자리는 5000년 전 봄의 시작을 알리는 별자리였지요. 황소자리, 제비꽃, 황소는 그래서 한 묶음입니다.

제비꽃은 피와 부활을 상징하는 꽃입니다. 봄의 大地(대지)를 일깨우려면 犧牲(희생)의 피로 적셔야 한다고 옛사람들은 믿었지요. 大母神(대모신)의 아들 아티스(Attis) 신이 흘린 피가 제비꽃으로 피었다는 프리기아 神話(신화)의 뜻이 그렇습니다. 아티스가 피를 흘리고 죽은 이유는 다시 살아나기 위해서였답니다.

아티스 神話의 변형인 페르시아의 미트라 神話에도 칼로 찌른 황소 목덜미에서 솟구치는 피가 온갖 생명으로 피어난다 했습니다. 원죄를 代贖(대속)한 예수 부활의 상징도 이와 관련이 있지요. 황소와 아티스가 흘린 피, 제비꽃은 결국 부활의 힘이요 생명력인 셈입니다.

강원도 사투리로 제비꽃은 '씨름꽃'이라고 합니다. 재미있는 말입니다. 일본 말로 스미레(菫)라 부르는 제비꽃의 별명도 스모토리구

사, 곧 '씨름꾼풀'입니다. 스모토리는 力士(역사), 힘 쓰는 남자라는 뜻인데 力(힘 력)을 일본 말로는 지카라라고 읽기도 하지요. 지카라의 지는 血(피 혈)이란 뜻입니다. 힘은 피에서 나오는 것이란 생각이겠지요.

씨름꾼이 흘리는 땀은 결국 犧牲의 피 대신이지 싶습니다. 본디 피로 大地를 물들여야 생명을 깨울 수 있다고 생각하던 사람들이 언젠가부터 땀으로 대신할 수 있다고 믿기 시작한 것이지요. 피를 대신해 땀을 흘리는 씨름은 얼마나 훌륭합니까.

菫荼如飴

제비꽃 근(艸-8) 씀바귀 도(艸-7) 같을 여(女-3) 엿 이(食-5)

菫荼如飴(근도여이)는 '제비꽃과 씀바귀는 엿처럼 달다'라는 뜻입니다. 『詩經(시경)』「緜(면)」의 한 구절이지요. 까마득한 옛날 주나라의 조상인 古公亶父(고공단보)는 豳(빈) 땅 漆水(칠수) 강가에서 살았다고 합니다. 집도 없이 그냥 살았다고 합니다. 이웃 부족이 쳐들어오자 온 겨레를 이끌고 남쪽으로 梁山(양산)을 넘고 다시 서쪽으로 틀어 岐山(기산) 아래에 도착했습니다. 때마침 봄이었던지 너른 들판에 봄나물이 넘실거리고 아주 맛있었던 모양입니다. 걸음을 멈추고 점을 쳤지요. 살 만하다는 점괘가 나왔습니다. 그곳이 주나라의 발상지 周原(주원), 곧 주족의 들판입니다.

일본의 『萬葉集(만엽집)』에도 '봄들에 제비꽃 캐노라 왔던 나'라는 노래 구절이 있습니다. 여기에도 제비꽃 나물이 나옵니다. 우리 『農家月令歌(농가월령가)』「二月令(이월령)」에도 이런 노래가 있지요.

산채는 일렀으니 들나물 캐어 먹세
고들빼기 씀바귀며 소루쟁이 물쑥이라

고들빼기, 씀바귀, 물쑥 모두 아름다운 우리 풀이름입니다. 소루쟁이는 뭘까요? 왠지 소금쟁이를 연상시키는 소루쟁이는 禿菜(독채), 羊蹄(양제), 牛舌菜(우설채)라는 한자 이름을 가진 풀의 우리말입니다. 옛날 궁중에서 봄나물 국을 '소루쟁이탕'이라 부를 정도였다니 참 맛있었나봅니다.

山菜(산채)랑 들나물이 한창인 봄입니다. 예전 맛이 나지 않는다는 어른들 푸념도 있지만 귀한 것입니다. 살 만한 땅인지 아닌지를 나물 먹어보고 결정한 일도 있지 않았던가요. 오늘 가까운 시장에 가봅시다. 할머니들이 뜯어온 들나물로 이 땅이 살 만한지 점쳐보러 말입니다.

高媒

높을 고(高-0) 중매 매(女-9)

高媒(고매)는 高禖(고매)라고도 씁니다. 모두 帝嚳(제곡) 高辛氏(고신씨)를 신격화한 말이라고 하지요. 高辛氏는 은나라와 주나라 공통의 남자 조상입니다. 그런데 高媒는 여자를 가리키는 말인 듯한데, 왜 남자인 高辛氏와 같다고 했을까요? 도대체 무슨 일이 벌어진 걸까요?

또 다른 신화는 이렇게 말합니다. 은나라 시조를 낳은 것은 簡狄(간적)이라는 여자 혼자라고 말이지요. 春分(춘분)에 제비가 물고 가다 떨어뜨린 오색찬란한 알을 삼키고 簡狄은 은나라 시조를 잉태했다고 합니다. 일단 簡狄은 여자이기 때문에 高媒라고 해도 좋을 듯합니다.

기록에 따르면 주나라 임금은 제비가 돌아오는 春分에 高媒에게 제사를 지냈다고 합니다. 임금이 제사를 마치면 왕비와 왕의 여자들에게 선물을 주는데 특히 활집에서 화살을 꺼내 나눠주었다고 합니다. 무슨 상징일까요? 鄭玄(정현)은 아들을 낳게 해달라고 高媒에게 조르는 뜻이라 풀었고 프랑스 학자 마르셀 그라네는 孕胎(잉태)와 多産(다산)의 왕실 축제라고 풀었습니다. 하지만 풀이가 썩 만족스럽지는 않습니다.

은나라와 주나라에 공통된 高媒 축제와 시조 신화의 열쇠는 엉뚱한 곳에 있는 듯합니다. 바로 春分을 한 해의 시작으로 생각한 아스텍의 태양신이자 전쟁신 '위칠로포치틀리 신화'입니다. 이야기는 이렇습니다.

대지의 여신은 신전에서 깃털을 주워 허리춤에 차자 임신을 했다. 여신의 아들 400명과 딸은 아기를 죽이기로 결정했다. 그들이 죽이러 오자 위칠로포치틀리가 태어나서 누이와 형들을 처부셨다. 위칠로포치틀리는 해, 누이는 달, 400명의 아들은 별이 되었다. 그래서 태양신은 매일 서쪽 어둠으로 들어가 별들과 전쟁을 치르고 아침에 동쪽 하늘을 피로 물들이며 뜬다.

아스텍 신화를 참고하면 簡狄은 대지의 여신인 셈이고 高媒는 태양신입니다. 제비는 옛사람들이 태양신의 새라고 생각했지요. 그래서 제비가 오는 날, 春分에 대지가 生氣(생기)로 충만해진다고 생각했습니다. 生氣는 태양이 쏘는 화살, 곧 '햇살'에서 오는 것이라고 말입니다. 은나라와 종족은 달랐지만 마찬가지로 태양신을 모시는 주나라 임금은 그래서 자기 여자에게 '화살'을 준 것입니다.

角宿

뿔 각(角-0) 별자리 수(宀-8)

사십팔

角宿(각수)는 蒼龍(창룡)의 뿔에 해당되는 별자리입니다. 중국을 비롯한 동아시아의 별자리는 스물여덟 가지, 곧 二十八宿(이십팔수)입니다. 二十八宿는 일곱 개씩 묶어 동서남북에 배당해두었습니다. 하나하나 의미 있는 별자리들을 더 큰 단위로 다시 묶은 것이지요. 青龍(청룡), 白虎(백호), 朱雀(주작), 玄武(현무) 四神(사신)이 바로 동서남북 별자리를 묶어 부르는 말입니다.

동쪽의 일곱 별자리가 東方七宿(동방칠사)이며 東方靑龍(동방청룡) 또는 東方蒼龍(동방창룡)이라 부릅니다. 青이나 蒼이나 푸른색이라는 같은 뜻입니다. 青天(청천)이든 蒼天(창천)이든 푸른 하늘이고, 青龍이든 蒼龍이든 푸른 용, 하늘의 용입니다. 푸른색은 五行說(오행설)에 따르면 동쪽이고, 동쪽은 봄입니다. 春分(춘분) 무렵인 요즘 같은 봄밤 子正(자정) 무렵 南中(남중)합니다. 봄의 별자리입니다.

서양에서는 거꾸로 가을의 별자리라고 생각합니다. 角宿의 영어 이름은 스피카(Spica)입니다. 처녀자리(비르고Virgo)에서 가장 밝은 별입니다. 스피카는 스피카 비르기니스(spica virginis), 곧 '처녀의 이삭'이라는 라틴어에서 왔습니다. 곡식 이삭은 보통 가을에 걷기 때문에 가을 별자리를 합리화하고 있습니다.

146"

여기서 처녀는 바로 冥界(명계)의 지배자 하데스에게 납치당한 地母神(지모신) 데메테르의 딸 페르세포네입니다. 地下(지하)에서 영화를 누려도 슬픈 딸 때문에 어미도 悲嘆(비탄)에 잠겼지요. 어미가 돌보지 않아 황폐해진 大地(대지)를 보다 못한 제우스가 중재에 나섭니다. 하데스는 결국 페르세포네가 반년을 지상, 반년을 지하에서 보내는 데 합의하지요. 어떤 이야기는 3년씩이라고도 합니다. 봄은 이런 母女(모녀) 재회의 기쁨이 噴出(분출)해서 온다는 것이 옛사람들 생각입니다. 겨울은 보통 어두움과 연결되고 봄은 어두움에서 밝음으로 나가 기뻐하게 된다고 말이지요.

「페르세포네」, 단테 가브리엘 로세티, 97.1×46.3cm, 1871, 옥스퍼드 애시몰린 박물관.

擊春曲

부딪칠 격(手-13) 봄 춘(日-5) 굽을 곡(日-2)

擊春曲(격춘곡)은 '봄을 두드리는 노래' 또는 '봄노래를 두드리다'
라는 뜻입니다. 당나라 황제 玄宗(현종)은 당시 유명한 一世風流男
兒(일세풍류남아), 곧 멋진 사나이였습니다. 어느 봄날 새벽, 황제가
머리 빗고 옷매무새 가다듬고 보니 간밤에 내린 봄비도 개고 공기
빛깔이 무척 玲瓏(영롱)했더랍니다. 뜰의 버들 싹과 살구꽃은 필 듯
말 듯했고 말이지요. 玄宗은 春興(춘흥)이 동했습니다. 새벽 댓바
람에 술자리 준비하라 이르고 총애하는 환관 高力士(고력사)에게
羯鼓(갈고)를 연주하라 했다지요.

高力士가 이때 羯鼓를 두드리며 부른 것이 「春光好(춘광호)」, 곧
'봄빛이 좋구나'라는 노래라고 합니다. 문득 버들과 살구를 보니 그
들도 소리에 취한 듯 활짝 피었다 합니다. 玄宗이 得意揚揚(득의양
양)하게 봄꽃과 싹을 틔운 것은 자기라고 말하자 모인 사람들이 만
세를 불렀다고 합니다. 중국 책 『酉陽雜俎(유양잡조)』에 나온 이야
기입니다.

明皇(명황)이라고도 불린 玄宗은 소리 좋은 羯鼓를 이렇게 칭찬
한 적이 있습니다.

모든 소리의 우두머리요 어떤 음악이든 비교할 수 없다.

八音之領袖(팔음지영수) 諸樂不可爲比(제악불가위비)

羯鼓는 羯族(갈족)이라는 西域(서역) 종족의 북입니다. 크기와 모양이 장구와 비슷한 악기지요. 양편을 말가죽으로 메운 것도 장구와 같습니다. 요새 장구야 북편은 쇠가죽, 채편은 말가죽으로 만들지만, 옛날 장구는 북편도 흰 말가죽, 채편도 채 말리지 않은 말가죽으로 만들었다고 합니다.

羯鼓와 장구는 차이가 나기도 합니다. 羯鼓는 고정하는 대에 올려놓고 두 개의 채로 치지만 장구는 하나의 채만 쓰고 대에도 올리지 않지요. 심지어 腰鼓(요고)처럼 들고 두드리기도 합니다. 세상의 많은 북이 녹아들어 우리 장구가 된 모양입니다.

낙타를 탄 악대 모양 당삼채唐三彩. 서역 음악이 당나라를 휩쓸었다.

杏花春雨

살구나무 행(木-3) 꽃 화(艸-4) 봄 춘(日-5) 비 우(雨-0)

杏花春雨(행화춘우)는 '살구꽃과 봄비'라는 뜻입니다. 살구꽃 피고 봄비 내리는 촉촉한 봄 경치를 가리키지요. 『齊民要術(제민요술)』에는 이런 말이 있습니다.

매화꽃은 일찍 피고 희지만 살구꽃은 늦게 피고 붉다. 梅實(매실)은 작고 시큼하지만 살구는 크고 달다. 梅實은 조미료로 쓸 수 있지만 살구는 쓰지 못한다. 매화와 살구를 구분하지 못하고 같다고 말하는 사람도 있다.

매화, 살구도 구별 못 하는 菽麥(숙맥)이 예나 지금이나 많았나 봅니다. 어쨌든 『齊民要術』처럼 효용을 따지는 일은 뒤로 미룹시다. 우리가 기억하는 살구꽃을 생각해보지요. 우선 살구꽃은 복사꽃과 더불어 고향의 꽃입니다.

나의 살던 고향은 꽃피는 산골
복숭아꽃 살구꽃 아기진달래

널리 알려진 童謠(동요) 한 소절입니다. 열네 살 먹은 소년 李元

壽(이원수)가 지은 童詩(동시)에 작곡가 洪蘭坡(홍난파)가 곡을 붙인 「고향의 봄」 일부입니다. 李元壽는 朝鮮(조선)이 식민지로 轉落(전락)한 이듬해 1911년 경남 양산에서 태어난 분입니다. 한 살배기 때 창원으로 이사해 양산에 대한 기억은 없고 '작고 초라한 창원'이 그의 고향이라 했습니다. 마산에서 천도교소년회 활동을 하던 그는 小波(소파) 方定煥(방정환)을 만날 기회가 있었습니다. 小波의 권유로 투고하고 이듬해 1926년 잡지 『어린이』에 실려 李元壽 이름 석 자를 널리 알린 것이 바로 「고향의 봄」입니다.

성문 밖 개울이며 서당 마을의 꽃들이며 냇가의 수양버들, 남쪽 들판의 푸른 보리

李元壽가 기억하는 '꽃 대궐'은 이런 모습입니다. 오늘 우리는 우리 아이들이 어떤 기억을 갖게 해줄 수 있을까요? 참 많은 생각을 하게 만드는 봄입니다.

「도원동桃源洞」, 장굉張宏, 종이에 채색, 30.3cm×23.6cm, 명나라 17세기, 국립중앙박물관. 뜰에 온통 살구꽃과 복사꽃 천지다.

春塘春色古今同

봄 춘(日-5) 못 당(土-10) 봄 춘(日-5) 빛 색(色-0)
옛 고(口-2) 이제 금(人-2) 한가지 동(口-3)

春塘(춘당)은 '봄 연못', 春色(춘색)은 '봄빛'이니 '봄 경치', 古今同(고금동)은 '예나 지금이나 같다'는 뜻입니다. 판소리 「春香歌(춘향가)」에 이몽룡이 과거를 볼 적 나온 시험 문제로 유명하지요. 春塘은 여기서 어느 곳에나 있을 법한 봄 연못을 가리키는 일반명사가 아니라 서울 昌德宮(창덕궁) 後苑(후원)의 春塘臺(춘당대)를 가리킵니다. 임금 있는 곳이지요. 春塘春色古今同은 그래서 훌륭한 임금이 좋은 정치를 펼쳐 태평성대라는 뜻이 됩니다.

이몽룡이 응시한 과거시험은 정기 시험이 아니라 春塘臺에서 봤기 때문에 春塘臺試(춘당대시)라 불린 특별 시험입니다. 나라에 경사가 있을 때 보이는 慶科(경과)의 일종입니다. 보통 文科(문과) 33명을 뽑는 정기 시험의 관례와는 달리 春塘臺試는 5명 정도를 뽑았다고 합니다. 경쟁은 더 치열할 수밖에 없었겠지요. 壯元及第(장원급제)한 이몽룡을 「春香歌」는 자진모리장단으로 이렇게 노래합니다.

머리 우에 어사화요, 몸에난 청포 흑대, 좌수에 옥골이요, 우수으 홍패로다. 금의 화동은 쌍제를 떠엿난듸, 구하문 밖 나오실 제 청노새 비껴 타고 장안 대도 상으로 이리 가락 저리 가락.

「동궐도」, 273.0×576.0cm, 국보 제249호, 1830년 이전, 고려대박물관. 춘당대 창덕궁 후원 영화당 映花堂 앞뜰.

三日遊街(삼일유가) 장면입니다. 三日遊街는 합격자가 사흘 동안 시험을 주관한 試官(시관)이나 선배, 친척을 방문하던 일을 가리킵니다. 「春香歌」의 묘사처럼 이때 머리에 쓴 모자에 御史花(어사화)를 꽂지요. 御史花는 生花(생화)가 아니라 보통 대나무 가지에 붉은색, 노란색, 푸른색 종이를 국화꽃 모양으로 오린 것을 붙여서 만들었다 합니다만 생화를 쓸 때도 있었답니다. 정기 시험인 殿試는 보통 음력 2월에 쳤는데 이때 及第花(급제화)라 하여 살구꽃 가지를 꽂았다 합니다. 이 무렵이 살구꽃 철이기 때문입니다.

取龜攻龜

취할 취(又-6) 거북 귀(龜-0) 칠 공(攴-3) 거북 귀(龜-0)

取龜(취귀)는 '거북을 취하다', 攻龜(공귀)는 '거북을 다루다'라는 뜻입니다. 여기서 거북은 산 거북이 아니라 죽은 거북이 남긴 껍질을 말하지요. 取는 耳(귀 이)와 又(또 우)가 합쳐진 글자입니다. 또한 又는 손, 그중 '오른손'을 본뜬 글자입니다. 잡다, 가지다라는 뜻은 그래서 생겼습니다. 攻은 工(장인 공)과 攴(칠 복)이 합쳐진 글자입니다. 攴은 다시 卜(점 복)과 又가 합쳐진 글자이고, 오른손으로 도구를 잡은 모양입니다. 그래서 攻은 본디 장인이 도구를 가지고 물건을 두드리는 모양이지요.

『周禮(주례)』는 요새로 치면 정부조직법에 해당되는 책입니다. 春夏秋冬(춘하추동) 네 계절로 나눈 방식이 특이합니다. 歲時(세시)의 생각을 일찍부터 기본적으로 가지고 있었다는 것을 보여주는 고전이지요. 첫 부분인 春官(춘관)에는 龜人(귀인)이란 직책이 있습니다. 거북 껍질을 책임지는 공무원이지요. 거기 이런 말이 있습니다.

거북을 취하는 때는 가을이고 거북을 다루는 때는 봄이다. 때에 맞춰 그 물건을 귀실에 넣는다. 凡取龜用秋時(범취귀용추시) 攻龜用春時(공귀용춘시) 各以其物(각이기물) 入於龜室(입어귀실)

귀실은 거북 방이니 거북 껍질을 보관하는 방이겠지요. 방도 여섯 개나 되었다고 합니다. 가을에 거북을 잡는 이유는 만물이 성숙하는 계절이라 거북도 '충분히 익었기' 때문입니다. 봄까지 마르길 기다려 龜骨(귀골), 곧 거북 껍질을 다루지요. 봄까지 충분히 말려야 나중에 상하지 않기 때문입니다.

龜人이 다루던 거북 껍질은 옛날 큰 점을 치려고 마련하는 물건입니다. 이밖에 소나 사슴 뼈를 쓰기도 했습니다. 모두 신령한 동물의 뼈입니다. 옛사람은 신령이 깃든 동물의 뼈를 두드려 비밀의 문을 열려 했습니다. 오랫동안 정성을 들인 겸손한 마음이 아니면 하늘은 대답하지 않는다고 합니다. 우리 살길은 어쩌면 옛사람이 이미 알려준 셈일지도 모릅니다.

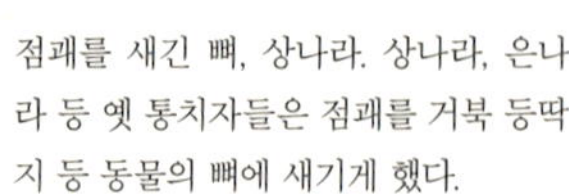

점괘를 새긴 뼈, 상나라. 상나라, 은나라 등 옛 통치자들은 점괘를 거북 등딱지 등 동물의 뼈에 새기게 했다.

黃砂

누를 황(黃-0) 모래 사(石-4)

黃砂(황사)는 '누런 모래'라는 뜻입니다. 보통 봄철에 偏西風(편서풍)을 타고 멀리 중국에서 날아오는 먼지바람을 가리키는 말입니다. 偏西風은 서쪽에서 동쪽으로만 부는 높은 하늘의 바람인데 지구의 自轉(자전) 때문에 생긴답니다.

보통 알갱이가 눈에 보일 만큼 굵은 놈을 모래라고 합니다. 黃砂는 낱낱이 눈에 보이지 않을 만큼 가는 알갱이지요. 그래서 '누런 먼지' 黃塵(황진)이라 부르기도 합니다. 黃塵은 俗塵(속진), 곧 '속세의 티끌'이라고도 쓰고 번잡한 世上事(세상사)를 비기기도 합니다. 黃塵과 같은 뜻으로 벌건 티끌 紅塵(홍진)을 쓰기도 합니다.

우리나라에 날아오는 黃砂는 고비 沙漠(사막)이나 黃土高原(황토고원)의 메마른 흙먼지입니다. 黃土高原도 헤아릴 수 없는 세월 동안 서쪽의 黃砂가 날아와 높이 쌓인 곳이지요. 물도 여기를 거치면 빛이 흐려지기에 黃河(황하)라는 이름을 얻었고 세상의 중심을 노란색이라 여기는 中華主義(중화주의)도 여기서 나왔습니다.

國民黨(국민당)의 토벌을 피해 달아난 中國共産黨(중국공산당)도 두꺼운 흙에 굴을 뚫어 만든 집 窰洞(요동)에서 미래를 설계한 적도 있습니다. 그렇게 유서 깊은 黃土高原에서 사람들이 떠나고 있답니다. 沙漠化(사막화) 때문입니다. 메마른 大地(대지)에 다시 사람을 살게 하려고 무던히 노력해도 별 소용 없다니 답답한 노릇입니다. 최근 우리에게도 부쩍 잦아진 黃砂 모래바람은 지금 문명의 作態 (작태)에 경고하는 중인가봅니다.

杜鵑花

막을 두(木-3) 두견새 견(鳥-7) 꽃 화(艸-4)

杜鵑花(두견화)는 봄철 산에 피는 진달래의 한자 이름입니다. 杜鵑은 새 이름인데, 새가 토한 피가 튀어서 물들인 꽃이 진달래라는 중국의 옛 전설에서 나온 말입니다. 그런 까닭에 진달래를 그냥 杜鵑이라 부르기도 하니, 진달래는 두견새이고 두견새는 진달래가 되는 셈입니다. 흔히 軟粉紅(연분홍) 빛깔을 띠는 진달래는 본디 흰빛이었을까요? 붉은 물이 들었다니 말입니다. 사실 귀하긴 하지만 흰 진달래도 있긴 있답니다.

요즘 중국에서는 진달래를 滿山紅(만산홍), 映山紅(영산홍)이나 迎山紅(영산홍), 金達來(금달래) 따위로 부릅니다. 滿山紅은 '산을 가득 붉게 만든다', 映山紅은 '산을 붉게 물들인다'라는 뜻입니다. 迎山紅은 映山紅과 소리가 같아서 쓰는 말입니다. 金達來는 현대에 들어와 우리말 진달래를 소리 나는 대로 옮긴 말입니다. 중국 말로 '진다라이'라는 혀 짧은 소리가 나지요. 중국에 가보면 朝鮮族(조선족)이 연 식당 이름에 金達來가 곧잘 눈에 띕니다.

진달래꽃이 한창 피면 고운 꽃에는 안된 일이지만 따다가 예쁜 花煎(화전)을 부쳐 먹기도 하고 술을 담그기도 합니다. 중요무형문화재 제86호로 지정된 술 가운데 충청도 沔川(면천)의 杜鵑酒(두견주)가 있습니다. 백 일은 익어야 먹는다고 百日酒(백일주)라고도 하

畫一花裡多
更占春情
嗚
詩山

「진달래와 참새」, 유운홍, 종이에 엷은 색, 32.0×44.0cm, 19세기, 고려대박물관.

는 놈입니다. 이렇게 먹을 수 있는 진달래꽃의 다른 이름은 '참꽃'입니다.

그러면 먹지 못하는 '개꽃'도 있을까요? 그렇습니다. 개꽃은 철쭉의 다른 이름입니다. 중국에서 진달래를 가리키는 말로 쓰는 映山紅 등은 사실 철쭉의 일종입니다. 참꽃과 다른 개꽃을 혼동하다니, 진달래가 저들 것은 아닌가봅니다.

蒲公英

부들 포(艸-10) 공평할 공(八-2) 꽃부리 영(艸-5)

蒲公英(포공영)은 발치에서 노란 꽃을 피우는 봄꽃 민들레의 한자 이름입니다. 浦公英(포공영)이라고도 씁니다. 英 자 대신 草(풀초) 자를 붙여 蒲公草(포공초)나 捕公草(포공초)라고도 합니다. 蒲公英은 보통 생약으로 쓸 때 부르는 이름입니다. 금으로 만든 비녀를 뜻하는 金簪草(금잠초)라는 예쁜 이름도 있습니다.

滿地金(만지금)도 무리지어 땅을 노랗게 물들인 민들레를 가리키는 말입니다. 滿地는 '땅에 가득'이라는 뜻이니 금이 땅에 가득 깔렸다는 뜻이겠습니다. 잎이나 줄기를 부러뜨려 나오는 젖빛 乳液(유액)은 몹시 쓰지요. 그래서 '쓴 나물' 苦菜(고채)라는 이름도 얻었습니다. 어떤 곳에서는 민들레 乳液을 채집해서 고무를 만들기도 한답니다.

짐승들은 써서 잘 먹지 않는 민들레의 어린 잎사귀를 사람들은 나물로 먹습니다. 쓴맛이 오히려 食慾(식욕)을 돋우기 때문입니다. 유럽 사람들은 일찍이 잎사귀를 샐러드에 넣어왔고 뿌리를 말려 커피 代用(대용)으로 끓여 먹는다는 말도 있습니다.

댄들라이언(Dandelion)은 민들레의 영어 이름인데, 본디 '獅子(사자)의 이빨'을 뜻하는 프랑스 말 '덴 드 리옹(Dent de lion)'에서 왔답니다. 톱니 모양의 잎사귀에서 날카로운 이빨을 떠올린 모양입니다.

地丁(지정)은 민들레의 다른 이름입니다. 밟고 또 밟아도 억센 생명력으로 끊임없이 새로 일어서는 민들레의 성질을 보고 정한 이름입니다. 그래서 질경이와 함께 民草(민초)에 비기는 것은 이유가 없지 않아 보입니다.

禿山

대머리 독(禿-2) 뫼 산(山-0)

禿山(독산)은 풀과 나무가 없이 헐벗은 산인 '민둥산'이라는 뜻입니다. 屹屼(흘올)이라고 어려운 한자말을 쓸 수도 있지요. 禿은 벗어진 모양에 많이 쓰는 한자입니다. 禿菜(독채)라는 풀도 있고 禿鷲(독취)라는 새도 있지요. 禿菜는 소루쟁이, 禿鷲는 독수리입니다. 독수리는 수리라는 猛禽(맹금), 곧 사나운 새 가운데 머리가 벗어졌다고 붙은 이름입니다.

서울에는 禿山洞(독산동)이라는 동네도 있습니다. 예전에 경기도 始興(시흥)이었다가 永登浦區(영등포구), 九老區(구로구)를 거쳐 이제 衿川區(금천구)에 속하는 곳입니다. 서울이 커진 내력을 고스란히 담고 있는 동네겠네요. 禿山은 이제 서울의 한 동네 이름으로 남았지만 불과 수십 년 전만 해도 이 나라는 온통 헐벗은 동네 '禿山洞'이었습니다.

헐벗은 땅을 그대로 둘 수 없다는 생각은 본디 미국 農務省(농무성) 장관을 지낸 스털링 모턴에게서 시작되었습니다. 1872년 나무 심는 날을 따로 정하자는 생각을 한 것이지요. 벌써 한 世紀(세기)를 훌쩍 넘겼습니다. 아버 데이(Arbor Day)라고 불렀습니다. 우리말로 植木日(식목일)이지요. 아버는 나무를 뜻하는 라틴어 아르보르(Arbor)에서 나왔습니다.

우리나라는 비교적 일찍 植木日을 정하고 시행한 나라입니다.
1946년 美軍政(미군정) 때 시작되었으니 미국 영향이 크지요. 새
나라에서 헐벗은 산을 푸르게 가꾸는 일은 단순한 山林綠化(산림
녹화)가 아니었습니다. 국민에게 希望(희망)을 주는 일이기도 했습
니다. 지금 우리 산은 푸르러졌지만 마음은 도리어 헐벗었습니다.
우리 마음도 綠化가 필요한 때가 아닐지요.

櫻咲

앵두나무 앵(木-17) 웃을 소(口-6)

櫻은 櫻花(앵화), 곧 벚꽃이지만 본디 앵두꽃을 가리킵니다. 咲는 笑(웃을 소)의 옛 글자이고 이제 우리는 사전에서나 볼 수 있지만 일본에서는 아직 곧잘 씁니다. 咲를 일본 사람들은 '와라우'나 '사쿠'라고 자기들 뜻으로 읽습니다. 訓讀(훈독)이라고 하지요. '와라우'는 웃다, '사쿠'는 꽃피다라는 뜻이라서 櫻咲는 '벚꽃 웃음'이나 '벚꽃이 피다'라는 말이 됩니다. 일본이 얄밉다고 벚꽃 싫다는 사람도 본 적이 있습니다. 허나 꽃에 무슨 죄가 있겠습니까.

일본 사람들이 벚꽃에 유난을 떠는 건 사실입니다. 왜 그럴까요? 일본 신화에 이유가 숨어 있습니다. 하늘의 신 다카미무스비노미코토(高御産巢日神·고어산소일신)의 외손자이자 아마테라스오오미카미(天照大神·천조대신)의 손자인 니니기노미코토(邇邇芸命·이이운명)는 '보자기에 싸여' 하늘나라 다카아마가하라(高天原·고천원)에서 땅으로 내려왔다고 합니다. 땅에 내려온 니니기노미코토는 땅의 신 오야마즈미노카미(大山祇神·대산기신)의 딸 고노하나사쿠야히메(木花之佐久夜比賣·목화지좌구야비매)를 만나 첫눈에 반했습니다. 니니기노미코토와 결혼한 사쿠야히메는 이튿날부터 바로 배가 불러왔습니다. 니니기노미코토가 의심하자 사쿠야히메는 그의 자식임을 증명하겠다고 장담했습니다. 먼저 '문이 없는' 판잣집을 지은 뒤 불을 지르고 세 아들을 낳았다고 하는데 일본 왕실의 조상이 여기서 나왔다고 합니다.

니니기노미코토 신화는 '붉은 보자기에 싸여 하늘에서 내려온' 가야 首露王(수로왕) 신화와 檀君(단군) 신화를 섞은 이야기라고 합니다. 일본의 신들은 죄다 우리에게서 건너간 渡來神(도래신)이지요. 伽倻(가야)에서 건너간 가야계 渡來神인 니니기노미코토는 농사의 신, 이삭의 신이라고 합니다. 고노하나사쿠야히메는 꽃의 신, 불의 신, 후지산(富士山·부사산)의 산신, 출산의 신입니다. 꽃, 불, 산, 출산이 모두 하나인 셈인데 바로 '생명'이라고 할 수 있습니다.

櫻散

앵두나무 앵(木-17) 흩을 산(支-8)

벚꽃이 핀다는 櫻咲(앵소)를 알았으니 櫻散(앵산), 곧 '벚꽃이 지는' 이야기를 해보지요. 櫻은 벚꽃이고 散은 散花(산화), 곧 꽃을 흩어 뿌린다는 뜻입니다. 불교는 선행을 功德(공덕)이라 부릅니다. 수많은 功德 가운데 꽃을 뿌려 기리는 散花功德이 있습니다. 벚꽃은 산산이 부서져 흩날려서 좋다는 말도 있습니다. 일본에서는 더더구나 그렇고요.

가야계 도래신 니니기노미코토(邇邇芸命·이이운명)는 고노하나 사쿠야히메(木花之佐久夜比賣·목화지좌구야비매)와 결혼하여 일본 왕실의 조상을 낳았다는 이야기는 앞에서 했습니다. 사쿠야히메는 벚꽃의 신, 불의 신, 후지산의 신이고요. 사쿠야히메의 결혼에 얽힌 이야기가 하나 더 있습니다.

사쿠야히메가 시집올 때 그 언니도 함께 시집을 왔답니다. 姉妹(자매)가 한꺼번에 시집오는 것을 중국에서는 勝妾(잉첩)이라 했습니다. 언니 이름은 이와나가히메(石長姬·석장희), 인물이 영 없었던 모양으로 니니기노미코토에게 퇴짜를 맞았다고 합니다. 사쿠야히메는 榮華(영화), 이와나가히메는 永生(영생)을 상징합니다. 이와나가히메를 소박 맞혔으니 永生을 약속받은 후손들은 죽을 운명으로 바뀌었다는 것이 이야기의 결론입니다. 신이 될 운명이었던 일본 왕실 후손들이 왜 인간처럼 죽는지 설명하려는 이야기이지요.

일본 신화학자 나카자와 신이치(中澤新一·중택신일)도 이것을 죽음의 기원을 설명하는 신화로 봅니다. 바위의 신인 이와나가히메의 永生과 사쿠야히메의 유한한 생명을 분리, 대립시켜서 보는 것이지요.

하지만 이 신화에는 다른 버전도 있습니다. 고노하나치루히메(木花知流比賣·목화지류비매)는 고노하나사쿠야히메의 또 다른 이름입니다. 사쿠야가 꽃피다라는 뜻이면 치루는 꽃이 지다라는 뜻입니다. 꽃이 지는 건 죽음이니 삶과 죽음은 두 몸이 아니라 본디 한 몸이라는 것이지요. 여기 모순의 공존이 있습니다. 모순의 공존을 가리키는 개념은 여럿입니다만, 벚꽃 그늘 아래 특히 김지하 선생의 미학 개념 '흰 그늘'이 떠오릅니다.

淸明寒食

맑을 청(水-8) 밝을 명(日-4) 찰 한(宀-9) 밥 식(食-0)

淸明은 24節氣(절기)의 하나이고, 寒食(한식)은 까마득한 옛날 기념일의 하나입니다. '淸明에 죽으나 寒食에 죽으나 매한가지'라는 우리 속담이 있듯, 같은 날 들든지 하루 상관으로 드는 법이라서 함께 말할 때가 많습니다. 寒食은 불과 관련된 名節(명절)인데 옛날 춘추시대 晉(진)나라 사람 介子推(개자추)에게서 유래했다는 말이 있습니다.

介子推는 진나라 公子(공자) 重耳(중이)를 좇아 19년이나 亡命(망명)생활을 한 사람입니다. 진나라 임금이 된 重耳가 그를 알아주지 않자 綿山(면산)이라는 곳에 숨었다고 합니다. 重耳가 뉘우치고 그를 불렀으나 묵묵부답, 도무지 움직이려 하지 않았답니다. 그를 후려낼 생각에 산불을 놓았는데도 나오지 않고 사라졌다 합니다. 불에 타죽었으리라 추측한 사람들은 그를 기려 이날 불을 피우지 않게 되었다는 이야기입니다.

훗날 曹操(조조)는 웬일인지 寒食 금지령을 내린 일이 있습니다. 옛 진나라 땅에 寒食이 성행한다고 금지시킨 것이지요. 내막은 이제 잘 알 수 없게 되었지만 뭔가 절박한 사연이 있는 것은 아닐까 싶습니다. 寒食은 어쩌면 중국 풍습이 아닌지도 모르겠습니다.

冬至(동지)부터 헤아려 105일째 되는 날이 寒食입니다. 節氣는

15일에 한 번씩 바뀌지요. 한 해의 시작인 冬至부터 15일을 한 묶음으로 헤아려 일곱 번째 되는 날이 寒食입니다. 일곱 수인 셈이지요. 우리네 전통 신앙인 七星(칠성) 신앙과 상관이 있다는 생각도 듭니다. 新羅(신라)의 큰 名節이었다 하니 우리 名節(명절)일 수도 있겠구나 싶습니다.

조선시대에는 이날 內兵曹(내병조)에서 느티나무와 버드나무에 구멍을 뚫고 활로 문질러 일으킨 '새 불'을 임금에게도 올리고 신하들에게도 나눠줬다고 합니다. 민간에서는 이날 국수를 먹는데 寒食麵(한식면)이라 했습니다. 쑥설기(또는 쑥버무리), 쑥떡 등 쑥으로 음식도 해먹었습니다. 쑥이 이 무렵 시절음식 재료이긴 하지만 어쩌면 熊女(웅녀) 때부터 해먹은 가루음식 때문인지도 모르겠습니다.

靑春
푸를 청(靑-0) 봄 춘(日-5)

靑春(청춘)은 본디 '푸른 봄'이라는 뜻입니다. 봄에 새싹이 새로 돋아나 들과 산을 물들이기 때문입니다. 이팔은 십육이니 二八靑春(이팔청춘)은 열여섯 살 한창때를 가리키는 말이기도 하지요. 봄에 흔한 빛깔을 가리키다가 나이를 가리키는 말로 돌려 쓴 것입니다. '꽃다운 나이'라고 芳歲(방세)라고도 합니다.

푸른 봄빛은 靑春의 빛깔입니다. 메피스토펠레스는 영원한 생명을 대가로 파우스트를 유혹한 적이 있습니다.

이보게, 모든 이론은 灰色(회색)이요 푸른 것은 생명의 황금빛 나무일세.

푸른 봄빛은 그래서 生命(생명)의 빛깔이기도 하지요. 騎士(기사) 하인리히가 꿈에 본 '푸른 꽃'을 찾아 그리도 헤맨 이유 또한 영원한 생명을 찾기 위해서였답니다.

寒食(한식)과 淸明(청명) 절기에는 푸르러지는 산에 올라 조상 묘를 돌봅니다. 중국도 그렇고 우리도 그렇습니다. 중국 蘇州(소주)에서는 이맘때 靑團子(청단자)라는 떡을 해먹는다고 합니다. 모양이며 빛깔이 꼭 우리 개피떡을 닮았는데요, 개피떡은 보통 쑥물을 들여

푸른빛을 내지만 靑團子는 雀麥(작맥), 곧 귀리 잎에서 즙을 내 물들인다고 합니다.

명나라 때 사람 郎瑛(낭영)은 이렇게 말한 적이 있습니다.

옛사람들은 寒食에 오동나무와 버드나무 잎을 따서 푸른 밥을 지어 제사를 지냈는데 陽氣(양기)를 북돋우자는 뜻이다. 이제 靑團子와 白團子(백단자)로 변했지만 여전히 같은 뜻이다.

쌀쌀한 날씨가 계속되는 봄이라면 푸른 개피떡을 쪄서 서로 나누며 陽氣 북돋우기라도 해야겠습니다.

新火

새 신(斤-9) 불 화(火-0)

新火(신화)는 '새 불'이라는 뜻입니다. 보통 새로 피우는 불을 가리키지만 寒食(한식)에 껐다가 다시 지피는 불을 가리키기도 합니다. 우리말 '지피다'는 불을 붙이는 일을 가리키기도 하지만 신령이 사람에게 내리는 일을 일컫기도 합니다. 불이 신령스럽기 때문이고 인간 문명의 첫걸음인 까닭이겠습니다.

불을 처음 쓴 사람은 누구일까요? 답할 수 없는 질문입니다. 중국 神話(신화)는 이 대답할 수 없는 질문에 이렇게 답합니다. 까마득한 옛날 三皇(삼황)이라는 첫 우두머리들 가운데 燧人氏(수인씨)가 불을 처음 일으킨 사람이라고 합니다. 燧(부싯돌 수) 자를 보아 부싯돌로 불을 일으킬 줄 알았던 모양입니다. 燧人氏가 불을 쓰는 방법과 料理(요리)의 발명자라고 중국 사람들은 믿지요. 구석기시대 유적에서 나온 첫 불은 料理에 쓴 것이라고 짐작하고 있으니 불과 요리를 연결시키는 燧人氏 전설이 영 근거 없지는 않습니다.

그래서인지 옛 중국에는 불을 기리는 특별한 날 寒食이 있었습니다. 介子推(개자추)라는 진나라 충신을 기리는 날에서 유래했다지만 그가 실재한 인물이었는지도 의문입니다. 불은 본디 犧牲(희생)을 바치는 제사에도 쓰지요. 신령은 제물을 직접 맛보는 것이 아니라 불을 피워올린 犧牲 냄새를 누립니다. 냄새를 먹는 것이지요.

介子推 이야기는 犧牲 제사의 오래된 기억이 남긴 이야기일지도 모릅니다.

신령스런 새 불을 기리는 寒食은 본디 고대 중국의 북쪽 지방 명절입니다. 하루 이틀 상관에 清明(청명) 절기까지, 모두 음력 삼월 삼일 무렵에 듭니다. 삼짇날은 원래 물을 기리는 남쪽 지방의 명절이지요. 나중에 북쪽에까지 퍼지면서 寒食과 경쟁관계가 되었습니다.

上巳日

위 상(一―2) 여섯째지지 사(己-0) 해 일(日-0)

上巳日(상사일)은 '삼짇날'이라는 뜻입니다. 우리 조상들이 봄 오는 날로 여겼던 것이 삼짇날이지요. 지금 삼짇날은 음력 삼월 삼일로 고정되었지만 본디 '삼월의 첫 뱀날'에서 유래했다 합니다. 해마다 들쭉날쭉 날짜가 달라 불편했겠지요. 崔南善(최남선) 선생은 신라의 큰 명절이라 했습니다. 큰 명절이니만큼 말을 따로 지어 부른 것입니다. 이밖에 元巳(원사), 重三(중삼), 上除(상제)도 삼짇날을 가리키는 말입니다.

중국에서는 제비가 春分(춘분) 날 돌아온다고 했지만, 우리 조상들은 삼짇날 제비가 돌아온다 했습니다. 제비는 太陽鳥(태양조), 곧 太陽의 전령이니 봄의 시작을 알리는 상징입니다. 우리 풍속에 삼짇날 鬪鷄(투계), 곧 닭쌈놀이도 있습니다. 제비보다 닭이 太陽鳥라는 건 쉽게 알 수 있습니다. 해 뜨기 전 동쪽 하늘을 보고 우는 닭은 해를 일깨우는 靈物(영물)입니다.

上巳의 巳는 뱀을 생긴 대로 그린 글자입니다. 뱀은 새보다 중요한 太陽의 상징이고요. 뱀도 큰 靈物입니다. 뱀은 신기하게도 '해가 죽으면 같이 죽었다'가 해가 기운을 차리면, 곧 봄이 오면 깨어나는 동물입니다. 그래서 고대의 많은 그림은 太陽이 보내주는 생명력의 상징인 '햇살'로 뱀을 표현하고 있습니다. 경북 지역에는 삼짇날 뱀

「건륭어람 낭세녕화 십이속상도」, 23.5×34.0cm, 청나라.

을 보면 한 해 운수가 좋다는 속설이 있습니다. 뱀을 靈物로 보는 고대의 기억이 남은 것이겠지요.

예전 삼짇날 풍속에는 활쏘기 시합인 弓術會(궁술회)도 전국에서 열렸고, 찹쌀과 송기와 쑥을 넣은 떡인 環餅(환병), 곧 고리떡도 만들어 먹었다고 합니다. 화살은 햇살의 상징이고 햇살은 뱀인데 環餅의 고리 모양은 똬리 튼 뱀을 본뜬 것이겠습니다. 이렇게 삼짇날은 뱀으로 가득한 날, 햇살로 가득한 날, 봄이 오는 날이 되었습니다.

逾越節

넘을 유(辵-9) 넘을 월(走-5) 마디 절(竹-9)

逾越節(유월절)은 '넘어간 명절'이라는 뜻입니다. 본디 猶太敎(유태교) 명절 페사크(Pesach)를 뜻에 따라 옮긴 말입니다. 날짜는 유대 달력으로 니산(Nisan)달 14일입니다. 陰曆(음력)을 쓰는 유대 달력에서 니산달은 우리의 음력 3월에 해당되니 음력 삼월 열나흘이 逾越節이 됩니다.

페사크는 出埃及(출애급), 곧 이집트 탈출이라는 사건에서 유래했습니다. 埃及은 본디 이집트를 '아이지'라고 소리 나는 대로 옮긴 중국 말이었지요. 처음 聖書(성서)를 옮기던 사람들이 중국인을 대상으로 한 까닭에 당시 중국 말이 흔하게 쓰여 이렇게 되고 말았습니다.

파라오가 놓아주지 않았기 때문에 모세가 이끄는 유태인이 이집트를 빠져 나오기는 무척 어려웠다고 합니다. 유태인의 새로운 하느님 야훼는 마지막 災殃(재앙)으로 이집트의 모든 長子(장자), 곧 맏아들을 죽이기로 했습니다. 문설주에 어린 양의 피를 바른 집은 그냥 지나가겠다고 야훼는 약속했습니다. 유태인들은 어린 양을 잡아 피를 바르고 기다렸지요. 피비린내 나는 야훼의 復讎(복수)가 지나가고 니산달 보름날 아침 유태인은 길을 떠났습니다. 얼마나 급했겠습니까. 빵에 누룩을 넣어 부풀릴 짬도 없었고, 그래서 부풀리지 않은 빵 無酵餅(무교병)을 먹는다고 無酵節(무교절)이라고도 합니다.

유대의 長子들은 죽음을 넘기고 두 번 살게 되었습니다. 니산은 본디 아카드 말 니사누(Nisanu)에서 왔고 니사누는 '첫 번째 열매'라는 뜻의 수메르 말 니삭(Nisag)에서 왔습니다. 사람을 부를 때는 長子를 가리킵니다. 야훼가 長子를 죽인 것이나 어린 양을 잡은 것이나 모두 救贖(구속)의 뜻이 담겨 있습니다.

훗날 유태교에서 脫皮(탈피)한 基督敎(기독교)에는 예수와 愈越節을 연결시키는 생각이 있습니다. 이것은 멀리 수메르와 아카드 같은 메소포타미아 사람들 생각에 뿌리를 둔 것입니다.

羔羊

새끼 양 고(羊-4) 양 양(羊-0)

羔羊(고양)은 어린양을 가리키는 말입니다. 어린양은 작은 몸집 때문에 달리 小羊(소양)이라고도 합니다. 또한 羔를 염소, 羊을 양이라고 해서 염소와 양을 가리키기도 합니다. 염소와 양은 풀을 되새김질하는 反芻動物(반추동물)이지요. 양을 기르기 좋은 건조한 草原(초원)의 신들은 특히 어린양 犧牲(희생)을 좋아합니다.

코르반 페사크(Korban Pesach)는 '逾越節(유월절)의 어린양'이라는 뜻의 히브리어이고 逾越節은 히브리 사람들이 이집트에서 탈출하면서 생긴 명절입니다. 그들의 신 야훼에게 어린양을 바치는 일은 옛날부터 있었지만 모세는 이를 계기로 히브리 사람들을 데리고 이집트를 빠져나올 수 있었습니다.

코르반 페사크가 새로운 뜻을 갖게 된 것은 使徒(사도) 바울 덕분입니다. 그가 고린도 教會(교회)에 보내는 편지에서 救世主(구세주) 예수를 逾越節의 어린양에 비긴 적이 있지요. 예수가 사람의 죄를 代贖(대속)하여 신과 새로운 契約, 곧 新約(신약)을 맺게 되었다는 뜻입니다. 옛날 契約, 곧 舊約(구약)은 모세가 시나이 산에서 맺은 것입니다.

그리스도는 크리스토스(Kristos)라는 그리스 말을 우리 식으로 읽은 것입니다. 基督(기독)이라고도 옮기지요. 그리스도는 머리에

聖油(성유) 부음을 받은 사람, 곧 王(왕) 또는 救世主라는 뜻입니다.
모세나 예수 이야기에는 유독 40이라는 숫자가 많이 나오는 이유가
궁금하시지 않습니까? 40이 수메르 신화에서 創造主(창조주)이자
救世主 노릇을 하는 신 엔키(En Ki)의 숫자이기 때문이랍니다.

復活節

다시 부(彳-9) 살 활(氵-6) 마디 절(竹-9)

　　復活節(부활절)은 '예수의 復活을 기리는 그리스도교 祝日(축일)'을 가리키는 말입니다. 春分(춘분) 뒤의 첫 滿月(만월), 곧 보름달이 뜬 다음 일요일입니다. 허나 이것은 서방 교회의 셈법이고 동방 교회의 셈법은 다릅니다. 이런 일이 기독교회에만 있는 것은 아니지요. 불교에도 이런 일이 있답니다.

　　復活節 날짜에 異見(이견)이 생긴 것은 교회의 전통이 다르기 때문입니다. 로마 皇帝(황제) 콘스탄티누스 1세는 325년 니케아라는 고대 도시에서 汎基督敎(범기독교) 지도자들의 회의인 公議會(공의회)를 처음으로 열었습니다. 당시 성행한 아리우스파를 異端(이단)으로 定罪(정죄)하는 것이 주 내용이었습니다. 復活節 날짜가 언제인지도 큰 관심사였지만 여기에는 합의를 보지 못한 바람에 아직까지 제각각입니다.

　　復活節은 그리스 말이나 라틴어 모두 파스카(Pascha)입니다. 본디 유태교의 명절인 逾越節(유월절)의 히브리 이름 페사크(Pesach)에서 유래했습니다. 페사크는 모세의 이집트 탈출과 관련된 명절이지만 東方宗敎(동방 종교), 곧 메소포타미아의 종교에서 나온 기념일입니다. 春分(춘분)을 기준으로 날짜를 결정하는 것이며 色漆(색칠)한 달걀을 주고받는 것도 메소포타미아 풍속이지요.

復活節 달걀은 再生(재생)과 復活의 상징입니다. 봄이 오고 새로운 생명이 탄생하는 것을 상징하지요. 復活節의 영어 이름 이스터(Easter)의 어원도 정확히 알 수 없으나 앵글로색슨의 봄의 여신 에오스터(Eostre)에서 파생되었다고 하니 봄 축제의 변형임이 틀림없겠습니다.

布穀

베 포(巾-2) 곡식 곡(禾-10)

布穀(포곡)은 본디 '베와 곡식'이라는 뜻입니다. 살림살이의 기본인 衣食(의식)을 가리키는 말처럼 보이지만 사실 布穀은 '뻐꾸기'의 한자 이름입니다. 베와 곡식이라고 오해할까봐 鳥(새 조) 자를 붙여 布穀鳥(포곡조)라고도 합니다.

布穀은 소리에서 따온 말입니다. 布穀布穀 이어서 읽어보면 '뻐꾹뻐꾹' 뻐꾸기 울음소리와 아주 닮았지요. 布穀은 穫穀(확곡), 鵠鵴(길국)이라고도 합니다. 穫穀穫穀이니 鵠鵴鵠鵴 소리를 내보면 모두 뻐꾹뻐꾹 우는 소리처럼 들리기도 합니다.

뻐꾸기는 벌레를 먹고 사는 益鳥(익조)입니다. 그리 흔하던 뻐꾸기도 農藥(농약) 먹은 벌레를 먹고 요즘은 많이 사라졌지요. 非命(비명)에다 客死(객사)인 셈입니다. 옛사람들은 뻐꾸기를 어여삐 보았는데 『詩經(시경)』 「曹風(조풍)」에는 뻐꾸기 시도 있습니다.

뻐꾸기가 뽕나무에 앉았는데 새끼도 일곱 마리

鳲鳩在桑(시구재상) 其子七兮(기자칠혜)

서양의 뻐꾸기 이름도 모두 울음소리에서 나오긴 마찬가지이고 봄의 傳令(전령)으로 여깁니다. 그래서 영국의 신문들은 4월 14일 무렵 꼭 뻐꾸기 기사를 낸다고 하지요.

　게다가 모든 사람은 울지는 않지만 뻐꾸기를 몸속에 하나씩 지니고 있습니다. 콕식스(Coccyx)는 解剖學(해부학)에서 꼬리뼈 尾骨(미골)을 부르는 말인데 그리스 말 콕퀵스(Kokkyx), 곧 뻐꾸기에서 왔습니다. 옆에서 보면 흰 뻐꾸기 부리를 닮았지요. 만고에 쓸모없어 보이는 '뻐꾸기 뼈'도 앉을 때 三脚臺(삼각대) 역할을 하는 꼭 필요한 뼈라니 세상에 쓸모없는 것은 없는 모양입니다.

山火

뫼 산(山-0) 불 화(火-0)

山火(산화)는 '산에 난 불', 곧 산불이라는 뜻입니다. '들에 난 불' 들불은 野火(야화)라고 하니 地形(지형)에 따라 달리 부를 뿐입니다. 山과 火는 象形文字(상형문자)이고 모두 제 부수글자입니다. 다른 要素(요소)로 더 이상 쪼갤 수 없는 글자들이란 말입니다.

까마득한 옛날 狩獵(수렵), 곧 사냥을 하는 손쉬운 방법 가운데 하나가 山野(산야)에 불을 놓는 것이었습니다. 불길을 피하다 窮地(궁지), 곧 막다른 길에 몰린 짐승은 잡기 쉬웠을 테지요. 농사를 짓는 옛날 방법 중 하나가 火田(화전)인데 숲에 불을 지르고 그 養分(양분)으로 곡식을 기르는 것입니다. 火田이란 것도 사냥 방법에서 나왔을지 모릅니다.

商(상)나라 스무 번째 임금 盤庚(반경)은 쇠해가는 나라를 日新(일신)하기 위해 殷(은)으로 서울을 옮기기로 한 적이 있습니다. 반대의 목소리가 있는 것은 당연한 일이었겠지요.

불이 들을 태우면 가까이 갈 수 없지만 나는 오히려 불을 끌 수 있다. 若火之燎于原(약화지요우원) 不可嚮邇(불가향이) 其猶可撲滅(기유가박멸)

그는 이런 구절이 들어간 유명한 演說(연설)로 반대 목소리를 잠재웠답니다. 盤庚의 연설에서 나온 말이 燎原(요원)의 불길이니 星火燎原(성화요원) 같은 것입니다. 盤庚의 말대로 불을 統制(통제)할 수 있으면 다행이련만 마음먹은 대로 하기가 쉽지 않습니다. 우리의 봄은 비교적 가뭅니다. 바싹 마른 산에 오를 일이 많은 봄이기도 합니다. 꼭 불을 조심해야겠습니다.

蝴蝶夢

나비 호(虫-9)　나비 접(虫-9)　꿈 몽(夕-11)

蝴蝶夢(호접몽)은 '나비 꿈'이라는 뜻입니다. 蝴蝶은 胡蝶(호접)이
라고도 씁니다.

莊周(장주)는 나비가 되어 훨훨 날아다니는 꿈을 꾸다 퍼뜩 깼다.
아직 朦朧(몽롱)한 꿈의 餘韻(여운)이 있어 이렇게 중얼거렸다.
'莊周가 나비 꿈을 꾼 것인가, 나비가 莊周 꿈을 꾸는 것인가?'

蝴蝶夢이란 말은 『莊子(장자)』의 이 이야기에서 나왔습니다. 현
실과 가상이 구별되지 않는다, 나아가 인생의 덧없음을 뜻하지요.
　동서양의 숱한 사랑 이야기에 나비는 빠지지 않는 단골입니다.
중국에 전해오는 梁山伯(양산백)과 祝英台(축영태)의 슬픈 사랑 이
야기도 아리따운 祝英台가 죽어 나비가 되는 것으로 끝나지요.
　그리스 말로 나비는 프시케(Psyche)라고 합니다. 아프로디테
(Aphrodite)의 아들인 사랑의 신 에로스(Eros)가 도리어 사랑에 빠
졌던 인간 여인의 이름이기도 합니다. 프시케는 인간을 넘어 신이
되었는데 그러려면 나비처럼 탈바꿈하지 않으면 안 됩니다. 프시케
는 숨결, 정신, 마음, 영혼이란 뜻이기도 하니, 생명이 어떤 것이며
무엇이 되려는지 알려주려는가봅니다.

「군접도群蝶圖」, 남계우, 조선시대, 숙명여대박물관.

스티브 매퀸이 주연한 영화로 유명해진 '파피용(Papillon)'이란 말은 나비를 뜻하는 프랑스 말입니다. 자유를 갈망하는 영혼을 가진 죄수의 탈옥 이야기지요. 莊子가 꿈에서 깨어 중얼거린 이유도 나비였을 적의 자유가 아쉬웠기 때문일 것입니다.

나비는 인생의 덧없음, 남녀의 사랑, 자유를 상징하기도 합니다. 제각각인 상징들이 나비로 모이는 이유는 나비의 變態(변태) 때문이지 싶습니다. 蝴蝶夢은 굼뜨고 보잘것없던 애벌레가 허물을 벗고 하늘을 나는 아름다운 나비가 되는 꿈입니다. 경계를 넘어서려는 운동의 꿈이겠습니다.

慈母井

사랑할 자(心-9) 어미 모(毌-1) 우물 정(二-2)

慈母井(자모정)은 '자애로운 어머니의 우물'이란 뜻입니다. 농촌
진흥청의 모태인 韓國農業科學硏究所(한국농업과학연구소)에 있
던 우물을 가리킵니다. 옛날 硏究所 자리에는 지금 동래원예고등
학교가 들어서 있습니다. 땅의 내력이 끊어지지 않았으니 그나마 다
행스런 일이지 싶습니다.

硏究所는 禹長春(우장춘) 박사와 깊은 인연을 가지고 있습니다.
망명객 禹範善(우범선)과 일본인 어머니 사이에서 태어난 우 박사
는 세계적인 育種學者(육종학자)가 되었습니다. 1945년 해방이 되
자 귀국을 결심한 그를 놓치지 않으려는 일본의 방해에도 불구하고
끝내 귀국을 決行(결행), 터를 잡은 곳이 硏究所였습니다. 硏究所
에 물이 필요해 우물을 팠는데 돌아가신 어머니가 그리웠던 그는
여기에 慈母井이란 이름을 붙였습니다.

우 박사는 게놈(Genom) 연구의 세계적 학자였으니 교배를 통해
새로운 종을 연이어 만들어냈습니다. DNA로 이뤄진 遺傳子(유전
자)의 집합이 게놈, 곧 遺傳體(유전체)이지요. 배추며 무며 우리 먹
는 채소 꼴을 만든 일은 그의 개인적인 연구 성과이기를 넘어 愛國
(애국)이기도 했답니다.

봄이면 노랗게 滿發(만발)하는 油菜(유채)꽃도 사실 채소의 꽃입

니다. 순전히 꽃을 보기 위해 심는 것은 아닙니다. 중국 사람들이 즐겨 먹고 우리도 얼마 전부터 자주 먹게 된 중국 채소 청경채도 油 菜의 일종입니다.

油菜는 잎을 채소로 먹을 수도 있지만, 역시 씨에서 기름을 짜기 위해 기릅니다. 이름에 油(기름 유) 자가 들어간 것은 그 때문입니다. 시중에서 '카놀라유'라고 파는 기름이 油菜 기름입니다. 오늘날 우리가 흔히 만나는 油菜는 우 박사가 일본에서 들여온 종자에서 유래했습니다. 덕분에 이처럼 화려한 꽃구경도 하고 맛나고 좋은 기름도 먹게 된 셈입니다. 꿩 먹고 알 먹고란 이럴 때 하는 말일 것 입니다. 인재를 기르는 일은 이래서 소중하겠습니다.

桃花水

복사나무 도(木-6) 꽃 화(艸-4) 물 수(水-0)

桃花水(도화수)는 '복사꽃 떨어지는 봄날 시냇물'을 가리키는 말입니다. 복사꽃은 흔히 복숭아꽃이라고도 부르는데 그렇게 불러도 無妨(무방)합니다. 허나 복숭아꽃이라 하면 여름철 탐스럽고 맛난 복숭아 열매가 떠오르니 꽃이라면 역시 복사꽃이 어울릴 듯합니다.

당나라 시인 가운데 王摩詰(왕마힐)이란 사람이 있습니다. 본명은 王維(왕유), 摩詰은 그의 字(자)이지요. 摩詰은 대승불교 경전인 『維摩經(유마경)』의 지은이 維摩詰(유마힐) 보살의 이름을 줄여 부르는 말입니다. 王維의 이름과 字를 쭉 이어 붙이면 王維摩詰이란 묘한 이름이 됩니다. 이름이 기가 막힙니다. 불교에 심취하게 될 王維의 미래를 집안 어른들이 미리 알아보았던 것일까요?

小癡(소치) 許維(허유)는 秋史(추사)의 제자입니다. 그림과 글씨로 이름 높은 분이지요. 그의 字도 摩詰입니다. 이름이 維라서 王摩詰을 본받아 지었답니다. 열아홉 나이의 王摩詰은 「桃源行(도원행)」이란 시에서 이렇게 노래한 적이 있습니다.

봄이 오니 어디나 복사꽃 떨어지는 봄물이라

春來徧是桃花水(춘래편시도화수)

신선 사는 도화원 어디서 찾을까 분별이 안 되네

「도리원桃李園」, 장굉張宏, 종이에 채색, 30.3cm×23.6cm, 명나라 17세기, 국립중앙박물관.

不辨仙源何處尋(불편선원하처심)

송나라 사람 蘇東坡(소동파)는 이런 평을 남겼습니다.

왕유의 시에는 그림이 있고 그림 속에는 시가 있다
維詩中有畵(유시중유화) 畵中有詩也(화중유시야)

至當(지당)한 말입니다.

『水衡記(수형기)』라는 중국책은 음력 이삼월의 黃河(황하)도 桃花水라 부른다 했습니다. 우리 金剛山(금강산)을 철 따라 여러 이름으로 부르는 것처럼 黃河도 부르는 이름이 여럿이랍니다. 곁들이자면 음력 정월의 黃河는 얼었던 강물이 녹는다는 뜻으로 凌解水(능해수)라 부릅니다. 그러나 어디 黃河만 桃花水이겠습니까. 질펀한 봄날, 그저 복사꽃 떨어지는 봄물이라면 어느 물이나 桃花水이고, 어디나 桃花源(도화원)이겠습니다.

桃花女

복사나무 도(木-6) 꽃 화(艸-4) 계집 녀(女-0)

桃花(도화)는 복사꽃, 女(여)는 여인이니 桃花女란 '복사꽃 여인'이란 뜻입니다. 여인과 아리따운 꽃은 쉽사리 聯想(연상)되는 짝이라, 平凡(평범)하다 말할 수도 있겠습니다. 그런데 『三國遺事(삼국유사)』의 桃花女 이야기를 복사꽃 피는 철에 그냥 넘기기는 섭섭합니다.

신라 眞智王(진지왕)은 임금일 때 沙梁部(사량부)의 자태 고운 여인을 思慕(사모)한 적이 있습니다. 여인의 이름이 桃花女입니다. 불러들여 제 사람을 만들려 했으나 여인은 頑強(완강)히 거절했다 합니다. 임금은 물었습니다. 남편이 없으면 받아줄 수 있느냐고. 여인은 그렇다고 했습니다. 임금도 죽고 이태 뒤 남편도 죽었습니다. 임금의 넋이 나타나 약속을 지킬 것을 요구했습니다. 넋이 이레를 머물고 간 뒤 태어난 아들이 鼻荊郎(비형랑)입니다. 鼻荊郎은 도깨비를 부리는 신통력을 지녀 하룻밤 새 도깨비를 부려 北川(북천)에 다리를 놓기도 했답니다.

桃花는 辟邪(벽사), 곧 '요사스런 귀신을 물리치는' 물건입니다. 桃花女의 범상치 않은 아들은 도깨비를 부렸다고 하니 辟邪의 상징으로 桃花女가 나온 듯합니다. 辟邪라 하면 고려시대부터 벌였다는 儺禮(나례)가 얼른 생각나지요. 묵은해의 잡귀를 몰아내는 의

200

식입니다.

　『高麗史(고려사)』季冬大儺儀(계동대나의)에는 이때 춤추는 사람은 가면을 쓰고 붉은 袴褶(고습), 곧 바지 위에 덧입으며 무릎까지 내려오는 옷을 입는다 했습니다. 儺禮의 중심은 方相氏(방상시)인데 역시 검정 웃옷에 붉은 치마를 입는다 했습니다. 이제껏 儺禮를 전하고 있는 苗族(묘족)이 늘 입는 服飾(복식)이지요. 苗族은 儺禮를 행하기 전 꼭 桃花神(도화신)에게 제사를 지낸다고 합니다. 복사꽃 여인 桃花女는 그러면 桃花神, 복사꽃의 신인가봅니다.

釀梨春

빚을 양(酉-17) 배나무 리(木-7) 봄 춘(日-5)

釀梨春(양리춘)은 '배꽃술을 빚다'라는 뜻입니다. 술은 대부분 봄, 특히 春分(춘분) 어간에 빚습니다. 술뿐 아니라 우리네 살림에 꼭 필요한 '장' 담그는 철도 이 무렵입니다. '장'은 醱酵(발효)시킨 먹을거리이지요. 醬(젓갈 장)은 간장, 된장, 젓갈 따위의 간을 맞추는 醱酵飮食(발효음식)을 가리킵니다. 漿(미음 장)은 쌀로 묽게 끓인 죽이기도 하지만 곡식을 醱酵시킨 술을 가리키기도 합니다. 玉液瓊漿(옥액경장)은 玉液과 瓊漿, 곧 신선이 마시는 음료수 또는 빛깔과 맛이 좋은 술을 비유하는 말이지요.

白樂天(백낙천)이라고 더 잘 알려진 당나라 시인 白居易(백거이)가 살았습니다. 그는 수많은 시를 쓰면서 詩語(시어)에 그리도 신경을 썼다고 합니다. 심지어 시를 쓸 때마다 동네 할머니에게 읽어주는데 할머니가 어려워하면 고쳤다 할 정도였답니다. 그가 지은 詩語 辭典(사전)이 있대도 놀랍지 않습니다. 辭典의 이름이 『白氏六帖(백씨육첩)』입니다.

거기 梨花春(이화춘)이라는 술이 있습니다. 배꽃이 필 때 익는다고 붙인 이름입니다. 술에 배꽃을 넣은 것은 아닙니다. 붕어빵에 붕어가 들어 있지 않듯 말입니다. 梨春 또는 梨花春은 바로 뽀얀 빛깔이 입맛 다시게 하는 막걸리를 가리키는 말입니다. 중국 사람들

「배꽃과 제비梨花上燕」, 백은배, 종이에 채색, 23.9×14.9cm, 19세기, 국립중앙박물관.

이 지금은 배갈을 좋아해도 원나라 때 아라비아의 蒸溜法(증류법)
이 들어오기 전까지는 막걸리면 그만이었습니다. 막걸리의 한자말
에도 배꽃 빛깔이라서 梨花酒(이화주)라는 말이 있지요.

　와인이 유행한 지도 꽤나 되었습니다. 傳統酒(전통주)처럼 곰삭
은 맛이라 우리 입에 맞는지도 모르겠습니다. 새로 빚은 우리 술도
沙汰(사태)를 이루고 있습니다. 일의 시작은 '鄕土(향토) 술 담그기'
를 중요무형문화재 제86호로 지정한 1986년으로 거슬러 올라갑니
다. 이때 뽑힌 술이 문배주, 沔川(면천) 杜鵑酒(두견주), 慶州(경주)
校洞法酒(교동법주)입니다. 이밖에 각 市道(시도)가 무형문화재로
정한 傳統酒도 여럿입니다. '술 익는 마을마다' 봄은 왔고 신바람
날 일만 남았습니다.

穀雨

곡식 곡(禾-9) 비 우(雨-0)

穀雨(곡우)는 봄의 마지막 절기입니다. 穀雨는 봄비가 내려 穀食(곡식)이 潤澤(윤택)해지는 때를 뜻합니다. 벼농사를 짓는 집에서는 볍씨를 물에 담그고 다른 농사도 준비하지요. 농사는 소중한 일이니 혹여 不淨(부정)이라도 타지 않을까 볍씨 가마니를 솔가지로 덮는다 합니다. 솔은 액막이에 그만인 신령한 나무니까요.

이맘때 나무는 물로 넘실댑니다. 특히 이날 나무에서 뽑은 물을 '穀雨 물'이라 합니다. 이것을 마시러 산에 가는 풍습이 곳곳, 특히 신라의 옛 땅에 성합니다. 통일신라시대부터 智異山(지리산) 山神(산신)에게 지내던 藥水祭(약수제)에서 풍습의 유래를 찾기도 합니다.

智異山 山神은 聖母天王(성모천왕)이라는 여신입니다. 박혁거세와 알영의 어머니라는 전설과 신라에서 神母(신모)로 모셨다는 말이 『三國史記(삼국사기)』에 전하지요. 경남 산청군 시천면 중산리에 있는 天王寺(천왕사)에 가면 지금도 聖母天王을 볼 수 있답니다. 聖母의 像(상)은 본디 智異山 天王峯(천왕봉) 마루턱에 있다가 1970년대 초 갑자기 사라졌는데 天王寺 주지 스님 꿈에 나타나 지금의 자리에 모셨다 합니다. 믿거나 말거나 말입니다.

聖母天王은 아마 大女神(대여신)이자 山神일 것입니다. 聖母天王의 다른 이름은 天王할매, 麻姑(마고)할매, 摩耶夫人(마야부인)

지리산 성모천왕의 상. 마고할매갸 '신세계의 지붕' 지리산 터주가 되었다.

등이 있습니다. 麻姑할매 이야기는 朴堤上(박제상)의 『符都誌(부도지)』에도 나옵니다. 어떤 이는 麻姑할매의 麻姑城(마고성)이 파미르(Pamir)에 있었다고 추정하기도 합니다. 파미르는 '평평한 지붕'이라는 페르시아 말입니다. 그렇다면 혹시 麻姑할매를 모신 사람들이 파미르에서 왔고 새로 찾은 파미르가 智異山은 아닐지요? 상상이 지나친 걸까요. 꼭 智異山이 아니라도 '穀雨 물' 마실 겸 훌쩍 산에 오르고 싶은 날입니다.

魏紫姚黃

나라 이름 위(鬼-8) 자줏빛 자(糸-6) 예쁠 요(女-6) 누를 황(黃-0)

魏紫(위자)와 姚黃(요황)은 유명한 牡丹(모란) 품종 이름입니다. 牡丹 하면 중국, 중국에서도 洛陽(낙양)이 제일 유명합니다. '꽃의 왕', 곧 花王(화왕)이 牡丹의 별명이지요. 洛陽王(낙양왕)이라는 말은 洛陽 牡丹이 으뜸이라고 하여 생긴 牧丹의 별명입니다. 송나라 때 歐陽脩(구양수)는 이렇게 노래했지요.

요황과 위자 차례로 피었지만 姚黃魏紫開次第(요황위자개차제)
이운지도 몰랐으니 유감일세 不覺成恨俱零凋(불각성한구영조)

魏紫는 魏仁甫(위인보)라는 사람의 지체 높은 집안에서 키우던 자줏빛 꽃 이름이고, 姚黃은 姚氏(요씨)라는 부잣집 사람이 키우던 노란빛 꽃 이름입니다. 歐陽脩의 시구는 지체 높은 집안이든 부잣집이든 흥망성쇠가 있음을 牡丹꽃이 피고 지는 일에 비유하려는 뜻을 담았겠지요. 牡丹은 부귀영화를 상징하는 꽃이니까요.

實用(실용)을 앞세우는 중국인이 제일 좋아하는 꽃은 牡丹입니다. 그래서 다들 中華人民共和國(중화인민공화국), 곧 현대 중국의 나라꽃이 牡丹이리라 짐작합니다만 그렇지 않습니다. 中華人民共和國은 아직 무슨 꽃을 나라꽃으로 정할지 논의 중입니다. 중국 역

「모란」, 심사정, 종이에 엷은 색, 24.2×16.1cm, 18세기, 국립중앙박물관.

사에서 현대적 의미의 나라꽃을 정한 것은 마지막 왕조 청나라 말
기인 1903년입니다. 이때 牡丹이 나라꽃이 되었습니다. 청나라를
이은 中華民國(중화민국)의 나라꽃은 梅花(매화)입니다.

牡丹의 화려함 뒤에는 뭔가 부족한 느낌이 듭니다. 善德女王(선
덕여왕)은 단박에 맞추지 않았던가요. '이 꽃에는 향기가 없다.' 벌
나비 소리 끊긴 牡丹屛風(모란병풍)이 제아무리 화려해도 생명은
없었습니다. 善德女王은 그 뜻을 잘 알았던 사람일 것입니다.

死可以生

죽을 사(歹-2) 옳을 가(口-2) 써 이(人-3) 날 생(生-0)

死可以生(사가이생)은 '죽은 것도 살릴 수 있다'는 뜻입니다. 본디 '산 것은 죽을 수 있다生者可以死(생자가이사)'와 짝을 이루는 말입니다. 명나라 문인이자 극작가인 湯顯祖(탕현조)의 『牡丹亭還魂記(모란정환혼기)』 서문에 나오는 말이지요. 『牡丹亭還魂記』는 보통 「牡丹亭」이라 줄여 부르는 戲曲(희곡) 대본입니다. 柳夢梅(유몽매)와 杜麗娘(두여낭) 두 연인의 아름다운 사랑 이야기지요.

戲曲이라 하니 대사를 위주로 하는 현대 연극을 떠올리기 쉽습니다. 허나 중국 전통 戲曲은 대사가 있고 노래와 음악도 함께 있는 종합예술입니다. 서양의 오페라와 비슷하지요. 중국 전통 戲曲은 지역에 따라 이름을 붙이는 것이 일반적입니다. 「覇王別姬(패왕별희)」로 유명한 京劇(경극)은 北京(북경) 지역의 戲曲입니다. 영화로 만들어져 우리나라에서 상당한 인기를 끈 적도 있지요.

京劇도 좋지만 마니아층이 두터운 戲曲의 원조는 사실 崑劇(곤극)입니다. 중국 江蘇省(강소성)에는 서로 이웃한 고을 崑山(곤산)과 蘇州(소주)가 있습니다. 이 도시들을 중심으로 발달했기 때문에 崑山의 崑을 따서 붙인 이름이 崑劇이지요. 중국에서는 그래서 '崑劇 배우가 진짜 배우'라고 할 정도로 인정받습니다.

「牡丹亭」은 공연하려면 며칠씩이나 걸릴 만큼 분량이 방대하니다. 1999년 미국 최초의 전극 공연은 사흘로 나눠 장장 19시간이나 걸렸다고 합니다. 바그너의 오페라 「니벨룽겐의 반지」에 匹敵(필적)할 만합니다. 2001년에는 유네스코가 지정한 世界文化遺産(세계문화유산)으로 등록되었지요.

2003년 인류 구전 및 무형유산 걸작에 등록된 우리 판소리도 긴 호흡을 필요로 하는 이야기 노래이긴 마찬가지입니다. 판소리 「春香歌(춘향가)」의 원전인 『春香傳(춘향전)』이 「牡丹亭」의 암시를 받았다고 합니다. 『春香傳』을 중국어로 번역한 중문학자 허세욱 선생의 주장이지요. 죽고 사는 일이 오갈 수 있듯 문화도 주고받는 交易(교역)의 하나인가 싶습니다.

松花

소나무 송(木-4) 꽃 화(艸-4)

松花(송화)는 '소나무 꽃' 또는 '소나무 꽃가루'를 가리킵니다. 겨우내 빛이 바랬던 소나무도 봄빛이 돌더니 이제 하나둘 松花를 피우기 시작합니다. 솔숲은 곧 化生放(화생방) 훈련에 들어갈 테지요. 온천지 뒤덮는 샛노란 꽃가루를 풀풀 날리며 말입니다. 어쩌다 꽃가루 하면 알레르기가 연상되는 시절이 되었습니다. 꽃가루 알레르기의 한자말은 花粉病(화분병)입니다. 알레르기는 과민반응이니 꽃가루 탓보다 몸 탓이 큽니다.

松花는 예로부터 신령한 약인 靈藥(영약)이나 신선 되는 약인 仙藥(선약)이라 여겼습니다. 물론 건강 따지는 요즘에도 인기 만점입니다. 松黃(송황)은 松花의 다른 말입니다. 달걀노른자를 卵黃(난황)이라 부르는 것과 같은 이치이지요. 卵黃이나 松黃의 노란색은 왠지 힘을 줄 것 같습니다. 예전 궁중이나 민간에서 松黃을 꿀에 개어 長服(장복)하고 松花茶食(송화다식)을 만들어 먹은 것도 松花가 靈藥이기 때문입니다.

松花란 말이 들어 있어도 정작 松花랑 직접 상관없는 말도 있습니다. 松花蛋(송화단)은 청요릿집에서 前菜(전채)로 올리는 발효시킨 오리 알을 부르는 말입니다. 진짜 松花가 들어간 것이 아니라 발효되면 松花 무늬가 피어난다고 松花蛋입니다.

松花江(송화강)은 白頭山(백두산)에서 발원하여 만주를 꿰뚫어 흐르는 강 이름입니다. 松花가 흩날리는 江이라고 松花江일까요? 아닙니다. 松花江은 본디 숭가리 울라(Sunggari Ula)라는 만주족 말을 옮긴 것입니다. 숭가리는 銀河水(은하수), 울라는 너른 강이라는 뜻입니다. 다시 돌아온 松花의 계절, 松花로 몸의 건강도 챙겨야 겠지만 마음의 건강도 챙겨야 할 때입니다.

黃鸝

누를 황(黃-0) 꾀꼬리 리(鳥-19)

黃鸝(황리)는 예쁜 울음 우는 새 '꾀꼬리'를 가리키는 말입니다. 꾀꼬리는 노랗다 못해 황금빛 가까운 찬란한 깃털을 가진 새입니다. 그래서 黃鳥(황조), 黃金鳥(황금조), 黃鶯(황앵), 黃鶯兒(황앵아), 黃雀(황작) 따위로 꾀꼬리 이름에는 黃 자가 많이 들어가지요. 영어 이름도 황금 꾀꼬리(Golden oriole)입니다.

꾀꼬리는 몸이 노랗지만 머리띠를 두른 듯 검은 깃털이 있습니다. 그래서 鵹黃(여황)이라고도 합니다. 鵹는 鸝와 같은 글자라고 하지만 驪(검누를 려), 黎(검을 려)처럼 검다는 뜻이 아예 포함된 글자입니다. 『詩經(시경)』「出車(출거)」 시는 이렇게 노래하지요.

봄날은 길고 초목은 무성하며
春日遲遲(춘일지지) 卉木萋萋(훼목처처)
꾀꼬리는 삣 삐요코 삐요 쑥을 수북이 뜯는다네
倉庚喈喈(창경개개) 采蘩祁祁(채번기기)

꾀꼬리는 우리나라에 오는 여름새입니다. 꾀꼬리가 울면 봄이 무르익어 곧 여름이 올 줄 알게 되지요. 꾀꼬리는 아름다운 깃털이나 고운 소리뿐 아니라 雌雄(자웅), 곧 암컷과 수컷이 의좋은 새로 알

려져 있습니다. 시인들이 寵愛(총애)한 것은 당연한 일입니다. 우리
나라 최초의 서정시도 꾀꼬리를 읊은 노래입니다.

펄펄 나는 저 꾀꼬리 암수 서로 정답구나
翩翩黃鳥(편편황조) 雌雄相依(자웅상의)
외로운 이 내 몸은 뉘와 함께 돌아갈고
念我之獨(염아지독) 誰其與歸(수기여귀)

고구려 유리왕이 지었다고 전하는 노래는 해석이 區區(구구)하지
만 있는 그대로 보는 것이 옳지 싶습니다. 봄날과 어울리지 않는 남
자의 쓸쓸함 말입니다.

一月春風

한 일(一-0) 달 월(月-0) 봄 춘(日-5) 바람 풍(風-0)

일월의 봄바람? 아닙니다. 一月春風(일월춘풍)은 '한 달 동안의 봄바람'이라는 뜻입니다. 모두 쉬운 글자로 이뤄진 말이지만, 뜻은 녹록지 않습니다.

송나라 사람 朱光庭(주광정)은 그리 잘 알려진 인물은 아닙니다. 그는 明道(명도) 程顥(정호) 선생에게 한 달간 배운 적이 있습니다. 돌아와서 그는 사람들에게 一月春風, 곧 '한 달을 봄바람 속에 앉아 있는' 것 같았다고 회고했습니다. 明道의 분위기가 남달라 사람을 포근하게 감쌌기 때문이겠지요.

一月春風은 이렇게 朱光庭의 말에서 유래했습니다. 이 한마디로 그는 천 년을 산 셈이지요. 同氣間(동기간), 곧 같은 형제라도 明道 선생의 동생인 伊川(이천) 程頤(정이) 선생은 가을 분위기가 났다고 합니다. 엄하고 차가운 기운이 있었던 모양입니다. 그래서 엄격한 사람을 秋霜(추상)같다, 곧 서릿발 같다고 했답니다.

明道 선생과 伊川 선생처럼 대조적인 평가가 우리 역사에도 있습니다. 조선시대 南冥(남명) 曺植(조식) 선생은 壁立萬仞(벽립만인), 곧 절벽이 만 길 높이나 된다는 평가를 받았습니다. 절벽은 가파르고 하늘에 맞닿아 있습니다. 우러러봐야지 다가서기 어렵습니다. 南冥과 동갑인 退溪(퇴계) 李滉(이황) 선생은 一月春風이라는 평가

「정문입설程門立雪」, 정선, 종이에 담채, 14.9×18.7cm, 국립중앙박물관. 송대의 성리학자 정이의 고사를 그린 것이다.

를 받았답니다. 친근했기 때문이겠지요.

　　동짓달 기나긴 밤을 한 허리를 베어 내여
　　춘풍 이불 아래 서리서리 넣었다가
　　얼운 님이 오신 날 굽이굽이 펴리라

黃眞伊(황진이)의 유명한 시조이지요. 애틋한 사랑이 따스한 봄바람, 春風 한마디로 느껴집니다. 모든 이가 따스한 꽃바람 속에 살갑고 和氣靄靄(화기애애)하길 비는 마음입니다. 부디 이 한 달 봄바람 속에 사시길.

躑躅

머뭇거릴 척(足-15) 머뭇거릴 촉(足-13)

躑躅(척촉)은 '머뭇거리다'라는 뜻입니다. 우물쭈물하는 모양을 가리키는 말이고 踟躕(지주)가 같은 뜻입니다. 躑躅은 또한 '철쭉'을 가리키기도 합니다. 철쭉은 杜鵑花(두견화), 곧 진달래와 비슷하지만 다른 꽃입니다. 진달래꽃은 벌써 달포 전, 3월에 피었고 철쭉꽃은 요즘 4월에 피지요. 진달래는 먹어도 되는 '참꽃'이지만 철쭉은 먹으면 안 되는 '개꽃'입니다.

羊躑躅(양척촉)은 철쭉의 일종입니다. 꽃이 노란색인데 羊이 잘못 먹으면 탈이 나고 제대로 서 있지도 못한다고 합니다. 羊이 비틀거리며 서 있는 모양에서 躑躅이 철쭉의 뜻을 가지게 되었습니다. 철쭉꽃은 꽃에 黏性(점성), 곧 끈적임이 있어서 진달래와 쉽게 구분됩니다. 人家(인가) 주변에 심는 철쭉은 보통 일본에서 들어온 철쭉 映山紅(영산홍)입니다.

철쭉의 별명은 여러 가지입니다. 산 나그네山客(산객)라고도 하고 중국에서는 花中西施(화중서시)라고도 합니다. 西施는 전국시대 越(월)나라의 유명한 미녀이지요. 苧蘿山(저라산) 서쪽 기슭에 사는 施氏(시씨)라고 西施입니다. 花中西施는 그래서 아름다운 꽃이라는 뜻이겠습니다.

철쭉을 아름답게 본 것은 우리도 마찬가지입니다. 水路夫人(수로

부인)은 姿容絶代(자용절대), 곧 절세미인이라 한 신라 여인입니다. 절벽에 핀 躑躅花(척촉화)를 강릉 가는 길에 보고 꺾어올 사람을 찾았더니 모두 고개를 외로 꼬았다지요. 새끼 밴 암소를 몰고 가던 웬 노인이 꺾어 노래까지 지어 바쳤답니다. 이 노래가 바로 철쭉꽃을 바치는 노래 「獻花歌(헌화가)」입니다.

送春

보낼 송(辵-6) 봄 춘(日-5)

送春(송춘)은 '봄을 보내다'라는 뜻입니다. 달리 餞春(전춘)이라고도 합니다. 餞(보낼 전)은 送 자와 같은 뜻인데 본디 作別(작별)할 때 주는 선물을 뜻합니다. 선물을 들려 보낼 수도 있지만 잔치를 벌이기도 합니다. 餞別(전별)은 잔치를 베풀어 作別한다는 뜻입니다. 헤어짐은 섭섭하니 예나 지금이나 그냥 보낼 수 없는 법입니다.

餞 자는 食(밥 식) 자와 戔(해칠 전) 자가 합쳐진 말입니다. 戔은 殘(해칠 잔)의 옛 글자입니다. 戈(창 과)와 戈가 부딪치는 모양이니 싸우다가 해친다는 뜻입니다. 창을 들고 싸우다보면 四肢(사지)가 떨어져 나갈 수도 있겠지요. 그래서 戔이 들어간 글자는 나머지, 부스러기의 뜻이 있습니다. 錢(돈 전)은 큰 금덩어리를 쪼갠 부스러기 돈, '잔돈'입니다.

옛사람들은 봄이 떠나는 일을 몹시 안타깝게 여겼습니다. 인생의 봄날, 곧 靑春(청춘)이 가는 것을 떠올리게 했기 때문이겠지요. 送春 노래들은 모두 靑春이 가는 안타까움도 함께 노래합니다.

배꽃 다 져버려 봄은 또 끝났네

落盡梨花春又了(낙진이화춘우료)

땅 가득 드리운 석양에 초록빛이 연기와 함께 시드니

滿地殘陽(만지잔양) 翠色和煙老(취색화연로)

중국 송나라 시인 梅堯臣(매요신)이 蘇幕遮(소막차) 가락에 읊은
노래입니다.

봄아 어디로 가니 물어봐도 봄은 묵묵부답
問春何去春不言(문춘하거춘불언)

야속한 봄 같으니라고. 그래,

잘 가라 봄바람아 뒤돌아보지도 말고
好去春風莫回首(호거춘풍막회수)
사람에게 매정하기 누가 너 같으리
與人薄情誰似汝(여인박정수사여)

고려 때 李奎報(이규보)는 이렇게 봄을 보냈습니다.

藤花

등나무 등(艸-15) 꽃 화(艸-4)

藤花(등화)는 '등나무 꽃'입니다. 그늘을 만들어주는 등나무는 주변에서 흔히 볼 수 있는 콩과 식물입니다. 그리고 보니 꽃이나 깍지도 豌豆(완두)콩과 아주 비슷하게 생겼습니다. 구불구불 타고 오르는 모습은 뱀을 닮았지요. 동북아시아와 미국 동부가 원산이랍니다. 위스터리어(wisteria)는 등나무의 영어 이름인데, 중국을 여행한 미국인 대니얼 위스터(Daniel Wister)가 소개했기에 그의 성을 따서 지었답니다.

등나무는 신화의 나무이기도 합니다. 중국 四川(사천) 지방에 흥미로운 '대홍수 신화'가 전합니다. 하늘 신 雷公(뇌공)이 일으킨 대홍수 때문에 죽게 생긴 女媧(여와)와 伏犧(복희) 오누이는 雷公이 준 이빨을 던졌지요. 이빨에서 순식간에 자란 것이 등나무였답니다. 등나무에서 박이 열렸고 박 속을 판 구멍에 들어간 오누이는 홍수 속에 둥둥 떠서 살아남았다고 합니다. 이들이 인류의 조상이 되었다는 것이 신화의 결말입니다.

세계 곳곳에 전하는 '대홍수 신화'는 대홍수, 생명의 위기, 극복이라는 이야기 구조를 지니고 있습니다. 메소포타미아 신화에서 유래한 '노아의 方舟(방주)'가 본디 유명한 대홍수 신화이지요. 노아의 方舟에는 등나무가 아니라 橄欖(감람)나뭇잎과 무지개가 등장합니다. 메소포타미아 대홍수 신화에서 노아에 해당되는 우트나피슈팀은 홍수의 끝을 기념하며 달콤한 향을 살라 신에게 바쳤다고 합니다. 달콤한 향 가운데 등나무가 끼어 있는 것은 우연이 아닐 겁니다.

기댈 것만 있으면 하늘로, 하늘로 솟아오르는 등나무는 '해님달님'의 동아줄, 잭의 콩나무이기도 합니다. 藤花가 한창인 5월입니다. 꺾이지 않는 생명력을 느끼는 것은 혼자 생각만이 아니겠지요.

「노아의 방주와 함께한 천국의 풍경」, 얀 브뤼헐, 16세기 후반~17세기.

新綠

새 신(斤-9) 초록빛 록(糸-8)

新綠(신록)은 '늦봄이나 초여름에 새로 나온 잎의 푸른빛'이란 뜻입니다.

노래하는 꾀꼬리 장막을 스치매 댓잎 새로 싱그럽고
歌鸎度幕竹新綠(가앵도막죽신록)
춤추는 두루미 단에 오르매 솔잎 한창 푸르네
舞鶴上壇松正靑(무학상단송정청)

丁若鏞(정약용) 선생이 昌德宮(창덕궁) 뒤뜰에 있는 宙合樓(주합루)에서 읊은 시구입니다. 뜰 가득한 푸른빛 하며 꾀꼬리의 노란빛, 두루미의 흰빛. 투명한 봄볕이 그린 듯 떠오릅니다.

갓 돋은 푸른 잎은 꽃처럼 어여쁜 법입니다. 꾀를 벗고도 부끄러운 줄 모르던 겨울 산이 울긋불긋 고까옷으로 갈아입은 듯하더니, 어느새 푸른빛 새 옷을 장만했습니다.

천지에는 이미 꽃잎이 지고
새로운 녹음이 다시 돋아나
또 한 번 날 에워싸는데

「동궐도」에 그려진 창덕궁 주합루 부근. 정약용은 이곳에서 봄볕을 그리며 글을 지었다.

　徐廷柱(서정주) 시인의 「신록」 시구입니다. 산이며 들을 수놓던 '붉은 꽃잎'도 '못 견디게 서러운 몸짓'으로 '펄펄펄 펄펄펄 떨어져'버리고 綠陰(녹음)이 벽처럼 에워싸버렸습니다. 갑갑합니다.

　어이할거나
　아, 나는 사랑을 가졌어라
　남몰래 혼자서 사랑을 가졌어라

　暗戀(암련), 곧 몰래 사모한 시인에게 꽃잎의 離別(이별)은 뜻밖일 수밖에 없습니다. 그래서 喪心(상심), 곧 속상한 시인은 '꾀꼬리처럼 울지도 못할' 멘 목으로 '기찬 사랑'을 노래하게 되었을 것입니다.
　초여름의 꽃이 다시 피기 전까지 산은 잠시 휴식 중입니다. 싱그러운 綠葉(녹엽)도 곧 萬山(만산) 가득한 여름 綠陰으로 검푸르러질 테고, 여느 가을처럼 紅葉(홍엽)으로 곱게 治粧(치장)할 것입니다. 그리고 다음 봄을 期約(기약)하며 속살 드러낸 겨울 산은 차마 어찌 견뎌낼지 모르겠습니다. 봄이 떠나려 하니 다음 봄 기다릴 일이 벌써 걱정입니다.

五月祭

다섯 오(二-2) 달 월(月-0) 제사 제(示-6)

  五月祭(오월제)는 '오월의 축제'란 뜻입니다. 五月節(오월절)이라고도 씁니다. 본디 5월 1일에 베푸는 서양의 봄맞이 축제이지요. 北歐(북구)의 여러 나라나 영국, 독일, 체코 등지에서 주로 벌어지는 봄 축제입니다. 五月柱(오월주), 곧 오월의 기둥(Maypole)을 세우고 주위에서 춤추는 행사가 열린다지요. 五月祭는 본디 저들의 프레이야 女神(여신)을 기리는 행사입니다. 메이퀸(May queen), 곧 '오월의 女王(여왕)'을 뽑거나 오월을 '계절의 女王'이라고 하는 것도 프레이야 女神 때문입니다.

  五月祭는 영어 메이데이(May Day)를 한자로 옮긴 말이기도 합니다. 메이데이는 勞動節(노동절)이라고도 하는데 8시간 노동제를 쟁취하려는 勞動運動(노동운동)에서 비롯되었습니다. 1884년 5월 1일 미국 紡織(방직) 노동자들이 8시간 노동제를 요구하며 爭議(쟁의)를 시작하고 이에 호응한 노동조합들의 總罷業(총파업)이 이어진 적이 있습니다. 1889년 파리에서 열린 제2인터내셔널 대회에 미국의 勞動運動이 보고되었고 이후 국제적인 示威運動(시위운동)의 날로 결정되었답니다.

  春鬪(춘투)는 春季鬪爭(춘계투쟁)을 줄여 부르는 말입니다. 일본에서 생긴 말이지만 우리도 빌려 쓰기 때문에 낯설지 않습니다. 요즘은 여름에 하는 투쟁 夏鬪(하투)도 생겼습니다. 메이데이 행사가 예전과 달리 놀이처럼 변질되었다고 걱정하는 '전직 鬪士(투사)'의 글을 인터넷에서 읽은 적이 있습니다. 본디 축제인 五月祭를 놀이로 즐길 날이 오는 쪽이 더 좋지 않을까 생각해봅니다.

雨花

비 우(雨-0) 꽃 화(艸-4)

雨花(우화)는 '꽃비'라는 뜻입니다. 비가 꽃잎처럼 가볍게 흩뿌릴 때, 또는 꽃잎이 비처럼 가볍게 흩뿌릴 때를 비기는 말입니다. 雨華(우화)라고도 씁니다. 부처가 說法(설법)하거나 菩薩(보살)이 머무는 곳에는 꽃잎이 하늘에서 비처럼 흩뿌리는 상서로운 조짐이 있다고 했습니다.

꽃잎을 뿌린 것은 飛天(비천)이라는 天界(천계)에 사는 신입니다. 飛天은 '하늘을 날아다니다'라는 뜻이고 본디 힌두의 신 압사라(Apsara)를 뜻으로 옮긴 말입니다. 하늘 사람 天人(천인), 하늘 여신 天女(천녀)라고도 합니다. 虛空(허공)을 날면서 꽃을 뿌리고 악기를 연주하며 공양한다고 합니다. 꽃을 흩뿌리는 일을 散花(산화)라고 합니다.

신라 景德王(경덕왕) 때 해가 두 개 나타나자 스님을 모셔 꽃을 뿌려 기리는 散花功德(산화공덕)을 베풀기로 했습니다. 인연 있는 스님을 기다리자니 화랑 月明師(월명사)가 지나가는 것이 눈에 띄었습니다. 月明師가 자신은 신라 토박이 노래 鄕歌(향가)만 알지 인도에서 온 노래 梵唄(범패)는 모른다고 하자 임금은 鄕歌도 괜찮다고 했습니다. 꽃을 흩뿌리며 月明師는 이렇게 노래했습니다.

오늘 이에 산화를 불러 今日此矣散花唱良(금일차의산화창량)

뿌리온 꽃아 너는 巴寶白乎隱花良汝隱(파보백호은화량여은)

곧은 마음의 명을 부리옵기에 直等隱心音矣命叱使以惡只(직등
은심음의명질사이악지)

미륵좌주를 뫼셔라 彌勒座主陪立羅良(미륵좌주배립나량)

여기서 矣(의), 良(량), 乎隱(호은), 隱(은), 音矣(음의), 叱(질), 以
惡只(이악지), 羅良(나량) 따위는 모두 우리말을 옮긴 이두입니다.
뜻이 아니라 소리로 알아야 합니다. 제 생각입니다만 直等隱心音
矣는 '꽃 같은 마음의'라고 옮기는 쪽이 좋을 듯합니다.

「성덕대왕신종」, 국보 제29호, 통일신라시대, 국립경주박물관. 경덕왕 때부터 혜공왕 때까지 만든 성덕대왕신종에 새긴 비천. 에밀레종의 슬픈 사연이 함께 전한다.

逍風

거닐 소(辶-7) 바람 풍(風-0)

逍風(소풍)은 '바람을 쐬다'라는 뜻입니다. 消風(소풍)이라고도 씁니다. 逍는 이리저리 발길 닿는 대로 거니는 일을 가리키는데 逍遙(소요)가 바로 이 뜻입니다. 그래서 逍風을 散策(산책)이나 散步(산보)라 풀기도 합니다.

散策이나 散步의 散(흩을 산)은 '이리저리'에 해당되는 말인 듯해도 그렇지 않습니다. 散은 한약의 형태 중 하나, 곧 '가루약'이라는 뜻도 있습니다. 한약은 湯飮散丸丹(탕음산환단) 대여섯 가지 정도라고 하지요. 湯과 飮은 물약, 丸과 丹은 구슬 모양의 약입니다.

중국 魏晉(위진)시대에 寒食散(한식산) 또는 五石散(오석산)이라는 게 아주 유행했습니다. 五石散은 다섯 가지 돌을 빻아 만든 가루약입니다. 이것을 입에 털어 넣은 뒤 차게 식힌 술을 마시고 넘기기 때문에 寒食散이란 별명이 붙은 것입니다. 長服(장복)하면 신선이 되어 영원히 살 수 있다고 믿었습니다.

寒食散을 먹고 나면 몸에 열이 많이 났다고 합니다. 열을 식히려면 이리저리 돌아다녀야 했지요. 여기서 散步, 散策이란 말이 나왔습니다. 逍風은 몸을 식히려고 '이리저리 다니며 바람을 쐬는' 일, 消風은 열을 '가시게 하려 바람을 쐬는' 일을 가리킵니다.

逍風의 본뜻이 어떻든 이제 죄다 過去之事(과거지사)일 뿐입니

236

다. 이제 逍風이란 역시 학교와 관련된 말이 되었지요. 선생님이 '자연 관찰이나 역사 유적 등의 견학을 겸하여 야외로 갔다 오는 학교의 일'이라 아무리 일러본들, 아이들에겐 귓등을 스치는 바람소리일 뿐입니다.

耳懸鈴鼻懸鈴

귀 이(耳-0) 매달 현(心-16) 방울 령(金-5) 코 비(鼻-0)
매달 현(心-16) 방울 령(金-5)

耳懸鈴鼻懸鈴(이현령비현령)은 '귀에 걸면 귀걸이, 코에 걸면 코걸이'라는 뜻입니다. '정해지지 않고 둘러대기에 따라 다르다' '어떤 사물이 양쪽에 관련되어 결정짓기 어렵다'는 뜻입니다.

토마토(tomato)의 한자말 番茄(번가)는 본디 '서양 가지'라는 뜻입니다. 番(갈마들 번)은 오랑캐라는 뜻으로 써온 글자이고, 茄는 茄子(가자), 곧 반찬으로 먹는 '가지'를 가리킵니다. 가지라는 우리말도 茄子에서 온 것이지요.

가지라면 보랏빛 길쭉한 모양이 얼른 생각나고 모양이나 색깔이 토마토와 영 닮지 않았다고 여기실 분도 있겠지요. 허나 가지가 길쭉한 가지만 있는 건 아닙니다. 흔히 '달걀가지'라고 부르는 동그란 모양의 가지도 있습니다.

西紅柿(서홍시)란 토마토를 가리키는 요즘 중국 말입니다. 중국 말로 '시훙스'라고 읽는데 '서양 홍시'라는 뜻이지요. 토마토의 붉은 빛과 모양이 농익은 감 같으니 잘 지은 말이라 하겠습니다.

예전의 미국 關稅法(관세법)은 채소에 과일보다 높은 關稅를 물렸답니다. 뉴욕 稅關(세관)이 토마토를 채소로 분류하자 수입업자들이 크게 반발해 결국 法庭(법정)까지 가게 되었습니다. 미국 大法院(대법원)은 기가 막힌 判決(판결)을 내렸다지요. 토마토는 식물학

적으로 과일이지만, 따로 먹는 후식이 아니라 식사의 일부이므로
채소라고요. 耳懸鈴鼻懸鈴의 黃喜(황희) 정승 같은 判決입니다. 토
마토는 그래서 '법적으로' 채소입니다. 세상일에는 분명 兩面(양면)
이 모두 있어서 斷案(단안)을 내리기 어려운 법입니다. 그렇다고 둘
러대서 사람을 속여서는 안 되겠지요.

竹露

대 죽(竹-0) 이슬 로(雨-12)

竹露(죽로)는 '대나무 이슬'이란 말입니다. 남녘에 흔한 대밭에서 자란 野生茶(야생차)도 竹露라고 하지요. 댓잎이 머금은 이슬을 먹고 자라 붙였어도 참 아름다운 이름인 것은 틀림없습니다.

대나무는 木本植物(목본식물), 곧 나무입니다. 예전에 식물학자들이 대나무가 풀인지 나무인지 論爭(논쟁)을 벌였다가 나무라는 과학적 결론을 냈습니다. 대나무와 비슷한 論爭에 휘말린 토마토는 채소로 분류되었지요. 딸기도 채소로 분류되었다니 참 입맛이 씁니다. 토마토나 딸기가 채소인지 과일인지 따지는 일은 과학적 定義(정의) 때문이 아니라 사람의 편의를 따른 점이 다릅니다.

대나무가 숲을 이룬 것이 竹林(죽림), 곧 '대밭' 또는 '대숲'이지요. 중국 魏晉(위진)시대에 竹林七賢(죽림칠현)이라 불린 한가로운 선비들이 살았답니다. 대나무는 곧음, 志操(지조), 節槪(절개)의 상징이니 竹林七賢이란 대나무의 곧음으로 이들을 빗댄 말입니다. 허나 이들이 함께 모인 적은 없으니 오해 마시길 바랍니다.

'쑥대밭'이란 말은 破壞(파괴)되고 남은 터에 무심히 자란 쑥과 대나무를 보고 이르는 말입니다. 자칫 사람 눈에 悽愴(처창)하게 보여 쑥과 대를 나쁜 것으로 오해할지 모르겠습니다만, 쑥과 대는 强靭(강인)한 생명력의 상징입니다.

「묵죽도墨竹圖」, 유덕장, 종이에 수묵, 99.3×65cm, 18세기, 고려대박물관.

지금 이 땅에서 유명한 대밭으로는 전라도 潭陽(담양)을 꼽지 않을 수 없겠지요. 영화 「봄날은 간다」에 나온 강원도 三陟(삼척) 땅, 대숲의 댓잎 스치는 소리도 빼어났습니다. 대밭이 있다면 이제 竹露가 날 철입니다. 어디 가까운 대밭에서 멋진 사람들과 함께하면 좋겠습니다.

여름

여름 節氣 역시 立夏(입하), 小滿(소만), 芒種(망종), 夏至(하지), 小暑(소서), 大暑(대서) 여섯 가지입니다. 節入日(절입일)은 대략 다음과 같습니다. 모두 양력 날짜이고 해마다 하루나 이틀씩 차이가 납니다.

立夏: 5월 5일 또는 6일
小滿: 5월 21일 또는 22일
芒種: 6월 5일 또는 6일
夏至: 6월 21일 또는 22일
小暑: 7월 7일 또는 8일
大暑: 7월 22일 또는 23일

立夏

설 립(立-0) 여름 하(夂-7)

立夏(입하)는 여름철의 첫 節氣(절기)입니다. 해의 움직임을 기준으로 만든 달력이 太陽曆(태양력), 달의 움직임을 기준으로 만든 달력이 太陰曆(태음력)인데, 둘의 장점을 합친 것이 太陽太陰曆(태양태음력)입니다. 立夏 절기는 해마다 5월 5일이나 6일 무렵 들게 마련입니다.

붉은 살구꽃 필 무렵 수성에서 만났는데
紅杏開時會水城(홍행개시회수성)
어느새 절기는 주명으로 바뀌었네
回頭節序換朱明(회두절서환주명)

조선시대 谿谷(계곡) 張維(장유) 선생의 시구입니다. 봄에 만났던 사람을 계절이 바뀌어 여름에 다시 만나 노래한 것이지요. 여기서 朱明(주명)은 본디 '여름 태양'을 가리키는 말입니다. 여름철 해는 붉게 타오르다 못해 희다 할 만큼 밝지요.

중국 한나라 때는 立夏가 돌아오면 임금이 南郊(남교), 곧 남쪽 교외에 나가 여름의 신을 맞이해오는 禮法(예법)이 있었다고 합니다. 중국의 여름 신은 이름도 뜨거운 炎帝(염제)와 祝融(축융)입니다. 여름의 신을 맞이하면서 부르는 노래도 '여름 해의 노래'란 뜻의 朱明歌(주명가)였다지요.

太陽의 계절인 여름에 들어서는 立夏 무렵 부는 바람의 이름은 淸明風(청명풍)입니다. 조금이라도 시원한 느낌을 가지려 한 것인지, 따가워지는 햇살을 가로지르는 바람이 아직 상쾌하기 때문인지 알 수 없습니다. 淸明風이나마 불어야 바쁜 이들 이마의 땀이 식겠지요.

농사짓는 農家(농가)에서는 이맘때 꽤나 바쁩니다. 갖은 곡식은 물론이려니와 참외며 수박, 갖은 콩이며 木花(목화), 연뿌리 等屬(등속)도 오늘은 넘기지 않아야 가을에 거둘 것이 생깁니다. 몸을 부지런히 놀려야 할 때입니다.

兒孩

아이 아(儿-6) 어린아이 해(子-6)

兒孩(아해)는 어린아이를 가리키는 말인데, 요즘은 예전처럼 잘 쓰지 않는 말입니다. 어린아이를 나누는 말은 이밖에 여럿 있습니다. 黃口小兒(황구소아)나 黃口乳兒(황구유아)는 젖먹이를 가리키는 말입니다. 黃口는 '노란 입'인데 새 새끼의 주둥이가 노란 것을 보고 지었답니다. 乳兒는 젖먹이라는 말이지요. 乳臭(유취), 곧 젖비린내도 가시지 않은 어린아이를 부르는 말입니다.

孩子(해자)는 '두서너 살 된 어린아이'를 가리키는 말입니다. 兒孩와 비슷한 말입니다. 孩童(해동), 孩兒(해아), 孩提(해제) 따위로도 부릅니다. 髫齔(초츤)은 다박머리에 앞니를 갈 무렵의 어린아이라는 뜻입니다. 일고여덟 살 때를 가리킵니다.

三尺童子(삼척동자)는 키가 석 자 정도 되는 어린아이라는 뜻이고 五尺之童(오척지동)은 키가 다섯 자인데 어른 키의 절반이라는 뜻입니다. 尺童(척동)은 三尺童子나 五尺之童처럼 자로 키를 잴 정도의 아이라는 뜻인데 열 살 안팎의 어린아이를 가리킵니다. 비슷한 말로는 沖年(충년)이 있습니다.

童子(동자)는 어린 '사내아이'를 가리키는 말입니다. 달리 童丱(동관), 童穉(동치), 童孩(동해), 童幼(동유), 童牙(동아) 따위로 부릅니다. 중국의 놀이공원에서 '키가 90센티미터 미만은 어린아이'라고 쓴 팻말을 본 적이 있습니다. 중국 사람들은 아직도 키로 어린아이와 어른을 구분하는구나 싶었습니다.

어른과 어린이의 본뜻은 키나 나이에 있지 않을 테지요. '철없는 어른'들이 자신의 욕망을 어린이들에게 投射(투사)하지 않는 날이 얼른 오기를 바랄 뿐입니다.

鳳凰于飛

봉새 봉(鳥-3) 봉황새 황(几-9) 어조사 우(二-1) 날 비(飛-0)

鳳凰于飛(봉황우비)는 '봉황새가 짝을 이뤄 날다'라는 뜻입니다.
부부 사이 琴瑟(금실)이 좋은 것을 가리키는 말입니다. 夫唱婦隨
(부창부수)도 부부 사이가 좋은 것을 가리키는 말이지요. 唱(노래
창)은 앞소리를 메기는 일이요 隨(따를 수)는 앞소리에 和答(화답)하
는 일입니다.

鳳凰調(봉황조)란 우리 판소리 聲音(성음)의 일종입니다. 소리를
할 때 鳳凰이 서로 작은 목소리로 속삭이듯 하는 것을 가리킵니다.

둘이 뭐 하나 성공헌 재밌는 일 있어 갖고 넘 들을까 싶응게 둘
이 속작속작 주거니 받거니, 좋은 기분으로 서로 사랑 실어 갖고
그 속삭거리는 그 성음이여

전라도 谷城(곡성) 출신의 名鼓(명고) 金命煥(김명환) 씨는 鳳凰
調를 이렇게 푼 적이 있습니다.

鳳凰于飛는 본디 『詩經(시경)』 「卷阿(권아)」에 나오는 시구입니다.
부부가 아니라 임금 신하 사이에 어울린 일을 읊은 노래랍니다. 수
컷을 鳳, 암컷을 凰이라 하는 봉황새는 상상의 새이지요. 鳳凰棲
梧桐(봉황서오동)이라 했던가요. 鳳凰이 짝을 이뤄 날아 깃들이는

248

「봉황도鳳凰圖」, 낭시, 106.5×280cm, 20세기 중
반, 온양민속박물관.

곳이 梧桐나무라고 합니다. 그래서 梧桐이 있는 곳에는 필경 鳳凰이 날아들게 마련이지요.

대구 八空山(팔공산) 桐華寺(동화사)의 원명은 瑜伽寺(유가사)였답니다. 통일신라시대 心地(심지) 스님이 절을 고칠 적 일입니다. 겨울철인데도 桐華, 곧 오동나무 꽃이 만발했기에 무슨 인연인가 싶어 이렇게 고쳐 불렀다고 하지요. 경북 奉化(봉화)의 鳳棲樓(봉서루)만이 아니라 이 땅 곳곳 梧鳳山(오봉산)이니 鳳山(봉산)이 오죽 많습니까. 모두 鳳凰과 梧桐의 이름을 딴 것입니다.

조상님들은 아마 고고한 鳳凰을 극진히 기려 곳곳에 梧桐나무를 심어놓고 鳳凰이 날아 깃들기만 기다리셨을 테지요. 허나 기다려도 鳳凰이 오질 않으니 또 오늘 梧桐나무 심어 다음 꽃 피길 기다려야 할까봅니다.

薔薇

장미 장(艸-13) 장미 미(艸-13)

薔薇(장미)는 '장미꽃'입니다. 잔인한 달 사월이 지나자 바로 계절의 여왕 오월. 영국 사람들의 말입니다. 오월은 영국에서 날씨가 가장 좋은 달인데 오월의 꽃이 바로 薔薇이지요. 穠艷(농염)한 아름다움을 뽐내는 薔薇는 그래서 영국의 나라꽃인지도 모르겠습니다.

농염하게 녹음 사이에 빛나니
穠艷煌煌綠暗間(농염황황록암간)
금가루로 단장하고 아름다운 얼굴일세
巧粧金粉媚嬌顏(교장금분미교안)

시를 참 잘 쓰는 분이라 제가 좋아하는 李奎報(이규보)의 「薔薇」 시구입니다. 薛聰(설총)의 花王戒(화왕계)도 꽃의 임금인 牡丹(모란)을 미혹시킨 아름다운 여인으로 薔薇를 그린 적이 있지요. 薔薇는 서양에서 꽃의 임금이지만 동양에서는 신하인 게 다릅니다.

薇垣(미원) 또는 薇院(미원)은 '장미 정원'이란 뜻입니다. 조선시대에 諫諍(간쟁)을 담당하던 司諫院(사간원)을 달리 부르는 말이기도 합니다. 薇垣은 본디 중국 당나라 때 관청 中書省(중서성)의 다른 이름인 紫微省(자미성)을 줄여 부른 말입니다. 中書省 뜰에는 장미

「프랑크푸르트의 장미」, 조지 플레겔, 1610.

를 많이 심었기 때문에 紫微省이란 이름이 붙었답니다. 빛깔 때문에 薔薇를 紫薇(자미)라고도 썼습니다. 玫瑰(매괴)는 薔薇의 다른 이름이고요.

薔薇는 아름다운 여인의 대명사이면서 실제로도 아름다움을 줍니다. 薔薇露(장미로)란 薔薇에 맺힌 이슬을 가리키는데 옛사람들은 이것을 받아 얼굴을 씻었다지요. 페르시아에서 최초로 薔薇를 재배했는데, 薔薇를 증류하여 薔薇水(장미수)를 얻을 목적이었다고 합니다. 클레오파트라도 썼다는 薔薇水는 오늘날까지도 최고의 美容水(미용수)이지요. 페르시아 시절부터 다마스쿠스(Damascus)에서 나는 薔薇水가 오늘날까지 유명하고 불가리아 카잔루크(Kazanluk)이나 모로코의 薔薇水도 유명합니다. 薔薇의 달 오월은 그래서 아름다운 여인의 계절입니다.

「영모도翎毛圖」, 심전沈銓, 비단에 채색, 95.4×46.0cm, 청나라 1733, 국립중앙박물관. 고양이 한 마리가 방아깨비를 물고 가는 뒤로 장미가 활짝 피어 있다.

石竹花

돌 석(石-0) 대 죽(竹-0) 꽃 화(艸-4)

石竹花(석죽화)는 '패랭이꽃'입니다. 石竹은 돌 틈처럼 건조한 땅을 좋아하고 대나무처럼 마디가 있다고 해서 붙은 이름입니다. 瞿麥(구맥), 巨句麥(거구맥), 大蘭(대란), 南天竺草(남천축초), 竹節草(죽절초) 등 다른 이름도 꽤 많습니다. 唐石竹(당석죽), 곧 중국에서 들어온 패랭이꽃은 여러 빛깔이지만 우리나라 패랭이꽃은 붉은 빛깔 하나라는 말은 조선시대 洪萬選(홍만선)이 지은 『山林經濟(산림경제)』에 나옵니다. 여기서 唐은 중국 당나라가 아니라 외국이란 뜻입니다.

사람들은 붉은 모란 좋아하여 世愛牧丹紅(세애목단홍)
뜰에 가득 기르지만 栽培滿院中(재배만원중)
누가 알리 거친 풀 우거진 들에도 誰知荒草野(수지황초야)
좋은 꽃떨기 있는 줄을 亦有好花叢(역유호화총)

고려시대 鄭襲明(정습명)이라는 분이 지은 「石竹花」라는 시입니다. 남들이 자신을 알아주지 않는 일을 들판의 패랭이꽃에 깃들여 노래하고 있지요.

石竹花는 본디 칠월 무렵 산에 들에 피는 흔한 여름 꽃입니다.

요즘 우리나라 여러 도시에서도 새로 改良(개량)해 들여온 외국 石竹花를 많이 심고 있습니다. 온갖 빛깔 화려한 '唐石竹'을 심는 일이 전국 지자체에서 유행하는 것은 아쉬운 일입니다. 꽃을 심는 것이야 나무랄 일 아닙니다. 우리 꽃이 봄에 피도록 改良하지 못한 것이 아쉽고 우리 동네 個性(개성)이 없이 유행만 좇는 것이 아쉽습니다.

어버이날 부모님께 카네이션을 달아드리는 서양 풍속도 우리 것이 되었습니다. 카네이션 역시 패랭이꽃을 改良한 꽃입니다. 내력이야 어떻든 소중한 우리 뜻을 보여주는 일이 되었습니다.

豌豆

완두 완(豆-8) 콩 두(豆-0)

豌豆(완두)는 콩의 일종입니다. '완두콩'이라 부르기도 합니다. 豌豆의 豆는 콩이라는 뜻인데 다시 콩이란 말이 겹쳐 있습니다. '역전 앞'이란 말은 '驛前(역전)의 앞'이란 말이고 역시 前과 앞이 겹쳐진 말입니다. 사전에서 완두콩은 틀린 말이 아닌데 역전 앞은 틀린 말이라 하니 고개가 갸웃해질 따름이지요.

豌豆는 지중해 원산의 콩입니다. 서늘한 날씨를 좋아하기 때문에 寒豆(한두)니 麥豆(맥두) 같은 이름도 생겼을 테지요. 豌豆는 보통 열매를 먹는다고 생각하지만 껍질째 먹는 豌豆도 있습니다. 서양이나 중국에서는 껍질째 먹길 좋아합니다. 씁쓰름하면서도 상큼한 맛이 좋은 껍질의 豌豆를 중국에서는 荷蘭豆(하란두), 곧 '하란 콩'이라 합니다. 荷蘭은 和蘭(화란)이라고도 쓰며 네덜란드의 영어 이름인 홀란드(Holland)를 소리대로 옮긴 말입니다. 荷蘭豆는 그래서 '네덜란드 콩'입니다.

먹을거리 豌豆를 꽃을 보는 것으로 개량한 것도 있습니다. 스위트피(Sweet pea)라는 꽃입니다. 중국에서는 香豌豆(향완두)나 花豌豆(화완두)라고 옮기지요. 2007년 5월에 돌아가신 皮千得(피천득) 선생의 수필에는 逸品(일품)이 많습니다.

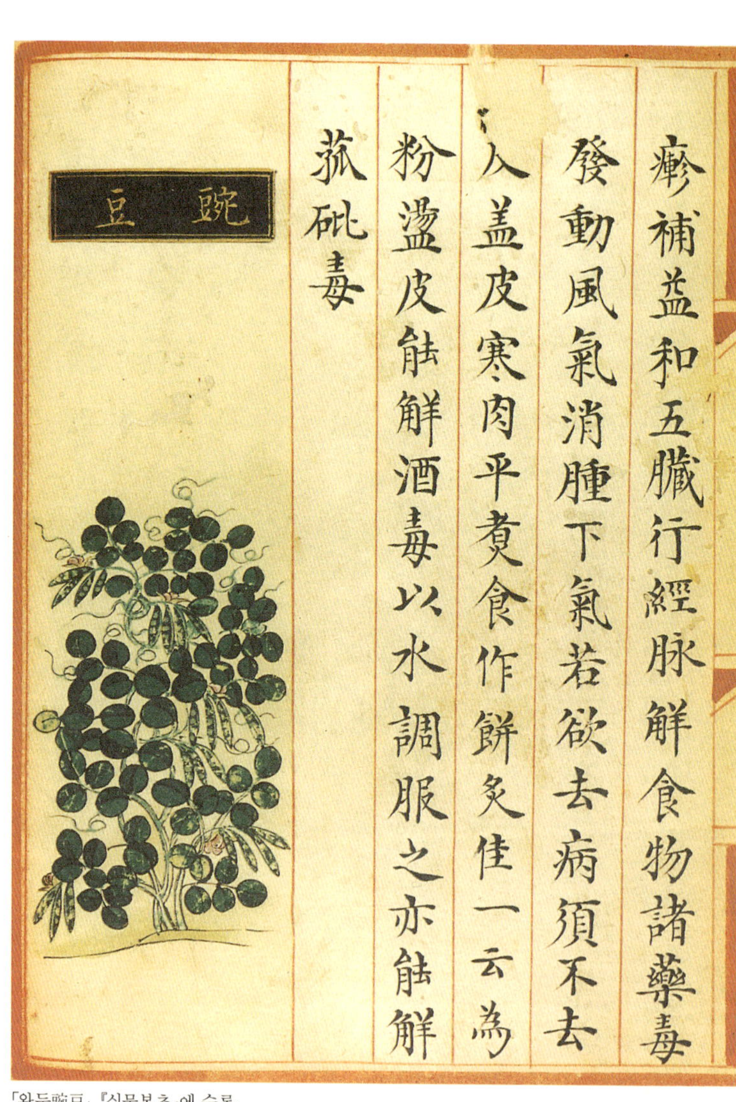

慘補益和五臟行經脉解食物諸藥毒
發動風氣消腫下氣若欲去病須不去
入盖皮寒肉平煮食作餅炙佳一云為
粉盪皮觧解酒毒以水調服之亦觧解
菰砒毒

「완두豌豆」,『식물본초』에 수록.

아사꼬는 스위트피를 따다가 꽃병에 담아 내가 쓰게 된 책상 위
에 놓아주었다. 스위트피는 아사꼬같이 어리고 귀여운 꽃이라고
생각하였다.

교과서에서 배운 선생의 수필 『因緣(인연)』의 한 구절입니다. 이
맘때면 늘 스위트피라는 단어가 떠오르고 그 靑春(청춘)이 생각나
곤 합니다.

冬溫夏凉

겨울 동(冫-3) 따뜻할 온(冫-10) 여름 하(夊-7) 서늘할 량(冫-8)

冬溫夏凉(동온하량)은 '겨울에는 따뜻하게, 여름에는 시원하게 해드려라'라는 뜻입니다. 『明心寶鑑(명심보감)』에 나오는 말이고 孝道(효도)를 다하라고 가르치는 敎訓(교훈)이 담겼지요. 『明心寶鑑』이 예전 어린이 교과서이다보니 흔히 '하라체'로 옮깁니다.

굳이 文脈(문맥)을 따지지 않는다면 冬溫夏凉은 '겨울에 따뜻하고 여름에 시원하다'는 뜻이겠습니다. 좋은 氣候(기후)가 사람의 큰 所願(소원)이긴 하나 하늘이 인정을 살필 리 만무합니다. 해를 거듭할수록 여름나기만 힘들어지고 있습니다.

겨울 햇살은 처마 넘어 방 깊숙이 들고 여름 땡볕은 처마에 가려 들지 않는 韓屋(한옥)이 다시 각광받는 것은 이런 시절 탓이 아니겠습니까. 사람 욕심만큼 건물이 높아지기 이전, 冬溫夏凉은 韓屋의 美德(미덕)이었습니다. 空調(공조)는 '에어컨'의 한자말인데, 空氣(공기) 온도를 調節(조절)한다는 뜻입니다. 自然(자연)의 空調를 충실히 따르는 韓屋을 窮理(궁리)해서 널리 써야 할 때가 온 듯합니다.

하늘로 날을 듯이 길게 뽑은 부연 끝 풍경이 운다

처마 끝 곱게 늘이운 주렴에 반월이 숨어

......

살살이 퍼져 나린 곧은 선이

스스로 돌아 곡선을 이루는 곳

趙芝薰(조지훈) 시인의 「古風衣裳(고풍의상)」 시구입니다. 시인은 韓服(한복) 입은 여인의 고운 선을 노래하면서 韓屋의 선에 빗댔지요. 서로 닮은 까닭입니다. 冬溫보다 夏凉이 切實(절실)한 세상, 여름 문턱에 섰습니다. 시인의 감탄은 끝이 없습니다.

곱아라 고와라 진정 아름다운지고

실용뿐 아니라 멋도 갖춘 韓屋은 우리의 '오래된 미래'인지도 모르겠습니다.

沙羅樹

모래 사(氵-4) 그물 라(网-14) 나무 수(木-12)

沙羅樹(사라수)는 인도 원산의 열대 나무입니다. 30미터나 자랄 수 있는 큰 나무이고 3월에 엷은 누런색 꽃이 핍니다. 훌륭한 材木(재목)이기도 하고 씨앗을 짜면 香油(향유)가 나기도 하지요. 沙羅樹는 龍腦香(용뇌향)과의 나무입니다. 龍腦香과의 나무들은 대체로 향기로운 기름을 품고 있습니다.

음력 사월 초파일은 부처님 오신 날입니다. 부처님 오신 날의 한자말은 釋迦誕辰(석가탄신), 줄여서 釋誕日이라 하지요. 허나 남방 불교에서는 이날이 부처님 돌아가신 涅槃日(열반일)이고 沙羅樹는 부처님의 涅槃과 깊이 관련된 나무입니다.

대장장이의 아들이 供養(공양)한 버섯에 中毒(중독)된 부처님은 쿠시나가라에서 앓아누웠습니다. 태어나신 룸비니 가까운 곳입니다. 강에서 목욕한 뒤 沙羅樹 그늘을 찾아간 부처님은 마지막 말씀을 마치고 入滅(입멸)하셨습니다. 달빛 속에 빛나는 흰 꽃이 꽃비로 내려 덮인 장엄한 장면이었답니다.

거기 동서남북에 각각 두 그루씩 여덟 그루의 沙羅樹가 있었기 때문에 沙羅雙樹(사라쌍수), 雙林(쌍림), 雙樹라고도 합니다. 동쪽 나무는 常(상)과 無常(무상), 서쪽 나무는 我(아)와 無我(무아), 남쪽 나무는 樂(낙)과 無樂(무락), 북쪽 나무는 淨(정)과 不淨(부정)을 상

「석가탄생도」, 작자미상, 비단에 채색, 145.0×109.5cm, 15세기 후반, 삼성 리움미술관.

징한다고 합니다. 其然不然(기연불연), 그렇다 아니다가 공존하는 부처님 뜻입니다.

沙羅雙樹는 그래서 부처님의 涅槃뿐 아니라 우주를 상징하는 나무, 宇宙樹(우주수)이기도 합니다. 석가모니는 걱정이 없는 나무라는 뜻의 無憂樹(무우수) 그늘에서 태어났다는데, 無憂樹가 沙羅樹라는 말도 있습니다. 그렇다면 부처님이 沙羅樹 그늘에서 나고 가신 뜻은 둘이 아닌 한뜻입니다. 걱정 없는 세상의 약속이자 그렇다 아니다마저 여읜 세상의 약속 말입니다.

灌佛

물 댈 관(氵-18) 부처 불(人-5)

灌佛(관불)은 '부처에게 물을 뿌리다'라는 뜻입니다. 여기서 물을 뿌린다는 것은 侮辱(모욕)이 아니라 沐浴(목욕)을 가리킵니다. 그래서 灌佛을 달리 浴佛(욕불)이라고도 합니다. 한 해에 한 번 부처님 목욕시키는 행사를 치르는 날이 있습니다. 사월 초파일이 그날이지요.

부처님 목욕은 香水(향수), 甘茶(감차), 五色水(오색수) 따위를 아기 부처의 정수리에 뿌리는 방식으로 이뤄집니다. 이런 행사를 灌佛會(관불회)라고도 하고 浴佛會(욕불회), 降誕會(강탄회), 佛生會(불생회), 龍華會(용화회) 따위로 부르기도 합니다.

석가모니 부처님이 세상에 태어났을 때 龍王(용왕)이 공중에서 향수를 솟아나게 해서 몸을 씻겼다는 이야기가 『普曜經(보요경)』이라는 불경에 나옵니다. 원본이 무엇인지 잘 알지 못하는 『普曜經』이지만 부처가 자기 평생을 직접 구술해줬다는 원시 경전 『랄리타비스타라(Lalitavistara)』와 비슷하다니 灌佛도 근거 없지 않겠습니다.

타이, 미얀마, 캄보디아, 라오스 등 동남아시아 불교 국가에서는 해마다 4월이면 물축제를 벌입니다. 서로가 서로에게 물을 뿌리는 새해맞이 축제이지요. 양력 4월이 그들의 옛 달력에서 雨期(우기)가 시작되는 正月(정월)인 까닭입니다. 타이에서는 이를 송끄란이라 부

르는데, 송끄란은 변화나 이동을 뜻하는 산스크리트 말 산크란디
(Sankrandhi)가 변한 말입니다. 저들은 이때 佛像(불상)도 씻기는
데 灌佛은 물축제에서 왔는지도 모를 일입니다.

柳暗花明又一村

버들 류(木-5) 어두울 암(日-9) 꽃 화(艸-4) 밝을 명(日-4)
또 우(又-0) 한 일(一-0) 마을 촌(木-3)

柳暗(유암)은 버드나무 그늘, 花明(화명)은 꽃이 환하다는 말입니다. 해 아래 드러난 꽃보다 그늘 아래 꽃이 더 鮮明(선명)하다는 洞察(통찰)이 담겼지요. 又一村(우일촌)은 다시 하나의 마을이란 뜻입니다. 송나라 시인 陸游(육유)의 시구인데, 시인은 이렇게 엮었습니다.

산 첩첩 물 첩첩 길이 있나 의심스러워지는데
山重水復疑无路(산중수복의무로)
버드나무 그늘 아래 꽃 환하고 다시 마을 나타나네
柳暗花明又一村(유암화명우일촌)

꼭 길이 끊어졌을 법한 모퉁이를 돌자 깜짝 놀라게 만드는 新天地(신천지), 새로운 境地(경지)가 펼쳐진다는 뜻입니다.

어두운 버드나무라 하니 高麗佛畫(고려 불화), 그중에서도 「水月觀音(수월관음)」 그림이 떠오릅니다. 그림은 눈을 絢爛(현란)하게 하거나 刺戟(자극)하지 않습니다. 여러 색깔로 多彩(다채)로운데도 말입니다. 어둡지만 지극히 華麗(화려)한 그림이라면 모순된 말일까요. 밝은 색깔을 좋아하는 세대에게 高麗佛畫는 失格(실격)이겠습

「수월관음도」, 비단에 채색, 227.9×125.8cm, 1323, 일본 다이토쿠 사.

니다. 어둡고도 지극히 어둡기 때문입니다.

「水月觀音」 그림은 高麗佛畫의 대표작인데 대부분 일본에 남아 있습니다. 우리 조상의 그림을 몹시도 아끼는 그들은 優雅(우아)하다는 칭찬에 침이 마를 지경입니다. 일본 美學(미학)의 꿈은 '와비'와 '사비', 다름 아니라 곰삭은 발효의 맛이랍니다. 지금 일본은 수백 년의 '인스턴트화'를 거쳐 날것을 좋아하는 문화가 주류인 것 같지만 예전엔 달랐기 때문이 아닐까요. 高麗佛畫를 찬양한 사람들은 적어도 후나즈시(鮒壽詞·부수사), 곧 붕어 초밥이 풍기는 고약할 정도의 냄새를 감수하며 발효의 맛을 즐길 줄 아는 사람들 때문이지 싶습니다.

高麗佛畫는 어둑어둑한 그늘 속에 핀 환한 꽃 같은 곰삭은 맛입니다. 가벼운 입맛의 인스턴트 음식과 원색 간판에 痲痺(마비)된 입을 되살릴 이 땅의 깊은 맛은 어디 가야 찾을 수 있을지요. 캄캄한 버들 그늘 뒤에 아직 남아 있을지 모르겠습니다.

折柳

꺾을 절(扌-4) 버드나무 류(木-5)

折柳(절류)는 '버드나무 가지를 꺾다'라는 뜻입니다. 나뭇가지를 꺾는다는 折枝(절지)가 같은 뜻의 말입니다. 折柳나 折枝는 다시 만날 일을 기약하는 상징적인 행위이지요. 柳 자는 留(머무를 류) 자와 소리가 같아서 留라는 말 대신 쓰는 물건입니다. 떠나는 손님에게 더 머물러달라는 뜻을 비치려고 버들가지를 꺾어줬다지요.

折柳는 灞橋折柳(파교절류) 또는 霸陵折柳(파릉절류)라는 옛 이야기에서 나온 말입니다. 누가 지었는지 모르지만 옛날 長安(장안) 및 부근의 지리 풍속 따위를 적은 『三輔黃圖(삼보황도)』라는 책이 있습니다. 거기서 折柳의 풍속을 이렇게 적고 있습니다.

파교는 장안 동쪽에 있는데 물을 가로질러 다리를 만들었다. 한나라 때 사람들은 손님을 배웅할 때 이 다리에 이르면 버들가지를 꺾어 떠나보낸다. 霸橋在長安東(파교재장안동) 跨水作橋(과수작교) 漢人送客至此橋(한인송객지차교) 折柳送別(절류송별)

霸(으뜸 패)를 여기서 '파'라고 읽는 까닭은 灞水(파수), 곧 '파'라는 이름을 가진 강을 가로지르는 다리이기 때문입니다. 중국 秦(진)나라 穆公(목공)이 서쪽 이민족을 정복한 기념으로 이전에 滋水(자

수)라고 부르던 강을 灞水라고 고치고 다리를 놓았기 때문에
灞橋입니다. 강을 따라 10리 거리에 버드나무도 빽빽이
심었답니다.

長安은 아니고 洛陽(낙양)에서 지었지만 당나라
시인 李白(이백)에게 이런
絶唱(절창)이 있습니다.

어둠 속 날아가는 옥피리 소리
誰家玉笛暗飛聲(수가옥적암비성)
누가 봄바람에 흩어 낙양을 채우나
散人春風滿洛城(산입춘풍만낙성)
세레나데 속 들리는 배웅 소리
此夜曲中聞折柳(차야곡중문절류)
누군들 고향 그리워 않을까
何人不起故園情(하인불기고원정)

매화 대나무 버들 물새무늬 표주박모양 주자, 높이 36.1cm,
12~13세기, 국립중앙박물관.

夢春草

꿈 몽(夕-11) 봄 춘(日-5) 풀 초(艸-6)

夢春草(몽춘초)는 '봄풀을 꿈꾸다'라는 뜻입니다. 중국 六朝(육조)시대 시인 謝靈運(사영운)과 친척 동생 謝惠連(사혜련)에 얽힌 이야기에서 나온 말입니다. 謝靈運의 「登池上樓(등지상루)」, 곧 「연못가 누각에 올라」라는 시가 있습니다.

연못에는 봄풀 돋고 池塘生春草(지당생춘초)
버드나무는 우짖는 새로 바뀌었네 園柳變鳴禽(원류변명금)

생동하는 春意(춘의)를 잘 표현하고 있습니다. 특히 이 구절이 훌륭하다는 건 秋史(추사) 金正喜(김정희) 선생을 비롯한 숱한 시인의 공통된 의견입니다.

謝靈運 못지않은 천재가 바로 謝惠連입니다. 열 살 나이에 이미 글을 잘 짓기로 유명했다고 합니다. 천재 謝靈運도 謝惠連을 만나 이야기하다보면 佳句(가구), 곧 아름다운 시구를 얻곤 할 정도였다니 말입니다.

謝靈運은 「登池上樓」를 쓸 때 종일 궁리했지만 좋은 구절을 얻지 못했다고 합니다. 답답한 마음에 살포시 잠이 들었습니다. 그의 꿈에 謝惠連이 나타나 이 夢절을 일러주었다고 합니다. 퍼뜩 깨어

시를 완성한 것은 말할 나위도 없는 일이지요. '이건 신의 도움이지 내 말이 아니야'라는 게 謝靈運의 입버릇이 되었습니다.

池塘春草(지당춘초)는 그래서 형제 사이를 일컫는 말로도 쓰입니다. 천하의 杜甫(두보)는 '시를 쓰려면 신의 도움이 있어야 한다詩應有神助(시응유신조)'라고 노래한 적이 있는데, 蘇東坡(소동파)도 이리 노래했답니다.

술집 난간에 기대 맑은 꿈꾸다 깨고 보니
酒闌淸夢覺(주란청몽각)
봄풀이 연못에 가득하네
春草滿池塘(춘초만지당)

杜甫나 蘇東坡는 모두 謝氏(사씨) 형제를 念頭(염두)에 두고 기린 말입니다. 꼭 피를 나눠야만 형제가 되는 건 아닙니다. 서로 깨우치고 돕는 사람, 그가 내 스승이자 형제입니다.

師道

스승 사(巾-7) 길 도(辵-9)

師道(사도)는 '스승의 길'이라는 뜻입니다. 『說文解字(설문해자)』는 師 자를 '이천오백 명의 사람이 사二千五百人爲師(이천오백인위사)'라고 풀었습니다. 많은 숫자의 사람을 가리키는 말이고 나중에 軍隊(군대)의 규모를 가리키는 말로 쓰게 되었습니다. 지금도 軍隊에서는 師團(사단)이란 말을 쓰고 사람 무리를 비길 때도 씁니다.

師 자는 巾(수건 건)이 아니라 본디 오른쪽의 帀(두를 잡)이 부수입니다. 에워싼다는 뜻입니다. 왼쪽 부분은 '퇴'라고 읽지요. 퇴는 이제 堆(언덕 퇴)로 모두 바꿔 쓰고 작은 언덕을 가리킵니다. 阜(언덕 부) 자 따위에 모양과 뜻이 남아 있습니다.

師는 그래서 언덕을 에워싼 사람을 가리키는 듯합니다. 왼쪽의 '퇴'는 언덕이라고 했지만 사실 흙으로 만든 계단, 하늘을 오르내리는 사다리입니다. 사다리 주위에 사람들이 왜 모였을까요? 여기서 사다리는 땅에서 하늘로 오르는 곳이기 때문입니다.

師를 이끄는 사람을 師長(사장)이라고 합니다. 애초에는 하늘을 오가며 뜻을 전하는 巫師(무사)를 가리켰지요. 평안도와 함경도에서는 巫堂(무당)을 '스승'이라고 부른다니 그 자취가 남은 셈입니다.

墺地利(오지리), 곧 오스트리아 출신의 문명비평가 이반 일리치는 이런 말을 한 적이 있습니다.

學校(학교)가 모든 사람을 체계적으로, 또 근본적으로 奴隸化(노예화)한다. 파시즘적이건 사회주의적이건 민주적이건 간에.

'學校 없는 社會(사회)'가 인간의 본디 상태라는 생각입니다. 敎育亡國(교육망국)의 한탄이 나오는 스승의 날에 師의 본뜻과 함께 깊이 새겨볼 말입니다.

野薔薇

들 야(里-4) 장미 장(艸-13) 장미 미(艸-13)

野薔薇(야장미)는 찔레나무, 찔레꽃을 가리킵니다. 野薔薇는 글자대로 새기면 들장미라는 뜻입니다. 열매는 營實(영실) 또는 榮實(영실)이라 하며 한약재로 씁니다. 가을에 주홍빛으로 익는 열매는 열대 바다 珊瑚(산호)를 깎은 구슬 색깔을 닮아 石珊瑚(석산호)라고도 합니다. 예쁜 이름입니다.

찔레꽃 향기는 정신이 아찔할 만큼 달콤합니다. 찔레꽃 노래는 많은데 그중에서 소리꾼 장사익의 노래는 단연 심금을 울립니다.

찔레꽃 향기는 너무 슬퍼요
그래서 울었지 밤새워 울었지

찔레꽃은 보통 흰색이지만, 흰색이냐 붉은색이냐를 두고 다투게 만드는 노래가 있습니다. 함경도 淸津(청진) 출신의 가수 白蘭兒(백난아)가 1942년 부른 國民歌謠(국민가요) 「찔레꽃」이 그것입니다.

'찔레꽃 붉게 피는 남쪽 나라 내 고향'으로 시작되는 노래는 滿洲(만주) 獨立軍(독립군)의 望鄕(망향)의 정을 담았다고도 합니다. '천리객창 북두성' 아래 서러운 사람은 故鄕(고향)을 그리지만 울지는 않았겠지요. 지금은 가수 李美子(이미자)의 소리가 白蘭兒의 소리보다 더 널리 알려져 있습니다. 李美子 씨도 6·25로 부산에 피난한 시절 白蘭兒의 공연을 보고 가수의 꿈을 품었다 합니다.

立夏(입하) 지나 小滿(소만)이 머지않은 때가 찔레꽃 계절입니다. 春窮期(춘궁기), 곧 보릿고개에 핀 찔레꽃은 눈물의 꽃이었습니다. '찔레꽃 필 때 모 심으면 풍년든다'는 속담도 이런 사정을 담았을 것입니다.

찔레꽃 하얀 잎은 맛도 좋지
배고픈 날 하나씩 따먹었다오

가수 이은미가 부른 「찔레꽃」도 배고픔을 담았습니다. 유달리 찔레꽃 노래가 많은 나라가 우리나라입니다. 한스러운 민족사의 自畫像(자화상)으로 본 까닭이겠습니다.

窓前草

창 창(穴-6) 앞 전(刀-7) 풀 초(艸-6)

窓前草(창전초)는 '창밖의 풀'이라는 뜻입니다. 濂溪(염계) 周敦頤(주돈이) 선생은 北宋(북송)시대의 큰 학자입니다. 유명하지도 부유하지도 않았지요. 자신이 거처하는 집 마당에 雜草(잡초)가 무성했지만 뽑아내지도 않았답니다. 누군가 이유를 묻자 이리 대답했다 합니다.

내 뜻과 마찬가질세. 如自家意思一般(여자가의사일반)

여기서 나온 말이 窓前草입니다. 창밖에 마당이 있고 거기 풀이 수북이 자란 몽롱한 초여름 風景(풍경)이지요. 雜草는 흔히 이름 없는 또는 이름 모를 풀이라 합니다. 풀이름을 붙이고 모르면 안달하는 것은 사람이지 풀이 아닙니다. 풀이 있는 그대로 사는 것은 自然(자연)의 본뜻입니다. 濂溪 선생의 즐거움은 여기 있었답니다.

나무는 더디고 풀은 빠릅니다. 나무는 봄에 꽃과 잎을 피웠고 이제 열매를 맺는 초여름에 접어들었습니다. 허나 풀은 벌써 가을입니다. 어느새 훌쩍 자라 열매도 익었습니다. 풀의 生長(생장) 週期(주기)가 이리도 빠른 것은 氷河期(빙하기)의 선물이라지요. 짧은 여름과 긴 겨울, 嚴酷(엄혹)한 세상에서 살아남으려면 재빨리 움직이

278

지 않으면 안 됩니다.

군자의 덕은 바람이요 소인의 덕은 풀이라네. 풀밭에 바람이 불면 반드시 눕게 마련이지. 君子之德風(군자지덕풍) 小人之德草(소인지덕초) 草上之風(초상지풍) 必堰(필언)

孔子(공자)의 말입니다. 백성을 하찮게 보았다고 타박할 일은 아닙니다. 시인 金洙暎(김수영)의 「풀」도 孔子의 이런 뜻을 빌렸을 것입니다.

民草(민초)는 백성을 풀에 비유한 말입니다. 흔히들 雜草 같은 인생이라 합니다. 임을 부를 손도, 달려갈 발도 없습니다. 생긴 대로 살길 바라는 것이 풀입니다. 만약 건드리면 바다같이 일어나 모든 것을 집어삼키고서야 물러나지요. 윗사람들이 銘心(명심)할 일입니다.

射雉

쏠 사(寸-7) 꿩 치(隹-5)

射雉(사치)는 '꿩을 쏘다'라는 말입니다. 꿩 사냥을 가리키지요.
조선 후기의 학자 徐有榘(서유구)는 농업 백과사전을 썼습니다. 『林
園經濟志(임원경제지)』라는 이 백과사전은 열여섯 분야로 나뉘어 있
기 때문에 『林園十六志(임원십육지)』라고도 합니다. 그 하나가 사냥
과 고기잡이 기술에 관한 佃漁志(전어지)입니다. 佃漁志에는 꿩 사
냥법인 射雉法(사치법)도 소개하고 있습니다. 사냥은 흔히 겨울에
이뤄지지만 꿩 사냥은 요즘처럼 늦은 봄에도 한답니다.

풀이 무성할 때 총이나 활을 가지고 숲에 숨어 뼈나 뿔로 만든
피리로 울음소리를 내면 장끼가 가까이 날아오는데 이때 쏘면 백
발백중이다.

뼈나 뿔로 만든 '꿩피리'는 까투리 울음소리가 나고 '우레'는 장끼
가 까투리를 꾀는 소리가 난다고 했습니다. 우레는 살구씨 杏仁(행
인)이나 복숭아씨 桃仁(도인)으로 만듭니다.
쏘아 잡는 것 외에 다른 방법도 있습니다. 雉媒(치매)는 길들인 꿩
인데 다른 꿩을 호리어 꾀어 들이는 놈입니다. 마치 銀魚(은어) 낚시
에 銀魚를 쓰는 것과 같습니다. 꿩을 잡는 그물인 '꿩그물'을 쓰기도

합니다. 羅(새그물 라)는 본디 새를 잡는 그물을 뜻합니다. 木犀(목서), 곧 물푸레나무의 일종으로 만든 덫 '꿩창애'를 쓰기도 합니다.

兔羅雉罹(토라치리)는 '토끼를 잡으려고 친 그물에 꿩이 걸린다'는 뜻입니다. 小人(소인)은 꾀를 내어 벗어나고 君子(군자)가 도리어 화를 입는 일을 비긴 말이지요. 꿩 사냥을 빌려 세상의 不條理(부조리)를 말한 것이겠습니다.

成年式

이룰 성(戈-3) 해 년(干-3) 법 식(弋-3)

成年式(성년식)은 '사회적으로 어른이 되었다는 인정을 받는 儀式(의식)'이라는 뜻입니다. 成年禮(성년례)라고도 합니다. 흔히 結婚式(결혼식)과 같은 뜻으로 쓰는 禮式(예식)이라는 말은 본디 '禮法(예법)에 따라 치르는 모든 儀式'을 가리킵니다. 전통 禮式은 五禮(오례)와 四禮(사례) 두 종류가 있지만, 冠婚喪祭(관혼상제) 네 가지의 四禮가 일반적입니다. 四禮는 조선시대 이후 중국 禮法이 퍼진 것입니다.

『三國志(삼국지)』「馬韓傳(마한전)」은 우리 고대사의 중국 쪽 역사 기록입니다. 여기 '殘酷(잔혹)한 成年式'에 관한 이야기가 전합니다. 馬韓에서는 성을 쌓거나 집을 지을 때 젊은이들 등가죽을 뚫어 줄을 꿴 뒤 통나무를 매어 끌어올리게 했다지요. 이처럼 殘酷한 成年式이 우리 고대사에만 있었던 것은 아닙니다. 아메리칸 인디언 가운데도 등가죽을 뚫어 줄을 꿴 뒤 몇 시간이고 기둥에 매다는 것으로 成年式을 치르는 부족이 있다지요.

밧줄을 몸에 묶고 높은 곳에서 뛰어내려 恐怖(공포)를 느끼는 놀이인 번지점프도 본디 成年式에서 유래했습니다. 南太平洋(남태평양)의 작은 섬나라 바누아투(Vanuatu)의 젊은이들은 성인이 되기 위한 절차로 발목에 줄을 매달고 높은 곳에서 뛰어내려 勇氣(용기)

를 증명해야 합니다.

　새로 등장한 세시풍속에 '성년의 날'이 있습니다. 四禮 가운데 첫 번째인 冠禮(관례)가 바로 成年式인데 '성년의 날'이 바로 새로 등장한 冠禮입니다. 冠禮가 사내아이의 成年式이라면 笄禮(계례)는 계집아이의 成年式을 이르는 말입니다. 冠은 갓, 笄는 비녀라는 뜻입니다. 恐怖라곤 없는 점잖은 儀式입니다. 『般若心經(반야심경)』에 無有恐怖(무유공포)라는 말이 있습니다. 함께 恐怖 없는 세상을 만들 勇氣를 가지는 통과의례가 되길 바랍니다.

夜鶯

밤 야(夕-5) 꾀꼬리 앵(鳥-10)

夜鶯(야앵)은 우리말로 '밤꾀꼬리'라는 새, 나이팅게일을 중국에서 옮긴 말입니다. 夜鶯은 이름 그대로 모두 잠든 夜間(야간)에 잘 우는 새이지요. 앵글로색슨 말로 본디 니팅게일(Nihtingale)이라고 썼습니다. 니팅은 밤, 게일은 여자 歌手(가수), 여류 詩人(시인), 지저귀는 암새라는 뜻입니다. 옛 영국 사람들은 암컷이 노래한다고 여겼지만 사실 수컷이 웁니다.

나이팅게일은 모양과 습성이 꾀꼬리와 비슷합니다. 夜鶯이니 밤꾀꼬리니 하는 것은 그래서 잘 붙여진 이름입니다. 꾀꼬리는 암수 사이가 좋다고 알려진 사랑의 傳令(전령)이지요. 아름답게 지저귀는 새 나이팅게일도 매한가지입니다. 앵글로색슨의 後裔(후예)인 영국인들의 나이팅게일 사랑은 각별합니다.

文豪(문호) 셰익스피어는 이런 戀歌(연가)를 읊은 적이 있습니다.

밤에 실비아의 곁에 있지 못한다면
나이팅게일의 노래 따위는 없을 거야

셰익스피어를 이을 詩才(시재)를 지녔다던 시인 키츠(Keats)도 「나이팅게일 頌歌(송가)」에서 이렇게 노래했습니다.

날개 가벼운 나무의 정령인 네가

어느 노래 서린 너도밤나무 속의 무수한

나무 그림자 잎사귀 속에서

이처럼 목청 돋우어 가벼이 여름 노래를 부르고 있거늘

......

지금은 죽기에 딱 알맞은 시간

아, 고통도 없는 이 한밤중의 숨 멎음

......

잘 가라 잘 가라

네 구슬픈 노래는 사라진다

......

그 음악은 사라졌다

나는 깨었는가 잠들었는가

浪漫主義(낭만주의)의 절정에 서 있던 天才(천재)의 시는 이렇게 줄이지 말고 꼭 이 계절에 처음부터 끝까지 읽어줘야만 합니다.

小滿

작을 소(小-0) 찰 만(氵-11)

小滿(소만)은 여름의 두 번째 節氣(절기)입니다. '조금 찼다'는 뜻 이지요. 가을에 播種(파종)한 밀이며 보리 알갱이가 들기 시작하는 때라서 이런 이름이 붙었습니다. 滿月(만월)은 '꽉 찬 달', 곧 보름달 이란 뜻이며 大滿(대만)은 알갱이가 여물어 꽉 찬 것을 가리킵니다. 大滿보다 작은 小滿은 그래서 곡식이 곧 영글리라는 희망의 말로 들리기도 합니다.

이맘때 땅에서 스멀스멀 기어 나온 '벳도체비'는 낮의 大地(대지) 를 돌아다니며 곡식을 익힌다고 합니다. 벳도체비는 아지랑이를 뜻 하는 제주도 말입니다. 표준말로 옮긴다면 '볕 도깨비'라 하겠지요. 도체비는 도깨비의 옛말이기도 한데, 제주도나 전라도 등지에는 아 직 살아 있는 말입니다.

가을걷이를 秋收(추수)라 하듯 여름걷이는 夏收(하수)라 합니다. 夏收를 마쳐야 벼농사를 짓게 되지요. 벼는 熱帶(열대) 지방에서 유 래한 곡식이라서 날이 풀리지 않은 봄에는 따로 모판을 두고 고이 길러줘야 합니다. 모를 논에 옮겨 심는 일을 移秧(이앙), 곧 모내기 라 합니다. 小滿 무렵 전국은 移秧으로 바쁜 철이지요. 요즘에야 모내는 기계인 移秧機(이앙기)를 쓰지만 일일이 손으로 모를 낸 과 거에는 도깨비 손이라도 빌려야 할 판이었습니다. 小滿은 夏收와

「모내기」, 김준근, 27.8×32.7cm, 조선 말기, 모스크바 국립동양박물관.

移秧의 시절, 겨울의 완성이자 여름의 시작입니다.

언제부터인가 국제 곡물 가격이 騰落(등락)을 반복하는 고약한 지경이 되었습니다. 다들 '곡물 메이저'라 불리는 '낮도깨비' 탓이라 합니다. 駭怪罔測(해괴망측)한 이놈들은 사람 먹는 것으로 장난치며 제 배를 불리지요. 120억 인구도 너끈히 먹일 곡식을 생산하는 지구에서 해마다 수천만 명을 굶겨 죽이는 일은 '내 배만 꽉 채우자는' 大滿이겠습니다. 희망과 나눔의 말 小滿의 뜻을 새겨야겠습니다.

芝麻

지초 지(艸-4) 삼 마(麻-0)

芝麻(지마)는 '참깨'를 가리키는 말입니다. 기름을 짠다고 油麻(유마)나 脂麻(지마), 기름이 향기롭다고 香麻(향마), 들깨가 아니라 참깨라고 眞荏(진임)이라고도 합니다. 외국에서 들어왔다고 胡麻(호마)라고도 하는데 실도 짜고 기름도 짜는 亞麻(아마)도 胡麻라 합니다.

大麻(대마), 곧 '삼'은 옷감을 짜기 위해 기르는 풀입니다. 씨앗에서 짠 기름이 麻油(마유)이지요. 먹기도 하고 등불을 밝히기도 하는 등 여러 가지로 오랫동안 써온 기름입니다. 麻油의 맛을 뛰어넘는 기름이 외국에서 들어왔으니 참깨에서 짠 眞油(진유), 곧 참기름입니다. 향기로운 기름이라고 香油(향유)라고도 부릅니다.

野生(야생) 참깨는 아프리카의 사하라 사막 남쪽이 원산입니다. 허나 처음으로 참깨를 곡식으로 기른 이들은 인도 사람들입니다. 그래서인지 인도 신화는 참깨를 長生不死(장생불사)의 씨앗이라고 합니다. 신비로운 힘을 지녔다고 믿어졌기에 참깨는 '열려라 참깨' 같은 呪文(주문)으로도 쓰였겠지요. 페르시아, 인도, 아랍, 중국의 설화를 모은 국제적 이야기 모음 『千一夜話(천일야화)』의 '알리바바와 사십 인의 도적'에 나오는 것입니다.

'참깨 한 톨만큼의 틈도 없다'는 사람이 붐비는 상황을 비기는 우르두(Urdu) 속담입니다. 중국이라면 立錐之地(입추지지), 곧 송곳

꽂을 땅도 없다고 했을 상황입니다. 우르두는 파키스탄과 인도 북
부의 이슬람들이 쓰는 말입니다. 참 참깨의 원산지랍지요.

枸橘

구기자 구(木-5) 귤 귤(木-12)

枸橘(구귤)은 탱자나무를 가리키는 말입니다. 橘이라는 말이 붙었기에 橘과 같은 종류입니다. 어른 키 하나 반이 넘어 키가 아주 크고, 가시가 많은 나무라서 울타리 삼아 심곤 했습니다. 5월에 흰 꽃이 피고 동그란 열매가 열리며 가을에 샛노랗게 익지요. 약으로 쓰는 탱자 열매는 枳實(지실)이라 하고 껍질만 따로 말리면 枳殼(지각)이라 합니다. 枳實은 濕疹(습진)을 고치고 枳殼은 泄瀉(설사)를 고치니 같은 열매라도 物性(물성)이 다릅니다.

옛사람들은 탱자의 物性이 눈에 띄게 다른 일에 주목했습니다. 橘化爲枳(귤화위지)는 江南(강남), 곧 長江(장강) 이남의 橘을 長江 북쪽에 심으면 橘이 열리지 않고 탱자가 열린다는 말입니다. 이와 비슷한 현상은 오소리나 구관조 같은 짐승에게도 나타납니다.

귤이 회수를 건너 북쪽으로 가면 탱자가 되고 구관조는 제수를 넘지 않으며 오소리는 문수를 넘으면 죽는다. 땅의 기운이 그렇게 만든 것이다. 橘渡淮而北而化爲枳(귤도회이북이화위지) 鸜鵒不踰濟(구욕불유제) 貉踰汶則死矣(학유문즉사의) 地氣然也(지기연야)

『淮南子(회남자)』의 말입니다. 淮水(회수)는 이제 長江의 지류가 되었지만 고대에는 따로 바다로 흘러들던 강물 이름입니다. 옛날 중국에서는 이를 기준으로 대략 남북을 나누었답니다. 濟水(제수)와 汶水(문수)는 중국 山東(산동)을 흐르는 강물 이름입니다. 어떤 지역의 환경 상태를 재는 기준으로 이용되는 생물을 指標種(지표종)이라 하는데 오소리나 구관조, 탱자 따위는 고대의 指標種인 셈입니다.

無花果

없을 무(火-8) 꽃 화(艸-4) 실과 과(木-4)

無花果(무화과)는 '꽃 피지 않고 맺는 열매'라는 뜻입니다. 周邊(주변)에서 흔히 볼 수 있는 果樹(과수), 곧 과일나무입니다. 봄에 조그맣게 맺힌 無花果 열매가 어느새 굵어졌지요. 아라비아 원산이라고 하지만 소아시아의 고대 왕국 카리아(Caria) 원산이란 설도 유력하답니다. 그래서 無花果는 學名(학명)도 피쿠스 카리카(Ficus carica), 곧 '카리아의 무화과'라고 한답니다.

無花果가 우리나라에 들어온 지 60년쯤 됐다는 우리나라 백과사전의 내용은 대부분 잘못되었습니다. 지식을 담는 백과사전이라고 하기에는 초라할 뿐이지요. 無花果 하나에만 국한된 일도 아니기 때문입니다. 외국 백과사전을 베낀 결과이기도 하고 제대로 알아보지 않은 수많은 필자 때문이기도 합니다. 저도 지식을 만드는 한 사람으로서 깊은 책임감을 느낍니다. 일단 가지고 계신 사전들을 몽땅 의심해보라고 저는 기회 날 때마다 권하고 다닌답니다.

無花果가 60년 전보다 훨씬 이전에 들어왔다는 기록은 없을까요? 있습니다. 그래서 이런 소리를 하는 것이지요. 1803년 겨울부터 이듬해 봄까지 중국에 사신으로 간 어떤 이가 쓴 『薊山紀程(계산기정)』이라는 책에는 無花果가 '南方(남방)의 과일이며 長生果(장생과)라고 한다'는 말도 있고, 1798년 가을부터 이듬해 봄까지 중국에 사신으로 간 徐有聞(서유문)이 『戊午燕行錄(무오연행록)』에서 '無花果는 浙江(절강)에서 나며 꽃이 없고 열매 크기가 榧子(비자)만하고 맛이 살구씨 같다'고 했던 말도 있습니다.

중국 여행 중 無花果를 듣거나 맛본 이들보다 더 대단한 이가 李匡呂(이광려)라는 사람입니다. 1783년에 죽은 李匡呂는 살았을 적 중국에 사신으로 가는 尹東昇(윤동승)에게 無花果 나무를 구해달라고 부탁하고 나중에 감사하다는 내용의 시를 쓴 적이 있습니다. 이로 보아 우리나라에 無花果가 들어온 것은 최소한 正祖(정조) 임금 때인 18세기 말, 들여온 사람은 일단 李匡呂라고 봐야 할 듯합니다.

無花果는 葡萄(포도)처럼 멀리 서쪽에서 온 과일나무입니다. 잎사귀 생김새도 닮았고 그리스 신 디오니소스(Dionysos)와 관련된 것도 葡萄와 마찬가지이지요. 葡萄나 無花果 모두 多産(다산)의 상징이라는데, 이 땅의 지식도 앞으로 그렇게 되길 바라 마지않습니다.

鬱鬯酒

막힐 울(鬯-19) 울창주 창(鬯-0) 술 주(酉-3)

鬱鬯酒(울창주)는 신에게 바치는 향기로운 술이라는 뜻입니다. 제사지낼 때 降神(강신)하시라고 올리는 특별한 술이지요. 『周禮(주례)』는 鬱人(울인)이란 관직에 있는 사람이 鬱鬯을 올린다 했는데, 鬱鬯은 검은 기장으로 빚은 술 이름이고 鬱金(울금)이란 풀을 태운 것을 鬯酒(창주)에 탄 것이라 했습니다. 그러면 술이 금빛을 띠게 된다는 얘기는 『爾雅翼(이아익)』이라는 책에 나옵니다. 해마다 봄이 되면 서울 宗廟(종묘)에서 제사를 지냅니다. 宗廟大享(종묘대향)이나 宗廟大祭(종묘대제)라고 하지요. 이때 바치는 술도 당연히 鬱鬯酒입니다.

鬱金은 生薑(생강)과에 속하는 인도 원산의 여러해살이풀입니다. 球根(구근), 곧 덩이뿌리를 약재나 식용으로 씁니다. 우리에게도 아주 오래전부터 알려졌습니다. 조선시대에는 전라도 任實(임실)에서 나는 것이 유명했으나 지금은 珍島(진도) 것이 유명합니다. 인도에서는 薑黃(강황)과 함께 카레에 넣는다고 합니다.

鬱金香(울금향)은 鬱金과 상관없는 '튤립'을 가리키는 한자말입니다. 鬱金과 곧잘 혼동하곤 하지요. 鬱金香은 鬱金처럼 덩이뿌리를 품고 있고 잎사귀 모양이 비슷하지만 百合(백합)과의 식물입니다. 그런데 표준국어대사전도 鬱鬯酒를 '튤립을 넣어서 빚은, 향기 나는 술'이라 요상하게 설명합니다. '숲이 鬱蒼(울창)하다' 할 때의 鬱蒼이 鬱鬯이랑 상관없는 것처럼 鬱金香도 鬱鬯이랑 상관없는데 말입니다.

杜門造車(두문조거), 문을 걸어 잠그고 엉터리로 수레를 만든다는 성어는 이럴 때 쓰는 말입니다. 표준국어대사전은 우리말을 책임진다는 국립국어원에서 만든 사전입니다. 창조적이지도 자발적이지도 못한 우리 지식의 수준을 그대로 드러낸 부끄러운 자화상입니다. 앞으로 잘할 일이 아직 많이 남아 있습니다.

계이雞彝, 높이 21cm, 조선시대.
종묘대제 때 울창주를 여기에 담아 올렸다.

鱸魚

농어 로(魚-16) 고기 어(魚-0)

鱸魚(노어)는 '농어'라는 바다고기를 가리키는 말입니다. 크고 잘생긴 물고기인데 민물을 좋아해서 민물과 바다물이 합치는 汽水(기수)에서 곧잘 낚이지요. 小滿(소만) 절기가 지나면서 봄철 물고기 石首魚(석수어), 곧 조기의 살이 내리고 맛이 떨어집니다. 이제부터 冬至(동지)까지가 여름 고기 鱸魚가 호령하는 시절입니다.

여름철 맛있어지는 물고기는 이밖에 全鰒(전복), 海蝟(해위), 鰕(하), 長魚(장어), 螺(나), 民魚(민어) 따위도 있지요. 海蝟는 바다 고슴도치, 곧 성게를 가리킵니다. 鰕는 蝦(하)라고도 쓰며 새우를, 螺는 소라를 가리킵니다. 長魚와 民魚는 중국에서 쓰지 않는 우리 한자말입니다. 長魚와 民魚는 한자말로 각각 鰻(만)과 鮰(회)라고 씁니다.

'노어'를 '농어'로 읽게 된 일은 중세 국어의 'ㆁ'(옛이응) 때문입니다. 옛이응은 이응에 꼭지가 달린 글자입니다. 옛이응은 初聲(초성), 곧 첫머리 자음일 때 앞에 다른 소리가 있으면 앞소리에 가서 붙어버리지요. 訓民正音(훈민정음)을 創制(창제)할 무렵 우리 조상님들은 魚를 '응어'라고 읽었을 것입니다. 그래서 鮒魚(부어)는 붕어, 鯉魚(이어)는 잉어, 沙魚(사어)는 상어, 秀魚(수어)는 숭어가 되었습니다.

「유어도遊漁圖」, 김득신, 종이에 엷은 색, 20.0×26.4cm, 서울대박물관.

鱸魚는 많은 이야기를 품고 있는 물고기이기도 합니다. 蓴鱸之思(순로지사)는 '고향의 맛을 그리워하다', 곧 望鄕(망향)이란 뜻의 성어입니다. 蓴은 蓴菜(순채)라는 나물로 끓인 국을 가리키고 鱸는 농어 膾(회)를 가리키지요. 중국 晉(진)나라 때 사람 張翰(장한)이 고향의 맛을 그리워했다는 이야기에서 나왔답니다.

張翰은 타지에서 벼슬살이를 하다가 가을바람이 불면서 고향 吳中(오중)의 蓴羹(순갱)과 鱸魚膾(농어회)가 몹시 그리워졌답니다. 견딜 수 없는 마음에 곧장 벼슬을 버리고 歸鄕(귀향)한 일이 유명해졌지요. 吳中은 지금의 上海(상해) 부근입니다. 예부터 松江(송강) 鱸魚가 유명했는데 松江도 上海의 다른 이름입니다.

溪蓀

시내 계(氵-10) 향 풀이름 손(艸-10)

溪蓀(계손)은 '붓꽃'의 한자 이름입니다. 蘭草(난초)나 水菖蒲(수창포)라는 한자 이름도 있습니다. 溪나 水라는 글자가 이름에 들어간 것을 보아 물가에 나는 풀이란 것을 짐작하겠습니다.

우리말 붓꽃은 꽃송이가 돋았을 때 꼭 글씨 쓰는 毛筆(모필), 곧 붓을 닮았다고 붙여진 이름입니다. 서양 말로는 아이리스(Iris)라 합니다. 글라디올러스(Gladiolus)는 잎이나 꽃 모양이 붓꽃과 비슷하지만 더 크지요. 花壇(화단)에서 흔히 볼 수 있는 글라디올러스의 한자말은 唐菖蒲(당창포)입니다. 외국에서 들어온 창포라는 말이지요.

요즘이 붓꽃 철입니다. 물가라면 제비붓꽃을 흔히 볼 수 있지만, 마르지 않은 흙이라면 산에서도 각시붓꽃을 볼 수 있습니다. 붓꽃은 보통 보라색이지만 우리나라 特産種(특산종)인 노랑붓꽃은 노란색 꽃을 피웁니다. 보라색이 高貴(고귀), 神聖(신성), 죽음을 상징한다는 것은 서양 사람들의 생각이지요. 보라색 아이리스는 그래서 순백색 百合(백합)꽃과 함께 聖母(성모) 마리아를 상징하기도 합니다.

百合이 童貞女(동정녀) 마리아의 純潔(순결)의 상징이라면 아이리스는 十字架(십자가)에 못 박힌 아들 예수의 죽음을 마주한 마리아의 슬픔을 상징하기 때문입니다. 그래서 百合과 아이리스는 각각 어머니 마리아 입장에서 예수의 탄생과 죽음을 본 것이라 할 만합

「붓꽃」, 알브레히트 뒤러, 1503년경.

니다.

프랑스의 나라꽃이기도 한 아이리스는 본디 이리스(Iris)라는 그리스 말에서 나왔습니다. 이리스는 그리스 신화에서 무지개의 化身(화신)이자 신의 使者(사자)입니다. 북아프리카에서부터 우리나라까지 긴 띠처럼 이어진 지역이 붓꽃의 원산지라니 우연찮게도 동서양의 交易路(교역로)와 일치합니다. 초원의 길을 달리 '붓꽃 길'이라 불러도 좋겠다는 생각이 듭니다.

麥熟秋

보리 맥(麥-0) 익을 숙(火-11) 가을 추(禾-4)

麥熟秋(맥숙추)는 '보리 익는 가을', 곧 '보리 가을'이란 뜻입니다. 바로 요즘 小滿(소만)과 芒種(망종) 사이의 초여름을 가리키는 말입니다. 줄여서 麥秋(맥추)라고도 하지요. 보리는 추위에 견디는 힘인 耐寒性(내한성)이 센 곡식입니다. 가을에 씨앗을 뿌려 이제 거두게 된 것을 秋麥(추맥), 가을보리라 하지요. 봄에 씨앗을 뿌려 가을에 거두기도 하니 이것을 春麥(춘맥)이라 합니다. 거두는 때가 아니라 씨 뿌린 때가 기준입니다.

여러 종류의 麥을 통틀어 麥類(맥류)라 합니다. 大麥(대맥), 小麥(소맥), 燕麥(연맥), 胡麥(호맥) 따위가 있지요. 大麥은 보리, 小麥은 밀입니다. 燕麥은 귀리라는 곡식인데 耳麥(이맥)이나 雀麥(작맥)이라고도 합니다. 胡麥은 호밀인데 黑麥(흑맥)이라고도 합니다. 麥類는 麥芒(맥망), 곧 까끄라기가 있어 다른 곡식 종류와 쉽게 구분할 수 있습니다. 蕎麥(교맥)은 메밀입니다. 麥 자가 붙어 있어도 아예 종류가 다른 곡식이지 麥類가 아닙니다.

강나루 건너서

밀밭 길을

구름에 달 가듯이

也

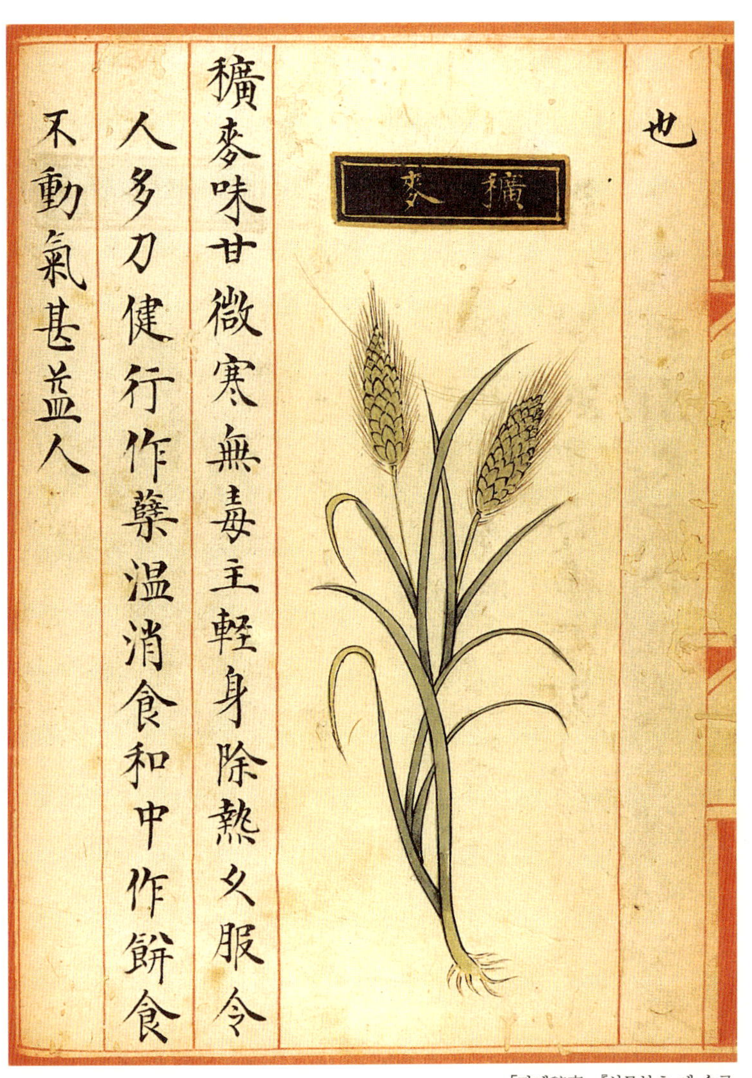

穬麥味甘微寒無毒主輕身除熱久服令
人多力健行作糵溫消食和中作餅食
不動氣甚益人

「광맥穬麥」, 『식물본초』에 수록.

가는 나그네

바로 麥熟秋 무렵을 노래한 朴木月(박목월) 시인의 「나그네」입니다. 시인은 '술 익은 마을마다 타는 저녁놀'이라고 이어받았지요.

우리 傳統酒(전통주)는 대개 春分(춘분) 무렵 담그지만 보리 打作(타작) 뒤에 담그는 술도 있답니다. 바로 전통 燒酒(소주)이지요. 燒酒는 醱酵(발효)시킨 밑술을 蒸溜(증류)해서 만드는 맑고 독한 술입니다. 蒸溜하는 것을 두고 '술을 내린다' '燒酒를 내린다'고 하지요.

麥類로 담근 막걸리는 모두 燒酒를 내릴 수 있지만 그중 胡麥으로 빚은 것이 양도 많이 나고 독하다던 제 어머니 말씀이 생각나는군요. 過麥田大醉(과맥전대취)는 밀밭을 지나면 밀 냄새만 맡고도 취한다는 뜻입니다. 술을 도무지 마시지 못하는 사람을 두고 이르는 말입니다.

草苺

풀 초(艸-6) 딸기 매(艸-5)

草苺(초매)는 딸기의 한자말입니다. 우리가 요즘 먹는 것은 '洋(양)딸기', 곧 서양에서 들어온 딸기이지요. 美洲(미주) 원산의 넝쿨 딸기를 개량한 것인데, 크게 버지니아 딸기와 칠레 딸기 두 계통이 있답니다.

覆盆子(복분자) 같은 나무딸기가 본디 우리네 딸기입니다. 나무딸기는 보통 '山(산)딸기'라 불러 洋딸기와 구분합니다. 巨濟(거제)딸기, 긴잎산딸기, 장딸기의 공통점은 무엇인지 혹시 아시나요? 모두 巨濟島(거제도) 토종이라는 것이 공통점입니다. 變種(변종)이 많은 딸기는 땅 기운을 쉽게 타는 모양입니다.

英文學徒(영문학도)라면 미국 남부 출신의 작가 콜드웰의 「딸기의 계절」을 배운 적이 있을 것입니다. 日傭勞動者(일용노동자)인 '나'는 딸기를 수확하러 갔다가 여느 處子(처자)에게 하듯 으레껏 '패니 포비스'에게 '딸기치기'를 敢行(감행)합니다. 하필 앙가슴으로 흘러든 딸기를 힘껏 쳐서 터뜨리는 데는 성공하지만 뒷수습에 쩔쩔 매게 됩니다. 그러다 눈이 맞은 젊은 남녀가 엉켜 쓰러졌다 일어나니 夕陽(석양)녘이 되었다는 것이 줄거리이지요. 「딸기의 계절」은 아침저녁의 서늘함과 한낮의 뜨거움이 交叉(교차)하는 요즘 같은 철에 읽으면 제격입니다.

‘동지 때 개딸기’는 철이 지나 도저히 얻을 수 없는 것을 억지로 구하려 한다는 속담입니다. 어찌된 영문인지 요즘 딸기는 한겨울인 일이월이 제철입니다. 본디 딸기의 계절인 지금, 시장에서는 딸기를 볼 수 없으니 ‘소만 때 개딸기’나 ‘망종 때 개딸기’로 속담도 바꿀 판입니다. 身土不二(신토불이) 못지않게 身時不二(신시불이)가 절실한 때입니다.

芒種

까끄라기 망(艸-3) 씨 종(禾-9)

芒種(망종)은 小滿(소만)과 夏至(하지) 사이의 여름 절기입니다. 芒은 麥芒(맥망), 곧 보리나 밀 같은 麥類(맥류)의 까끄라기, 種은 種子(종자), 곧 씨앗을 가리킵니다. 고대의 芒種은 그래서 보리 베기와 씨뿌리기라는 뜻이었겠지만, 나중에 벼가 주요 작물이 되면서 보리 베기와 모내기를 가리키게 되었습니다. 芒種은 바쁜 농사일을 동시에 해야 하는 때입니다.

'芒種보기'라는 풍속이 있었습니다. 芒種이 일찍 드는지 늦드는지 살펴 보리농사가 잘될지 그르칠지 점치는 일입니다. 허나 보리에 黑穗病(흑수병)이라도 들면 애쓴 농사를 망치게 됩니다. 黑穗病은 '깜부기병'의 한자말입니다. 穗는 이삭이니 黑穗는 검은 이삭이라는 뜻이지요. 벼과 식물에 잘 寄生(기생)하는 곰팡이의 일종인 깜부기 균이 붙어서 생긴 병입니다. 이삭에 맺힌 곰팡이의 검은 胞子囊(포자낭)을 깜부기라 부릅니다.

마스카라는 睫毛(첩모), 곧 속눈썹이 짙고 길어 보이도록 만들기 위하여 칠하는 化粧品(화장품)입니다. 아이브로펜슬은 眉毛(미모), 곧 눈썹을 그리는 化粧品 가운데 하나이지요. 눈썹 化粧品도 가지가지 있는 모양입니다. 지금은 마스카라와 아이브로펜슬을 가려 쓰지만 우리네 옛 여인들은 눈썹 化粧品을 나누지 않고 '눈썹먹'이라 통틀어 불렀다고 합니다.

예전 눈썹먹은 관솔에서 얻은 油煙(유연)을 油菜(유채) 기름에 갠 것을 고급으로 쳤다고 합니다. 黑穗病 걸린 보리깜부기를 솔잎 태운 油煙에 갠 것도 있으나 그리 좋은 것은 아니었던 모양입니다. 깜부기병이 번지면 굶을까 걱정도 되겠지만 이삭 한두 개쯤 깜부기가 앉지 않으면 서운했을 여자도 많았겠습니다.

招魂

부를 초(手-5) 넋 혼(鬼-4)

招魂(초혼)은 '넋을 부르다'라는 뜻입니다. 魂 말고 魄(백)도 넋이라는 뜻을 지닌 글자인데, 보통 魂魄(혼백)이라고 합쳐서 씁니다. 『說文解字(설문해자)』는 魂을 陽氣(양기), 魄을 陰神(음신)이라 풀었습니다. 본디 魂은 해가 뿜어낸 햇살, 魄은 달이 품은 말할 수 없는 빛깔이기 때문입니다. 나중 사람들은 그래서 魂魄을 각각 陽陰(양음)과 연결시켰을 것입니다.

중국 사람 王廷鼎(왕정정)의 뜻풀이도 흥미롭습니다. 魂의 옛글자는 云(이를 운)이라고만 쓰는데 이것은 본디 雲(구름 운)이란 뜻이었다고 합니다. 魄의 옛글자는 白(흰 백)이라고만 쓰는데 이것은 鼻(코 비)란 뜻입니다. 여기서 魂이 하늘에서 왔다 돌아가는 기운, 魄이 땅에서 왔다 돌아가는 조상신이란 뜻이 派生(파생)되었다는 것이 그의 풀이입니다.

가신 이의 넋을 돌이키려는 일 招魂입니다. 시인 金素月(김소월)에게도 「招魂」이 있는데, 애끊는 슬픔을 넘어 묵직한 悲壯(비장)함이 서렸지요.

산산이 부서진 이름이여!
허공 중에 헤어진 이름이여!

불러도 주인 없는 이름이여!
부르다가 내가 죽을 이름이여!

이런 絶唱(절창)은 다시 보기 어려울 것입니다.

넋이여 돌아오시라 魂兮歸來(혼혜귀래)
넋이여 돌아오시라 魂兮歸來(혼혜귀래)

屈原(굴원)의 이와 같은 울부짖음도 素月의 나직나직함을 당하지
는 못하지 싶습니다. 창백한 달의 시인 素月이 읊은 것은 이글거리
는 해의 부름이겠습니다. 顯忠日(현충일)은 전쟁으로 가신 이들의
넋을 기리는 날입니다. 하늘로 혹은 땅으로 돌아간 이들을 떠올릴
때마다 素月을 따라 이렇게 되뇌게 됩니다.

심중에 남아 있는 말 한 마디는
끝끝내 마저 하지 못 하였구나
사랑하던 그 사람이여!
사랑하던 그 사람이여!

端午

끝 단(立-9)　일곱째 지지 오(十-2)

　端午(단오)는 수릿날, 重午節(중오절), 天中節(천중절), 端陽(단양)이라고도 부르는 명절의 하나입니다. 端은 여기서 처음 또는 시작이라는 뜻이고, 午는 五(다섯 오)와 소리가 같습니다. 그래서 초 닷새란 뜻으로 端午라 부른답니다.

　음력 오월 오일 端午는 5라는 숫자가 둘이나 됩니다. 重午節의 重午도 오오, 5가 겹쳤단 말이지요. 重(무거울 중)에는 '거듭'이란 뜻도 있습니다. 불 중의 불, 해가 하늘 꼭대기에 솟았다고 天中이며, 뜨거운 陽氣(양기)가 가장 왕성한 날입니다. 陽氣를 상징하는 상상 동물 가운데 龍(용)이 있습니다. 그런데 龍은 동시에 물을 상징하기도 합니다.

　이제는 端午를 크게 쇠지 않지만 예전에는 설, 추석 다음으로 크게 쇠던 명절입니다. 端午의 시작을 중국 초나라 사람 屈原(굴원)의 죽음에서 찾지만 아무래도 수상쩍습니다. 조상도 아닌 아무개 제삿날이 뭔 대수라고 명절씩이나 되었을까요. 남쪽에 살다 온 사람들의 옛적 설맞이 축제가 端午로 남았으리란 것이 제 생각입니다.

　타이의 설 '송끄란'은 '물 뿌리기 축제'로 유명합니다. 송끄란은 뜨거운 乾期(건기) 끄트머리, 곧 雨期(우기)가 닥칠 양력 사월 중순입니다. 타이뿐 아니라 東南亞(동남아)의 설은 모두 이맘때이고 물 뿌리기 축제가 열리는 일도 마찬가지입니다. 중국 남부에서 龍船(용선)을 물에 띄우고 경주를 벌이는 것이나 우리 갯가 곳곳에서 龍神(용신)을 모시는 큰 굿판을 벌이는 것 모두 龍이나 물과 상관있는 일이지요. 東南亞는 더위 끝에 장마가 오고 이 땅에는 장마 끝에 더위가 옵니다. 순서야 뒤집어졌지만 乾期와 雨期, 불과 물이 엇갈리는 문턱이 한 가름이 되었을 것입니다.

戌衣日

개 술(戈-2) 옷 의(衣-0) 날 일(日-0)

戌衣日(술의일)은 端午(단오)의 우리말인 '수릿날'을 한자의 소리를 빌려 적은 말입니다. 한자의 본뜻과 아무 상관이 없습니다. 한자를 빌려 우리말을 적는 이런 방법을 吏讀(이두)나 鄕札(향찰)이라 합니다. 예전에 지방의 구실아치들이 썼다 해서 鄕이니 吏니 하는 글자를 쓰지요. 만약 戌衣日을 뜻대로 새긴다면 '개에게 옷 입히는 날' 정도가 되고 말 것입니다.

戌衣日 말고 한자의 소리를 빌려 수릿날을 적은 말에는 水瀨日(수뢰일)도 있습니다. 水瀨는 '여울', 곧 급하게 흐르는 물이란 뜻입니다. 중국 초나라 屈原(굴원)이 물에 몸을 던져 자결한 일을 기려 端午가 생겼다는 허황된 말을 믿은 사람이 '수리'와 비슷한 소리가 나는 水瀨란 한자를 빌려 적었겠지요. 수릿날이 있고 端午가 들어온 것이지 端午가 있고 나서 수릿날이라 부르는 것은 아닙니다.

수릿날에 해먹는 떡이 있습니다. '수리떡'이라고 하지요. 취나물의 일종인 수리취를 뜯어다 하늘의 해처럼 둥글게 만듭니다. 떡취라고도 부르는 수리취는 잎 가장자리가 톱니처럼 생기고 잎 뒷면에 흰털이 촘촘히 나 있습니다. 구시월에 피는 수리취의 자주색 꽃도 새부리 모양입니다. 해나 새를 떠올려 수리취라 부르는 것은 아닌지 모르겠습니다.

‘수릿날’은 부리와 같은 뜻의 ‘수리’와 ‘날’이 합쳐진 말입니다. 새부리가 새의 뾰족한 입을 가리키듯 수리는 높다, 위, 신령, 으뜸 또는 최고라는 뜻의 우리말이지요. 오키나와(沖繩·충승)에 있던 옛 류큐(琉球·유구) 왕국의 서울 이름도 슈리(首里·수리)입니다. 마찬가지로 ‘으뜸가는 마을’이란 뜻의 한자말을 묘하게도 빌렸습니다. 수릿날은 그래서 모든 날의 으뜸인 날, 우두머리 날이라는 뜻이 아닐까 합니다.

香囊

향기 향(香-0) 주머니 낭(口-19)

香囊(향낭)은 '향을 넣어서 싸는 주머니'라는 뜻입니다. 향주머니를 차면 몸에서 좋은 냄새가 나거니와 성가신 벌레나 푸섶길의 뱀도 쫓을 수 있지요. 지혜가 담긴 물건입니다. 우리네 향주머니는 보통 비단에 수를 놓은 繡香囊(수향낭)이기 마련입니다. 玉(옥)이나 金屬(금속)으로 만들기도 하는데 이건 香盒(향합)이라 부르는 쪽이 적당하지 싶습니다. 端午(단오)에 香囊을 선사하는 풍습이 있었다지요.

중국 송나라 사람 徐兢(서긍)이 지은 『高麗圖經(고려도경)』이라는 책에도 香囊이 나옵니다. 高麗 부인네들은 錦香囊(금향낭), 곧 비단으로 만든 향주머니를 많이 찰수록 자랑으로 여긴다 했습니다. 부인네들의 錦香囊은 남정네가 주는 情表(정표)였을 테니 애인 많음이 여자의 미덕이던 시절이겠습니다.

전라도 井邑(정읍) 사람 孫華仲(손화중)은 조선 말기 東學(동학)의 지도자이자 조직가입니다. 大都主(대도주)라 불린 그는 南接(남접)의 일인자였지요. 東學에는 包接(포접)이란 조직이 있는데 孫華仲은 각지를 돌며 조직을 꾸린 떠돌이 接主(접주)였다고 합니다. 꽃을 수놓은 비단주머니가 허리춤에 여덟 개였다는데 모두 자기가 살붙이는 여인들의 情表였다고 합니다.

삿된 것을 쫓는 향을 護身香(호신향)이라고 한답니다. 孫華仲의 비단주머니에도 염려하는 마음이란 護身香이 들었겠지요. 그가 대단한 長子風(장자풍)의 인물이라는 건 東學을 오랫동안 연구한 金芝河(김지하) 시인의 평입니다.

100여 년 전 1894년 이맘때는 동학농민전쟁의 함성이 阿鼻叫喚(아비규환)으로 바뀔 무렵입니다. 護身香이 비록 孫華仲을 지키진 못했어도 그와 그를 염려해 香囊을 채워준 여인들의 뜻은 문명을 바꿔야 살 길이 트인다는 한뜻이었을지도 모릅니다.

향낭, 조선시대, 숙명여대박물관. 주머니에는 모란 무늬가 새겨져 있고, 홍색 향낭에는 다남多男을 기원하는 연밥 모양의 방울이 달려 있다.

飛仙戱

날 비(飛-0) 신선 선(人-3) 놀 희(戈-12)

飛仙戱(비선희)는 '그네뛰기'라는 뜻입니다. '날아 선녀 되는 놀이' 가 글자 그대로의 뜻이지요. '반쯤 선녀 되는 놀이'라는 半仙戱(반선희)도 그네뛰기의 다른 이름입니다. 端午(단오) 풍속의 하나이지 만 음력 정월이나 寒食(한식)에도 그네를 띈다 했으니, 큰 명절에는 꼭 그네를 띈 셈입니다.

鞦韆(추천)은 그네라는 말입니다. 革(가죽 혁)을 부수로 하는 글 자를 이어 붙였으니 가죽과 상관있는 말이겠지요. 鞦韆은 본디 그 넷줄 재료인 가죽 끈을 가리키는 말인 듯합니다. 중국 한나라 때 처음 나타난 鞦韆이란 말은 그네 매는 재료에 焦點(초점)을 맞춘 재 미없는 말입니다.

흔히 그네를 동아시아 전통 놀이라고 여기시는 분이 많은데, 중 국보다 앞서 그네뛰기 그림을 그린 고대 그리스의 단지도 있는 터입 니다. 그네뛰기가 동아시아나 심지어 중국 것이라 여기시는 분들은 얼른 오해를 푸시기 바랍니다. 발트 해를 낀 北歐(북구)의 나라 에 스토니아에도 그네뛰기가 있다니 서양의 그네뛰기는 오래되기도 하 고 널리 퍼지기도 한 모양입니다.

그네의 유래는 정확히 알 수 없습니다. 본디 놀이였을 것이란 추 측도 있지만 아무래도 고대 종교 의식에서 놀이로 변했을 법합니다.

「그네뛰기」, 김준근, 조선 말기,
독일 함부르크 민족학박물관.

힌두교 의식의 하나인 그네뛰기나 우리 굿거리의 '작두그네타기'를 봐도 그렇습니다. 종교 의식이든 놀이이든 '여자의 飛翔(비상)'이라는 점이 공통적이겠지요. 널뛰기도 여자의 飛翔이란 주제 면에서는 마찬가지입니다.

티베트에서는 정월 초이틀 포탈라 궁 언덕에 가죽밧줄을 맨 뒤, 童女(동녀)들이 원숭이처럼 줄을 타고 올라가 판자를 가슴에 대고 팔다리를 활짝 편 뒤 미끄러져 내려오는 풍속이 있답니다. 上昇(상승)이건 下降(하강)이건 사람 넘어 신이 되는 超越(초월)의 뜻이 담겼겠지요.

石戰
돌 석(石-0) 싸울 전(戈-12)

石戰(석전)은 '돌팔매놀이'라는 뜻입니다. 擲石戰(척석전)이나 投石戰(투석전)도 같은 뜻을 지닌 말인데, 세시 풍속의 하나이지요. 조상님들은 예전에 正初(정초)나 端午(단오)에 남녀노소 할 것 없이 이런 격렬한 놀이를 즐겼다고 합니다.

돌팔매놀이는 戰이란 말이 들어가는 것으로 보아 모의전투임을 짐작할 수 있습니다. 石戰은 그래서 실제 전투에 활용되기도 했습니다. 고려시대에는 擲石軍(척석군)이라는 돌팔매 부대를 따로 편성할 정도였다니까요.

경남 金海(김해)는 예전에 돌팔매놀이가 성행했던 곳입니다. 倭寇(왜구)와 맞설 때 돌팔매질하는 金海 백성들을 모아 先鋒(선봉)에 내세우니 감히 덤비지 못했다는 내용이 『芝峯類說(지봉유설)』에도 기록되어 있습니다. 『芝峯類說』은 조선시대 李睟光(이수광) 선생이 쓴 백과사전입니다. 金海의 石戰은 사월 초파일과 端午에 꼭 벌어진다고도 했습니다.

단단한 돌을 던지기 때문에 죽거나 다치는 死傷者(사상자)가 나오는 일은 茶飯事(다반사)였겠지요. 그래도 조상님들은 후회 없이 石戰을 즐겼다고 합니다. 언제부터 있었는지 모르지만 金海뿐 아니라 경북 安東(안동), 서울, 平壤(평양)에서도 石戰이 유행했답니다. 전국에 고루 퍼져 있었던 모양입니다.

돌팔매놀이는 우리나라뿐 아니라 말레이시아, 필리핀, 중국 福建(복건), 臺灣(타이완), 일본에도 있었습니다. 특히 臺灣 사람들은 端午에 石戰을 벌이는데 돌림병이나 天災地變(천재지변)을 막는다고 믿었다고 합니다.

일본 식물학자 나카오 사스케(中尾佐助·중미좌조)는 상록활엽수가 자라는 남방 지역의 문화를 照葉樹林文化(조엽수림문화)라고 했습니다. 照葉樹林文化는 해양문화라고 바꿔 말할 수 있고 石戰 풍속이 있는 지역은 여기와 겹치지요. 端午의 石戰은 그래서 남방에서 올라온 해양문화인 듯합니다.

高麗扇

높을 고(高-0) 고울 려(鹿-8) 사립문 선(戶-6)

高麗扇(고려선)은 '고려 부채'라는 뜻입니다. 高麗에서 발명하여 중국에 널리 알려진 부채입니다. 접어서 손바닥에 쥘 수 있게 만든 부채인 쥘부채, 合竹扇(합죽선)을 가리킵니다. 더위를 잠시나마 謀免(모면)하려 만들었을 부채는 본디 摺扇(접선), 곧 접부채가 아니었습니다. 늘 펼쳐진 채인 둥글부채, 團扇(단선)이 원래 모습입니다.

團扇의 종류는 여러 가지입니다. 모양을 보면 오동잎 모양이라고 梧葉扇(오엽선), 연잎 모양이라고 蓮葉扇(연엽선), 파초 잎 모양이라고 芭蕉扇(파초선) 등으로 나누지요. 그림을 보면 원색의 태극을 그린 太極扇(태극선)이 잘 알려진 우리네 둥글부채입니다. 재료를 보면 비단 부채인 紈扇(환선), 깃털로 만든 羽扇(우선) 따위도 있습니다.

부채는 풍부한 상징을 지닌 문학의 소재가 되기도 했습니다. 본디 정승이 외출할 때 썼다던 芭蕉扇에서는 『西遊記(서유기)』의 鐵扇公主(철선공주)와 부채질로 火焰山(화염산)의 불을 끈 孫悟空(손오공)이 떠오르고, 깃털로 만든 羽扇에서는 학처럼 고고한 『三國志(삼국지)』의 諸葛孔明(제갈공명)이 떠오릅니다. 문화 속의 부채도 풍부한 상징을 지니고 있습니다. 임금이 端午(단오)에 신하들에게 나눠주었다던 端午扇(단오선)은 더위에도 달디단 바람 같은 임금의 은혜를 느끼라는 뜻이었답니다.

「호랑나비胡蝶圖」, 남계우, 종이에 엷은 색, 30.0×49.5cm, 북한 국보, 평양 조선중앙력사박물관.

夏爐冬扇(하로동선)은 '여름 화로와 겨울 부채'라는 뜻입니다. 철
지난 물건이라 소용에 닿지 아니함을 이르는 말입니다. 기능만 따
진다면 겨울 부채는 소용없는 물건입니다. 허나 부채는 기능뿐 아니
라 상징과 문화를 담은 소중한 물건이지요. 그래서 옛사람들은 부
채를 늘 손에서 놓지 않았습니다. 앞으로 문화 콘텐츠를 만들려면
꼭 高麗扇 같은 것을 만들 일입니다.

端午祭

끝 단(立-9) 일곱째 지지 오(十-2) 제사 제(示-6)

端午祭(단오제)는 '단오 굿'이라는 뜻이고 단오를 맞아 벌이는 축제입니다. 風物(풍물)을 잡고 시끌벅적한 행사를 굿이라 부르는 것은 오래된 말본새이지요. 예전에는 단오 무렵이 되면 전국이 거대한 굿판이었습니다. 黃海道(황해도)에서는 탈춤이 단오의 중요한 행사였고 鳳山(봉산), 康翎(강령), 殷栗(은율)의 탈춤이 모두 중요무형문화재에 올랐지요.

단오굿판 중 이름 나기로는 경남 靈山(영산)의 '文戶長(문호장)굿'이나 경북 慈仁(자인)의 '韓將軍(한장군)놀이'도 있으나 '江陵別神(강릉별신)굿' 또는 '江陵端午굿'이라 불리는 江陵端午祭가 이적까지 제일 큰 굿판입니다. 다른 端午祭와 마찬가지로 고을의 守護神(수호신)을 모시는 江陵端午祭는 大關嶺國師城隍(대관령국사서낭)과 神木(신목)을 모셔다 江陵의 大關嶺國師女城隍(대관령국사여서낭)과 合祀(합사)하는 것이 큰 줄거리입니다.

이런 이야기가 전합니다. 해가 뜬 우물물을 마시고 잉태한 鶴山(학산)의 처녀는 아이를 낳자 학바위에 버렸답니다. 학이 품어주고 짐승이 젖 주는 것을 보자 아이를 다시 거둬다 길렀다지요. 이 아이가 나중의 梵日國師(범일국사)인데 죽어서 서낭신이 되었답니다. 여서낭은 본디 鄭氏(정씨) 집안의 딸이었다고 하지요. 서낭신이 아비

의 꿈에 나타나 장가들겠다는 것을 거절했는데 범을 시켜 물어갔답
니다. 나중에 넋이 나간 딸을 서낭당에서 발견하여 같이 제사지냈
는데 날짜는 범에 물려간 사월 보름날입니다.

　신들이 해마다 새로 혼례를 치르는 김에 江陵 사람들도 여덟 단
오를 거치며 신과 인간의 복을 함께 빌게 되었을 것입니다. 바다와
산이 만나는 굿판, 江陵端午祭는 두고두고 생각할 거리이자 이야
깃거리입니다.

嫘祖

성 누(女-11) 할아버지 조(示-5)

嫘祖(누조)는 養蠶(양잠), 곧 누에치기와 길쌈을 발명했다는 아득한 옛날 사람입니다. 그래서 北周(북주)시대부터 '누에의 신' 先蠶(선잠)으로 모시고 제사를 지냈습니다. 嫘祖는 본디 西陵氏(서릉씨)의 딸이고 黃帝 軒轅氏(황제 헌원씨)의 아내라는 전설이 있습니다. 西陵은 아마 지명일 텐데 지금의 중국 四川(사천) 어디쯤이라 짐작하지요.

누에는 馬頭娘(마두랑)이라는 별명을 갖고 있습니다. 蜀女(촉녀), 곧 촉 지방의 어떤 여자가 말 머리 모양의 벌레로 變身(변신)했다는 전설에서 나온 이름입니다. 카프카의 소설 『變身(변신)』도 하루아침에 나온 이야기는 아닌 모양입니다. 또한 嫘祖의 아들 가운데 한 명인 昌意(창의)는 蜀山氏(촉산씨)의 딸을 아내로 맞았다는 소리도 있습니다. 蜀女며 蜀山에는 모두 四川의 옛 지명인 蜀 자가 들어 있지요.

집에서 치는 집누에는 家蠶(가잠), 산에 사는 멧누에는 野蠶(야잠)이라고 합니다. 집누에는 桑葉(상엽), 곧 뽕잎을 먹지만 멧누에는 柞樹(작수), 곧 떡갈나무나 참나무 잎을 먹습니다. 옛사람들은 멧누에에서 최초의 비단실을 뽑았을 테지요.

집누에는 天蟲(천충,) 멧누에는 天蠶(천잠)이라고도 합니다. 天蟲

桑葉如錢許
李條摘鵝黃
藉紙觀蟻聚
坐頭草木長
忘下兒女語
長人頗間
泉遒昌浦

은 '하늘이 내린 소중한 벌레', 天蠶은 '천연 누에'라는 뜻입니다. 똑같은 天(하늘 천) 자라도 뜻이 다릅니다. 이맘때는 뽕잎이 새로 돋고 봄누에 春蠶(춘잠)을 치는 시절이지요. 천연을 인공으로 바꾼 옛사람의 지혜를 되새겨보는 철입니다.

桑實

뽕나무 상(木-6) 열매 실(宀-11)

桑實(상실)은 '뽕나무 열매', 곧 오디입니다. 오디는 본디 葚(오디 심)이라는 글자가 따로 있지요. 單音(단음), 곧 홑소리로만 쓰는 말은 세월이 흐를수록 적어지는 것이 한자말의 법칙입니다. 그래서 요즘은 桑實이라 쓰는 게 보통입니다. 桑椹(상심) 또는 桑椹子(상심자)도 오디를 가리키는 말입니다. 이처럼 複音(복음), 곧 겹소리의 단어가 이제 한자말의 대부분을 차지합니다.

桑實의 어머니 뽕나무는 그야말로 버릴 것 없는 신기한 나무입니다. 뽕잎은 桑葉(상엽), 蠶葉(잠엽)이라 하여 비단실을 뱉어내는 누에의 먹이입니다. 어린 가지는 桑枝(상지), 뿌리껍질은 桑白皮(상백피)라 합니다. 모두 약재이지요. 桑枝는 신경통, 桑葉은 해열, 桑椹子는 강장, 발모 촉진 및 빈혈 예방, 桑白皮는 이뇨, 고혈압에 효과가 있다고 합니다. 뽕나무 고목에서 자라는 桑黃(상황)은 버섯의 일종입니다. 가장자리가 누런색이라 이런 이름이 붙었습니다. 항암 효과가 있다고 유명해졌고 술까지 빚을 정도입니다.

『說文解字(설문해자)』는 桑 자를 '누에가 먹는 잎사귀 나무 蠶所食葉木(잠소식엽목)'라고 풀었지만 본디 神木(신목)을 뜻하는 말입니다. 지금은 桑이 木(나무 목) 부수에 들어 있지만 원래는 桑의 윗부분, 곧 又(우)가 세 개 겹친 글자를 부수로 합니다. 又가 세 개 겹

334

친 글자는 '약'이라고 읽지요. '약'은 해가 처음 떠오르는 榑桑(부상)
이라 했습니다. 扶桑(부상)이라고도 쓰는 榑桑은 해 뜨는 동쪽 바
다 속에 있는 神木이라고 『山海經(산해경)』은 말합니다. 桑은 그래
서 '해나무'라고 해도 좋겠습니다.

검고 윤기가 번지르르한 오디가 시장에 나오고 있습니다. 해에는
三足烏(삼족오), 곧 '세 발 까마귀'가 산다고 믿었는데 검은 오디는
까마귀의 반짝이는 깃털 색을 꼭 닮아 보입니다.

鯉幟

잉어 리(魚-7) 기 치(巾-12)

鯉幟(이치)는 '잉어 깃발'이라는 뜻입니다. 일본의 端午(단오) 풍습의 하나인 잉어 깃발 달기를 가리키는 말이지요. 일본 말로 '고이노보리'라 부르는 鯉幟, 그것을 매다는 풍습은 에도(江戶·강호)시대부터 시작되었다고 합니다.

鯉幟는 본디 일본의 전통 종이인 和紙(화지)에 검은색으로 그린 한가지 모양이었다고 합니다. 시대가 지나면서 油紙(유지)나 綿布(면포)도 쓰고 지금은 주로 合成纖維(합성섬유)로 만든다고 합니다. 잉어 종류와 색깔도 다양해졌는데 거기 담긴 의미도 덩달아 다양해졌습니다. 요새는 크고 작은 色色(색색)가지 잉어를 같이 엮는 게 보통이랍니다. 이것은 쇼와(昭和·소화) 때 시작되었는데 家族(가족)을 강조하기 시작한 까닭이라지요.

일본 사람들은 鯉幟를 중국의 登龍門(등용문) 이야기와 연결시킵니다. 龍門은 黃河(황하)의 상류에 있는 땅 이름인데, 黃河의 물이 갑자기 瀑布(폭포)를 이루는 곳입니다. 잉어가 상류로 오르기 위해 떼 지어 뛰어오르는 모습이 壯觀(장관)이었다고 합니다. 사람들은 잉어가 龍(용)이 되려고 용을 쓴다 해서 登龍門이라 불렀다고 합니다. 잉어와 龍은 그래서 모습만 다를 뿐 같은 물건이겠습니다.

일본 사람들은 鯉幟뿐 아니라 端午의 풍습이 중국에서 들어온

것이라 말하고 싶어합니다. 菖蒲(창포)와 쑥을 뜯어 액막이로 쓴다
든가 지마키(粽·종)라 부르는 찹쌀떡을 먹는다든가 하는 풍습도 모
두 중국에서 들어왔다고 합니다. 허나 지마키의 '지'는 힘이나 피라
는 뜻이니 꼭 중국의 쭝쯔(粽子·종자)와 관련된 말은 아닙니다. 더
오래된 뜻이 담겼겠지요. 鯉幟를 매단 깃대 끝에 빙글빙글 도는 화
살풍차도 우리네 수리떡이나 마찬가
지로 힘의 근원인 '해'를
상징하는 것이지 싶
습니다.

백자청화잉어문대접白
磁青畫鯉漁紋大楪, 조선 후
기, 서울역사박물관.

枇杷

비파나무 비(木-4) 비파나무 파(木-4)

枇杷(비파)는 그대로 '비파'라는 과일나무와 열매를 가리키는 말입니다. 이맘때 남부 지방 곳곳의 여염집 뜰에 비파가 샛노랗게 익습니다. 중국과 일본의 따뜻한 지방 원산이고 이 땅에 들어온 지는 얼마 되지 않았답니다.

1643년 일본 가는 通信使(통신사) 일행은 글쓰기를 좋아한 사람들이었나봅니다. 여러 사람이 기록을 남겼는데, 일행 중 누군가가 쓴 『癸未東槎日記(계미동사일기)』에 枇杷를 먹어본 기록이 나옵니다. 음력 4월 24일 부산을 떠난 通信使 일행은 거친 風浪(풍랑) 때문에 5월 1일에야 쓰시마(對馬島·대마도)에 도착합니다. 일행은 5월 10일 쓰시마에서 평생 처음 枇杷를 맛보았다고 합니다. 通信副使(통신부사) 자리에 있던 趙絅(조경)이란 사람도 『東槎錄(동사록)』이라는 책에서 枇杷를 맛본 정경을 생동감 넘치는 시로 남겼습니다.

고루 동그란 게 용안과 비슷하고 均圓似龍目(균원사용목)

차고 달기가 연근보다 나으며 冷甘井蓮避(냉감정련피)

탁 터지는 게 포도보다 더한데 鱍發蒲萄僕(하발포도복)

깨물어보니 입에 침이 절로 나고 經齒口生津(경치구생진)

목구멍을 넘기니 가슴이 후련하네 下咽胸自澹(하인흉자담)

338

보기만 해도 저절로 군침이 돕니다.

枇杷는 다른 꽃이나 나무가 시들어버린 겨울에 꽃이 피고 여름에 익는 희한한 과일나무입니다. 예전에 아이들 교재였던『千字文(천자문)』에 '枇杷晚翠(비파만취) 梧桐早凋(오동조조)'라는 구절이 있습니다. '비파나무는 늦겨울에도 푸른 빛깔이며 오동나무는 일찍 시든다'라는 뜻이지요.

'날이 차가워진 뒤에야 소나무와 잣나무가 나중에 시듦을 안다 歲寒然後(세한연후) 知松柏之後彫也(지송백지후조야)'라는『論語(논어)』의 말은 여기 枇杷晚翠와 마찬가지 뜻입니다. 진짜 금은 불을 두려워하지 않는다고 하던데, 어려움을 겪어봐야 그이가 진국인지 아닌지 안다는 말이겠습니다.

琵琶

비파 비(玉-8)　비파 파(玉-8)

琵琶(비파)는 서양배처럼 생긴 몸통에 곧거나 일부 굽은 자루가 달리고 실을 맨 絃樂器(현악기)의 하나입니다. 서양 악기인 류트나 만돌린처럼 보이기도 합니다. 그도 그럴 것이 琵琶는 서쪽에서 건너온 악기이기 때문입니다. 琵琶는 본디 批把(비파)라고 썼다고 합니다. 앞쪽으로 미는 연주법을 批, 몸 쪽으로 당기는 연주법을 把라 하기 때문에 그리 불렀답니다.

우리나라에는 鄕琵琶(향비파)와 唐琵琶(당비파) 두 가지가 이제껏 전해집니다. 鄕琵琶는 줄이 다섯, 唐琵琶는 줄이 넷입니다. 줄 숫자뿐 아니라 鄕琵琶의 목은 곧고 唐琵琶의 목은 구부러져 모양도 다릅니다. 각각 다른 때 들어왔기 때문입니다.

곧은 목의 琵琶가 먼저 동쪽으로 왔지요. 西域(서역) 사람들이 말 위에서 세로로 세워 껴안고 연주하는 악기였다고 합니다. 굽은 목의 琵琶가 나중에 페르시아로부터 전해졌습니다. 굽은 목의 琵琶는 지금도 남아 있는 아라비아의 악기 우드(oud 또는 ud)와 비슷하게 생겼습니다. 우드는 본디 페르시아의 악기 바르바트(barbat)의 후예랍니다. 기타처럼 가로로 눕혀 껴안고 연주하는 악기였다지요.

중국 사람들은 굽은 목의 琵琶를 당나라 때부터 세워서 연주했고 서쪽의 가락을 자기 것으로 만들었습니다. 당나라를 배경으로

「금동불감판金銅佛龕版」, 36.0×19.5cm, 15세기, 국립중앙박물관. 사천왕 중 동방을 수호하는 지국천왕이 비파를 연주하고 있다.

한 요즘의 중국 史劇(사극)에서는 꼭 琵琶 소리로 분위기를 잡지요. 琵琶를 즐겨 탔다는 우리 조상님들도 그 가락에서 먼 대륙을 오가던 나날을 떠올렸을 법합니다. 半島(반도)에 갇혀 교류의 기억을 忘却(망각)한 뒤 琵琶 가락도 시들었습니다. 오가는 길이 새로 뚫렸으니 이 땅에 새로운 琵琶 가락이 다시 울리길 기대해봅니다.

杜鵑

막을 두(木-3) 두견새 견(鳥-7)

杜鵑(두견)은 '두견이' 또는 '두견새'라고 부르는, 뻐꾸기 비슷한 여름 철새입니다. 소쩍새와 곧잘 혼동해 소쩍새를 杜鵑이라 부르기도 합니다. 허나 杜鵑은 뻐꾸기과, 소쩍새는 올빼밋과로 영 다른 새입니다. 활동 시간도 杜鵑은 낮이고 소쩍새는 밤이니 習性(습성) 역시 영 다르지요.

子規(자규), 杜宇(두우), 不如歸(불여귀,) 杜魄(두백), 蜀魂(촉혼), 歸蜀道(귀촉도) 따위는 杜鵑의 다른 이름이라 하나 사실 소쩍새의 다른 이름입니다. 한을 품고 죽은 蜀(촉)나라 望帝(망제)의 전설에서 나왔습니다. 기이한 인연으로 거둬준 이에게 나라를 빼앗기고 밤낮 울음으로 지새우다 죽은 望帝인데, 그에게서 나라를 빼앗은 것은 鱉靈(별령), 곧 金鷄(금계)라는 새의 정령이라 했습니다. 울보 望帝는 그래서 새가 되어 피를 토하듯 우는 건지 모르겠습니다.

杜鵑의 우리말 이름은 접동새인데, 독특한 울음소리 때문에 붙여진 이름이랍니다.

접동

접동

아우래비 접동

접동새 대신 울어준 시인 金素月(김소월)은 전해오는 이야기를 살짝 바꿔 읊었습니다. 未堂(미당)도 永郎(영랑)도, 나라 잃은 시인들은 접동새를 노래하곤 했습니다.

杜鵑의 꽃도 있습니다. 이른 봄 산천을 붉게 물들이는 진달래꽃은 한자말로 杜鵑花(두견화)라지요. 望帝의 전설에서는 杜鵑이 울며 토한 피에 물들어 붉은색이라 합니다. 杜鵑花는 먹을 수도 있는 꽃입니다. 그래서 보릿고개의 사람들은 '참꽃'이라 부르며 주린 배를 채우기도 했습니다.

杜鵑花를 먹을거리로 보는 절대적 가난도 슬프지만, 理念(이념)의 상징이라 보는 사람이 여전히 있는 현실도 우리를 슬프게 합니다. 굶주림 때문에 죽음을 마주한 사람을 보고도 외로 꼰 고개는 그나저나 언제 제자리로 돌아올지 모르겠습니다.

甘藷

달 감(甘-0) 사탕수수 저(艸-16)

甘藷(감저)는 쪄도 먹고 삶아도 먹는 '감자'입니다. 한 글자 한 글자를 이어 붙여 '감저'라 읽는 듯하나 '감자'라 읽어야 옳습니다. 馬鈴薯(마령서), 洋藷(양저), 北甘藷(북감저,) 北藷(북저), 北甘(북감), 土甘藷(토감자), 地藷(지저)는 모두 甘藷의 다른 말이지요. 馬鈴薯는 馬鈴, 곧 말의 목에 다는 말방울처럼 생겼다고 해서 붙인 이름이고 洋藷는 서양인들이 가지고 들어왔다고 해서 붙인 이름입니다. 北이라는 말이 자주 나타나는 이유는 북쪽 지방에서부터 들어왔기 때문입니다.

甘藷를 가리키는 우리말 가운데 흥미로운 것은 '디과'라는 사투리입니다. 중국 말 地瓜(지과)에서 온 말인 듯합니다. 地瓜는 중국 말로 '디과'라고 읽고 고구마라는 뜻이지요. 남쪽에서 甘藷보다 먼저 들어온 고구마 덕분에 甘藷가 디과로 불렸으리라 짐작됩니다. 어쩌다 혼선이 빚어졌는지는 알 수 없는 일이지요. 이밖에 甘藷와 글자도 비슷하고 소리도 헷갈리는 甘蔗(감자)는 사탕수수, 柑子(감자)는 귤을 가리키는 말입니다.

甘藷는 본디 南(남)아메리카의 高山(고산)지대인 안데스 산맥이 원산인 식물입니다. 먼 바닷길을 돌아온 甘藷는 고향처럼 서늘한 곳을 좋아합니다. 요새야 따뜻한 남쪽 지방에서 철 이른 甘藷가 일찍 시장에 나오지만 강원도처럼 기온이 낮은 곳에서는 여름에 나지요. 지대가 낮으면 退化(퇴화)되어 씨감자를 만들지 못한다니 제자리가 있는 모양입니다. 甘藷는 꽃이 피고 줄기가 누렇게 된 뒤부터 마르기 전까지 수확철입니다. 아직 강원도의 甘藷꽃 피려면 멀었지만 남쪽에서는 이미 피기 시작했습니다. 지금 같은 夏至(하지) 무렵이 제철이지요. '악마의 사과'라고 불린 甘藷는 무시무시한 이름과 달리 많은 목숨을 구한 소중한 救荒作物(구황작물)이었습니다.

藥狩

약 약(艸-15) 사냥 수(犭-6)

藥狩(약수)는 '약 사냥'이란 뜻입니다. 端午(단오)에 산이나 들에 나가 藥草(약초) 캐는 일을 가리키지만 藥狩는 본디 사슴을 잡아 사슴뿔을 약으로 장만하는 일을 가리키는 말입니다. 夏至(하지)는 해가 높이 솟고 낮이 가장 긴 날이지요. 중국 한나라 때의 책인 『淮南子(회남자)』를 보면 夏至 무렵에 이런 일이 있다고 합니다.

사슴뿔이 빠지고 매미가 울기 시작하며 반하가 생기고 무궁화 꽃이 핀다. 鹿角解(녹각해) 蟬始鳴(선시명) 半夏生(반하생) 木菫榮(목근영)

사슴이라 하면 우선 높이 솟은 훌륭한 뿔이 떠오르지요. 그래서 시인 盧天命(노천명)은 이리 노래한 적이 있습니다.

관이 향기로운 너는
무척 높은 족속이었나보다

鹿茸(녹용)이나 鹿角(녹각) 같은 사슴뿔이 생명을 再生(재생)시키는 훌륭한 補藥(보약)이라는 겄은 태곳적 이래의 오랜 믿음입니다.

옛사람들이 갈래진 사슴뿔에서 본 것은 하늘의 태양이라고 생각합니다. 깊은 동굴에 들어간 原始(원시)의 사냥꾼들은 비밀스럽게도 사슴이 된 샤먼(shaman)을 그려놓곤 했습니다. 사슴은 본디 깊은 숲의 짐승이고 태양을 숭배하던 그들은 태양의 짐승인 사슴의 힘을 빌리고자 했는지도 모릅니다. 태양의 힘을 가진 사슴뿔은 해마다 돋았다 빠짐을 반복합니다. 사슴뿔의 再生은 그래서 숲의 再生, 생명의 再生이라고 해도 무방합니다.

出(출) 자 모양이라고도 하는 신라 금관이나 百濟(백제) 왕세자 奇生聖音(기생성음)이 일본에 내려 보낸 七支刀(칠지도) 역시 사슴뿔이기는 매한가지입니다. 옛적 동굴에서 샤먼이 추던 사슴 춤은 부탄이며 발리, 일본 너머 저 멀리 아메리카의 푸에블로 인디언도 여전히 추고 있습니다. 그들이 춤추기에 그나마 생명이 아직 버티는지도 모를 일입니다.

楊貴妃

버들 양(木-9) 귀할 귀(貝-5) 왕비 비(女-3)

楊貴妃(양귀비)는 중국 당나라 玄宗(현종)의 부인들 가운데 한 사람인 楊太眞(양태진)을 부르는 말입니다. 貴妃는 임금의 여러 부인에게 내리는 직책 이름이고 太眞은 그가 잠시 여자 道士(도사)였을 때의 이름입니다. 어렸을 때 이름은 옥가락지를 뜻하는 玉環(옥환)입니다.

楊玉環은 본디 玄宗의 열여덟 번째 아들 壽王(수왕)에게 시집갔습니다. 시아버지 玄宗은 아들과 며느리에게 헤어지라고 명령한 뒤 여자 道士를 만들었지요. 玄宗은 곧장 서른네 살이나 어린 楊太眞을 아내로 취합니다. 아들의 여자를 말이지요. 玄宗은 당나라 때 미인의 기준인 豊滿(풍만)한 몸집으로 유명한 楊貴妃의 매력에 푹 빠져 살았답니다.

楊貴妃는 약으로 쓰거나 꽃을 보기 위해 심는 풀의 이름이기도 합니다. 楊貴妃의 다른 이름은 罌粟(앵속), 鶯粟(앵속), 御米(어미), 米囊(미낭), 囊子(낭자), 阿芙蓉(아부용) 따위입니다. 곡식을 뜻하는 粟 자나 米 자를 쓴 것은 씨방에 든 자잘한 씨앗 때문입니다. 阿芙蓉의 芙蓉은 부용꽃을 가리킵니다. 탐스러운 꽃이 부용꽃을 닮아서이지요.

중국이나 일본에서는 楊貴妃라 부르지 않는데 우리나라에서만

유독 그렇게 불렀습니다. 일본에서는 楊貴妃를 히나게시(雛罌粟·
추앵속)라고 부르고 雛芥子(추개자)라고도 씁니다. 달리 구비진소
(虞美人草·우미인초)라고도 합니다. 虞美人은 劉邦(유방)과 천하를
다툰 천하장사 項羽(항우)의 애첩 이름입니다. 미인의 이름을 딴 것
은 楊貴妃와 마찬가지입니다.

阿片

언덕 아(阜-5) 조각 편(片-0)

阿片(아편)은 소아시아 원산의 楊貴妃(양귀비)에서 얻은 津液(진액)을 말려 굳힌 것이지만 이것을 가공한 것도 마찬가지로 부릅니다. 달리 雅片(아편)이라고도 쓰지요. 阿片은 서양 말 오피움(Opium)을 소리 나는 대로 옮긴 중국 말입니다만 阿片은 일찍부터 중국에 알려져 있었습니다.

生阿片(생아편)은 楊貴妃의 덜 익은 열매에 상처를 내서 흘러나온 즙을 모은 뒤 덩어리로 만든 것입니다. 阿片末(아편말)은 生阿片을 가루로 만든 것이며 痲醉劑(마취제)로 씁니다. 阿片煙(아편연)은 生阿片을 우린 물을 졸인 뒤 진액으로 만든 것인데 곰방대로 吸煙(흡연)합니다. 阿片이 중독성 강한 痲藥(마약)으로 폐해를 끼친 것은 주로 阿片煙 탓입니다.

阿片은 적어도 신석기시대부터 종교 의식용으로 쓰였습니다. 그런 전통은 中東(중동)지역에 남아 수메르를 비롯한 고대세계에서 널리 퍼져 있지요. 이런 전통을 이은 것은 중세 이슬람 세계입니다. 유럽에는 근대 이후에 阿片이 들어와 커다란 사회 문제가 되었습니다. 그런 영향은 阿片을 피웠을 때 나타나는 幻想(환상)을 그린 『오즈의 마법사』 같은 어린이 동화로까지 이어집니다.

痲藥으로 단속하기 이전에 阿片의 원료인 楊貴妃가 우리 주변에 흔했습니다. 泄瀉(설사)나 痢疾(이질) 같은 배앓이를 고쳤던 까닭에 楊貴妃 잎을 쌈으로 먹거나 生阿片을 만들어두고 救急藥(구급약)으로도 썼습니다. 해마다 심심치 않게 楊貴妃를 몰래 기르다 적발되는 농민이 생깁니다. 유혹은 끊기 힘든가봅니다.

萵苣

상추 와(艸-9) 상추 거(艸-5)

萵苣(와거)는 흔히 쌈으로 먹는 푸성귀 '상추'의 한자말입니다. 뒤집어서 苣萵(거와)라고도 쓰지요. 천금을 치를 만큼 맛있는 푸성귀 千金菜(천금채)도 상추의 별명입니다. 상추라는 우리말은 중국 말 生菜(생채)가 변해 생긴 것입니다. 마치 白菜(백채)가 변해 배추가 된 것이나 마찬가지이지요. 조선 사람 韓致奫(한치윤)은 상추의 우리말이 '부로'라고 했습니다. 뿌리를 알기 어려운 말입니다.

조선 사람 李睟光(이수광)은 상추를 왜 萵苣라고 하는지 이렇게 설명하고 있습니다.

와나라 사신이 조공을 바치러 왔을 때 수나라 사람이 비싼 값을 주고 씨앗을 구했기 때문에 와라는 이름을 붙였다. 喎國使者入貢(와국사자입공) 隋人以厚價求得其種(수인이후가구득기종) 故名云喎(고명운와)

喎(입 비뚤어질 와)에서 萵 자가 나왔다는 말이겠지요. 喎國은 다른 어떤 문헌에도 나타나지 않는 나라 이름입니다. 그래서 동아시아 상추의 원조가 어딘지를 두고 말이 많습니다. 萵國(와국)이라고도 쓰는 喎國은 소리가 倭國(왜국)과 닮아 일본이 아닌지 짐작하기도 하고, 韓致奫은 萵國이 잘못되어 高國(고국)이 되고 高國이 다시 고려가 된 것은 아닌지 추정하기도 했습니다.

상추는 유럽, 서아시아, 북아시아 등지에 자생하는 푸성귀입니다. 조선시대 사람들은 상추쌈을 즐겨 먹는 우리 풍습이 중국에 전래된 것을 들어 상추의 원산지를 중국 동쪽일 것이라고 미리 단정하고 든 것이지요. 선입견은 이렇게 무섭습니다.

상추 줄기를 꺾으면 나오는 우윳빛 진액을 고대 이집트 사람들은 催淫劑(최음제) 또는 媚藥(미약)이라 여겼습니다. 그들은 민(Min) 신에게 상추를 바쳤고 성인식을 치르면 상추를 먹었습니다. 상추가 우리 쪽에 들어온 때가 언제인지 알 수 없지만 정력에 좋다는 생각도 같이 들어온 모양입니다.

海棠

바다 해(氵-7) 아가위 당(木-8)

海棠(해당)은 요즘 한창 꽃이 피는 바닷가의 키 작은 나무를 가리키는 말입니다. 花(꽃 화) 자를 붙여 海棠花라고도 합니다. 海棠은 薔薇(장미)과에 속하는 나무이기 때문에 꽃 모양이 닮았습니다. 한자말 海棠이 가리키는 꽃나무는 적어도 세 가지입니다. 첫째 바닷가 海棠花, 둘째 명자나무, 셋째 月季花(월계화)입니다.

우리는 흔히 첫째와 둘째를 통틀어 海棠이라 합니다. 중국에서는 海棠이 명자나무이고 玫瑰(매괴)가 바닷가 海棠花입니다. 요즘 중국에서는 薔薇를 가리킬 때 玫瑰라는 말을 쓰니 저들도 혼동하기는 매한가지입니다. 일본에서는 명자나무를 가이도(海棠)라고 부르고 바닷가 海棠花를 하마나시(濱梨·빈리)라고 따로 부르니 제법 잘 구분하고 있습니다.

아마 밤 깊어 꽃은 잠들지 않았을까
只恐夜深花睡去(지공야심화수거)
촛불 높이 밝혀 붉은 꽃을 비추네
故燒高燭照紅妝(고소고촉조홍장)

중국 송나라 시인 蘇軾(소식)의 시구입니다. 紅妝은 紅粧(홍장),

丹粧(단장)이라고도 쓰며 臙脂(연지) 따위로 붉게 하는 化粧(화장)을 가리키는 말입니다. 볼과 입술을 돋보이게 하는 것이 臙脂이니 海棠은 흔히 미인을 비기는 말로 쓰입니다.

당나라 玄宗(현종)이 沈香亭(침향정)에 거둥할 때 楊貴妃(양귀비)를 불렀습니다. 술이 덜 깬 楊貴妃는 化粧도 고치지 못하고 대령했답니다. 玄宗은 그 모습도 예쁘게 보았다지요.

해당이 잠이 부족한 모양이구나 海棠睡未足耳(해당수미족이)

玄宗이 당시 했다는 말입니다. 덕분에 명자나무 海棠은 잠이 덜 깬 미인을 가리키게 되었고 蘇軾의 시도 잠자는 미녀를 노래한 것입니다.

霖雨

장마 림(雨-8) 비 우(雨-0)

霖雨(임우)는 '장마' 또는 '장맛비'를 가리키는 말입니다. 장마는 여름에 여러 날 계속해서 비가 내리는 날씨를 가리킵니다. 여러 날 길게 내린다고 長雨(장우), 오랫동안 내린다고 久雨(구우), 연이어 내린다고 連雨(연우)라고도 합니다. 雨 자 대신 霖 자를 써서 長霖(장림), 久霖(구림), 積霖(적림)이라고도 하지요.

장마를 梅雨(매우)라고도 하는데 梅花(매화)나무 열매, 곧 梅實(매실)이 익을 무렵 내린다고 붙은 말입니다. 黃梅雨(황매우)라는 말에서 黃(누를 황) 자를 빼고 간단하게 부르는 것입니다. 黃梅는 '노랗게 익은 梅實'을 가리킵니다. 入梅(입매)의 글자 뜻은 '매화나무에 들어가다'이지만 梅가 梅雨를 줄인 말이라 사실 장마철에 접어든다는 뜻입니다. 일본에서 쓰는 한자말입니다.

장맛비가 내리면 습기가 천지를 감쌉니다. 장마철의 이런 습기를 霖濕(임습)이라 합니다. 點火(점화)는 불을 켠다는 뜻이지만 장마 때 습기를 말리려고 點(점 점)을 찍듯 잠시 불을 때는 일도 點火라 합니다. 아침저녁 사이 조금 먹는 일을 點心(점심), 곧 마음에 점을 찍는다고 하는 것과 같습니다.

우리네 집은 溫突(온돌)을 놓아 방을 덥히는 구조이지요. 溫突은 눅눅한 방을 말리는 데도 그만입니다. 예전에 장마를 대비해서 마

「비를 무릅쓰고 다리를 건너다冒雨渡橋」, 정선, 비단에 수묵, 23.5×307cm, 1756년경, 간송미술관. 비바람이 몰아치는 장마철 부득이하게 외출을 나서고 있는 모습. 다리 밑으로 물이 불어나 있고, 바람이 부는 모습이 잘 묘사되어 있다.

련한 땔나무를 過夏柴(과하시), 곧 여름 지내는 땔감이라 했습니다. 궂은 날씨에도 뛰어놀다 따뜻한 방에서 젖은 몸을 말리던 어린 시절의 기억이 아련합니다.

黃梅雨

누를 황(黃-0) 매화나무 매(木-7) 비 우(雨-0)

黃梅(황매)는 '노랗게 익은 梅實(매실)'이라는 뜻입니다. 黃梅雨
는 그래서 梅實이 노랗게 익을 무렵 내리는 비, 곧 '장맛비'를 가리
킵니다. 콕 짚어서 '夏至(하지) 날에 내리는 비'를 黃梅雨라 하기도
합니다. 우리가 사는 온대계절풍 지역에서는 夏至 무렵이 장마철에
접어드는 때인 까닭입니다.

푸른 매화나무 열매를 靑梅(청매)라고 하는데 아직 익지 않아 시
퍼런 녀석입니다. 靑梅는 6월 중순부터 시장에 나오지요. 이제 노
랗게 익은 黃梅가 나올 차례입니다. 靑梅와 黃梅가 자연의 색깔이
라면 사람 손길을 보탠 인공의 색깔도 있습니다. 烏梅(오매)와 白梅
(백매)가 그것이지요.

靑梅의 씨를 빼고 연기에 그을려 말리면 까마귀처럼 새까매진다
고 烏梅라고 합니다. 靑梅를 소금에 절여 脫色(탈색)시키면 하얘진
다고 白梅입니다. 靑白赤黑黃(청백적흑황) 五方色(오방색)은 동양인
이 기본이라 생각한 색깔이지요. 각각 東西南北中央(동서남북중앙)
다섯 방위의 색깔이라 해서 五方色입니다. 梅實의 색깔도 푸르고
누런 자연의 색깔과 희고 검은 인공의 색깔을 갖췄습니다. 그럼 붉
은색의 梅實만 남았군요.

붉은색의 梅實도 있습니다. 바로 우메보시(梅干·매간)라는 일본

장아찌이지요. 梅實을 소금에 절였다 말렸다 반복하여 만듭니다. 절일 때 蘇葉(소엽), 곧 차조기 잎을 섞어줍니다. 蘇葉은 紫蘇(자소)라고도 하는 보랏빛 풀입니다. 소금에 절이면 보라색이 옅어져 붉어집니다.

蘇葉은 따뜻한 성질이라 땀을 내주고 속을 가라앉히는 藥性(약성)이 있습니다. 少陰人(소음인)이 대부분인 일본인 체질에 안성맞춤이겠지요. 많은 사람이 靑梅를 절여 우메보시를 만든다고 오해합니다. 허나 우메보시는 黃梅로 만드는 것이 원칙이랍니다. 혹시 우메보시를 만들어보려 한다면 장맛비가 숙지근한 틈에 매화나무를 털 일입니다.

梔子

치자나무 치(木-7) 아들 자(子-0)

梔子(치자)는 요즘 새하얀 꽃이 피고 향기가 좋은 키 작은 늘푸른나무입니다. 학명은 가르데니아 야스미노이데스(Gardenia jasmi-noides)입니다. 가르데니아는 梔子의 학명을 붙인 스코틀랜드 출신의 18세기 미국 박물학자 알렉산더 가든의 성을 땄지요. 야스미노이데스는 '재스민과 비슷한'이라는 뜻입니다. 빛깔과 향기가 재스민(Jasmin) 꽃과 비슷하기 때문입니다.

梔子는 달리 卮子(치자), 支子(지자), 白蟾(백섬), 越桃(월도)라고도 합니다. 白蟾은 흰 두꺼비라는 뜻인데, 새하얀 꽃을 보고 붙인 이름일 것입니다. 越桃는 '越 지방의 복사나무'라는 뜻입니다. 越(넘을 월)은 중국 남부 해안 지방의 옛 이름입니다. 梔子가 따뜻한 남쪽 지방에서 자라는 까닭에 越 자가 붙었겠지요.

물감으로도 쓰고 약으로도 쓰는 梔子 열매는 가을에 주황빛으로 익습니다. 약으로 쓸 때는 山梔子(산치자), 黃梔子(황치자) 따위로 부릅니다. 梔子의 다른 이름 가운데 卮子의 卮(잔 치)는 본디 술잔을 가리키는 말입니다. 卮 자는 '잇꽃'을 가리키기도 하는데, 梔자의 본디 글자입니다. '잇'이라고도 부르는 잇꽃은 이제 紅花(홍화)라는 한자 이름이 더 익숙합니다.

잇꽃은 본디 옷감을 붉게 물들이는 풀꽃이지요. 梔子도 잇꽃과

비슷한 빛깔을 내는 나무 열매가 열리기 때문에 厄에 木(나무 목)을
붙여 梔 자를 만들게 되었습니다.

蘭葱

난초 란(艹~17) 파 총(艹~9)

蘭葱(난총)은 '난초 파'라는 뜻입니다. 흔히 먹는 양념 채소 '부추'의 여러 이름 가운데 하나이지요. 부추는 본디 韭(부추 구)라고 씁니다. 韭라는 글자는 땅을 표시하는 一(한 일) 위에 난초 잎사귀처럼 흐드러진 부추 잎사귀를 非(아닐 비)로 그린 모양입니다. 나중에 뜻을 분명히 하기 위해 艹(풀 초)를 붙여 韮(부추 구)라고 쓰게 되었습니다. 제대로 된 것에 괜스레 보태서 망친다는 蛇足(사족)이라는 말은 이런 경우를 두고 하는 말일 것입니다.

중국 송나라 때 사람 陸佃(육전)이 쓴 『埤雅(비아)』라는 사전이 있습니다. 거기에 이런 속담이 실려 있습니다.

이슬이 가시지 않은 아침에 아욱을 뜯지 말고 해가 난 뒤에 부추를 뜯지 마라. 觸露不掏葵(촉로불도규) 日中不剪韭(일중부전구)

부추는 쉬이 시드는 채소이기 때문입니다.

韭菹(구저)는 부추로 담근 물김치를 가리킵니다. 아주 옛날부터 제상에 올리던 제수이지요. 三九(삼구)는 부추로만 만든 세 가지 반찬을 비긴 말입니다. 淸貧(청빈)한 사람을 가리키는 비유로, 韭와 九(아홉 구)의 소리가 같은 데서 착안한 말입니다. 송나라 때 시인

蔡襄(채양)은 부추를 이렇게 노래한 적이 있습니다.

입춘 밥상에 요리를 먹어도 삼구가 그립네
春盤食菜思三九(춘반식채사삼구)

비 오는 날 부추를 썰어 넣은 韭菜餠(구채병), 곧 '정구지 지짐'에
막걸리가 생각나는 분이 많다고 합니다. 예전 같으면 이제 막 부추
씨앗을 뿌릴 때이지요. 韭菜餠에 막걸리를 먹으려면 부추가 먹을
만큼 자라도록 달포는 족히 기다려야 합니다. 性味(성미) 급한 사람
조바심은 이만저만이 아니었겠습니다.

山葱

뫼 산(山-0) 파 총(艸-9)

山葱(산총)은 흔히 鬱陵島(울릉도) 특산이라고 잘못 알려진 '산마늘'을 가리키는 말입니다. 恪蔥(각총)이나 山蒜(산산)이라고도 씁니다. 설악산, 오대산, 지리산처럼 높은 산에 모두 나며 중국, 일본에도 있고 시베리아까지 널리 퍼져 자라지요.

鬱陵島 사람들은 山葱을 명이, 멩이 따위로 부릅니다. 멩이는 처음 섬에 들어온 사람들이 산마늘을 먹고 목숨을 扶持(부지)할 수 있었기에 붙여진 이름입니다. 命(목숨 명)이라는 이름이 명이 또는 멩이로 변한 것입니다.

중국 晉(진)나라 사람 張華(장화)의 『博物志(박물지)』에는 이런 말이 있습니다.

중국에는 본디 蒜이 있었는데 한나라 張騫(장건)이 서역에서 이와 비슷하지만 훨씬 큰 것을 가져왔다. 이것을 大蒜(대산) 또는 胡蒜(호산)이라 한다.

본디 있던 蒜(마늘 산)이 산마늘일 테고 大蒜이나 胡蒜이 지금 우리가 기르는 마늘의 조상입니다. 그러면 熊女(웅녀)께서 자셨다는 마늘도 사실 산마늘일 공산이 크겠습니다.

　중국의 藥典(약전), 곧 약물 서적을 보면 山葱과 같은 말로 藜蘆(여로), 葱苒(총염), 葱炎(총염), 葱葵(총규), 豐蘆(풍로), 憨葱(감총) 따위를 들고 있습니다. 모두 '박새'라는 다른 풀을 가리키는 말들입니다. 박새는 꽃 모양이 다르지만 잎사귀 생김새가 山葱과 아주 비슷한 毒草(독초)입니다. 뿌리를 살충제로 쓸 정도로 독합니다. 유월 들어 산마늘과 박새를 구별 못 하고 먹었다가 호되게 고생하는 일이 많습니다. 초가을 독버섯을 잘못 먹고 탈이 나듯 말입니다. 돌다리도 두드리고 건너듯 조심할 일입니다.

車前草

수레 차(車-0) 앞 전(刀-7) 풀 초(艸-6)

車前草(차전초)는 '질경이'라 부르는 풀입니다. 牛馬車(우마차)가 많이 다니는 길가에 난다고 붙여진 이름이지요. 길가에 나서 밟아도 질기게 살아 붙는 녀석은 '길의 풀'이라 할 만합니다. 사람의 발길이 닿지 않는 풀밭에서는 다른 풀들에게 지기 때문에 잘 자라지 못한다고 합니다. 사람과 共生(공생)해야만 잘 사는 녀석입니다.

그렇다고 사람이 一方的(일방적)으로 베풀기만 하는 것도 아닙니다. 車前草는 온몸이 약재인 신통한 풀입니다. 씨앗은 車前子(차전자), 꽃이 핀 풀을 통째로 뽑아 말린 것이 車前草, 잎사귀만 말린 것이 車前葉(차전엽)입니다. 세 가지 모두 염증을 가라앉히는 消炎(소염), 기침을 멈추게 하는 鎭咳(진해), 오줌을 잘 누게 만드는 利尿(이뇨), 설사를 멈추게 하는 止瀉(지사)의 藥效(약효)를 가졌다고 합니다. 변변찮아 보여도 요모조모 쓸모가 있습니다.

'비켜, 비켜' 하고 외치는 유명한 약 廣告(광고)가 있었습니다. 잘 아시겠지만 便秘藥(변비약) 선전이었습니다. 그 약도 질경이를 주성분으로 만든 것이지요. 주변에 흔한 질경이는 아니고 물 건너온 인도 원산의 질경이 플란타고 오바타(Plantago ovata)의 씨앗으로 만들었답니다. 약효가 다르니 괜스레 길가 질경이를 캐지는 마십시오.

변이 통하지 않아 생기는 便秘는 사람이 직립 보행을 하면서 얻은 痼疾病(고질병)입니다. 직립 보행이 손을 해방시켜 문명을 만들었지만 便秘 같은 苦悶(고민)거리도 따라 생겼습니다. 이것을 흔해 빠진 길섶의 풀이 덜어주다니. 한의학의 內因論(내인론)에 따르면 병은 通(통)하지 않아서 생기는 것이라고 합니다.

通하게 해주는 놈은 그럴듯해서 눈에 잘 띄는 녀석이 아니라 발아래에 있는 놈입니다. 고개를 숙이면 바로 보이는데 눈이 높아진 사람에게는 잘 보이지 않는 법입니다.

牛溲馬勃

소 우(牛-0) 오줌 수(氵-10) 말 마(馬-0) 노할 발(力-7)

牛溲(우수)는 '소의 오줌', 馬勃(마발)은 '말의 기운이 성하다'는 것이 본디 뜻입니다. 牛溲는 길가에 흔히 자라는 풀인 질경이, 馬勃도 풀밭에 흔히 자라는 먼지버섯의 한자 이름입니다. 牛溲馬勃은 '흔해서 모두 하잘것없다, 하지만 결국 쓸모가 있음'이란 뜻이고, 중국 당나라 시대의 韓愈(한유)로 인해 유명해진 말입니다.

811년 국립대학인 國子監(국자감) 교수 韓愈는 학생들을 모아놓고 一場訓示(일장훈시)를 합니다. 열심히 공부하고 꾸준히 실천하라는 게 要旨(요지)였지요. 말이 끝나기도 전에 키득거리는 학생이 있었습니다. 학생은 韓愈의 고단한 삶을 들먹이며 '너나 잘 하세요'라는 뜻의 말을 합니다.

韓愈는 모든 사람이 나름대로 쓰임새가 있고 제 分數(분수)를 알아야 한다고 학생에게 대답합니다.

옥 부스러기, 단사, 적전, 청지, 질경이, 먼지버섯 떨어진 북 가죽을 모두 거둬 함께 두었다가 쓸 때를 기다리고 버리지 않는 사람이 훌륭한 의사다. 玉札丹砂赤箭靑芝牛溲馬勃敗鼓之皮(옥찰단사적전청지우수마발패고지피) 俱收竝蓄(구수병축) 待用無遺者(대용무유자) 醫師之良也(의사지량야)

　　玉札(옥찰)은 옥을 빻아 만든 부스러기, 丹砂(단사)는 수은과 유황의 화합물입니다. 오랫동안 먹으면 신선이 된다고 믿었지요. 赤箭(적전)은 天麻(천마)라는 약재인데 줄기가 붉은빛 화살처럼 생겨서 赤箭입니다. 靑芝(청지)는 푸른빛이 나는 靈芝(영지)를 가리킵니다. 모두 귀하고 값비싼 약재들이지요. 敗鼓之皮(패고지피)는 '낡아서 너덜너덜 떨어진 북의 가죽'을 가리킵니다. 흔하지만 이것도 훌륭한 약재입니다. 세상에 하찮은 것이란 없는 법이지요.

灑塵

뿌릴 쇄(氵-19) 티끌 진(土-11)

灑塵(쇄진)은 '물로 먼지를 씻어 내림'이라는 뜻입니다. 洗塵(세진)이라고도 씁니다. 중국 초나라 사람 屈原(굴원)은 이렇게 노래한 적이 있습니다.

폭풍을 앞세워 달려가게 하고 슦飄風兮先驅(영표풍혜선구)
폭우를 일으켜 먼지를 씻어 내리네 使凍雨兮灑塵(사동우혜쇄진)

飄風(표풍)은 회오리바람이란 뜻입니다. 颷風(표풍)이라고도 쓰며 狂風(광풍)과 같은 말입니다. 凍雨(동우)는 사납게 퍼붓는 여름비라는 뜻이고 暴雨(폭우)와 같은 뜻을 지닌 말입니다. 暴雨와 凍雨를 합쳐 暴凍雨(폭동우)라 부르기도 합니다. 먼지가 얼마나 앉았기에 凍雨가 아니면 씻어 내리지 못한다고 했을까요?

6월 25일은 韓國戰爭(한국전쟁)이 터진 날입니다. 오늘을 사는 많은 사람에게는 먼 곳에서 벌어진 남의 일처럼 무심하게 들리기 쉽지요. 세월이 흐른 탓이겠습니다. 전쟁을 겪은 이들은 곧잘 6·25事變(사변)이니 6·25動亂(동란)이니 하고 불렀습니다.

事變은 '한 나라가 상대국에 선전 포고도 없이 침입하는 일', 動亂은 '전쟁 등이 일어나 사회가 질서를 잃고 소란해지는 일'입니다.

날짜로 전쟁 이름을 지은 마음씀씀이를 짐작해보자면, 전쟁의 끔찍함을 마주할 엄두가 나지 않았기 때문은 아니었을까요. 나라와 민족이 둘로 갈려 싸웠다는 일이 옳고 그름을 떠나 面灸(면구)스럽기 그지없는 일이었을 테니까 말입니다.

이념의 전쟁이었습니다. 묵은 먼지를 씻겠다고, 행복을 주겠다고 했습니다. 명분을 強辯(강변)했으나 겨우 핑계에 지나지 않겠지요. 事變은 본디 '人力(인력)으로는 피할 수 없는 天災地變(천재지변)이나 큰 사건'이라는 뜻입니다. 제 뜻이 아니었다, 휘둘렸다 핑계하지 말 일입니다. 얼굴에 재를 뒤집어쓰고 옷을 찢고 울음으로 하늘에 죄를 빌 일입니다. 폭풍우로 灑塵할지 안 할지는 하늘에 달렸습니다.

棗栗

대추나무 조(木-8) 밤나무 율(木-6)

棗栗(조율)은 '대추나무와 밤나무'라는 뜻입니다. 또는 그 열매인 '대추와 밤'을 가리키는 말이기도 합니다. 대추와 밤이 이맘때 꽃을 피웁니다. 열매를 맺는 나무치고 무척 늦지요. 예전에는 대추꽃 필 때까지만 모내기를 하면 가을에 거둘 것이 생긴다 했습니다. 농사가 큰일인 예전에 대추꽃은 자연의 時計(시계)였던 셈입니다.

대추꽃이 피기 시작하면 '대추나무 시집보내기'를 합니다. 사람이나 짐승의 짝짓기와 달리 그저 대추나무 가지에 돌을 끼워놓는 일이었지요. 보통 端午(단오) 풍습이지만 정월 대보름에도 그리 한다 했고 대추나무만 시집보내는 것도 아니었습니다. 그래서 嫁樹(가수), 곧 '나무 시집보내기'라고 통틀어 부릅니다. 돌멩이에 어떤 힘이 있다고 믿었기 때문이겠습니다.

棗栗은 꽃이 많이 피고 열매도 풍성하게 달리는 나무입니다. 비가 많이 내린 여름날 대추나무 그늘 아래에서는 마치 부모와 자식처럼 옹기종기 많은 새싹이 돋은 것도 볼 수 있습니다. 그래서인지 棗栗은 多産(다산), 나아가 繼承(계승)의 상징을 지녔습니다. 婚姻(혼인)에 빠지지 않는 것도 이런 이유 때문이겠지요.

婚禮(혼례)를 올리는 날 새 며느리의 첫 절을 받으며 며느리 치마폭에 던져주는 것이 바로 棗栗, 대추와 밤입니다. 아들 많이 낳으라고, 그래서 世代(세대)를 이으라는 뜻에서 치르는 의식입니다. 새색시가 媤父母(시부모)에게 드리는 幣帛(폐백)을 달리 棗栗이라 부르기도 합니다.

먼 옛날 三韓(삼한)의 하나인 馬韓(마한)의 밤이 유명했다고 하고, 조선시대 충북 報恩(보은)의 대추가 유명했다고 합니다. 추적이는 장맛비 속에 대추꽃과 밤꽃이 피기는 예나 지금이나 매한가지입니다. 허나 대추나무 하나라도 혹여 씨를 남기지 못할까, 혹시 잘 살지 못할까 걱정하는 마음 씀씀이는 아련히 옛일이 되어버린 듯합니다.

川獵

내 천(巛-0) 사냥 렵(犭-15)

川獵(천렵)은 냇물에서 고기를 잡는 놀이라는 뜻입니다. 글자 그대로는 '냇물 사냥'이란 뜻입니다. 봄부터 가을까지 즐기지만 물이 그리운 여름철 避暑(피서) 삼아 즐길 때가 많습니다. 장마가 지기 전 물이 줄면 罩網(조망)질을 하고 장마로 물이 불면 投網(투망)질을 하기도 합니다.

罩網은 손에 드는 그물인 '반두'의 한자말입니다. 지방에 따라 족대, 돗대, 산대 따위로 불리기도 합니다. 두 개의 대나무 가지에 그물을 붙인 모양이지요. 魚缸(어항)에 된장 등을 붙여놓고 얼마간 물놀이를 즐기다 건져보면 한 냄비 거리나 되는 고기가 들기도 합니다.

川獵은 본디 오래전부터 내려오던 풍습입니다. 『農家月令歌(농가월령가)』 「四月令(사월령)」도 川獵을 소상히 노래합니다.

앞내에 물이 주니 川獵을 하여보세

해 길고 潺風(잔풍)하니 오늘 놀이 잘 되겠다

碧溪水(벽계수) 白沙場(백사장)을 굽이굽이 찾아가니

수단화 늦은 꽃은 봄빛이 남았구나

數罟(촉고)를 둘러치고 銀鱗玉尺(은린옥척) 후려내어

盤石(반석)에 노구 걸고 솟구쳐 끓여 내니

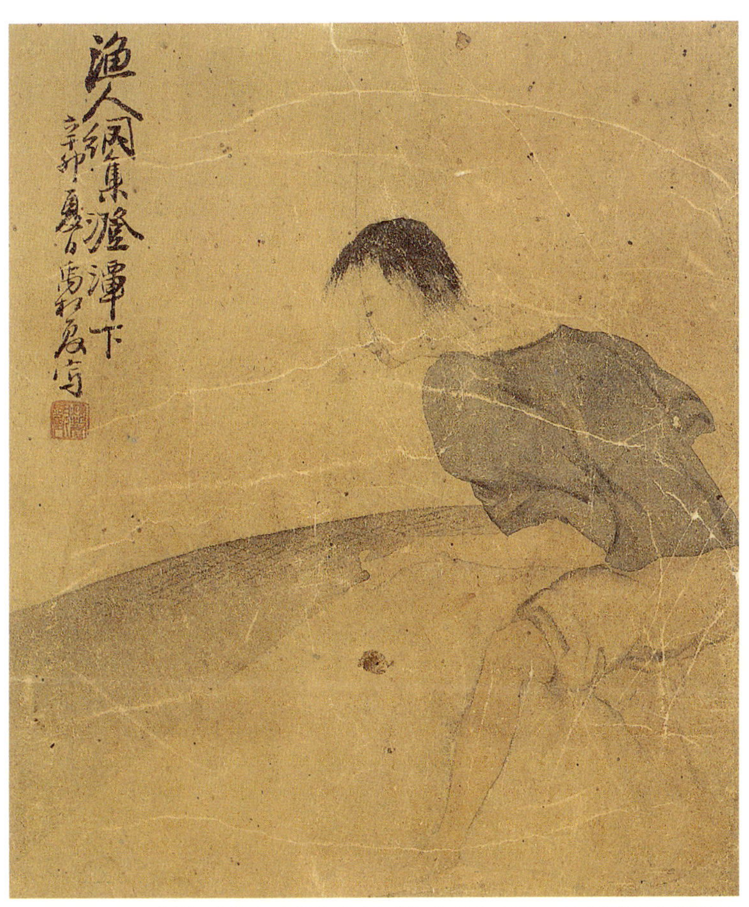

「어인도漁人圖」, 우상하, 종이에 엷은 색, 23.3×20.7cm, 조선시대, 서울대박물관.

八珍味(팔진미) 五侯鯖(오후청)을 이 맛과 바꿀소냐

數罟는 촘촘한 그물, 銀鱗玉尺은 피라미, 갈겨니, 모래무지, 참마자 따위의 은빛 비늘을 번쩍이는 씨알 굵은 민물고기라는 뜻입니다. 이것을 잡아 호박잎, 고추, 깻잎 따위를 넣고 고추장 풀어 끓인 매운탕은 달디 답니다.

川獵은 본디 동네 가까운 냇가에서 벌이던 놀이입니다. 이제 전국의 강과 냇물이 시멘트로 칠갑한 판이니 川獵 한 번 하려면 기름 때가며 일부러 멀리 나가야 할 판이 되었습니다. 무슨 거창한 운동보다 동네 개울에서 川獵할 마을 만들기를 한다면 세상이 많이 나아지지 싶습니다.

玉簪花

옥 옥(玉-0) 비녀 잠(竹-12) 꽃 화(艸-4)

玉簪花(옥잠화)는 이즈음 그늘진 화단에 수줍게 핀 여러해살이 풀 이름입니다. 玉簪花는 꽃봉오리 모양이 머리를 묶어 꽂는 玉簪, 곧 옥비녀 같아서 나온 이름입니다. 白玉(백옥)처럼 하얀 빛깔 때문에 白玉簪(백옥잠)이라고도 하고 白鶴花(백학화)라고도 합니다. 玉簪花가 중국 원산이어서 그런지 중국 전설 몇 가지가 전합니다. 그 중 유명한 것이 두 가지 있습니다.

西華(서화)라는 신선 세상에서 죽음을 잊고 산다는 西王母(서왕모)가 신선들을 위해 잔치를 베푼 적이 있답니다. 同席(동석)한 선녀들은 신선이 마시는 玉液瓊漿(옥액경장)에 취해 머리 매무새가 흐트러졌습니다. 그 바람에 지상으로 떨어진 선녀의 玉簪이 玉簪花가 되었다는 전설이 첫 번째입니다.

중국 한나라 武帝(무제)가 총애한 李夫人(이부인)이 玉簪花를 꺾어 머리 긁개로 썼는데, 꽃다운 미인이 꽃가지로 머리 긁는 모양이 무척 좋아 후궁들도 흉내 냈다고 합니다. 그 뒤로 꽃 이름이 玉簪花가 되었다는 전설이 두 번째입니다.

玉簪花는 보기에도 좋을 뿐 아니라 약재로 쓰이기도 합니다. 물고기를 발라 먹다가 억센 가시가 목에 걸렸을 때, 당장 빠진다면 별 탈 없겠으나 며칠 고생할 적도 있습니다. 玉簪花를 食醋(식초)에 달인 물을 마시는 것은 억센 고기 가시를 빼는 여러 방법 가운데 하나라고 합니다. 이빨에 닿지 않게 마셔야 한다는데 가시를 녹여버린다고 합니다. 『東醫寶鑑(동의보감)』에 실린 처방입니다.

조선시대에 許筠(허균)은 玉簪花를 苦寒(고한)하다, 곧 모진 추위라고 평했습니다. 白玉처럼 흰빛이라 쌀쌀맞게 느꼈던 걸까요? 潔白(결백)함을 높이 산 옛사람들은 그래서 玉簪花를 좋아한 모양입니다.

凌霄花

업신여길 릉(冫-8) 하늘 소(雨-7) 꽃 화(艸-4)

凌霄花(능소화)는 '하늘을 업신여기는 꽃'이라는 뜻입니다. 지나는 사람의 눈을 사로잡는 凌霄花는 달리 金藤花(금등화)라고도 합니다. 藤花(등화)는 등나무 꽃이라는 뜻인데, 등나무처럼 凌霄花도 덩굴나무입니다. 金 자가 붙은 것은 凌霄花가 요즘처럼 우중충한 장마철 담장 위를 환히 밝히는 오렌지색 꽃을 피우기 때문입니다.

凌霄花의 학명은 캄프시스 그란디플로라(Campsis grandiflora)입니다. 캄프시스는 '구부러져 있는'이라는 뜻을 지닌 그리스 말 캄프시스(Kampsis)에서 왔지요. 그란디는 크다, 플로라는 꽃이라는 뜻입니다. 凌霄花를 중국에서 大花凌霄(대화능소)라고도 하는데 이유가 없지 않습니다.

凌霄花는 달리 紫葳(자위)라고도 합니다. 자줏빛 꽃이 아닌데도 紫葳라고 하는 까닭은 凌霄花를 본디 紫薇(자미)라고 불렀기 때문입니다. 紫薇는 凌霄花뿐 아니라 배롱나무나 薔薇(장미)의 다른 이름이기도 하지요.

凌霄花는 중국 남부 지방에서 들어온 꽃입니다. 흔히 꽃에 독이 있어 눈을 비비면 눈이 먼다고 하지만 사실이 아닙니다. 17세기 일본 학자 가이바라 엣켄(貝原益軒·패원익헌)은 '꽃 위의 이슬이 눈에 들어가면 눈이 먼다'고 했습니다. 18세기 조선 학자 李德懋(이덕무)

도 똑같은 이야기를 하면서 『墨客揮犀(묵객휘서)』를 인용했습니다. 『墨客揮犀』는 중국 송나라 때 無名氏(무명씨)가 지은 책입니다. 잘못된 일을 전하는 것은 얼마나 두려운 일인지요.

肉杏

고기 육(肉-0) 살구나무 행(木-3)

肉杏(육행)은 살구나무의 열매인 '살구'를 가리키는 말입니다. 본디 짐승의 살을 肉이라 하지만 열매의 살 또한 肉이라 합니다. 이른 봄에 핀 살구꽃 杏花(행화)가 맺는 열매가 요즘 '살구색'으로 잘 익어 시장에 나옵니다. 살구는 노랑과 朱黃(주황)이 섞인 독특한 빛깔을 띱니다. 우리네 살갗 빛깔과 닮아 예전에 살색이라고 했지만 이제는 살구색이라 해야 옳습니다. 잘 익은 살구는 보석과 같다고 琥珀玉(호박옥)이라 부르기도 합니다.

살구는 쓸모가 많은 나무 열매이지요. 살을 그대로 먹기도 하지만 여러 음식의 재료가 되기도 합니다. 眞君粥(진군죽)은 살구를 넣어 끓인 흰죽, 杏炮(행포)는 살구를 설탕물에 조려 만든 과자, 杏餅(행병)은 쪄서 곱게 거른 살구에 녹말과 꿀을 넣어 만든 떡입니다.

살을 발라 먹고 남은 씨도 버릴 것이 없습니다. 단단한 껍질을 까면 흰색 알맹이 杏仁(행인)이 나옵니다. 韓方(한방)에서 기침과 변비를 다스리는 약재이지요. 고소하면서도 매운맛의 杏仁으로도 여러 음식을 만듭니다. 설탕에 조려 말린 杏仁糖(행인당)이며 杏仁正果(행인정과), 죽을 쑤어 꿀을 타 먹는 杏仁粥(행인죽)도 있지만 양고기며 염소고기와 함께 끓인 물로 담근 羊羔酒(양고주)라는 藥酒(약주)도 있습니다.

살구는 일본 말로 '가라모모'라고 합니다. 가라는 韓(나라 이름 한) 또는 伽羅(가라)를 자기들 식으로 부르는 말이고 모모는 복숭아란 뜻입니다. 일본의 살구는 그래서 '가야 복숭아'입니다. 가라는 또한 하늘이라는 뜻이기도 합니다. 일본의 살구는 그래서 天桃(천도), 곧 하늘나라 복숭아이기도 합니다.

紫桃

자줏빛 자(糸-5) 복사나무 도(木-6)

紫桃(자도)는 요즘 많이 나는 과일 '자두'의 한자말입니다. 지금은 잘못된 말이라 쓰지 못하게 합니다. 자두의 옛말은 오얏이고 한자로 李(오얏 리)라고 씁니다. 중국에서는 그런 까닭에 紫桃라 하지 않고 여전히 李子(이자)라고 합니다. 紫桃를 달리 紫李(자리)라고 쓰는 것은 그 때문입니다. 이밖에 嘉慶子(가경자)라는 이름도 있습니다.

자두는 살구보다 조금 크고 껍질에 털이 없이 매끈하며 맛은 새콤달콤합니다. 새콤한 맛 때문에 일본에서는 자두를 스모모(酢桃·초도), 곧 '새콤한 복숭아'라고 합니다. 酢(초 초)는 食醋(식초)를 가리킵니다.

서양에서는 자두, 살구, 梅實(매실) 따위를 크게 구분하지 않지만 그래도 자두를 가장 맛 좋은 과일로 칩니다. 자두가 맛있는 것은 사실이지만 많이 먹으면 쉬이 배탈이 나지요. 중국에는 '복숭아는 사람의 배를 채우고 살구는 사람을 상하게 하며 자두나무 아래에서 송장 친다桃飽人(도포인) 杏傷人(행상인) 李子樹下擡死人(이자수하대사인)'는 속담이 있을 정도랍니다.

고려시대 李奎報(이규보)의 「붉은 자두를 먹다」라는 시가 있습니다.

옥덩이만 한 자두 쟁반에 가득한데 殷玉爛盈盤(은옥란영반)

한입에 삼키니 벌써 싫증이 나네 一呑已可厭(일탄이가염)

그건 바로 갓을 고치는 혐의 꺼리고 猶忌整冠嫌(유기정관혐)

씨를 뚫던 이야기 생각남이라 敢懷鑽核念(감회찬핵념)

자두나무 아래에서 갓을 고쳐 쓰면 공연히 남의 오해를 살 테니 하지 말라는 말입니다. 그리고 자기가 가진 좋은 것은 공연히 남에게 내보이지 말라는 말이기도 합니다.

唐根

당나라 당(口-7) 뿌리 근(木-6)

唐根(당근)은 '당나라에서 들어온 무'라는 뜻입니다. 흔히 먹는 채소 '당근'의 한자말이지요. 지은이를 알 수 없는 조선시대의 중국 여행기 『薊山紀程(계산기정)』에는 오가는 길에 본 갖가지 채소도 적혀 있습니다. 그중 胡蘿菖(호나복) 다음에 '속되게 이르는 이름은 당근俗名唐根(속명당근)'이라고 적었습니다. 唐根은 그래서 우리가 만든 한자말인 셈입니다.

조상님들은 꼭 중국에서 들어오지 않아도 외국에서 들어온 것에 으레 唐이라는 글자를 붙여 쓰곤 했습니다. 이런 일은 중국도 彼此一般(피차일반)입니다만 말이지요. 중국에서는 당근을 胡蘿蔔(호나복), 紅蘿蔔(홍나복)이라고 합니다. 蘿蔔은 무라는 뜻이니 胡蘿蔔은 외국에서 들어온 무, 紅蘿蔔은 붉은 무라는 말입니다. 우리말 홍당무는 '紅唐무'이니 붉은빛이고 외국에서 들어온 무라고 쓰는 말이지요.

唐根은 본디 아프가니스탄이 원산인 이년생 풀입니다. 뿌리를 먹으려고 기르기 시작한 것은 아니고 향기로운 잎사귀와 씨앗을 먹으려고 길렀답니다. 달콤한 뿌리를 처음 언급한 것은 2000년 전의 일이라지요.

唐根이라면 흔히 오렌지 빛깔을 떠올리기 쉽습니다. 그런데 오렌

『초충도첩草蟲圖帖』, 심사정, 종이에 채색, 16.3×10.7cm, 18세기, 고려대박물관.

지색 唐根은 17세기 네덜란드에서 처음 나왔답니다. 네덜란드에서 오렌지색은 獨立(독립)의 상징인 까닭에 오렌지색 唐根이 네덜란드에서 인기를 끌게 되었답니다.

일본 사람들은 당근을 닌진(人蔘·인삼)이라 부르고 정작 우리네 人蔘(인삼)은 오타네닌진(御種人蔘·어종인삼)이라 부릅니다. 귀한 人蔘 소리는 어디서 風聞(풍문)으로 듣고 장님 코끼리 다리 만지기로 지어낸 웃기는 말입니다.

牛蒡

소 우(牛-0) 인동 덩굴 방(艸-10)

牛蒡(우방)은 흔히 긴 뿌리를 가진 채소 '우엉'의 한자말입니다. 6월부터 7월까지 보랏빛 엉겅퀴 꽃과 비슷한 꽃이 핍니다. 삐죽삐죽 가시가 돋은 것처럼 생긴 꽃 때문에 蝙蝠刺(편복자), 곧 박쥐 가시라는 이름도 있습니다. 牛蒡은 牛旁(우방)이라고도 쓰지만 어원을 알지 못합니다. 어쩌면 소리 나는 대로 쓴 말일 수도 있습니다. 우리말 우엉은 '우방'이라는 소리가 바뀐 것입니다.

우엉은 大腸(대장)과 直腸(직장)에 좋다고 합니다. 모두 排便(배변)과 관련된 신체 기관이니 그쪽에 작용하는 성분이 들어 있지 싶습니다. 우엉 씨앗은 牛蒡子(우방자)라는 약재인데 나쁜 열매라는 뜻의 惡實(악실)이라고도 부르는 것이 재미납니다. 우엉 뿌리를 채소로 먹는 곳은 일본이 대표적이고 우리나라, 타이완, 중국 동북부 지방이 있습니다. 그래서인지 일본은 植民地(식민지) 시절 우엉 먹는 법을 퍼트렸다고들 합니다.

고려의 충신 李穡(이색)에게는 이미 우엉을 읊은 시가 있습니다. 잘못된 지식의 폐해를 다시 보여주는 증거이지요.

큼지막한 동아는 얼려서 얼음을 만들고
碩大冬瓜凍作氷(석대동과동작빙)

우엉은 씻고 깎아 아침 찬거리로 쪄낼 만하네

牛蒡洗削可朝蒸(우방세삭가조증)

서울 저택에서 먹여준 기름진 고기 갑자기 생각나니

忽思京邸肥魚饋(홀사경저비어궤)

절대로 나는 채식만 하는 중이 아닌가보오

自信吾非蔬筍僧(자신오비소순승)

俞瓚(유찬)이란 사람이 동아와 우엉을 보내자 짐짓 우스개로 고마움을 표시한 시입니다. 그래서 우엉은 植民地 시절보다 더 앞서 먹은 채소임을 알겠습니다.

荔枝

타래붓꽃 려(艸-6) 가지 지(木-4)

荔枝(여지)는 중국 남부의 아열대 지역이 원산인 과일입니다. 붉은빛 열매가 무리지어 열리기 때문에 丹荔(단여) 또는 荔丹(여단)이라고도 합니다. 한나라 때는 離枝(이지)라고 했는데 가지에서 떠나면 바로 먹어야 한다는 뜻으로 풉니다.

달리 麗枝(여지), 荔支(여지)라고도 쓰는 荔枝의 영어 이름은 리치(Lychee)입니다. 중국어 발음을 소리 나는 대로 옮긴 말이지요. 여지 아랫것이라는 뜻의 荔枝奴(여지노)는 황갈색 껍질만 다르고 속이나 맛이 비슷한 과일 龍眼(용안)의 별명입니다. 龍眼이 荔枝보다 못하다는 생각이 담겨 있습니다.

맛있는 荔枝는 당나라 楊貴妃(양귀비)가 좋아한 과일로 유명합니다.

양귀비가 여지를 좋아했는데 꼭 싱싱한 것을 가져와야 했다. 그래서 역마를 두고 수천 리를 이어서 보냈는데 맛이 변치 않은 채 서울에 도착했다. 貴妃嗜荔支(귀비기려지) 必生致之(필생치지) 乃置驛騎(내치역기) 傳送數千里(전송수천리) 味未變(미미변) 已至京師(이지경사)

당나라 역사책 『唐書(당서)』의 말입니다. 楊貴妃가 柚子(유자)는 싫어했다고 합니다.

조선 사대부들 사이에 荔枝는 선망의 과일이었습니다. 그들은 北京(북경)에 다녀온 표를 낸다고 荔枝 이야기를 많이 했지요. 1713년 청나라 환관을 만난 金昌業(김창업)도 조선의 과일 이야기를 하면서 '용안, 여지, 양매, 문단 이외에는 다 있다除龍眼荔枝楊梅文丹外(제용안여지양매문단외) 都有(도유)'라고 대답했고 1780년 朴趾源(박지원)도 荔枝 즙을 짜 넣은 배갈 맛이 좋다고 『熱河日記(열하일기)』에 적어두었습니다.

江南豆

강 강(氵-3)　남녘 남(十-7)　콩 두(豆-0)

江南豆(강남두)는 밥에 두기도 하고 떡에 넣기도 하고 조려서 반찬으로도 먹는 '강낭콩'의 우리 한자말입니다. 본디 열대 아메리카가 원산지입니다. 玉蜀黍(옥촉서), 곧 옥수수와 함께 중국에 들어왔다고 봅니다. 따뜻한 곳이라야 되고 중국에서 들어온 바람에 제비가 겨울을 난다는 따뜻한 江南에서 들어온 콩이라 여긴 모양입니다.

『盛京通志(성경통지)』는 청나라 乾隆帝(건륭제)가 명령해서 지은 瀋陽(심양)의 지방지입니다. 여기서는 강낭콩이 먼 남쪽 雲南(운남)에서 온 것이라 했습니다. 그래서 강낭콩을 달리 雲豆(운두)라고도 합니다. 芸豆(운두)라고도 쓰는 것으로 보아 꼭 雲南에서 왔다고 雲豆인 것은 아닌 모양입니다.

우리는 콩이라 하면 大豆(대두)를 떠올리지만 서양 사람들은 강낭콩 종류를 떠올립니다. 그래서 영어에서는 강낭콩을 커먼 빈(Common bean), 곧 '보통 콩'이라 하고 大豆를 소이 빈(Soy bean), 곧 장 담그는 콩이라고 합니다. 서양 사람들은 여문 강낭콩도 좋아하지만 꼬투리째로도 즐겨 먹습니다. 꼬투리째 먹는 강낭콩 종류는 菜豆(채두)라고 합니다. 꼬투리가 긴데 우리가 밥에 두어 먹는 광저기 또는 동부와 닮았지요.

藊豆(변두)는 광저기 또는 동부를 가리키는 말입니다. 꼬투리가

납작하다고 扁豆(편두), 까치콩 鵲豆(작두), 꼬투리가 길다고 龍瓜豆
(용과두)라고도 합니다. 그런데 우리 조상들뿐 아니라 현재의 여러
辭典(사전)도 강낭콩과 동부를 혼동하여 마구 뒤섞어 쓰고 있습니
다. 하루빨리 구분하고 정리할 필요가 있습니다.

藊豆

변두 변(艸-14) 콩 두(豆-0)

藊豆(변두)는 흔히 '광저기' 또는 '동부'라고 부르는 콩의 일종인데, 열대 아메리카가 원산입니다. 덩굴이며 세 장의 잎이 모인 모양이 칡과 비슷합니다. 흰빛 또는 연자줏빛 나비 모양 꽃이 핍니다. 흰 꽃에서는 흰 열매가 열려서 白藊豆(백변두), 자줏빛 꽃에서는 검은 열매가 열려서 黑藊豆(흑변두)라 합니다. 扁豆(편두), 鵲豆(작두), 龍瓜豆(용과두)라고도 하지요.

동부의 일본 이름은 인겐마메(隱元豆·은원두)입니다. 마메는 콩이라는 뜻이고 인겐은 중국 명나라 隱元(은원) 스님의 法名(법명)을 일본 말로 읽은 것입니다. 福建(복건) 출신인 스님은 萬福寺(만복사)에서 출가하고 주지까지 지냈습니다. 명나라가 망하자 鄭成功(정성공)이 내준 배를 타고 福建 출신 華僑(화교)들이 터를 잡고 있는 나가사키(長崎·장기)로 건너가지요. 나라 잃고 바다를 건너는 스님의 마음은 1959년 히말라야를 넘던 달라이 라마와 다르지 않았을 것입니다.

처음에는 잠시 머물 줄 알았습니다. 한 해 두 해 세월이 흐르고 형편은 좋아질 기미가 보이지 않았지요. 일본에 건너온 지도 어언 5년이 지나고, 쇼군 도쿠가와 이에쓰나(德川家綱·덕천가강)의 초대를 받은 스님은 에도(江戶·강호)로 왔습니다. 여러 사람의 권유로

일본에 永住(영주)하리라 결심하고 교토(京都·경도)의 땅을 하사받
게 되지요. 여기에 절을 지었으니 일본 黃檗宗(황벽종)의 본산 萬福
寺입니다. 隱元 스님이 일본에 가져왔다는 동부에는 그래서 역사의
한 자락이 서려 있습니다.

茜草

꼭두서니 천(艸-6) 풀 초(艸-6)

茜草(천초)는 숲속의 작은 나무에 의지해서 덩굴을 벋는 여러해살이풀 '꼭두서니'를 가리키는 말입니다. 過山龍(과산룡)이나 茅蒐(모수)라고도 합니다. 우리말 꼭두서니는 '허깨비같이 서 있는 풀'이란 뜻이지요.

茜根(천근) 또는 茜草根(천초근)이라고 하는 뿌리가 쓸모 있습니다. 茜根은 옛적부터 중요한 染料(염료)입니다. 기원전 3000년 무렵의 印度(인도) 모헨조다로 유적에서도 꼭두서니 染料가 나왔으니 기른 지 오래된 것을 알겠습니다.

산스크리트어로 만지슈타(Manjishtha)라고 부르는 꼭두서니의 라틴어 이름은 루비아(Rubia)입니다. 루비아는 '붉다'라는 뜻인데, 붉은 寶石(보석) 루비(Ruby)처럼 같은 語根(어근)인 루베르(Ruber)에서 나왔습니다.

루비 빛깔 꼭두서니 色素(색소)는 알리자린(Alizarin)이라 합니다. 알리자린은 최초의 인공 합성 色素이기도 하지요. 1868년 독일 화학자들이 石炭(석탄)을 乾溜(건류)해서 얻은 콜타르에서 뽑아냈답니다. 영국에서도 거의 동시에 같은 방법을 발견했지만 特許(특허)가 하루 늦는 바람에 狼狽(낭패)를 당한 이야기도 전합니다.

알리자린의 별명 가운데 하나는 터키 레드(Turkey red)입니다.

꼭두서니가 터키에서 많이 났기 때문입니다. 그런데 독일 화학자들의 特許 때문에 狼狽를 당한 것은 영국뿐 아니라 천연 염료 산업 자체였습니다. 알리자린 합성은 화학 공업 시대의 개막을 알리는 信號彈(신호탄)이었고 천연 염료는 점차 사라졌기 때문입니다.

大麻

큰 대(大-0) 삼 마(麻-0)

大麻(대마)는 주로 천을 짜기 위해 기르는 풀인 '삼'의 한자말입니다. 중앙아시아가 원산인 大麻는 山芋(산우), 火麻(화마)라고도 합니다. 大麻는 靭皮(인피), 곧 질긴 껍질을 지니고 있습니다. 이것을 벗겨 실을 뽑아 천을 짜거나 밧줄을 꼬는 데 씁니다.

大麻 말고도 亞麻(아마), 黃麻(황마), 洋麻(양마), 苧麻(저마), 洛神葵(낙신규), 地桃花(지도화) 따위가 질긴 껍질을 가진 풀이라 쓸모가 많습니다. 棉花(면화)가 들어오기 전에는 大麻로 짠 麻布(마포), 곧 삼베가 가장 흔한 옷감이었지요.

大麻는 본디 그냥 麻라고 불렀습니다. 亞麻, 黃麻 등 쓸모가 비슷한 놈이 많아지자 구별하려고 大麻라고 부르게 된 것입니다. 大小(대소)를 붙여 구분하는 말은 이렇게 종류가 많아지면 저절로 생기는 법이지요. 米(쌀 미)는 본디 조나 기장 따위의 낱알을 가리키던 말입니다. 나중에 맛 좋고 알 굵은 쌀이 들어오자 좁쌀은 小米(소미), 쌀은 大米(대미)라고 구별하게 되었습니다. 마찬가지 이치입니다.

大麻처럼 실을 얻는 풀은 보통 키가 큽니다. 大麻도 그냥 두면 5미터까지 자란다지요. 키가 지나치게 커도 쓸모가 적어지기 때문에 씨를 촘촘히 뿌린답니다. 서로 치고 치여서 키만 훌쩍 크라는 생각에서 나온 방법입니다.

　大麻는 암수가 나뉘는 풀입니다. 수놈 꽃이 모두 피고 꽃가루가 날리면 다 자란 것입니다. 장마철이 바로 그때이지요. 큰비만 아니라면 궂은 날씨에도 부지런히 베고 다듬는 손길을 산지에서는 흔히 볼 수 있습니다.

黃漆

누를 황(黃-0) 옻 칠(氵-11)

黃漆(황칠)은 '누런 빛깔의 칠'이라는 뜻입니다. 황칠나무의 樹液(수액), 곧 나무진이 바로 黃漆입니다. 黃漆이 '濟州道(제주도)에서 나는 누런 빛깔의 칠'이라고 하지만 꼭 濟州道에서만 나는 것도 아닙니다. 황칠나무는 海南(해남), 莞島(완도), 珍島(진도), 巨文島(거문도) 같은 서남해안에서도 잘 자랍니다. 黃漆은 누렇다기보다 번쩍이는 황금빛에, 安息香(안식향)이라 부를 정도로 상쾌한 향기까지 더해진 우리나라 특산 나무입니다.

黃漆의 漆은 본디 옻나무란 말이기도 하고 塗料(도료)인 옻, 곧 옻나무의 진을 가리키기도 합니다. '漆黑(칠흑)같은 밤'이란 말이 있을 정도로 새까만 漆은 황금빛 黃漆과 영 다른 빛깔이지요. 허나 漆과 비슷한 用途(용도)로 만든 塗料에는 漆이란 말을 으레 붙이기 마련입니다.

漆은 수천 년 전부터 귀하게 여긴 물건입니다. 옻나무 밭에 관리를 배치하고 나라에서 직접 관리했을 정도였지요. 그렇게 유난을 떤 이유는 옻을 입힌 그릇인 漆器(칠기)를 만드는 주재료이기 때문입니다. 나라에서 그릇을 관리했다니 이상하게 들릴지도 모르겠습니다. 허나 그릇은 어느 시대에나 하이테크가 集約(집약)된 물건인 까닭에 나라가 관리하는 것이 당연합니다.

漆도 귀한데 黃漆은 더더구나 귀하게 여겨졌겠죠. 무슨 수를 써도 이 땅 바깥에서는 자라지 않는 황칠나무에서 나는 塗料이기 때문입니다. 당나라 때 신비한 黃漆이 알려진 뒤부터 중국은 黃漆을 貢納(공납)하라고 우리나라에 끊임없이 요구해댔답니다. 오죽하면 백성들이 몰래 황칠나무를 베어버리거나 말라 죽게 만들었을까요. 멸종된 줄 알았던 황칠나무를 수년 전 되찾았습니다. 이제 지혜를 발휘해 우리 시대의 하이테크로 만들 일만 남았지요.

綠豆

초록빛 록(糸-8) 콩 두(豆-0)

　綠豆(녹두)는 본디 '푸른 콩'이란 뜻의 '녹두'를 가리키는 말입니다. 콩보다 작고 단단해 질감이 팥에 더 가깝지요. 綠豆는 安豆(안두)니 吉豆(길두)니 부르기도 하는 인도 원산의 콩입니다. 그래서 뜨거운 날씨를 좋아하고 가뭄에도 잘 견딘답니다. 熱帶(열대)가 아닌 우리나라에서도 二毛作(이모작)이 되는 신통한 녀석입니다.

　작은 콩이지만 綠豆에 얽힌 이야기는 많습니다. 숙주나물은 綠豆 싹을 틔워 길러 먹는 오래된 새싹채소이지요. 한자말로 豆芽菜(두아채)라 합니다. 숙주나물의 숙주가 조선 세조 때 申叔舟(신숙주)의 이름이라는 건 널리 알려진 사실입니다. 申叔舟는 死六臣(사육신)을 고발한 사람이라 숱한 비난을 받았답니다. 만두소를 만들 때 綠豆 나물을 다져서 쓰곤 했는데, 소에 넣을 나물 짓이기듯 申叔舟를 죽이라는 깊은 원망을 담아 이리 불리게 되었답니다.

　이와 달리 「새야 새야」는 綠豆將軍(녹두장군)을 염려하는 마음이 담뿍 담긴 민요이지요.

새야 새야

파랑새야

녹두밭에 앉지 마라

녹두꽃이 떨어지면

청포장수 울고 간다

노랫말은 깊은 염려를 잘 보여줍니다.

澱粉(전분)을 달리 부르는 말 綠末(녹말)은 본디 '녹두 가루'라는 뜻입니다. 그래서 綠末이 풍부한 綠豆로 빈대떡이니 淸泡(청포)묵 같은 음식을 만들기도 하지요. 綠豆粥(녹두죽)을 쑤어 잠시 지나면 밥알 삭는 것이 보일 정도인 것은 綠豆가 탁월한 해독 능력을 가졌기 때문입니다. 그래서 약을 먹을 때는 綠豆를 먹지 말라 합니다.

뜨거운 여름, 열을 풀어주니 제 자신이 약이 되는 열매인 綠豆가 이즈음 노란 꽃을 가득 피우고 있습니다. 곧 綠豆 열매도 익을 것입니다. 열을 내리고 독을 푸는 綠豆가 우리네 원망과 염려도 풀어주기 바랍니다.

紅豆

붉을 홍(糸-3) 콩 두(豆-0)

紅豆(홍두)는 밥에도 두어 먹고, 삶아 으깨 달콤한 소도 만드는 곡식 '팥'의 한자말입니다. 히말라야 산자락이 원산인 팥은 무슨 영문에서인지 韓中日(한중일)에서 널리 길렀습니다. 귀신을 쫓는 辟邪(벽사)의 힘을 지녔다는 생각도 같습니다. 아마도 피처럼 붉은 빛깔 때문이겠지요.

팥은 콩보다 작다고 小豆(소두), 붉은빛이라고 赤豆(적두)라고도 합니다. 옛날 중국에서는 작은 콩이라고 小菽(소숙), 붉은 콩이라고 赤菽(적숙)이라 불렀습니다. 赤小豆(적소두)도 팥을 가리키는 말입니다. 중국에서는 飯豆(반두), 곧 밥에 두어 먹는 콩이라 부릅니다.

紅豆는 곡식 말고 따뜻한 南方(남방)에 사는 덩굴나무를 가리키기도 합니다. 이때는 紅荳(홍두)라고도 쓰고 紅豆樹(홍두수), 相思樹(상사수), 相思格(상사격), 海紅豆(해홍두), 孔雀豆(공작두)라고도 합니다. 팥과 마찬가지로 콩과 식물이지요. 열매 껍질은 콩꼬투리처럼 생겼고 씨앗이 검붉어 팥과 비슷합니다. 본디 아프리카 원산인 紅荳의 씨앗에는 독이 들어 원주민들이 毒矢(독시), 곧 독화살을 만들 때 쓰기도 합니다.

紅荳 아닌 紅豆가 사람 잡는 독이 되기도 합니다. 팥도 여느 곡식처럼 先物去來(선물거래) 시장에서 거래되는 상품의 하나이지요.

팥 농사는 사람이 아니라 하늘이 짓는 농사라서 豊凶(풍흉)이 정말 들쭉날쭉합니다. 팥 先物去來를 하다가 망한 사람이 워낙 많다보니 '팥과 株式(주식)에는 손을 대지 마라'는 遺言(유언)을 남기는 이가 있을 정도라 합니다.

槿花鄕

무궁화나무 근(木-11) 꽃 화(艸-4) 시골 향(邑-10)

槿花(근화)는 나라꽃 無窮花(무궁화)의 다른 말입니다. 따라서 槿花鄕은 '무궁화 피는 고장', 곧 우리나라를 가리키는 말입니다. 신라나 고려가 國書(국서)를 보낼 때 곧잘 썼다지요. 槿域(근역)도 槿花鄕과 매한가지 뜻입니다.

檀君(단군)이 나라를 열 때 무궁화가 비로소 나왔기에 중국이 우리나라를 槿域이라 합니다.

조선시대 사람 姜希顔(강희안)의 말입니다. 무궁화가 우리 민족과 얼마나 깊고 질긴 인연을 맺었는지 알 만합니다.

木槿(목근), 朝槿(조근), 時客(시객) 등은 무궁화를 달리 부르는 이름입니다. 槿이 '나무 제비꽃'일 수도 있다고 저는 추측합니다. 제비꽃은 菫(근)이라 씁니다. 『山海經(산해경)』이 무궁화를 木菫(목근)이라 부른 것도 이 때문인 듯합니다. 朝槿은 '아침 무궁화'란 뜻인데 무궁화가 아침에 피어 저녁에 진다고 붙인 이름입니다. 時客도 '시절 손님'이란 뜻이니 모두 꽃 피는 기한의 짧음을 말합니다. 『山海經』은 '薰華草(훈화초)가 아침에 피어 저녁에 진다'고도 했습니다. 薰華草는 '향기로운 꽃이 피는 풀'이라는 뜻이고 무궁화의 다른 이름입니다.

金正祥(김정상) 씨는 예전에 전라도 莞島(완도) 사람들이 무궁화를 '무우게'라 부르는 사실을 발견한 적이 있습니다. 무우게가 무궁화로 변했다는 것은 그의 주장이지요. 한자말이 아니라 우리말을 한자로 적었다는 주장입니다. 일본 말로 무궁화를 '무쿠게'라 하니 더 믿음이 갑니다. 아마도 무우게나 무쿠게는 모두 백제 말인 듯도 싶습니다.

본격적인 더위가 시작된다는 小暑(소서) 절기입니다. 장맛비 속에 무궁화가 피기 시작했습니다. 여름이 다하도록 이 땅은 온통 槿花鄉이 될 테지요.

茉莉

말리 말(艸-5) 말리 리(艸-7)

茉莉(말리)는 물푸레나뭇과에 속하는 키 작은 나무입니다. 달리 素馨(소형)이라고도 합니다. 素는 본디 흰 비단을 가리키는 글자이고 馨은 향기롭다는 뜻이니 희고 향기로운 꽃이 피는 것을 알겠습니다. 꽃을 강조해서 茉莉花(말리화)라고도 하고 鬘花(만화)라고도 합니다. 鬘은 머리 장식이라는 뜻입니다. 鬘花는 그래서 머리를 꾸미는 꽃이란 뜻입니다.

茉莉는 아메리카를 제외한 舊大陸(구대륙)의 열대 및 아열대가 원산지입니다. 중국에서는 天竺(천축), 곧 지금의 인도 사람들이 몸이나 머리를 꾸밀 때 茉莉를 쓴다고 알았다지요. 茉莉라는 이름도 인도에서 온 말입니다. 산스크리트어로 말리카(Mallika), 힌디 말로 모그라(Mogra), 타밀 말로 말리카이푸(Mallikaipu), 말레이 말로 믈라티(Melati)라고 합니다. 茉莉는 영어 이름 재스민(Jasmine)이 널리 알려져 있습니다. 재스민은 이란의 옛 나라인 페르시아 말 야스민(Yasmin)에서 왔답니다. '신의 膳物(선물)'이라는 뜻이지요.

필리핀과 파키스탄의 나라꽃이기도 한 茉莉는 일찍부터 많이 길렀습니다. 꽃도 꽃이려니와 향기가 좋아서입니다. 香水(향수)의 중요한 원료이기도 한 茉莉는 밤에 핀 꽃을 아침에 얼른 따야 합니다. 마시는 茶(차 다) 가운데도 茉莉 향기가 스민 재스민차가 있습니다.

11세기 중국 북송의 화가 조창趙昌이 그린 재스민 그림.

중국 사람들은 茉莉花茶(말리화차)라고 부르며 좋아합니다. 綠茶(녹차)나 烏龍茶(오룡차)에 茉莉를 섞어 향기를 배게 한 茶인데 달리 香片(향편)이란 이름도 있습니다.

紅花

붉을 홍(糸-3) 꽃 화(艸-4)

紅花(홍화)는 '붉은 꽃'이라는 뜻입니다. 꽃이 붉다면 모두 紅花라 하겠지만 특히 어떤 풀의 이름을 紅花라 합니다. 우리말 이름 '잇꽃', 그저 '잇'이라고도 하는 풀이 紅花이지요. 달리 紅藍(홍람), 紅藍花(홍람화,) 黃藍(황람), 吳藍(오람), 刺紅花(자홍화), 大紅花(대홍화) 따위로도 부릅니다. 뼈에도 좋고 瘀血(어혈)을 잘 푸는 약재 紅花는 붉은빛 물감의 중요한 재료입니다. 푸른빛 물감 재료를 가리키는 藍(쪽 람) 자가 紅花 이름에 많이 들어간 것도 그런 까닭에서입니다.

엉겅퀴 모양의 紅花 꽃은 7월부터 피기 시작해서 8월까지 핍니다. 이름이 紅花라도 꽃은 노란빛이 많습니다. 紅花에서 붉은 물감을 얻으려면 꽃을 물에 담가 노란 물을 모두 빼야 합니다. 99퍼센트의 노란 물을 뺀 뒤 다시 灰汁(회즙), 곧 잿물에 담갔다가 쌀로 담근 식초 米酢(미초)나 매실로 담근 식초 梅酢(매초)를 풀어 1퍼센트의 붉은 물감을 얻지요. 1퍼센트를 위해 99퍼센트를 버리는 紅花 물감은 그래서 비쌀 수밖에 없습니다.

紅花는 아프리카 동부 高原(고원)의 에티오피아 원산입니다. 귀한 紅花 물감으로 일찍이 이집트 사람들은 미라를 감싸는 천을 물들이기도 했고 동서양 여인의 입술을 붉게 물들이기도 했습니다.

紅花 씨에서 짠 기름 紅花油(홍화유)를 태운 그을음으로 만든 먹
紅花墨(홍화묵)은 먹 가운데 가장 좋은 것입니다. 紅花 물감이니
紅花墨이야 이제 그만두었지만 高血壓(고혈압)을 예방한다는 紅花
油는 예전보다 인기가 더한 모양입니다.

蓼藍

여뀌 료(艸-11) 쪽 람(艸-15)

蓼藍(요람)은 물들이는 데 쓰기 위해 기르는 풀 '쪽'의 한 가지를 가리키는 말입니다. 옛날에는 三藍(삼람)이라고 하여 크게 세 가지로 쪽을 구분했습니다.

요람은 여뀌처럼 생겼는데 녹색을 물들이고 대람은 겨자처럼 생겼는데 벽색을 물들이며 괴람은 느티나무처럼 생겼는데 청색을 물들인다. 세 가지 쪽은 모두 물들이는 데 쓸 수 있다. 蓼藍如蓼染綠(요람여료염록) 大藍如芥染碧(대람여개염벽) 槐藍如槐染青(괴람여괴염청) 三藍皆可作澱色(삼람개가작전색)

중국의 백과사전 가운데 하나인 『通志(통지)』에 나온 내용입니다. 쪽은 일찍부터 물감 재료로 알려진 풀입니다. 중국 한나라 때 사전 『說文解字(설문해자)』는 쪽을 '물들이는 푸른 풀染青草也(염청초야)'이라고 풀었습니다. 더운 지방에서 자라는 쪽은 우리가 사는 지역으로 수입된 외래종 풀입니다. 이와 비슷한 木藍(목람), 大青(대청), 山藍(산람) 따위가 원래 있었습니다. 木藍은 콩, 大青은 유채, 山藍은 대극과 가까운 풀입니다. 마디풀에 가까운 蓼藍과는 영 거리가 먼 셈입니다.

쪽에서 얻는 색깔인 藍色(남색), 곧 쪽빛을 서양에서는 인디고(Indigo)라고 합니다. 서양 사람들이 인디아(India)에서 쪽물 들이기를 시작했다고 믿었기 때문입니다. 染色(염색)하다, 곧 '물들이다'라는 뜻의 그리스 말은 인디콘(Indikon)이지요. 그리스 사람들에게 인도는 물들이는 나라였던 셈입니다. 이제 많은 사람이 즐겨 입는 청바지도 쪽물을 들인 무명으로 만든 옷입니다. 본디 금광업자의 질긴 作業服(작업복)이었습니다. 쪽빛은 이렇게 아주 오래되었으면서도 현대적인 빛깔입니다.

出藍

날 출(凵-3) 쪽 람(艹-15)

出藍(출람)은 '쪽에서 나오다'라는 뜻입니다. '푸른빛은 쪽에서 나온다'는 뜻의 靑出於藍(청출어람)을 줄인 말입니다. 靑出於藍은 또 '푸른빛 물감은 쪽에서 빼내지만 쪽빛보다 푸르다靑取於藍而靑於藍(청취어람이청어람)'라는 荀子(순자)의 말을 줄였지요. 스승보다 제자가 훌륭한 것을 비유하고 있습니다.

쪽은 물감 재료가 되는 풀의 일종입니다. 조선시대에는 江南大靑(강남대청)이니 浙江大靑(절강대청)이니 하는 품종을 많이 심었답니다. 江南이나 浙江은 중국 남부 지방을 가리키는 말입니다. 중국 북부 趙(조)나라 출신인 荀子는 남부의 초나라에 가서 벼슬살이를 하다가 거기 묻힌 사람입니다. 배움을 쪽에 비유한 것도 그런 經歷(경력)에서 비롯되었습니다.

비유가 아닌 진짜 出藍 과정은 이렇습니다. 쪽을 항아리에 담가 며칠을 두면 맑고 파란 물이 우러납니다. 하얀 生石灰(생석회)를 넣고 고무래질을 하면 파란 물과 어우러지며 누런 黃土色(황토색), 엷고 푸른 玉色(옥색), 하늘빛 空色(공색), 짙푸른 翠色(취색), 가짓빛 藍紫色(남자색)으로 차차 변합니다. 이때 거품이 일어나는데 이를 藍華(남화), 곧 '꽃 거품'이 일어났다고 합니다. 거품이 차차 사그라지고 검은빛이 돌면 잘된 것입니다.

19세기 일본 화가 우타가와 히로시게歌川廣重의 다양한 쪽빛을 쓴 그림. 저팬 블루는 그의 이름을 따 '히로시게 블루'라고도 한다.

쪽빛은 몇 번 물들이느냐에 따라 옅은 하늘 빛부터 거의 검은빛
까지 다양합니다. 19세기 유럽 사람들은 일본에서 수출한 상품 包
裝紙(포장지)를 통해 신비로운 쪽빛을 접한 까닭에 저팬 블루
(Japan Blue)라고 부르게 되었습니다. 包裝紙에 열광한 반 고흐의
밤하늘도 그래서 쪽빛입니다.

瓜蔓水

오이 과(瓜-0) 덩굴 만(艸-11) 물 수(水-0)

瓜蔓水(과만수)는 '오이 덩굴이 벋는 무렵의 물'이라는 뜻입니다. 『水衡記(수형기)』라는 중국 책은 음력 오월의 黃河(황하)를 瓜蔓水라 부른다 했습니다. 음력 사월의 黃河는 麥黃水(맥황수), 음력 유월의 黃河는 山礬水(산반수)라 하지요.

이제 참외의 계절입니다. 참외는 '달콤한 오이'라는 뜻으로 甘瓜(감과), 甜瓜(첨과)라 합니다. 瓜가 붙은 말은 이밖에 여럿 있습니다. 쓴 오이 苦瓜(고과)는 여주, 서쪽 오이 西瓜(서과)는 수박, 남쪽 오이 南瓜(남과)는 호박, 겨울 오이 冬瓜(동과)는 동아, 오랑캐 오이 胡瓜(호과)와 까마귀 오이 烏瓜(오과)는 박의 일종입니다.

오이 종류가 아니라도 둥그렇고 큰 열매를 맺는 것들을 瓜라 부르기도 합니다. 하늘 오이 天瓜(천과)는 하눌타리, 땅 오이 土瓜(토과)는 쥐참외입니다. 쥐참외는 임금 오이 王瓜(왕과)라고도 부릅니다. 天瓜나 土瓜는 모두 약재인데 나무 오이 木瓜(모과)도 오이랑 상관없는 모과나무 열매이며 약재입니다.

정작 오이를 가리키는 말은 노란 오이 黃瓜(황과)입니다. 요새야 오이라면 짙은 푸른빛이라 여기지만 옛날 在來種(재래종) 오이는 노리끼리한 푸른빛입니다. 맛있는 오이소박이를 만들 요량이라면 노란빛이 도는 놈을 고르셔야 합니다. 오이처럼 길쭉하게 생긴 수세미는 실 오이 絲瓜(사과)라 부릅니다. 소리가 같은 傻瓜(사과)는 '바보'라는 중국 말입니다. 그대로 소리 내면 중국 사람이 알아들으니 조심해야 합니다.

瓜田李下(과전이하)란 '오이 밭과 오얏나무 밑'이란 뜻입니다. 瓜田不納履(과전부납리)와 李下不整冠(이하부정관)을 줄인 성어입니다. 오이 밭에서 신발 끈을 고쳐 매면 의심을 사기 십상이지요. 傻瓜 될 수 있으니 조심할 일입니다.

那里

어찌 나(邑-4) 마을 리(里-0)

那里(나리)는 '나리꽃'을 가리키는 우리 한자말입니다. 나리를 중국에서 부르는 이름은 望春(망춘)입니다. 새하얀 百合(백합)꽃과 나리의 생김새는 같습니다. 다만 百合과 달리 주황빛 바탕에 검은 점이 찍힌 게 다르지요.

나리에는 여러 종류가 있지만 대개 참나리를 가리킵니다. 고려 때는 犬乃里花(견내리화), 大角那里(대각나리)라는 말을 썼다고 합니다. 犬乃里花란 '개나리꽃'을 한자로 옮긴 것입니다. 犬은 개, 乃里는 那里처럼 나리라는 소리를 옮겼지요. 개나리는 봄에 피는 꽃으로 알고 있습니다. 허나 개나리란 말이 꼭 봄꽃인 개나리만 가리키진 않습니다. 平安道(평안도)와 咸鏡道(함경도)처럼 북쪽 지방에서는 참나리를 개나리라 부르기도 한답니다. 옛말은 개나리로 개나리와 참나리를 함께 부른 모양입니다.

요즈음 서양 나리를 가리킬 때 쓰는 百合은 본디 나리의 뿌리를 가리키는 말입니다. 약재로 쓰는 나리 뿌리의 이름이 百合입니다. 『東醫寶鑑(동의보감)』은 那里를 '개나리불휘'라고 풀었습니다.

불휘 기픈 남간 바라매 아니 밀쌔 곳됴코 여름하나니.

큰 키의 참나리. 별 모양으로 활짝 핀 당당한 꽃이다.

『龍飛御天歌(용비어천가)』의 한 구절입니다. 불휘는 뿌리의 옛말이지요. '개나리불휘'는 개나리 뿌리란 말이지만 사실 참나리 뿌리입니다. 노란 꽃의 개나리나무 밑동을 뒤져봐야 헛일입니다.

那裏(나리)는 '저기' '어디' '어떻게'라는 뜻의 중국 말입니다. 글자꼴을 간략하게 줄여 那里라고도 씁니다. 百合은 본디 '온갖 것이 합쳐져 있다'는 뜻입니다. 나리 종류의 뿌리는 비늘 모양의 알맹이가 여럿 뭉쳐나기 때문입니다. 이제 나리꽃이 필 철입니다.

百年草

일백 백(白-1) 해 년(千-3) 풀 초(艸-6)

百年草(백년초)는 '백 년 가는 풀'이라는 뜻입니다. 사전에는 풀이 草本(초본) 식물을 통틀어 이르는 말이라 적혀 있습니다. 草本이 풀이고 풀이 草本이니, 하나 마나 한 싱거운 소리입니다. 또한 풀이 대개 한해살이라고 합니다. 그런데 백 년 가는 풀이라니요? 뜨거운 얼음이나 둥근 사각형 같은 形容矛盾(형용모순)이 이를 두고 하는 말입니다.

百年草는 '부채仙人掌(선인장)'을 달리 부르는 말입니다. 濟州島(제주도) 사람들은 그것을 '손바닥仙人掌'이라 합니다. 손바닥이나 부채라는 말로 모양을 짐작할 수 있습니다. 7월에 노란 꽃을 피운 뒤 열매를 많이 맺어 보랏빛으로 익지요. 11월부터 익는 열매는 이제 꽃이 한창입니다.

仙人掌의 열매는 仙掌子(선장자), 千歲子(천세자)라고 합니다. 중국 청나라 때 문학인 屈大均(굴대균)은 이것을 鳳栗(봉률)이라 했습니다. 밤톨처럼 생기고 봉새가 먹을 법한 아름다운 열매라는 말입니다. 屈大均은 廣東(광동) 사람이니 거기서는 이리 부른 모양입니다.

仙人掌이라는 식물은 본디 아메리카 대륙이 원산지입니다. 舊大陸(구대륙)의 仙人掌은 아메리카에서 떠밀려와 아프리카에 定着(정

착)했고, 다시 印度洋(인도양)을 건너 열대 아시아의 섬들로 퍼졌다
고 추정됩니다. 濟州島는 그러면 차가운 대륙의 남동쪽 끝이 아니
라 열대 아시아의 북쪽 끝인 것이겠지요. 중국 또한 그렇고 우리나
라도 仙人掌이 들어온 지가 최근 몇백 년 사이인 것 역시 재미있는
사실입니다. 百年草는 하멜 같은 바다 사람들이 아시아 바다를 누
빌 때 濟州島가 그 안에 있었다는 증거일지도 모르기 때문입니다.

篦麻

빗치개 비(竹-10) 삼 마(麻-0)

篦麻(비마)는 아프리카 원산인 식물 '아주까리'의 한자말입니다. 蓖麻(비마)라고도 씁니다. 아주까리는 '피마자'라고도 하는데 아주까리씨 篦麻子(비마자)를 그리 부른 것입니다. 篦, 곧 빗치개는 빗살 틈에 낀 때를 빼거나 가르마를 타는 데 쓰던 꼬챙이처럼 생긴 물건입니다. 머리를 만지는 빗치개가 이름에 들어간 까닭은 아주까리기름 篦麻子油(비마자유)를 머릿기름으로 많이 썼기 때문입니다. '아주까리 동백꽃이 제아무리 고와도'라는 노래 歌詞(가사)도 있듯이 말입니다.

일본에서는 아주까리를 도고마(唐胡麻·당호마)라고 합니다. 胡麻는 참깨를 가리키는 말입니다. 아주까리씨는 참깨처럼 기름을 담뿍 품고 있습니다. 아주까리의 학명은 리시누스 콤무니스(Ricinus communis)인데 리시누스는 피를 빨아먹는 해충 '진드기'라는 뜻이지요. 아주까리씨가 진드기처럼 생겼기 때문입니다.

아주까리씨에는 毒性(독성)을 지닌 리신(Ricin)이라는 蛋白質(단백질)이 많이 들어 있습니다. 날것을 먹으면 큰일 나지요. 기네스북에는 가장 毒性이 강한 식물로 아주까리가 올라 있습니다. 기름을 짠 篦麻子油는 毒性이 덜한 편이라 예전에는 속이 꽉 막혔을 때 설사를 일으키는 瀉下劑(사하제)로 썼습니다. 등불을 밝히는 燈油

427

(등유)나 印刷(인쇄)할 때 쓰는 잉크, 아버지들이 머리에 바르던 포마드의 재료이기도 합니다. 이렇게 독한 아주까리도 잎을 따서 말리면 훌륭한 나물이 됩니다. 어떤 고을에서는 대보름 나물 陳菜食(진채식)에 아주까리 나물을 쓰기도 하는데 바로 지금이 준비할 때입니다.

萱花

원추리 훤(艸-9) 꽃 화(艸-4)

萱花(훤화)는 6월 한창 피는 '원추리 꽃'을 가리키는 한자말입니다. 원추리는 百合(백합)과에 속하는 식물이라서 꽃도 당연히 百合꽃을 닮았습니다. 노란빛이나 주황빛 꽃은 크고 아름답지요. 원추리는 萱草(훤초)라고 하지만 근심을 잊는 풀이라고 忘憂草(망우초), 잎이 파처럼 길쭉하다고 鹿葱(녹총), 남자에게 좋다고 益男草(익남초)라는 별명으로 부르기도 합니다.

원추리는 봄의 부드러운 잎이나 여름의 꽃을 따서 나물을 만듭니다. 우리말로 '넘나물'이라 부르는 원추리나물을 한자로 써서 廣菜(광채)라고도 합니다. 중국에서는 萱菜(훤채)라고도 하지만, 특히 원추리 꽃을 따서 말린 나물을 黃花菜(황화채), 金針菜(금침채)라고 부릅니다. 잠깐 불려 끓인 국이 중국 음식 金針花湯(금침화탕)입니다. 뿌리는 약으로 쓰니 잎, 꽃, 뿌리 모두 아낌없이 주는 풀입니다.

원추리는 영어로 데이릴리(Daylily), 독일어로 타그릴리(Taglilie)라고 합니다. 모두 '하루살이 백합'이라는 뜻입니다. 이런 이름은 고대의 유산입니다. 원추리의 학명은 헤메로칼리스 풀바(Hemerocallis fulva)입니다. 헤메라(Hemera)는 그리스 말로 '낮', 칼로스(Kallos)는 '아름다운'이라는 뜻입니다. 日出(일출)과 함께 펴서 日沒(일몰)과 함께 시드는 꽃이라고 이런 이름을 붙었습니다. 花無十日紅(화무십일

홍), 곧 '열흘 가는 꽃은 없다'지만 하루도 가지 못하는 원추리 꽃은
그래서 더 화려한가봅니다.

流頭

흐를 유(氵-6) 머리 두(頁-7)

流頭(유두)는 음력 유월 보름에 쇠던 옛 명절입니다. '유둣날'을 吏讀(이두)로 적은 이름인데, 梳頭(소두)나 水頭(수두)라고도 썼다고 합니다. 水頭는 '물마리', 곧 '물머리'를 옮긴 우리 한자말입니다. '물 맞이'라는 뜻입니다. 流頭가 본디 신라 풍속이다보니 경상도에서는 아직도 流頭를 물맞이라 부릅니다.

薦新(천신)은 새로 난 곡식과 과일을 조상에게 바치고 비는 명절 행사입니다. 流頭에도 薦新을 합니다. 이 무렵 새로 난 곡식은 밀과 보리이니 薦新도 밀가루 음식 위주이지요. 밀가루 국수인 流頭麵(유두면), 밀 부침개인 煎餅(전병), 요새 보통 '술빵'이라 부르는 霜花餠(상화병)을 올립니다. 여기에 찹쌀로 빚은 水團(수단)이나 乾團(건단)을 올리기도 한다지요.

流頭薦新보다 더 오래되었을 법한 풍습도 있습니다. 밀가루 떡, 참외, 기다란 물고기를 祭需(제수) 삼아 논의 물꼬나 밭 가운데서 龍神(용신)과 農神(농신)에게 告祀(고사)를 지내는 일입니다. 논에 龍(용)이 살고 밭에 神(신)이 깃든다니! 참 통 큰 생각입니다. 논두렁, 밭두렁조차 地氣(지기)가 흐르는 龍으로 보는 風水(풍수)의 생각도 이것이나 매한가지이겠습니다.

流頭는 大暑(대서) 무렵과 겹칠 때가 많습니다. '큰 더위'라는 뜻

「남한강실경산수도」, 작가미상, 종이에 채색, 35.3×49.8cm, 19세기, 서울역사박물관.

답게 더위가 酷毒(혹독)합니다. 酷暑(혹서)가 닥칠 무렵인 유둣날, 薦新과 告祀로 神을 위로한 사람들은 맑은 시내나 폭포에 가서 물맞이를 하고 風流(풍류)를 즐겼다고 합니다. 일가친지와 잔치 자리를 가진다는 流頭의 좋은 뜻이 사라지자 우리네 여름휴가 길은 고약해졌습니다. 流頭의 뜻을 다시 새길 階梯(계제)입니다.

煎餅

달일 전(火-9) 떡 병(食-8)

煎餅(전병)은 찹쌀가루, 밀가루, 수수 가루 따위를 반죽하여 기름에 지진 떡입니다. 기름에 지졌다고 油煎餅(유전병)이라고도 합니다. 煎餅은 밀가루를 개어 둥글게 지진 '밀전병', 찹쌀가루를 개어 진달래꽃을 넣은 '花煎(화전)', 찹쌀가루로 떡을 만들고 팥소를 넣어 지지는 '주악', 녹두 반죽에 팥소를 넣어 지지는 '餅子(병자)' 등으로 나뉩니다.

기름에 지진 음식은 煎餅 말고 지짐도 있습니다. 만드는 방법에 큰 차이가 없어 구별하기 쉽지 않습니다. 굳이 나누자면 재료의 차이가 있지요. 반죽만 그냥 지지거나 채소, 꽃, 팥 등 맑은 재료를 넣은 것이 煎餅, 고기 따위를 넣어 지진 것이 지짐입니다. 煎餅은 뜨겁게 달군 燔鐵(번철)이 있어야 만들 수 있는 음식입니다. 燔鐵은 무쇠로 만든 옛날 프라이팬이지요. 옛날에는 집집마다 燔鐵을 가질 수 없어 무쇠 솥뚜껑을 뒤집어 대신 쓰기도 했습니다.

여름에 먹는 煎餅은 주로 밀가루로 만든 밀전병입니다. 예전에는 名節(명절)의 하나인 유월 보름 流頭(유두) 무렵 밀을 거두기 때문에 햇곡식이 나는 일을 조상에게 알리는 薦新(천신) 제사에 밀전병을 썼습니다. 여름철 애호박을 채 썰어 넣고 부침개를 부쳐 먹는 일도 煎餅에서 나왔지 싶습니다.

　옛날 流頭에 백성들은 애호박 지짐을 먹었지만 궁중이나 양반집에서는 九節坂(구절판)을 해먹었습니다. 九折坂(구절판)이라고도 쓰는 九節坂은 아홉으로 나누고 장식한 木器(목기)에 채소나 고기 따위를 둘레 여덟 구멍에 담고 가운데 구멍에 밀전병을 담아 먹는 '밀쌈'입니다.

九尾狐

아홉 구(乙-1) 꼬리 미(尸-4) 여우 호(犭-4)

九尾狐(구미호)는 '아홉 개의 꼬리를 가진 여우'라는 뜻입니다. 傳說(전설)의 짐승이지요. 또한 '몹시 狡猾(교활)한 사람, 특히 그런 여자'를 비유하는 말로 씁니다. 九尾狐까진 아니라도 '앙큼한 계집애'를 여우라 부르기도 합니다. '여우 짓'은 이들의 앙큼한 行動(행동)을 가리키는 말입니다.

生肝(생간)을 빼먹는 등 극단적인 몇몇을 제하면 우리네 傳說에는 사람보다 사람다운 九尾狐가 더 많습니다. 보통 九尾狐는 사람이 되고자 하는 어중간한 존재이지요. 龍(용)이 되지 못한 이무기도 닮았습니다. 이런 유형을 묶어 熊女型(웅녀형)이라 부르면 어떨까 생각해봅니다.

熊女型에 속하는 이들은 참고 기다리는 忍耐(인내)가 여간한 것이 아닙니다. 어쩌면 熊女가 사람 된 뒤 여우가 熊女 자리를 차지했는지도 모를 일입니다. '여우비'는 볕이 있는 날 잠깐 오다 그치는 변덕스런 비를 가리킵니다. 여우가 호랑이에게 시집간다고들 하지요. 熊女를 이었으되 사람이 되지 못한 九尾狐의 눈물은 아닌지 모르겠습니다.

우리네 九尾狐 이야기가 멜로드라마라면 중국 것은 大河(대하)드라마입니다. 나라 망친 褒姒(포사)나 妲己(달기)가 알고 보니 九尾

猩猩上勞

평안도 덕흥리 고분 벽화. 견우는 소를 끌고 지나는 구미호와 함께 있다.

狐라는 둥, 禹(우)임금의 아내인 女嬌(여교)가 九尾狐라는 둥, 傳說과 歷史(역사)가 서로 넘나들지요. 이런저런 事緣(사연)을 품은 復讎(복수)의 化身(화신)이 중국의 九尾狐입니다. 이들은 우리와 달리 바라던 復讎를 마치면 本色(본색)을 드러내고 뒤끝 없이 줄행랑치는 게 특기입니다.

더위가 시작된 뒤로 시원함이 그리워집니다. 시원함을 들인다는 納凉(납량)에 九尾狐 이야기가 빠질 수는 없는 법이지요. 이야기를 듣다보면 눈속임하는 九尾狐의 遁甲(둔갑)이 우리를 섬뜩하게 합니다. 九尾狐가 사는 법이 여우 짓하는 우리네를 꼭 닮은 까닭이지 싶습니다.

牛頭

소 우(牛-0) 머리 두(頁-7)

牛頭(우두)는 '쇠머리'라는 뜻입니다. '우두머리'란 말도 여기서 나오지 않았을까 싶습니다. 해마다 7월 17일 무렵부터 24일 무렵까지 일본 방방곡곡에서는 기온마쓰리(祇園祭·기원제)가 열립니다. 전에는 음력 6월 7일부터 14일까지였는데 메이지유신 이후 양력만 고집하다보니 이때로 옮겼답니다. 祇園祭는 牛頭天王(우두천왕)을 모시는 祝祭(축제)인데, 祝祭를 일본 말로 마쓰리라고 하지요. 牛頭天王은 신라에서 온 신 스사노오노미코토(須佐之男命·수좌지남명)의 별명입니다.

天王이 '하늘나라 임금님'이라는 건 금세 알겠습니다. 그럼 牛頭는 무엇일까요? 고대 문명에서 황소는 힘을 나타내 곧잘 최고신의 상징이라 여겼습니다. 바빌로니아의 황소 신 '마르둑'이나 그리스의 '포세이돈'처럼 牛頭天王도 최고신을 가리키지 싶습니다. 쇠머리 牛頭를 쇠부리라 푸는 것은 이런 생각입니다. 부리는 새의 주둥이를 가리키는 말입니다. 쇠부리라면 쇠 주둥이란 뜻이겠지요. 머리나 부리나 몸통 맨 앞에 있으니 우두머리라는 뜻입니다. 牛頭天王은 그래서 '하늘나라 임금님의 우두머리'라는 뜻일 수도 있습니다.

다른 뜻도 가능합니다. 고대에는 牛頭를 소리 나는 대로 所夫里(소부리), 곧 쇠부리라 적기도 했습니다. 백제의 서울인 扶餘(부여)

를 이렇게 썼다
고 합니다. 牛
頭天王이 신
라에서 왔다
는 말과 백제
의 서울 소부리
라는 말이 어긋나
는 것은 아닐까요? 신라
의 서울 徐伐(서벌)도 쇠
부리를 옮긴 말입니다.
나중에 모두 '서울'로 바
뀌었습니다. 그럼 牛頭
天王은 '서울에서 오
신 하늘나라 임금님'
이라는 뜻도 됩니다.

고대 그리스의 뿔 모양의 술잔, 높이 35.6cm, 기원전
1550년, 헤라클레이온 고고미술관.

442

『孔雀王(공작왕)』이라는 일본 만화가 있습니다. 退魔師(퇴마사)인 주인공은 일본의 신들을 외국에서 온 가짜 신이라 생각하고 일본 토종 신령에 의지하여 물리치는 줄거리랍니다. 만화에서는 토종 신령의 대표를 스사노오노미코토라고 합니다. 신라계 도래신이라는 것이 분명한데도 억지를 쓴 것이죠. 일본의 역사 왜곡이 애들 보는 만화에까지 스며들었으니 장래가 큰일입니다.

牛頭山

소 우(牛-0) 머리 두(頁-7) 뫼 산(山-0)

牛頭山(우두산)은 '쇠머리 산'이라는 뜻입니다. 牛頭天王(우두천왕)이란 별명을 쓰고 일본에 건너간 신라의 신 스사노오노미코토(素盞烏尊·소잔오존)와 관계가 있습니다. 牛頭天王은 '서울에서 오신 하늘나라 임금님'의 뜻이라고 이미 말씀드렸습니다. 신라의 신이고 서울에서 왔다지만 꼭 신라의 서울 徐伐(서벌)에서 건너가지 않았을 가능성이 있습니다.

牛頭天王은 하늘나라 다카아마가하라(高天原·고천원)에서 신라 땅 소시모리(牛頭·우두)로 내려왔다가 동해를 건너 이즈모(出雲·출운)로 건너갔답니다. 여기서 일본 땅 첫 나라를 만들었다고 하지요. 牛頭天王은 소시모리에 내려왔다고 붙여진 이름입니다.

牛頭天王이 최고의 신이기에 조선총독부는 소시모리를 찾아 헤맨 적이 있다고 합니다. 문제는 우리나라에 牛頭라는 지명이 무척 많다는 것이었지요. 결국 강원도 春川(춘천)의 '우둔산'을 지목했다고 합니다. 우둔산의 본명이 牛頭山이고 동해를 건넜다는 이야기와도 맞아떨어지기 때문이었답니다.

소시모리가 어디냐에 대한 새로운 생각도 있습니다. 다카아마가하라가 경북 高靈(고령)인 것이 밝혀지자 그에 인접한 경남 居昌(거창)의 牛頭山이 지목되었습니다. 海印寺(해인사)를 품은 경남 陜川

444

(합천) 伽倻山(가야산) 줄기이며 高靈도 산줄기로 이어지지요.

伽倻山의 별명도 牛頭山입니다. 인도의 부다가야(Buddhagaya) 근처 산 이름에서 따왔다니 인도랑 상관이 있습니다. 가야(gaya)는 '소'라는 뜻의 인도 말입니다. 인도에서 온 옛사람이 高靈에 세운 伽倻입니다. 신라에 망한 伽倻의 일족이 伽倻山 줄기를 타고 내려왔다가 다시 동해를 건너간 것은 아닐까요? 이 땅에는 아직도 비밀이 무척 많습니다.

初伏

처음 초(刀-5) 엎드릴 복(人-4)

初伏(초복)은 夏至(하지)부터 헤아려 세 번째 드는 庚日(경일)을 가리킵니다. '복날'이라고 부르는 三伏(삼복)의 첫째 날입니다. 夏至부터 네 번째 庚日, 곧 初伏 열흘 뒤가 三伏의 둘째 날인 中伏(중복), 立秋(입추)를 지난 첫 번째 庚日이 막내인 末伏(말복)입니다. 庚은 열 가지 十干(십간) 가운데 일곱 번째입니다. 옛사람들은 열두 가지 十二支(십이지)와 어울러 날, 달, 해를 헤아릴 때 썼습니다.

'三伏더위'라는 말이 있듯이 이 동안이 제일 더운 때이지요. 더위가 심한 날인 만큼 補身(보신), 곧 몸에 영양을 보충해야 한다는 것은 韓中日(한중일) 삼국의 공통된 생각입니다. 우리가 補身湯(보신탕)이라 부르는 음식은 '개장국'을 가리키는 말입니다. 狗醬(구장)이니 地羊湯(지양탕)이라고도 하며 補身을 위해 개를 먹는 풍습은 본디 韓中日에 공통됩니다.

중국처럼 佛跳牆(불도장) 같은 사치스런 요리나 일본처럼 鰻魚(만어), 곧 뱀장어 요리를 먹어야만 補身이라 여기는 세상이 되었습니다. 허나 꼭 비싼 음식이라야 補身이 되는 것은 아닐 테지요. 집에서 닭 한 마리 푹 삶아 뜯어 먹더라도 가족과 함께라면 훌륭할 것입니다.

가을에 들어선다는 立秋까지는 아직 中伏도 있고 末伏도 남아

446

「전중피서(田中避暑)」, 이인문, 종이에 엷은 색, 104.7×46.2cm, 18~19세기, 국립중앙박물관.

있습니다. 末伏이 지나면 三伏더위도 물러난다지만 處暑(처서)는
되어야 아침저녁 선선해질 테니 갈 길이 멀지요. 건강에 留意(유의)
할 때입니다.

鶗鴂

두견이 제(鳥-9) 뱁새 결(鳥-4)

鶗鴂(제결)은 올빼밋과의 여름새인 '소쩍새'의 한자 이름입니다. 올빼미 가운데 몸집이 가장 작지요. 소쩍새는 소쩍소쩍 울음소리에서 이름이 나왔습니다. 소쩍을 '솥이 적다'로 알아들은 사람이 많았던 모양입니다. 鼎小鳥(정소조)라는 이름을 붙인 우스꽝스런 호사가도 있던 것을 보면 말입니다.

올빼미붙이답게 밤에 움직이는 소쩍새는 이름이 여럿입니다. 杜宇(두우), 不如歸(불여귀), 杜魄(두백), 蜀魂(촉혼), 歸蜀道(귀촉도) 등은 중국 촉나라 望帝(망제) 임금이 죽어 소쩍새가 되었다는 전설에서 나왔습니다. 소쩍새는 이름만 여럿이 아니라 杜鵑(두견), 곧 두견새와 이름이 뒤섞여 있기도 합니다. 밤새의 정체가 분명하지 않은 탓이겠습니다.

눈에 잘 띄지 않는 소쩍새는 이렇게 소리로 유명합니다. 裂帛(열백), 곧 비단을 찢는 소리도 소쩍새의 또 다른 이름입니다. 여인의 한 많은 소리로 들은 까닭입니다. 일본에서는 소쩍새를 '고노하즈쿠'라고 하고 木葉梟(목엽효), 곧 '나뭇잎 올빼미'라고 씁니다. 또 '붓포소'라는 별명이 있는데 佛法僧(불법승)의 일본 말 소리입니다. 三寶(삼보), 곧 불교에서 세 가지 보물이라는 것이 佛法僧입니다. 일본 사람 귀에는 소쩍새 울음이 '붓 포우 소우', 곧 佛法僧이라 들린답니다.

1935년 초여름 밤 일본 나고야(名古屋·명고옥) 방송국에서 소쩍새 울음을 전국에 실황 중계한 적이 있습니다. 초대 손님들이 '붓포소' 소리가 분명하다고 말을 섞었습니다. 그렇게 들리지 않는다는 비난 전화가 전국에서 빗발치자 이튿날 그저 녹음한 소리만 다시 방송했습니다. 전날과 달리 정말 그렇다며 칭찬하는 전화가 다시 빗발쳤답니다. 1935년 소쩍새 방송은 대중심리와 방송을 다시 생각하게 하는 사건입니다.

蓮花

연꽃 련(艸-11) 꽃 화(艸-4)

蓮花(연화)는 여름에 피는 물풀 꽃의 하나인 '연꽃'입니다. 개흙 속에 뿌리박은 蓮根(연근) 마디마디에서 잎대와 꽃대가 올라오지요. 흐린 물에 살지만 정작 자신은 더러움에 물들지 않습니다. 온몸에 발린 파라핀 성분 덕입니다.

나는 연이 개흙에서 나지만 물들지 않음을 홀로 아끼노라.
予獨愛蓮之出淤泥而不染(여독애련지출어니이불염)

중국 송나라 사람 周敦頤(주돈이)의 말입니다. 좋지 않은 환경에서도 훌륭히 사는 사람을 가리킬 때 泥中之蓮(이중지련), 곧 '진흙 속의 연꽃'이라고 합니다.

蓮花 가운데 흔한 것이 흰빛 白蓮(백련)과 붉은빛 紅蓮(홍련)입니다. 紅蓮은 고전소설 『薔花紅蓮傳(장화홍련전)』의 주인공이기도 하지요. 조선 孝宗(효종) 임금 때 평안도 鐵山(철산)에서 벌어진 사건을 소재로 한 실화 소설이랍니다. 薔花는 장미꽃이라는 뜻이니, 언니 아우 모두 붉은빛입니다. 노란빛 黃蓮(황련)은 연꽃과 상관없는 黃連(황련)을 달리 부르는 말입니다. 우리말로 '깽깽이풀'이라 합니다. 노란 덩이뿌리가 연이어 앉는다고 붙여진 이름입니다.

『금오계첩』에 실린 연지에서 계회하는 모습.

금빛 金蓮(금련)은 풀이 아니라 여자의 예쁜 발을 가리키는 말입니다. 纏足(전족)이라는 몹쓸 중국 풍속이 있었습니다. 앙증맞은 발에 집착해 계집애의 발을 칭칭 동여매 자라지 못하게 하는 짓입니다. 纏足의 이유에 대해 여러 말이 있지만 역시 성적인 이유가 가장 클 것입니다.

潘金蓮(반금련)은 『水滸傳(수호전)』에 단역으로 나왔지만 다시 『金瓶梅(금병매)』의 주인공이 될 정도로 인기가 있었던 캐릭터입니다. 潘金蓮이 천하의 淫婦(음부)로 이름날 수 있던 까닭은 金蓮이란 이름조차 무척 섹시했기 때문이겠지요.

向日葵

향할 향(口-3) 날 일(日-0) 해바라기 규(艹-9)

向日葵(향일규)는 '해바라기'라는 말입니다. 葵藿(규곽) 또는 葵花(규화)라고도 합니다. 向日은 해를 향한다는 뜻이니 '해를 향해 보다'라는 해바라기의 뜻과 꼭 맞습니다. 葵는 본디 아욱이나 접시꽃을 가리키는 말입니다. 葵 자가 들어간 풀들은 해를 따라 方向(방향)을 트는 것이 닮았지요.

아욱은 잎사귀를 먹는 채소입니다. 이맘때면 잎사귀를 뜯어 넣고 국이나 죽으로 먹습니다. 아욱의 한자말은 露葵(노규), 冬葵(동규)인데 冬葵子(동규자)는 冬葵, 곧 아욱의 씨앗입니다. 대용차로 즐겨 마시고 있지요. 성질이 차고 利尿(이뇨) 작용이 있어 요즘처럼 무더운 여름에 알맞습니다.

蜀葵(촉규)는 얼마 전부터 활짝 핀 접시꽃을 가리킵니다. 蜀葵는 '蜀의 아욱'이란 뜻인데 蜀은 중국 四川(사천)의 옛 이름이지요. 접시꽃은 사람 키를 넘는 줄기를 따라 아래에서 위로 차례차례 핍니다. 그래서 붙은 별명이 層層花(층층화)입니다. 조선시대에는 一日花(일일화)라고도 했다는데 잠깐 피고 지는 꽃이라 붙인 이름입니다.

天竺葵(천축규)는 화분에 심어 갖가지 빛깔의 꽃을 피우는 제라늄(geranium)입니다. 天竺(천축)은 印度(인도)의 옛 한자 이름이고요. 제라늄은 아프리카 원산이지만 印度에서 들어왔다고 알았던 모양입니다. 우리나라에는 20세기 초반에 들어왔답니다.

葵 자가 들어간다고 모두 식물인 것은 아닙니다. 菟葵(토규)는 풀 모양을 한 바다 동물 '말미잘'을 가리킵니다. 깊은 물에도 살지만 물이 드나드는 潮間帶(조간대)에서 흔히 볼 수 있습니다. 꾹 누르면 오그라들며 물을 뿜어내는 품이 오줌을 누는 것 같아 '오줌싸개'라 불렀습니다. 더운 여름날의 옛 기억입니다.

溽暑

무더울 욕($氵$-10) 더울 서($日$-9)

溽暑(욕서)는 '장마철의 무더위'를 가리키는 말입니다. 『說文解字(설문해자)』는 '습하고 무더운 것이다濕暑也(습서야)'라고 풀었습니다. 꼭 장마철이 아니라도 덥고 습한 날씨를 가리키고 달리 溽熱(욕열)이라고도 합니다. 허나 溽은 본디 더위와 상관없던 글자입니다. 濡(젖을 유)처럼 물에 젖는다는 뜻이었습니다. 暑나 熱(더울 열)과 합칠 때만 溽은 물에 젖듯 더위에 젖는다는 뜻이 됩니다.

한나라 때 사전『釋名(석명)』은 暑를 이렇게 풉니다.

삶는 것이다. 무엇을 삶는 것처럼 더운 것이다.
煮也(자야) 熱如煮物也(열여자물야)

暑를 煮(삶을 자)라고 본 것은 덥기만 한 것이 아니라 습하기도 하기 때문입니다. 熱에는 습하다는 느낌이 전혀 없습니다. 습기가 전혀 없는 사막을 흔히 熱砂(열사)의 땅이라고 하지 않던가요.

熱은 본디 褻(불사를 설)처럼 불 지른다, 태운다는 뜻의 동사입니다. 나중에 덥다는 뜻의 형용사로 쓰게 되었습니다. 더위를 가리키는 또 다른 글자 炎(불탈 염)도 熱과 마찬가지로 처음에는 동사였다가 나중에 형용사가 되었습니다.

「소나무 아래에서 이야기를 나누다松下閑談」, 종이에 엷은 색, 109.5×31.6cm, 1805년, 국립중앙박물관.

7월 무더위가 기승을 부리고 코앞에 닥친 8월이 두려워지는 때입니다. 최근 10년 사이 8월 暴炎(폭염)은 경남 합천, 熱帶夜(열대야)는 부산이 1등을 차지했습니다. 괴로운 밤낮이 당분간 계속되리란 말입니다. 당나라 때 사람 柳宗元(유종원)도 이런 시를 남겼습니다.

남주의 찌는 더위 술에 취한 듯
南州溽暑醉如酒(남주욕서취여주)
북창 열고 안석에 기대 곤히 잤네
隱机熟眠開北牖(은궤숙면개북유)

무더위에 지친 몸과 마음은 곤한 잠을 필요로 합니다.

沈瓜李

가라앉을 침(氵-4) 오이 과(瓜-0) 오얏 리(木-3)

沈瓜李(침과리)는 '참외와 자두를 물에 가라앉히다'라는 뜻입니다. 더운 여름날에는 과일도 텁텁해 맛이 없어집니다. 과일을 달게 맛보려면 식혀야겠지요. 冷藏庫(냉장고)가 필수품이 된 오늘날은 달고 시원한 과일을 당연하다 여깁니다. 허나 冷藏庫 없던 시절에는 수박이며 과일이 우물이나 물통에 둥실둥실 떠 있기 마련이었습니다.

푸른 참외와 푸른 자두를 시원한 우물에 담가
翠瓜碧李沈玉甃(취과벽리침옥추)

당나라 杜甫(두보)의 시구입니다. 이보다 앞서 沈瓜李는 與朝歌令吳質書(여조가령오질서), 곧 「조가 고을 사또 오질에게 보내는 편지」 구절에서 나온 말입니다.

달디단 참외를 시원한 샘물에 띄우고 붉은 자두를 찬 물에 담가
浮甘瓜於淸泉(부감과어청천) 沈朱李於寒水(침주리어한수)

중국의 삼국시대 魏(위)나라 임금 曹丕(조비)가 신하이자 친구인

吳質(오질)에게 보낸 편지의 글귀이지요. 천하의 杜甫도 文選(문선)
에까지 실린 유명한 글귀를 패러디한 것입니다.

曹操(조조)가 죽고 큰아들 曹丕가 임금이 됩니다. 임금이 되기
전 太子(태자)의 자리에 있을 때의 일입니다. 아버지가 내심 동생 曹
植(조식)에게 마음이 있다는 것을 알던 曹丕의 마음이 편할 리 없
습니다. 언젯적인가 曹操가 전쟁터에 나가게 되었을 때 吳質은 曹丕
에게 이렇게 충고했습니다.

말수를 적게 하고 그저 슬프게 우십시오.

吳質의 말을 따른 曹丕는 曹操의 마음을 사로잡았다고 합니다.
曹丕는 이렇게 莫逆(막역)한 친구에게 편지를 보내 이전 南皮(남피)
에서 함께 어울렸던 일을 회상합니다. 찬 물에 담가 시원하게 식힌
참외와 자두를 함께 먹은 일이 여기 끼었습니다. 아마도 曹丕에게
는 친구와 함께한 유쾌한 기억이었나봅니다. 그래서 沈瓜李는 친구
사이에 나눈 애틋한 友情(우정)을 가리키는 말이기도 합니다.

澄水帛

맑을 징(氵-12)　물 수(水-0)　비단 백(巾-5)

澄水帛(징수백)은 '맑은 물을 축인 비단'이라는 뜻입니다. 중국 당나라 임금 懿宗(의종)이 딸 同昌公主(동창공주)에게 주었다는 희한한 물건이지요. 어느 여름날 公主는 시댁 친척들을 모두 모아 잔치를 베풀었다고 합니다. 푹푹 찌는 무더위로 사람들이 괴로워하자 公主는 澄水帛을 꺼내오라 시켰다지요. 澄水帛에 물을 뿜어 매단 뒤 조금 지나자 자리가 시원해졌습니다. 누군가 까닭을 물었습니다.

이 비단에는 龍涎(용연)이 스며 있기에 더위를 쫓을 수 있는 것입니다.

公主의 대답입니다.

龍涎은 '용의 침'이란 뜻이지요. 상상의 동물인 용이 흘린 침이 묻은 비단이니 귀한 것은 말할 나위가 없습니다. 澄水帛은 용의 힘이 스민 신비로운 '에어컨'이겠는데, 사람 키 정도 길이의 얇디얇은 비단이랍니다. 『天中記(천중기)』라는 책은 澄水帛을 澄氷帛(징빙백)이라 합니다. 水와 氷은 점 하나 찍고 안 찍고의 차이니 아마 澄水帛을 잘못 쓴 것이겠지요.

懿宗은 安史(안사)의 亂(난)으로 당나라가 기울고 100년 뒤의 임금입니다. 懿宗은 딸을 끔찍이도 사랑해서 사윗감을 고르고 골랐다고 합니다. 결국 韋保衡(위보형)이라는 똑똑하고 훤칠한 이에게 시집을 보냈습니다.

　그러나 열 길 물속은 알아도 한 길 사람 속은 알 수 없는 법이지요. 韋保衡이라는 작자는 僞君子(위군자)요 眞小人(진소인)이었던 모양입니다. 公主가 시집올 때 가져온 禮物(예물)로도 모자라 公主를 시켜 이것저것 진귀한 물건을 요구했다고 합니다. 澄水帛도 그렇게 韋保衡의 손에 들어온 물건입니다. 公主가 夭折(요절)한 뒤 韋保衡은 잠시 권력을 누렸지만 결말은 좋지 못했습니다. 당나라 때의 신비로운 에어컨 澄水帛도 그렇게 사라지고 말았답니다.

五味子茶

다섯 오(二-2) 맛 미(口-5) 아들 자(子-0) 차 차(艸-6)

五味子茶(오미자차)는 五味子로 만든 음료 이름입니다. 찻잎으로 만든 葉茶(엽차)도, 음료도 차라 부르는 것은 우리말의 쓰임새입니다. 그만큼 차를 가까이했다는 말이 되겠지요. 차를 代用(대용)하는 음료를 湯(탕)이니 飮(음)이니 하는 것은 중국식 용법입니다. 五味子湯(오미자탕)이라 불러도 되겠지만 五味子茶도 괜찮은 말입니다.

五味子는 오미자나무의 열매입니다. 7월에 꽃이 피고 9월쯤 익는 새빨간 열매는 苦(고), 鹹(함), 酸(산), 甘(감), 辛(신), 곧 쓰고 짜고 시고 달고 매운 다섯 가지 맛이 고루 있다고 五味子입니다. 五味子茶는 이렇게 만듭니다.

마른 五味子를 한 줌 씻어 물기를 거둔 뒤, 끓여서 살짝 식힌 물에 잠기도록 담급니다. 술을 빚듯 따뜻하게 하루를 재우면 발효가 됩니다. 국물만 따라내 꿀이나 설탕을 넣어 한 시간쯤 은근히 끓이면 완성!

차게 식혀서 마시면 새콤달콤한 맛에 더위는 저만큼 달아납니다. 이처럼 더위를 쫓는 차를 避暑茶(피서차)라 합니다. 음료처럼 마셔서 더위를 쫓는 간단한 약도 있습니다. '맥을 살리는 가루약'이라는 뜻의 生脈散(생맥산)이 바로 그것입니다. 이름은 거창해도 처방은 간단합니다.

麥門冬(맥문동) 두 돈(약 8그램), 人蔘(인삼)과 五味子를 각각 한 돈(약 4그램)씩 넣고 한 주전자 정도 물을 붓고 끓입니다. 때때로 마십니다. 끝.

무척 간단해 허탈할 지경이지요. 더위로 渴症(갈증)이 나고 땀을 많이 흘리는 사람에게도 좋고 中暑(중서), 곧 더위를 먹었을 때도 마시면 빨리 낫는다고 합니다. 간단히 淸凉飮料(청량음료)를 마시고 치울 수도 있습니다. 허나 조상의 지혜로 건강도 챙기고 시원해진다면 더 좋지 않겠습니까.

臥北窓

엎드릴 와(臣-2) 북녘 북(匕-3) 창 창(穴-6)

臥北窓(와북창)은 '북쪽 창문 아래에 엎드리다'라는 뜻입니다. 立(설 립) 하면 坐(앉을 좌) 하고 싶고, 坐 하면 臥 하고 싶은 게 人之常情(인지상정)이지요. 편안한 자세로 엎드리거나 누웠으니 지친 몸에 잠이 찾아들게 마련입니다. 한여름 뜨거운 南風(남풍)은 깊은 처마를 지나며 식어서 응달진 北窓으로 시원한 바람이 들어오니 여기가 明堂(명당)입니다.

중국 晉(진)나라 때 사람 陶潛(도잠)은 중국의 大文豪(대문호)이지요. 陶淵明(도연명)이란 이름으로 더 행세합니다. 한가한 여름날 北窓 아래 베개를 높이고 누우면 시원한 바람이 솔솔 불어들고 부러울 것이 없다 했습니다. 이런 자신을 羲皇上人(희황상인)이라 불렀다니 上八字(상팔자)인 줄 아는 것입니다. 羲皇은 三皇五帝(삼황오제)의 첫 번째 임금 伏犧氏(복희씨)를 가리키는 말입니다. 羲皇上人은 그래서 임금 부럽지 않은 사람이란 말이겠지요.

나모 새 자자지어 綠陰(녹음)이 얼린 적의

百尺欄干(백척난간)의 긴 조으름 내여 펴니

水面凉風(수면양풍)야 굿칠 줄 모르는가

……

「한여름松下觀瀑圖」, 최북, 종이에 엷은 색, 141.5×80.0cm, 북한 국보, 1763, 평양 조선중앙력사박물관.

羲皇을 모를러니 이 적이야 긔로고야
神仙(신선)이 엇더턴지 이 몸이야 긔로고야

　조선 사람 宋純(송순)이 읊은 「俛仰亭歌(면앙정가)」의 한 자락입니다. 여름날 시원한 정자가 생각나지요. 중국 송나라 때 蘇東坡(소동파)도 이리 노래한 적이 있습니다.

누운 자리 시원한 바람은 만금의 값어치인데
一枕淸風直萬錢(일침청풍치만전)
아무도 북창 아래 낮잠을 사려고 하질 않네
無人肯買北窓眠(무인긍매북창면)

　心身(심신)이 지치기 쉬운 여름날입니다. 달콤한 午睡(오수)는 억만금으로도 살 수 없고 神仙도 부럽지 않습니다.

伏祠

엎드릴 복(人-4) 제사 사(示-5)

伏祠(복사)는 '복날 지내는 제사'라는 뜻입니다. 복날 제사는 중국 秦(진)나라 德公(덕공) 때부터 지냈다는 기록이 있습니다. 秦나라는 본디 중국 서쪽의 이민족이지요. 중국에서는 일찍이 그들을 西戎(서융)이라 부르며 멸시했습니다. 그러니 伏祠는 본디 중국의 것이 아닌 셈입니다. 中伏(중복)은 예전 伏祠를 지내던 날입니다.

伏은 오행의 金(금) 기운에 해당되는 庚(일곱째 천간 경)을 屈伏(굴복)시킨다는 뜻이랍니다. 金 기운은 방위로 서쪽, 하늘에서는 서쪽 별자리 白虎(백호)를 상징합니다. 사나운 白虎를 屈伏시킬 수 있는 신이 伏神(복신)이고, 다름 아닌 북쪽의 별자리 玄武(현무)입니다. 그러니 복날은 玄武의 날이고 별에게 제사지내는 祠星(사성)의 날입니다.

玄武의 생김새는 희한합니다. 고구려 壁畫(벽화)는 머리를 뒤로 제친 긴 목의 거북과 휘감은 뱀 모양으로 그렸지요. 하나인 듯 둘이고 둘인 듯 하나인 셈입니다. 인도 신화는 거대한 뱀의 따리 위에 거북이 있고, 거북 등 위에 코끼리가 세상을 떠받치고 있다고 했습니다. 玄武의 생각이 인도에서 왔을지도 모를 일입니다.

'北少林 南武當(북소림 남무당)'이라는 중국 武家(무가)의 말이 있습니다. 북쪽은 少林派(소림파), 남쪽은 武當派(무당파)가 대표라는

평안도 남포시 강서대묘의 현무 그림. 놀이 없서 아니인 기묘괴 뱀은 그렸다

뜻입니다. 武當派의 본거지가 武當山(무당산)입니다. 본명은 太和山(태화산)인데 도교의 신 眞武大帝(진무대제)를 모시면서 이리 부르게 되었답니다. 眞武大帝가 바로 南斗六星(남두육성)을 중심에 둔 玄武이고 북두칠성의 짝이 됩니다. 그래서 眞武大帝는 칠성을 모시던 사람들이 남쪽에서 새로 찾은 신인지도 모를 일입니다. 玄武의 뿌리는 참으로 깊고도 깊다는 생각이 듭니다.

紫薇

자줏빛 자(糸-5) 고비 미(艹-13)

紫薇(자미)는 '배롱나무'라는 뜻입니다. 충청도에서는 '간지럼나무'라고 부른다고도 합니다. 줄기를 긁으면 잎이 간지럼 타듯 흔들려서 붙여진 이름입니다. 배롱나무 줄기는 매끈하지만 플라타너스처럼 얼룩덜룩한 무늬가 있습니다.

플라타너스는 '버즘나무'의 외래종입니다. 버즘은 乾癬(건선), 露菌病(노균병) 따위로 부르는 피부병의 일종이지요. 피부가 하얗게 일어나 얼룩덜룩해지는 병인데 버짐이 표준말입니다. 간지럼이나 버즘은 皮膚(피부)와 상관있으니 이들은 觸覺(촉각)의 나무인 모양입니다.

紫薇는 꽃이 오랫동안 핀다고 百日紅(백일홍)이란 이름도 가지고 있습니다. 풀꽃 가운데 百日紅이 있지만 이것은 배롱나무와 완전히 다른 멕시코 원산의 花草(화초)입니다. 풀꽃 百日紅에 밀리는 바람에 도리어 배롱나무가 木百日紅(목백일홍), 곧 '나무 百日紅'이라 불리게 되었으니 배롱나무 입장에서는 억울한 일입니다.

배롱나무 꽃을 紫微花(자미화)라고도 쓰는데, 이렇거나 저렇거나 紫微는 紫微垣(자미원)을 가리키는 말입니다. 紫微垣은 지금 하늘의 북극 부근에 넓게 펼쳐진 별자리의 모임이지요. 北極星(북극성)은 하늘의 중심에서 움직이지 않는 별입니다만, 삐딱하게 기운 지구

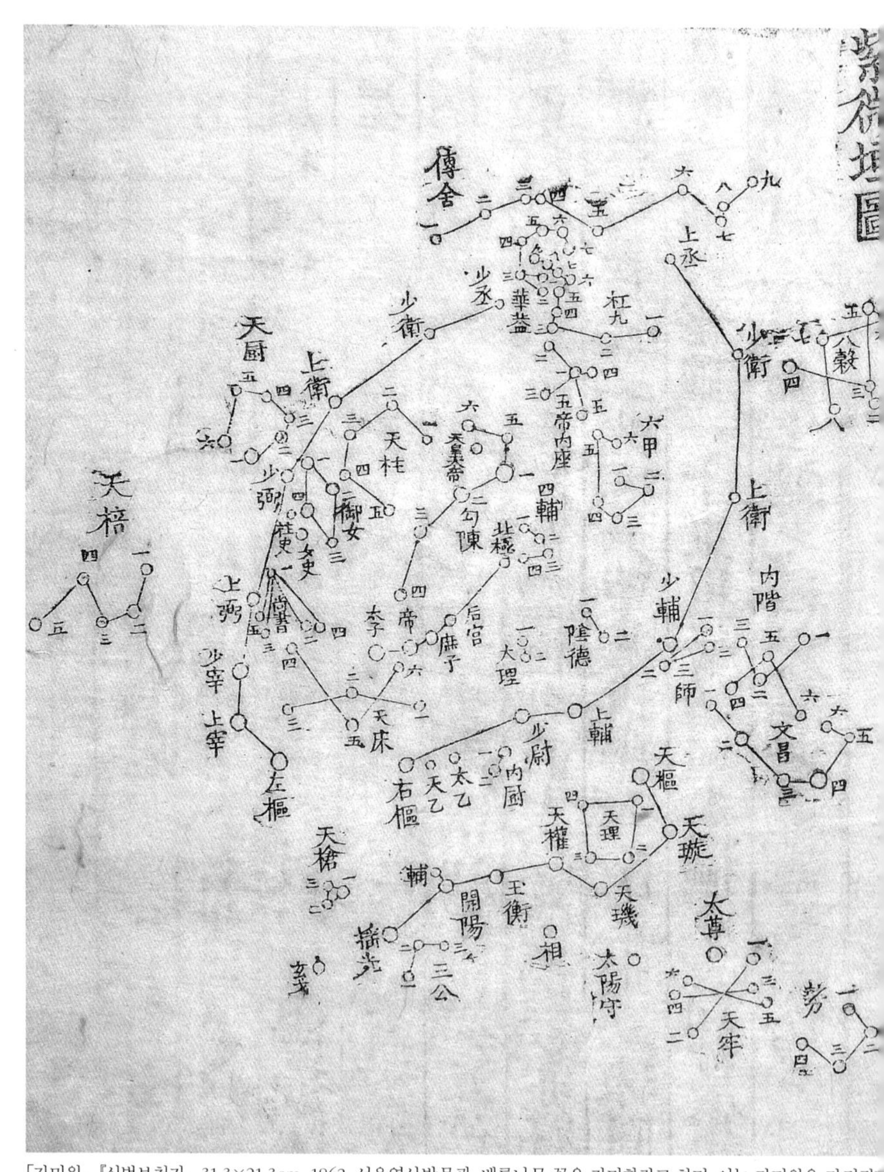

「자미원」, 『신법보천가』, 31.3×21.3cm, 1862, 서울역사박물관. 배롱나무 꽃은 자미화라고 하며, 이는 자미원을 가리킨

에서 바라보는 北極星은 시대의 흐름에 따라 변해왔습니다. 오늘날
의 北極星은 紫微垣 가운데 있는 句陳(구진) 별자리에 있습니다.

조선 中宗(중종) 때 사람 梁山甫(양산보)는 고향인 전라도 潭陽
(담양) 고을에 園林(원림)을 꾸렸습니다. 이것이 이름난 瀟灑園(소
쇄원)이고 그 앞을 흐르는 냇물을 紫薇灘(자미탄)이라고 불렀습니
다. '배롱나무 여울' '紫微垣 여울'이라는 뜻이겠지요. 밟고 디딘 땅
에 하늘의 뜻을 갖췄으니 瀟灑園의 그이는 매일 하늘을 디디고 사
는 사람, 하늘 사람이었지 싶습니다.

冷麵

찰 냉(冫-5) 밀가루 면(麥-9)

冷麵(냉면)은 여름날 시원하게 즐기는 '차게 해서 만든 국수'입니다. 白麵(백면), 곧 메밀가루에 綠末(녹말)을 섞어 만들지요. 본디 겨울에 주로 먹던 時食(시식), 곧 시절음식입니다. 성질이 찬 메밀국수를 추운 겨울에 먹으니 以冷治冷(이랭치랭), 곧 차가움으로 추위를 이긴다는 이치를 담았습니다.

冷麵도 국수인지라 어떤 고명을 올리느냐보다 국물과 면발이 더 중요합니다. 지금 雙璧(쌍벽)을 이루는 冷麵은 평안도 平壤(평양)의 평양냉면과 함경도 咸興(함흥)의 함흥냉면입니다. 평양냉면은 肉水(육수)를 부은 물냉면, 함흥냉면은 膾(회)를 넣은 비빔냉면입니다. 담백한 동치미 국물로 맛을 낸 '피양냉면'은 6·25 動亂(동란) 뒤 남쪽 입맛에 맞게 바뀌기도 했지요.

맛 좋은 냉면이 여기 있소

값싸고 달콤한 냉면이오

냉면 국물 더 주시오 아이구나 맛 좋다

「사랑 만세(Vive la amour)」라는 외국 곡을 飜案(번안)한 노래 「냉면」의 後斂(후렴)은 그 사정을 읊고 있습니다.

476

담백한 국물만 매콤달콤하게 바뀐 것이 아닙니다. 본디 메밀가루를 주로 넣어 뚝뚝 끊어지는 면발도 질겨졌습니다. 부산 남구 우암동에서 한국전쟁의 소용돌이 속에 탄생한 '밀면'은 매콤달콤한 국물과 질긴 면발의 決定版(결정판)입니다. 센 힘을 보태 눌러 짜내는 기계인 壓搾機(압착기)로 면발을 뽑아내지요. 동력이 달린 기계를 쓰기 전부터 사람 힘으로 면발을 뽑는 '국수틀'을 썼습니다. 국수틀을 쓰기 전에는 칼로 길고 가늘게 자르는 剪刀麵(전도면), 곧 칼국수였다고 합니다. 다른 나라에도 차게 먹는 국수가 있지만 우리네처럼 이리도 冷麵을 궁리한 나라는 드물지 싶습니다.

決明子

터질 결(水-4) 밝을 명(日-4) 아들 자(子-0)

決明子(결명자)는 '눈을 밝게 틔워주는 씨앗'이라는 뜻입니다. 반질반질 윤이 나는 조그마한 씨앗입니다. 씨앗이 마치 말발굽처럼 생겼다고 馬蹄決明(마제결명), 한해살이풀이라서 草決明(초결명), 그냥 決明이라고도 부르는 열대지방 원산의 풀씨입니다. 肝(간)에 좋다는 약입니다. 肝에 좋은 놈들은 눈에도 좋기 때문인지 決明子를 還瞳子(환동자)라고도 합니다. 還瞳子는 '눈동자를 돌이키는 씨앗', 곧 눈을 좋게 만드는 씨앗이란 뜻이지요.

石決明(석결명)도 눈을 밝히는 韓方(한방) 약인데, 다름 아닌 全鰒(전복) 껍질을 가리킵니다. 全鰒은 본디 그냥 鰒(복)이나 鮑(포)라고 외글자로 쓰던 조개의 일종이지요. 魚(고기 어) 자를 붙여 鰒魚(복어)나 鮑魚(포어)라고도 합니다. 귀한 음식 재료로 널리 알려졌는데 요즘은 養殖(양식)을 해서 흔해졌습니다. 미역이나 다시마 같은 海藻(해조)를 먹고 사는 녀석이라 바다풀이 잘되는 바다에 많습니다. 소나 고래가 버릴 것 없이 모두 먹고 쓴다는데 全鰒도 그런 녀석입니다. 살은 살대로, 내장은 내장대로 먹습니다. 남은 껍질은 眞珠(진주) 빛깔이 아름다워 螺鈿(나전)이라 부르며 공예품의 재료이자 약재가 됩니다.

눈을 밝힌다는 決明子는 보리차처럼 끓여 마시지요. 보통 決明

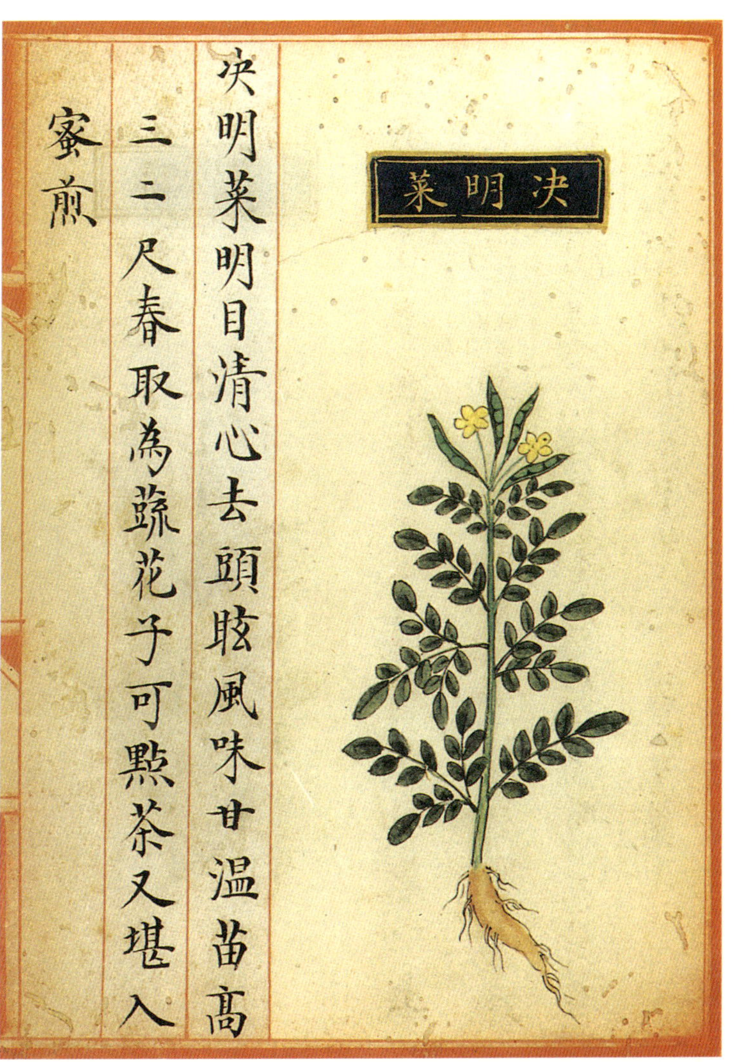

決明菜明目清心去頭眩風味甘溫苗高
三二尺春取為蔬花子可點茶又堪入
蜜煎

「결명래決明菜」, 『식물본초』에 수록.

子茶(결명자차)라 부르나 예전에는 '하부차'라고도 불렀습니다. 하부는 독을 품은 뱀, 곧 毒蛇(독사)의 일본 말입니다. 하부차는 그래서 뱀차란 뜻이겠습니다. 일본에서는 決明을 에비스구사(惠比須草·혜비수초), 곧 '에비스 풀'이라 합니다. 에비스는 일본 신화에 나오는 신라계 도래신인데, 아마 구렁이 業神(업신)을 모신 모양입니다. 풀 이름 속에 이리 치이고 저리 치인 신의 기구한 사연이 담겨 있지 싶습니다.

荷蘭水

연꽃 하(艸-7)　난초 란(艸-17)　물 수(水-0)

荷蘭水(하란수)는 '하란의 물'이란 뜻입니다. 荷 자와 蘭 자는 각각 향기롭고 예쁜 꽃을 가리키니 꽃의 향기로운 물이란 뜻임 직합니다. 허나 荷蘭은 네덜란드의 영어 이름인 홀란드(Holland)를 소리대로 옮긴 말입니다. 우리에게는 和蘭(화란)이라고 옮긴 말이 더 잘 알려져 있습니다. 荷蘭水는 그래서 '네덜란드 물'입니다.

네덜란드는 북부 해안 低濕地(저습지)의 둑과 風車(풍차)로 유명합니다. 홀란드는 본디 북부 低濕地를 가리키는 말이지요. 1581년 7월 26일 홀란드를 비롯한 각지의 대표가 헤이그에 모여 스페인에 대한 獨立宣言(독립선언)을 했습니다. 이어서 1588년 7개 州(주)가 聯邦共和國(연방공화국)을 이루게 되었지요. 세계 최초로 '商人(상인)이 권력을 장악한 나라'입니다.

명나라 萬曆(만력) 15년 '아무 일도 없었던 해'인 1587년도 지나고 이듬해 1588년에 영국은 아르마다(Armada), 곧 스페인 無敵艦隊(무적함대)를 격파하는 '큰일'이 난 적이 있습니다. 100년 동안 유지된 스페인의 制海權(제해권)이 영국으로 넘어가는 계기가 되었지요. 세상 물정에 밝은 商人들은 틈새를 파고들어 '株式會社(주식회사) 네덜란드'를 차렸습니다.

그 앞잡이가 바로 東印度會社(동인도회사)인데 東印度會社는 그 뒤 100년의 번영을 謳歌(구가)했습니다.

東印度會社가 동양에서 영업을 하면서 중국도 많은 洋品(양품), 곧 서양 물건을 수입했습니다. 그때마다 물건의 이름 앞에는 荷蘭이라는 이름이 붙었습니다. 서양의 대명사가 荷蘭인 셈입니다. 荷蘭水는 그래서 '서양 물'이란 뜻입니다. 우리는 요즘 그것을 '사이다(cider)'라고 부르고 있습니다.

當歸

당할 당(田-8) 돌아갈 귀(止-14)

當歸(당귀)는 본디 '돌아갈 때가 되다'라는 뜻입니다. 歸에는 '시집 가다'라는 뜻이 있으니 돌아가는 것은 시집간다는 뜻입니다. 그래서 當歸는 '시집갈 만할 때가 되다'라는 뜻입니다. 當歸가 여자들에게 좋은 약재라서 그런지 이런 이름이 붙여졌습니다.

중국에서는 當歸를 秦歸(진귀), 雲歸(운귀), 西當歸(서당귀), 岷 當歸(민당귀) 등으로 부릅니다. 모두 같은 當歸를 지방 이름에 따라 달리 부르는 것입니다. 雲(구름 운)은 雲南(운남), 秦·西·岷은 甘肅 (감숙) 지방입니다. 岷山(민산)지역에서 나는 야생 當歸가 특히 좋다 고 하는데 이제는 밭에서도 많이 기릅니다.

우리 조상들은 當歸를 승검초, 승엄초, 승암초 등으로 불렀습니 다. 當歸는 매우면서도 단맛이 있습니다. 그래서 한자로 辛甘草(신 감초)라고 써놓고 승검초 따위로 읽습니다. 초봄에 돋은 當歸 싹은 움파 나도냉이와 함께 임금에게 바치는 進上品(진상품)이었답니다. 봄을 알리는 나물이기 때문입니다. 사실 當歸는 서양 채소 샐러리 (Celery) 비슷한 냄새가 나지요. 當歸나 샐러리는 모두 傘形(산형) 과에 속하는 풀이기 때문에 비슷한 냄새가 나는 것은 당연합니다.

當歸는 나물이나 약재 말고 술을 담가먹는 데도 쓰입니다. 뿌리 와 잎을 燒酒(소주)에 담가 이삼일 지난 뒤에 마시는 當歸酒(당귀

주)도 있고 燒酒에 桂皮(계피)와 함께 담갔다가 마시는 桂當酒(계당주)도 있습니다. 이즈음 當歸 꽃이 피기 시작합니다. 當歸는 늦가을에도 캐지만 꽃이 피기 직전에도 캔답니다. 當歸酒를 마시려면 바로 지금이 그때입니다.

甘署

달 감(甘-0) 관청 서(网-9)

甘署(감서)는 쪄도 먹고 삶아도 먹는 '고구마'의 한자말입니다. 단 감자라고 甘薯(감서), 남쪽에서 온 단 감자라고 南甘藷(남감저), 토란처럼 덩이뿌리가 앉는다고 藷芋(저우), 땅속에서 나는 과일이라고 地果(지과), 땅속에서 나는 참외라고 地瓜(지과)라고도 합니다. 고구마를 趙藷(조저), 곧 '조씨 감자'라고도 합니다. 조씨는 바로 通信使(통신사)로 일본에 간 趙曮(조엄)입니다.

趙曮은 1764년 일본에서 돌아오는 길에 쓰시마(對馬島·대마도)에서 고구마를 구했습니다. 趙曮이 고구마를 가져온 것은 자신의 뜻보다는 李匡呂(이광려)의 특별한 부탁 때문이었습니다. 전주 이씨 李匡呂는 벼슬을 하지 않은 山林(산림)의 인물인데 대단한 호기심을 지닌 식물수집가이자 박물학자였는지도 모르겠습니다. 중국에 다녀오는 사람에게 無花果(무화과)를 부탁한 적도 있었으니 말입니다. 그는 倭館(왜관)이 있는 東萊(동래)에서 고구마를 기르고 있다는 정보도 이미 얻고 있었습니다.

趙曮은 일본을 오간 기록 『海槎日記(해사일기)』에서 이렇게 말했습니다.

이름은 감저다. 효자마라고도 하는데 일본 발음은 고귀위마다.

名曰甘藷(명왈감저) 或謂孝子麻(혹위효자마) 日音古貴爲麻(일음
고귀위마)

고구마의 일본 정식 이름은 사쓰마이모(薩摩芋·살마우)였습니다. 중국에서 들어왔다고 가라이모(唐芋·당우), 류큐에서 들어왔다고 류큐이모(琉球藷·유구저)라는 별명이 붙었습니다. 쓰시마에서는 특별히 고구마를 고코이모(孝行芋·효행우)라고 부릅니다. 古貴爲麻는 孝行芋의 소리를 옮긴 말입니다. 우리말 고구마는 古貴爲麻에서 왔으니 우리는 고구마를 가리킬 때 쓰시마 사투리를 쓰는 셈입니다.

甘草

달 감(甘-0) 풀 초(艸-6)

甘草(감초)는 '달콤한 풀'이라는 뜻입니다. 아무 자리나 끼어드는 사람을 '약방의 감초'라고 할 때 그 감초입니다. 달콤한 뿌리를 약으로 쓰는 甘草는 달콤한 풀이라고 甛草(첨초)나 蜜草(밀초)라고도 하고 國老(국로)라는 별명도 가지고 있습니다. 國老는 본디 나라의 元老(원로)를 가리키는 말입니다. 甘草가 그만큼 중요한 약재라서 붙여진 이름이지요.

중국 梁(양)나라 사람 陶弘景(도홍경)은 甘草가 '모든 약의 으뜸'이라고 했고 당나라 사람 孫思邈(손사막)은 '모든 약의 독을 푼다'고 했습니다. 역시 당나라 사람인 甄權(견권)은 이런 말도 남겼습니다.

모든 약 가운데 甘草를 임금으로 삼고 72가지 金石(금석)의 독을 치료하며 1200가지 艸木(초목)의 독을 푸니 모든 약을 조화시키는 공이 있다.

甘草가 만병통치약처럼 보이게 만드는 말들입니다.

19세기 일본의 名醫(명의) 오다이 요도(尾台榕堂·미태용당)는 하지만 이런 말에 반박하면서 張仲景(장중경)의 처방 半夏瀉心湯(반하사심탕)을 예로 들었습니다. 半夏瀉心湯은 본디 脾胃(비위)가 거슬릴 때 쓰는 처방입니다. 甘草의 양을 좀더 늘리면 甘草瀉心湯(감초사심탕)이 됩니다. 半夏瀉心湯의 부작용에 甘草瀉心湯을 먹이면 좋아진다지요. 여기서 甘草가 모든 약의 독을 푼다는 잘못된 말이 나왔으리란 것이 오다이 요도의 생각입니다. 아무리 노련한 大家(대가)라도 '잘못된 일반화의 오류'를 다 털어버리긴 어려운 법입니다.

蜂斗菜

벌 봉(虫-7) 말 두(斗-0) 나물 채(艸-8)

蜂斗菜(봉두채)는 땅속줄기에서 心臟(심장) 모양의 큰 잎이 바로 자라는 풀 '머위'의 한자말입니다. 흰 꽃은 봄에 먼저 폈다 지고 긴 잎자루가 자라는 희한한 풀입니다. 연한 잎은 데치거나 삶아서 주로 '머윗잎쌈'을 먹는데 쌉쌀한 맛이 食慾(식욕)을 당기게 합니다.

우리 사전에서는 머위의 한자말을 款冬(관동)이라고 풀고 있습니다. 款冬은 蜂斗菜와 마찬가지로 菊花科(국화과)에 속하지만 다른 풀입니다. 款冬花(관동화), 곧 款冬의 꽃은 노란 민들레꽃과 혼동될 정도로 비슷하게 생겼습니다. 款冬과 蜂斗菜를 뒤섞어 쓰는 이유는 약으로 쓰는 款冬花가 없으면 머위 꽃을 대신 쓰기 때문입니다. 기능이 같으면 실체도 같다는 '기능주의' 사고방식이지요.

머위는 물기 많은 곳을 좋아하는 풀입니다. 일본 홋카이도(北海道·북해도)에 가면 라완가와(螺灣川·나만천)라는 냇가에 키가 4미터까지 자라는 머위가 있습니다. 말을 타고 그대로 지날 수 있을 정도로 크지요. 홋카이도의 원주민 아이누(Ainu) 사람들은 이런 머위 숲에 코로폭쿠루(Koropokkur), 곧 '머위 잎 아래 사람'이라는 요정이 살고 있다고 믿습니다.

코로폭쿠루는 사할린(樺太·화태)까지 널리 퍼진 小人傳說(소인전설)이랍니다. 거대한 머위 잎으로 지붕을 인 竪穴(수혈), 곧 움집

을 짓고 살았던 사람이라지요. 코로폭쿠루가 아이누 사람들보다
먼저 살았던 先住民(선주민)인지, 다만 傳說일 뿐인지 또 많은 이야
기가 있습니다.

芭蕉

파초 파(艸-4) 파초 초(艸-12)

芭蕉(파초)는 긴 타원형의 잎이 모여 나고 키가 2미터에서 3미터 정도 자라는 여러해살이풀입니다. 본디 중국 남부의 아열대 지방 원산인 芭蕉는 바나나와 같은 무리이지요. 추위에 강해 우리나라에서도 이제껏 기르고 있습니다. 초록빛 하늘 綠天(녹천), 부채를 든 신선 扇仙(선선), 달콤한 열매가 열린다고 甘蕉(감초), 잎사귀가 넓적하다고 天苴(천저), 板蕉(판초)라고도 합니다.

옛사람들은 芭蕉를 높이 쳤습니다. 조선시대 사람 姜希顔(강희안)은 『養花小錄(양화소록)』에서 꽃과 나무를 9등급으로 나눴는데 芭蕉를 두 번째로 꼽고 富貴(부귀)의 상징이라 했습니다. 중국에서는 芭蕉를 離別(이별)의 상징으로 보았지요.

창 앞에 누가 파초를 심었나
窗前誰種芭蕉樹(창전수종파초수)
그늘이 뜰에 가득하네 그늘이 뜰에 가득하네
陰滿中庭(음만중정) 陰滿中庭(음만중정)
핀 잎사귀마다 말린 고갱이마다 내 마음일세
葉葉心心(엽엽심심) 舒卷有余情(서권유여정)

「횡거영초橫渠詠蕉」, 정선, 비단에 채색, 23.4×29.0cm, 1750년경, 독일 성오틸리엔 수도원.

중국 송나라 때의 여류 시인 李淸照(이청조)의 노래입니다.

芭蕉를 아예 자기 이름으로 쓴 시인도 있습니다. 흔히 '바쇼'라고만 부르는 일본 시인 마쓰오 바쇼(松尾芭蕉·송미파초)가 그이입니다. 그는 서른일곱의 나이에 草家(초가)를 하나 지었답니다. 기념으로 제자가 芭蕉를 한 그루 심어주었는데 무척이나 마음에 들었던 모양입니다. 草家의 이름은 그로부터 芭蕉庵(파초암)이 되었고 그 자신 芭蕉라고 불렀습니다.

玉蜀黍

옥 옥(玉-0) 나라 이름 촉(虫-7) 기장 서(黍-0)

玉蜀黍(옥촉서)는 요즘 한창 나는 먹을거리 '옥수수'의 한자말입니다. 蜀黍는 아주 옛날부터 기른 곡식 '수수'의 본디 말입니다. 蜀黍의 중국어 발음 '수수'가 우리말 수수가 되었습니다. 수수와 옥수수는 얼핏 겉보기가 비슷합니다. 다만 수수와 달리 옥처럼 윤이 나는 알곡이 열린다고 玉 자가 더 붙었습니다.

蜀黍의 다른 이름으로는 唐黍(당서), 高粱(고량) 따위가 있습니다. 唐黍가 옥수수를 가리키기도 하지만 옥수수에는 보통 玉 자가 꼭 붙지요. 玉高粱(옥고량), 玉秫(옥출), 稷唐(직당) 따위가 玉蜀黍의 다른 이름입니다. 현재 중국에서는 玉蜀黍보다 玉米(옥미)라는 말을 주로 씁니다. 곡식이라는 뜻에서 米(쌀 미) 자를 붙여 쓰는 것이지요.

옥수수는 본디 안데스 산맥의 저지대나 멕시코가 원산지입니다. 콜럼버스 이후 유럽에 전해졌고 다시 중국을 거쳐 우리나라에 들어왔습니다. 벼나 보리 등을 食糧(식량)으로 삼는 사람들에게 옥수수는 救荒作物(구황작물)이나 別食(별식) 이상의 큰 의미가 없었습니다. 허나 옥수수는 中南美(중남미)의 올메크 마야 아스텍 잉카 문명을 支撐(지탱)한 중요한 곡식입니다.

아스텍인들은 자신들이 네 번이나 滅亡(멸망)당한 끝에 다시 創

造(창조)된 사람들이라고 믿었습니다. 새로 태어난 이들은 바람의 신 케찰코아틀이 훔쳐다준 옥수수를 먹고 살게 되었습니다. 마야 사람들은 더 나아가 신들이 옥수수를 갈아서 사람을 빚었다고 믿기까지 했답니다.

相思花

서로 상(目-4) 생각할 사(心-5) 꽃 화(艸-4)

　相思花(상사화)는 '서로 그리워하는 꽃'이라는 뜻입니다. 이맘때 옅은 분홍빛 꽃이 긴 꽃대 위에 핍니다. 水仙花(수선화)를 닮은 꽃이 여름에 핀다고 일본에서는 夏水仙(하수선)이라고 합니다. 相思花에 잎사귀가 없는 까닭은 봄에 난 잎이 이미 시들었기 때문이지요. 꽃이 필 때는 잎이 없고 잎이 있을 때는 꽃이 없어 꽃과 잎이 서로 그리워한다고 相思花입니다.

　'개난초'라고도 하는 相思花는 절에서 많이 심습니다. 相思花와 같은 종류이고 역시 절에서 많이 심는 石蒜(석산)에서 그 까닭을 찾을 수 있습니다. 핏빛보다 붉은, 정말 새빨간 꽃이 피는 石蒜은 달리 彼岸花(피안화), 曼珠沙華(만주사화) 등으로 부릅니다. 가을에 들어서야 피는 石蒜의 우리말 이름은 '꽃무릇'입니다.

　彼岸은 '저세상'이라는 뜻이고 불교에서 흔히 쓰는 말입니다. 曼珠沙華는 불교 경전의 하나인 『法華經(법화경)』에 나오는 꽃 이름입니다. '하늘나라 꽃' 또는 '붉은 꽃'이라는 뜻의 산스크리트어 만주샤카(Manjushaka)를 소리대로 옮긴 말입니다. 釋迦牟尼(석가모니)가 깨달음을 얻었을 때 하늘에서 雨華(우화), 곧 '꽃비'가 내렸답니다. 曼珠沙華는 꽃비로 내린 꽃의 하나라고 하지요.

　相思花나 石蒜 꽃이 아무리 고와도 만져서는 안 됩니다. 모두 有

毒植物(유독식물)이기 때문이지요. 옛날에는 잘못 먹어서 토하게 하거나 창에 찔렸을 때 石蒜 따위를 썼습니다. 일본 의사 하나오카 세이슈(華岡靑洲·화강청주)는 1804년 세계 최초로 乳房癌(유방암) 수술에 성공한 의사입니다. 이때 쓴 마취제가 通仙散(통선산)이라 는데 石蒜이 주성분이었습니다.

鳳仙花

봉새 봉(鳥-3) 신선 선(人-3) 꽃 화(艸-4)

鳳仙花(봉선화)는 이맘때 한창 피는 '봉숭아꽃'을 가리키는 말입니다. 인도, 미얀마, 말레이시아 등이 원산지입니다. 꽃 모양이 상상 속의 새 鳳을 닮았다고 鳳仙이라 합니다. 사실 새 날개보다는 나비 날개에 가깝지요. 달리 金鳳花(금봉화), 指甲花(지갑화), 灑金花(쇄금화) 등으로 부르기도 합니다.

鳳仙花는 중국 송나라 무렵 아라비아에서 들어온 꽃입니다. 송나라 사람 張翊(장익)의 花經(화경)에는 鳳仙花가 9등급 중 일곱 번째에 올라 있고 우리나라에도 그즈음 들어온 듯합니다. 손톱을 물들이는 데 쓰인 鳳仙花는 특히 여자들의 사랑을 듬뿍 받았지요.

붉은 봉숭아꽃을 잎사귀와 함께 찧어 명반을 조금 넣는다. 먼저 손톱을 깨끗이 씻은 뒤 이것을 손톱에 붙이고 비단 조각으로 동여 밤을 지낸다. …… 오늘날 이것을 좋아하는 아라비아 여자들이 많다. 鳳仙花(봉선화) 紅者(홍자) 用葉搗碎(용엽도쇄) 入明礬少許在內(입명반소허재내) 先洗淨指甲(선세정지갑) 然後以此付甲上(연후이차부갑상) 用片帛纏定過夜(용편백전정과야) …… 今回回婦女多喜此(금회회부녀다희차)

송나라 사람 周密(주밀)이 『癸辛雜識(계신잡지)』에 쓴 봉숭아 물들이는 방법입니다.

조선시대 사람 李裕元(이유원)은 '오늘날에는 아라비아 여자들만 그러는 것이 아니다'라고 했습니다. 본디 아라비아 것인 봉숭아 물들이기가 우리 것이 되기도 한 까닭입니다. 鳳仙花는 누이의 손톱, 나아가 우리 누이들을 상징하는 꽃이었답니다. 金亨俊(김형준)이 가사를 단 「봉선화」 노래가 유명하지요. 애달픈 누이를 닮은 꽃이라서 식민지 백성의 처량함을 이어서 노래한 것입니다.

急性子

급할 급(心-5) 성품 성(心-4) 아들 자(子-0)

急性子(급성자)는 '성질 급한 녀석'이란 뜻입니다. 여기서 子는 명사를 만드는 역할일 뿐이지 아들이라는 본뜻으로 쓰지 않습니다. 아들을 가리킬 때 子라고 하는 것처럼 구체적인 대상이 있으면 實辭(실사), 그저 명사를 만드는 子처럼 뜻 없이 다른 말에 붙어야 뜻을 가지면 虛辭(허사)라고 합니다. 성질 급한 녀석 急性子는 '봉숭아 씨앗'을 가리킵니다. 다 익은 봉숭아 깍지가 터지면서 씨앗이 갑자기 飛散(비산), 곧 날아 흩어지기 때문입니다.

鳳仙花(봉선화), 곧 봉숭아는 아라비아 상인을 통해 송나라 때 중국에 들어왔고 우리에게도 그즈음 들어왔지 싶습니다. 急性子는 鳳仙花 씨앗을 가리키기 때문에 鳳仙子(봉선자)라고도 합니다. 봉숭아의 학명은 임파티엔스 발사미나(Impatiens balsamina)입니다. 임파티엔스는 '忍耐(인내)하지 않다'라는 뜻의 라틴어이지요. 性技能障碍(성기능장애)의 하나인 '임포텐스'도 같은 어근에서 나온 말입니다. 봉숭아를 성질 급한 녀석으로 보긴 서양에서도 마찬가지인 모양입니다.

봉숭아는 쓸모가 많은 꽃입니다. 꽃은 짓이겨 물들이는 일에 쓰고 줄기는 透骨草(투골초)라는 약입니다. 약으로 쓰기도 하는 急性子는 기름을 짜서 먹기도 합니다. 맛이 眞油(진유), 곧 참기름보다 낫다니 시험해볼 만하겠지요. 조선 사람 洪萬選(홍만선)은 봉숭아 꽃에 관한 재미있는 이야기를 남겼습니다. 봄에 갖가지 빛깔의 봉숭아 씨앗을 몇 알씩 鵝翎管(아령관), 곧 거위 깃에 담아 심으면 하나로 합쳐져서 한 줄기에서 갖가지 빛깔의 봉숭아가 피게 된답니다. 봉숭아 줄기 하나에서 여러 빛깔 꽃이 피는 현상을 이렇게 설명한 것이지 싶습니다.

排草香

밀칠 배(扌-8) 풀 초(艹-6) 향기 향(香-0)

排草香(배초향)은 흔히 향기로운 잎사귀를 먹는 '방아'의 한자 이름이라고들 합니다. 요즘 곳곳에서 자줏빛 방아 꽃을 볼 수 있지요. 잎이 들깨 잎과 비슷해서 깨나물이나 중개풀, 역시 향기로운 풀인 薄荷(박하)와 비슷해 野薄荷(야박하), 곧 야생 박하라고도 합니다. 薄荷는 고려시대에 芳荷(방하)라고 불렀다니 방아를 薄荷로 잘못 안 탓이지 싶습니다.

排草香의 다른 이름은 藿香(곽향)입니다. 위로 토하고 아래로 설사하면서 배가 질리고 아픈 병 吐瀉癨亂(토사곽란)을 치료하는 약이지요. 吐瀉癨亂은 줄여서 癨亂이라고만 쓰기도 하고 食傷(식상), 癨氣(곽기)라 하기도 합니다. 가볍게 얹힌 것에서부터 食中毒(식중독)까지 싸잡아 일컫는 병입니다. 藿香이란 이름도 癨亂 덕분에 붙여졌습니다.

辭典(사전)을 일일이 뒤져보면 排草香, 방아, 藿香을 같은 풀이라고 설명하고 있습니다. 허나 辭典들은 거의 다 틀렸습니다. 중국에서 排草나 排香이라고 하는 排草香은 鳳仙花(봉선화) 잎처럼 좁고 긴 잎에 광택이 나며 노란 꽃이 피는 풀입니다. 자줏빛 꽃이 피고 잎에 광택이 없는 방아와 향기조차 다릅니다.

방아를 굳이 한자로 표기하려면 藿香이 옳겠습니다. 중국 『本草

書(본초서)』는 藿香과 野藿香(야곽향) 두 가지를 소개하는데 방아
는 그중 野藿香에 가깝지요. 안타까운 것은 풀과 나무를 다루는 국
립기관의 某某(모모)한 연구원도 잘못 알고 있는 일입니다. 옛 지식
을 잘못 전달한 앞 사람 탓도 크지만 자세히 살피지 않은 그의 잘못
도 없지 않습니다.

薄荷

엷을 박(艸-13) 연 하(艸-7)

薄荷(박하)는 잎사귀에서 爽快(상쾌)한 향이 나는 풀입니다. 고려시대에는 향기롭다고 芳荷(방하)라고 불렀고 조선시대에는 英生(영생)이라고 했습니다. 전 세계에 여러 종류가 있지만 地中海(지중해)를 낀 지역에서 각광받기 시작했습니다. 고대 이집트에서는 茴香(회향)과 薄荷를 세금으로 낼 정도였답니다.

薄荷의 영어 이름은 민트(Mint)입니다. 西洋薄荷(서양박하)라 옮기는 페퍼민트니 綠薄荷(녹박하)라 옮기는 스피어민트니 하는 향이 든 껌 때문에도 유명합니다. 민트는 그리스 신화에 나오는 멘테(Menthe)라는 물의 妖精(요정) 이름에서 나왔습니다. 지하세계 하데스(Hades)를 흐르는 강 코퀴토스(Kokytos)의 妖精이 변한 풀이라고도 합니다.

중국 송나라 때 약물학 책인 『本草圖經(본초도경)』에는 흥미로운 이야기가 있습니다.

신라 박하는 줄기와 잎이 들깨와 같지만 뾰족하고 길다. 겨울을 나도 뿌리가 죽지 않는다. 여름과 가을에 줄기와 잎을 따서 햇볕에 말린다. 신라 사람들은 차를 만들어 마신다. 新羅薄荷(신라박하) 莖葉似荏而尖長(경엽사임이첨장) 經冬根不死(질동근불사)

504

夏秋採莖葉暴乾(하추채경엽폭건) 彼人作茶飲之(피인작차음지)

기록으로만 보면 신라 사람들은 전 세계에서 가장 먼저 민트 티(Mint tea)를 마신 사람들입니다.

고대 그리스의 엘레우시스 종교는 신비스런 秘密儀式(비밀의식)으로 유명합니다. 중요한 과정 가운데 하나가 엔테오겐(Entheogen), 곧 '내 안에서 신을 불러일으키기'였지요. 신과 하나 되기 위해 참가자들은 薄荷를 섞어 발효시킨 퀴케온(Kykeon)이라는 맥주를 마셨답니다.

生薑

날 생(生-0) 새앙 강(艸-13)

生薑(생강)은 땅속 뿌리줄기를 양념으로 쓰는 '생강'을 가리키는 말입니다. 새앙이라고도 합니다. 生薑의 뿌리줄기는 속이 노랗고 매운맛을 가졌습니다. 땅 위의 잎사귀며 모양은 箭竹(전죽), 곧 조릿대를 닮았지요. 영어 진저(Ginger)는 그리스 말 징기베리스(Zingiberis)에서 나왔고 징기베리스는 '뿔 모양'이라는 뜻의 산스크리트어 싱가베라(Singabera)에서 나왔습니다.

열대 아시아가 원산인 生薑은 오래전부터 곳곳에 퍼졌습니다. 먹을거리를 대단히 가렸던 2600년 전 중국의 孔子(공자)도 '생강 먹는 일을 거르지 않았다不撤薑食(불철강식)'고 했을 정도니 말입니다. 生薑은 감기약이기도 하지만 상한 고기의 독이나 半夏(반하), 天南星(천남성)의 독을 푸는 효능도 있습니다. 孔子가 먹을거리 이야기를 하면서 특별히 生薑을 말한 것은 식중독을 겁냈다는 뜻이겠습니다.

孔子를 존중한 중국에서는 生薑에 대한 연구가 많이 있었습니다. 陶淵明(도연명)이 生薑을 오랫동안 먹으면 멍청해지고 의지가 약해지며 기분이 나빠진다고 주장한 바람에 풍파가 일었습니다. 송나라 朱熹(주희)는 이런 시를 짓기도 했지요.

생강이 기분을 상하게 한다고 하는데 薑云能損心(강운능손심)
이런 비방은 누가 씻어주려나 此謗誰與雪(차방수여설)

묵을수록 맛과 향이 강해지는 生薑은 중국에서 老薑(노강)이라
합니다. '생강은 오래 묵을수록 맵다薑還是老的辣(강환시노적랄)'라
는 말로 연세 드신 분의 老鍊(노련)함을 곧잘 비유하곤 합니다.

忍冬

참을 인(心-3)　겨울 동(冫-3)

　忍冬(인동)은 '겨울을 견디다'라는 뜻입니다. 잎이 떨어지지 않고 겨울을 나는 덩굴식물입니다. 우리말로 '겨우살이덩굴'인 忍冬은 아름다운 꽃을 피우려고 겨울을 난지도 모르겠습니다. 장마철에 흰 꽃이 핀다고 銀花(은화), 두 개씩 한 송이로 뭉쳐 나기 때문에 雙花(쌍화), 二寶花(이보화)라고도 합니다. 희고 긴 꽃은 마치 해오라기 머리 뒤에 난 깃털 같아서 해오라기 꽃 鷺鷥花(노사화)라고도 합니다.

　銀花는 시들면 점점 노랗게 변해 흰 꽃과 노란 꽃이 한 송이에 난 것처럼 보입니다. 이를 금덩이 은덩이가 함께 있는 것 같다고 金銀花(금은화)라고 합니다. 중국에서는 金銀花가 忍冬의 정식 이름입니다. 財物(재물)을 좋아하는 저들 습성 때문인지도 모를 일입니다. 덩굴이 벋는다고 달리 金銀藤(금은등)이라고도 합니다.

　金銀花의 일본 이름은 '스이카즈라'이지요. 빨아먹는 칡이라는 뜻입니다. 칡처럼 덩굴이 벋는 金銀花 꽃에는 꿀이 많습니다. 꽃을 뽑아 꽁지를 빨면 달콤합니다. 金銀花의 영어 이름도 꿀을 빤다는 뜻의 허니서클(Honeysuckle)입니다. 어릴 적 여름의 병꽃나무 꽃이며 가을의 샐비어 꽃을 곧잘 빨아먹곤 했는데 병꽃나무도 金銀花와 같은 종입니다.

　중국 송나라 사람 張邦基(장방기)가 지은 『墨莊漫錄(묵장만록)』
에는 어느 절의 스님들이 독초를 잘못 먹어 죽게 되었을 때 얼른 金
銀花를 먹은 스님 세 명만 黃泉(황천)길을 벗어났다는 이야기가 전
합니다. 해독을 잘하는 金銀花는 감기 몸살에 요긴한 약이기도 합
니다.

蕎麥

메밀 교(艸-12) 보리 맥(麥-0)

蕎麥(교맥)은 '메밀'의 한자말입니다. 麥 자를 썼지만 보리나 밀과 상관없고 여뀌와 비슷한 무리입니다. 메밀은 달리 三角麥(삼각맥), 烏麥(오맥), 花蕎(화교)라고도 합니다. 三角麥은 열매 모양이 삼각 형이라 붙은 말입니다. 메밀의 영어 이름 버크위트(Buckwheat) 또는 비치 위트(Beech wheat) 역시 너도밤나무 열매처럼 모나게 생겼다고 붙여진 이름입니다.

蕎麥은 아주 오래된 곡식입니다. 바이칼 호, 만주, 아무르 강이 원산지인데 동남아시아에서 처음 기르기 시작한 희한한 곡식입니다. 메밀은 雲南(운남)을 거쳐 티베트로 퍼졌고 다시 중앙아시아에서 東西(동서)로 傳播(전파)되었습니다. 雲南에 사는 彝族(이족)은 메밀을 '오'라고 부릅니다. 여기서 중국의 烏麥이란 말이 나왔지 까마귀랑은 상관없습니다. 烏麥은 달리 莜麥(조맥)이라고도 썼습니다.

산허리는 온통 메밀밭이어서 피기 시작한 꽃이 소금을 뿌린 듯이 흐붓한 달빛에 숨이 막힐 지경이다. 붉은 대궁이 향기같이 애잔하고 나귀들의 걸음도 시원하다.

李孝石(이효석)의 『메밀꽃 필 무렵』의 한 구절입니다. 花蕎라는 말에서도 알 수 있듯이 메밀은 꽃이 좋은 곡식입니다. 소금처럼 새하얀 꽃이 드물어지고 대부분 가뭇가뭇하면 수확할 때가 된 것입니다. 메밀은 立秋(입추) 전후 열흘 안에만 심으면 먹을 수 있는 곡식이랍니다. 봄여름 내내 가물어 모내기를 하지 못했을 때 논에 벼 대신 심어 饑饉(기근)을 막았지요.

木麥

나무 목(木-0) 보리 맥(麥-0)

木麥(목맥)은 蕎麥(교맥), 곧 메밀을 부르는 우리 한자말입니다. 중국에서는 木麥이 桑耳(상이), 곧 뽕나무에 나는 木耳(목이) 버섯을 가리키는 별명의 하나일 뿐입니다. 우리 조상들은 메밀을 왜 木麥이라 불렀을까요? 여기서 木은 나무라는 뜻이 아닌 '목'이라는 소리를 딴 말일 성싶습니다. '묵을 쑤어 먹는 보리'라고 木麥(묵맥)이라 한 것은 아닌지 모르겠습니다.

木麥은 아주 오래된 곡식입니다. 木末(목말), 곧 메밀가루를 내어 갖가지 음식을 만듭니다. 찰기가 적은 곡식이라 처음에는 蕎麥薏苡(교맥의이), 곧 '메밀응이' 따위를 만들었을 것입니다. 응이는 율무를 가리키는 薏苡의 옛 소리가 그대로 남은 말이고 粥(죽 죽)의 우리말 턱입니다. 최초의 粥은 율무로 쑤었는지도 모르겠습니다. 메밀응이를 일본에서는 蕎麥湯(교맥탕)이라 합니다. 응이보다 한 걸음 더 나아간 것이 蕎麥乳(교맥유), 곧 메밀묵입니다.

메밀묵에서 한 걸음만 더 나가면 蕎麥麵(교맥면), 곧 메밀국수가 됩니다. 이제야 국수 하면 밀국수이지만 崔南善(최남선) 선생은 '보통 국수라 하면 메밀국수를 이른다'고 했습니다. 일본에서도 소바(蕎麥)는 메밀과 국수 두 가지 뜻을 함께 가진 말입니다. 일본 음식 문화의 아이콘 가운데 하나이지요.

蕎麥湯만 마시던 일본 사람들은 17세기에 비로소 메밀국수를 먹기 시작했습니다. 20세기 초반까지 동네마다 있는 일본의 소바야(蕎麥屋·교맥옥)는 근대 유럽의 카페처럼 동네 사랑방 구실을 하며 繁盛(번성)합니다. 메밀국수는 본디 칼로 썰어 만드는 칼국수입니다. 우동의 원조로 유명한 사누키 우동은 아직도 칼로 썰어 면발을 만들지요. 조선의 스님이 일본에 칼로 국수를 써는 방법을 전해줬다는 것도 이 자리에 밝혀둡니다.

高粱

높을 고(高-0) 들보 량(木-4)

高粱(고량)은 잡곡의 하나인 '수수'를 가리키는 한자말입니다. 蜀黍(촉서)라고 부르는 수수를 중국 북부 지방에서는 高粱이라 합니다. 蜀黍의 중국어 발음 '수수'에서 우리말 수수가 나왔지요. 고대 중국에서는 수수를 나무처럼 단단한 줄기를 가진 벼라고 木禾(목화), 단단한 기장이라고 木稷(목직)이라 했습니다.

외국에서 들어온 기장이라고 唐黍(당서), 갈대처럼 생긴 좁쌀이라고 蘆粟(노속), 차진 곡식이라고 秫秫(출출)이라고도 씁니다. 잎과 줄기가 수수와 비슷하지만 알갱이가 반짝이는 옥구슬처럼 생긴 옥수수는 玉(구슬 옥) 자를 더 붙였습니다. 옥수수는 그래서 玉蜀黍(옥촉서) 또는 玉高粱(옥고량) 따위로 부릅니다.

수수는 아프리카가 고향이고 세계 각지로 퍼진 곡식입니다. 벼나 밀이 자라지 못하는 메마른 땅에서도 잘 자라는 덕에 瘠薄(척박)한 땅의 많은 사람을 먹여 살렸지요. 메마른 땅만이 아니라 이삭만 남을 정도로 물이 찼다 빠져도 사는 생명력 강한 곡식이기도 합니다. 다른 곡식들은 물이 들면 窒息(질식)해서 죽기 십상이지요. 식물도 잎이나 줄기로 호흡하는 이유 때문입니다. 물이 많은 땅에는 흰 뿌리가 돋는데 이를 따서 담은 장아찌는 맛이 기막히다고 합니다.

수수 이삭 하나는 붉은 기운이 도는 3000개의 작은 열매를 맺습니다. 열매를 高粱米(고량미)라 하고 붉은 기운이 삿된 것을 쫓는 힘이 있다고 믿었습니다. 중국에서는 高粱米로 담가 증류한 高粱酒(고량주)가 수수의 대표적인 음식입니다. 증류하면 투명하기 때문에 白酒(백주)라고 부르고 '배갈'은 여기서 나온 술 이름입니다.

金盞花

쇠 금(金-0) 잔 잔(皿-8) 꽃 화(艸-4)

金盞花(금잔화)는 '금으로 만든 잔처럼 생긴 꽃'이라는 뜻입니다. 菊花(국화)와 사촌 간인 한해살이풀이지요. 여름부터 가을까지 노란 꽃이 피고 북아프리카부터 지중해를 거쳐 이란까지가 원산지입니다. 달리 金松花(금송화)나 長春花(장춘화)라고도 합니다. 金盞花는 꽃의 영어 이름 마리골드(Pot marigold)를 뜻대로 옮겼고 한자 이름은 만든 지 얼마 되지 않았습니다.

우리가 흔히 金盞花라고 하는 꽃은 노랗고 빨간 빛깔이 섞인 벨벳(Velvet) 느낌의 꽃잎을 가졌습니다. 이것은 사실 萬壽菊(만수국)이라는 다른 꽃이지만 萬壽菊을 金盞花라고 오해하는 경우가 대부분입니다. 萬壽菊은 노랗고 빨간 빛깔이 섞였다고 紅黃草(홍황초)라고도 하고 사방으로 퍼진 꽃잎이 수레바퀴 같다고 轉輪花(전륜화)라고도 합니다.

萬壽菊은 멕시코를 중심으로 한 아메리카 원산의 꽃입니다. 新大陸(신대륙)에서 舊大陸(구대륙)으로 萬壽菊을 들여온 서양 사람들은 타게테스(Tagetes)라고 불렀습니다. 타게테스는 이탈리아 북부에 있던 옛 나라 에트루리아 신화의 인물 타게스(Tages)에게서 나왔으리라 여겨집니다.

그럼 金盞花와 萬壽菊을 뒤섞어 어지럽힌 책임은 누구에게 있을까요? 꽃을 받은 우리 쪽은 金盞花와 萬壽菊을 분명히 구분해서 作名(작명)했습니다. 오히려 전해준 서양 사람들이 먼저 뒤섞어 쓴 책임이 있습니다. 마리골드에 익숙한 서양 사람들이 새로 타게테스를 접하자 익숙한 마리골드와 혼동해버린 것입니다.

桔梗

도라지 길(木-6) 대개 경(木-7)

桔梗(길경)은 뿌리를 캐서 나물이나 약으로 먹는 여러해살이풀 '도라지'의 한자 이름입니다. 도라지는 우리나라, 시베리아, 중국, 일본 원산이지요. 전 세계에 이것 한 가지밖에 없습니다. 도라지는 달리 白藥(백약), 大藥(대약), 梗草(경초), 苦梗(고경), 利如(이여), 芦如(호여), 房圖(방도)라고도 합니다. 여름부터 가을까지 희거나 남보랏빛으로 피는 도라지꽃은 五角星(오각성), 곧 다섯 쪽으로 갈라진 별 모양이라서 신비롭습니다. 옛사람들은 흰 꽃이 피는 백도라지를 귀하게 여겼습니다.

가짜 조선 人蔘(인삼)은 모두 沙蔘(사삼), 薺苨(제니), 桔梗 뿌리로 만든다. 근래에는 人蔘의 즙을 먼저 짜내어서 자신이 마시고 햇볕에 말려 다시 팔아먹는다. 그것을 일러 渭蔘(위삼)이라고 하며 약재로 쓸 수가 없다.

일본 오사카(大阪·대판)의 의사 데라지마 료안(寺島良安·사도양안)의 말입니다. 18세기 무렵 일본에 가짜 조선 人蔘이 판친 모양입니다. 가짜 人蔘의 재료 가운데 沙蔘은 더덕, 薺苨는 잔대인데 모두 人蔘처럼 사포닌 성분이 들어 있습니다.

조선 사람 韓致奫(한치윤)은 데라지마의 글을 보고 渭蔘이 평안
도 江界(강계)에서 나는 좋은 人蔘인 江蔘(강삼)이라고 밝혔습니다.
江蔘은 바로 江界에서 기르고 가공한 紅蔘(홍삼)입니다. 그는 일본
사람들이 물에 담갔다가 햇볕에 말린다고만 들었지, 만드는 방법을
상세히 모른다면서 오히려 '참으로 우습다'고 적었습니다.

夏課

여름 하(夂-7) 매길 과(言-8)

夏課(하과)는 '여름 공부'라는 말입니다. 課는 물건 값을 매기다, 세금을 매기다, 시험하다라는 뜻이니 評價(평가)한다는 뜻입니다. 夏課는 본디 고려시대에 선비들이 한여름 시원한 절에 가서 공부했던 일을 가리킵니다. 본디 高麗 풍습은 아니고 중국에서 건너온 것이지요.

중국 송나라 때 책인 『南部新書(남부신서)』는 당나라 때부터 夏課가 있었다고 전합니다. 당나라 서울 長安(장안)의 선비들은 음력 유월이 되면 집 밖 출입을 하지 않았다고 합니다. 이것을 過夏(과하), 곧 '여름 지내기'라 하고 절에다 방을 빌려 글짓기 연습하는 일을 夏課라 한다고 했습니다. 당나라 때부터 본격적으로 과거시험을 통해 인재를 뽑았으니 시험을 위한 '여름 特訓(특훈)'인 셈입니다.

여름에는 文學(문학), 겨울에는 哲學(철학)을 공부하는 게 옛사람의 법도였습니다. 夏課가 주로 文學 공부를 하는 건 계절에 맞춘 까닭입니다. 『禮記(예기)』에 이미 계절에 따라 내용을 달리 하는 공부법이 나옵니다. 봄여름은 陽氣(양기)가 충만하니 차분한 공부보다 마음을 움직이고 기운을 펼치는 文學 공부가 적당하지 싶습니다.

회화나무 꽃이 필 때쯤 夏課를 마치고 시험을 친다 했습니다. 그래서 '회화나무 꽃이 노랗게 피면 수험생은 바빠지네槐花黃(괴화

황) 擧子忙(거자망)'라는 말이 생겼습니다. 과거시험 날짜는 이후 점차 늦춰져서 나중에는 가을에 치렀습니다. 가을의 과거시험은 秋闈(추위)라고 불렀습니다.

七夕

일곱 칠(一-1) 저녁 석(夕-0)

七夕(칠석)은 음력 칠월 칠일을 가리키는 말입니다. 숫자 7을 各別(각별)하게 여긴 우리 조상님들께 7이 겹치는 七夕날은 더구나 恪別(각별)할 수밖에 없습니다. 그리고 七夕과 7이 各別한 이유는 北斗七星(북두칠성)을 모시는 오랜 믿음 때문이지요.

七夕의 가장 큰 행사는 七星祭(칠성제)입니다. 집집마다 우물을 정갈하게 한 다음 甑餅(증병), 곧 시루떡을 해서 우물 앞에 두고 致誠(치성)을 드렸지요. 七星은 본디 온 세상의 물과 목숨과 재물을 맡은 신이고, 우물은 七星神(칠성신)에게 드리는 커다란 井華水(정화수)입니다.

제주도에 전하는 여러 巫歌(무가) 가운데 '칠성본풀이'는 七星의 내력을 밝히는 노래입니다. 어느 집 외동딸이 중의 자식을 배자 집에서 쫓겨났답니다. 뱀으로 변신한 딸은 일곱 마리의 뱀을 낳았는데 모두 딸이었다지요. 막내딸은 뒤꼍의 '밧칠성', 곧 바깥 칠성이 되고 어미인 외동딸은 쌀독의 '안칠성'이 되었다고 합니다. 어미 뱀과 딸 뱀이 七星神인 셈이지요.

신화와 전설 속의 뱀은 보통 龍(용)과 동격으로 칩니다. 일본의 우라시마타로(浦島太郎·포도태랑) 전설에 나오는 오토히메(乙姬·을희)는 龍宮의 주인이니 바로 龍王(용왕)이 됩니다. 그리고 오토히메

522

「칠성도」, 면에 채색, 10.0×126.5cm, 1899, 충남 예산 수덕사.

는 베 짜는 여자, 곧 織女(직녀)라 했습니다. 織女가 龍이고 뱀인 셈입니다. 七夕에 내리는 비는 牽牛(견우)와 織女가 다시 헤어짐이 슬퍼 흘리는 눈물이라 했습니다. 비도 우물도 눈물도 모두 물이니 七星과 龍의 소관이지요. 아득한 고대의 七星은 女神(여신)이면서 龍神(용신)이었던 모양입니다. 어머니 신이라 어머니들이 그리도 극진히 모셨던 것이겠지요.

負荷

질 부(貝-2) 연 하(艸-7)

負荷(부하)는 오늘날 '에너지 발생 장치나 변환 장치의 출력'을 가리키는 말입니다. 흔히 전기 기계 따위가 힘을 낼 때 쓰는 말이고 한계를 지나치면 過負荷(과부하)가 걸렸다고 합니다. 負荷는 본디 '짐을 지다' 또는 '짐을 지우다'라는 뜻입니다. 여기서 '일을 맡기다'라는 뜻이 갈려 나왔습니다.

負는 등에 진다는 背(등 배)와 같은 뜻입니다. 荷는 물풀도 가리키지만 여기서는 어깨에 진다는 뜻이고 擔(멜 담)과 같은 말입니다. 荷는 아마 擔의 옛날 중국 사투리인 듯합니다. 孔子(공자)의 제자 子路(자로)는 혼자 뒤처졌다가 숨어 사는 隱者(은자)를 만난 일이 있습니다. 隱者는 '망태를 꿴 지팡이를 메고 있었다以杖荷蓧(이장하조)'고 하지요. 여기 나오는 荷 자도 擔 자의 뜻입니다.

荷는 본디 何(어찌 하)라고 쓰던 글자입니다. 고대 중국의 사전 『爾雅(이아)』에는 이런 말이 있습니다.

하고를 견우라고 한다. 何鼓謂之牽牛(하고위지견우)

하늘에 있는 견우 별자리를 何鼓라 부른다는 말인데 달리 河鼓(하고)라는 말을 디 잘 씁니다. 河鼓는 '황하의 북'이라는 뜻입니다.

견우 별자리를 河鼓라 부르는 것은 何鼓를 오해한 탓입니다. 진나라 때 사람 郭璞(곽박)은 이렇게 말합니다.

옛 초나라 땅 사람들은 오늘날 견우 별자리를 담고라고 부르는데 담은 하이다. 今荊楚人呼牽牛星爲擔鼓(금형초인호견우성위담고) 擔者荷也(담자하야)

何鼓는 그래서 荷鼓이고 북을 어깨에 짊어졌다는 말입니다. 큰 별 하나를 사이에 두고 작은 별 둘이 마주 늘어선 모양이 마치 어깨에 짐을 진 모양 같아 붙여진 이름입니다.

銀河

은 은(金-6) 강 이름 하(氵-5)

銀河(은하)는 '은빛 강'이라는 뜻입니다. 땅에 흐르는 강이 아니라 하늘에 흐르는 강 銀河水(은하수)를 가리킵니다. 동서양을 가리지 않고 하늘의 별자리는 사람이나 짐승에 많이 비기지만 銀河만큼은 예외입니다. 길게 늘어선 하늘의 강 銀河는 하늘 가득 파노라마처럼 펼쳐져 있습니다. 많은 사람이 쳐다봐서 그런지 이름도 가지가지입니다.

중국 사람들은 銀河를 河漢(하한)이라고도 합니다. 河漢은 黃河(황하)와 漢水(한수)를 아울러 부르는 말입니다. 두 강이 하늘로 올라가서 생겼다고 여긴 까닭입니다. 은빛 강 銀河는 본디 '은빛 황하'라는 뜻입니다. 銀河의 다른 이름 銀漢(은한)은 '은빛 한수'라는 말입니다. 銀潢(은황)은 '은빛 물웅덩이'라는 뜻입니다. 하늘 강 天潢(천황)도 銀河를 가리킵니다.

黃河를 빌린 말에는 높은 하늘에 있는 황하 高河(고하) 또는 天河(천하), 별로 된 황하 星河(성하)가 있습니다. 漢水에서 빌려온 말에는 구름처럼 뿌연 한수 雲漢(운한), 별로 된 한수 星漢(성한), 하늘의 한수 天漢(천한) 등이 있습니다. 牽牛(견우)와 織女(직녀)를 갈라놓은 강이라 銀河를 견우의 강 牛漢(우한)이라고도 합니다.

銀河의 우리말은 '미리내'입니다. 그런데 미리내는 서울말이 아니

고 제주도 사투리이지요. 미리는 미르, 곧 龍(용 용)의 우리말이고
내는 냇물이니 용 모양 냇물이 하늘에서 내려온 셈입니다. 미리내
를 충남에서는 '이리내', 경남에서는 '인얼'이라고도 한다는데, 뜻이
자못 궁금해집니다.

가을

가을 節氣 역시 立秋(입추), 處暑(처서), 白露(백로), 秋分(추분), 寒露(한로), 霜降(상강), 여섯 가지입니다. 節入日(절입일)은 대략 다음과 같습니다. 모두 양력 날짜이고 해마다 하루나 이틀씩 차이가 납니다.

立秋: 8월 7일 또는 8일
處暑: 8월 23일 또는 24일
白露: 9월 7일 또는 8일
秋分: 9월 23일 또는 24일
寒露: 10월 8일 또는 9일
霜降: 10월 23일 또는 24일

立秋

설 립(立-0) 가을 추(禾-4)

立秋(입추)는 가을의 첫 절기입니다. 立秋가 되면 '가을의 문턱'이란 말을 곧잘 합니다. 한풀 꺾이긴 했지만 그래도 아직 殘暑(잔서), 곧 늦더위가 남아 있지요. 기운은 하늘에 먼저 돌고 땅에 더디 나타나는 법입니다. 남모를 하늘의 幾微(기미)를 알아챌 줄 아는 사람이 先覺者(선각자)이겠습니다.

바람을 몰고 다니는 鄭(정)나라 사람이 있었답니다. 봄이 시작되는 立春(입춘)에는 八荒(팔황)으로 돌아오고 가을이 시작되는 立秋에는 風穴(풍혈)에서 노니는 사람이랍니다. 바람이 오면 온갖 풀과 나무가 살아나고 바람이 떠나면 잎사귀가 떨어졌지요. 이 바람을 離合風(이합풍)이라 한답니다. 중국 고전의 하나인 『列子(열자)』의 이야기입니다.

八荒은 八紘(팔굉), 八區(팔구), 八極(팔극)이라고도 합니다. 東西南北(동서남북)과 그 사이에 끼인 東北, 東南, 西南, 西北 여덟 방위를 가리키지요. 본디 모든 방위라는 뜻을 확장해서 온 세상이라는 뜻으로도 씁니다. 風穴은 '바람구멍'이라는 뜻입니다. 뭇 생명을 살리는 따뜻한 바람이 風穴로 돌아가면 찬바람만이 온 세상을 채운다고 하지요. 風穴은 그래서 바람의 고향인 셈입니다.

당나라 때 사람 司空曙(사공서)는 立秋에 읊은 시에서 이렇게 노래합니다.

　　꽃이 한창이라도 연잎은 이제 작별을 고하려 하고
　　花醣蓮報謝(화감연보사)
　　잎이 그대로라도 버드나무는 가지를 드러내려 하네
　　葉在柳呈疏(엽재유정소)

　　蓮謝柳疏(연사유소)라는 말은 여기서
나왔습니다. 연잎도 버들잎도 떨
어진 가을날 횅한 연못이 시인
의 마음에 떠오릅니다. 아쉽
고 두려운 마음이 들 때가 곧
다가옵니다. 여름 연못의 活氣
(활기)가 사라짐이 아쉽고 가을
연못의 스산함이 두렵기만 합니다.

백자청화산수문호, 높이 37.5cm, 18세기, 국립중앙박
물관. 동정호의 가을 달이 그려져 있다.

熾熱

성할 치(火-12) 더울 열(火-11)

熾熱(치열)은 뜨겁다는 뜻입니다. 熾와 熱은 모두 온도를 가리키는 말이지요. 熾는 赤(붉을 적)과 어원이 같은 말입니다. 熾가 온도를 가리킨다면 赤은 불꽃을 가리킵니다. 灼熱(작열)도 불이 이글이글 뜨겁게 타오른다는 뜻이라 바꿔 쓸 수 있습니다.

熾熱과 같은 소리가 나는 熾烈(치열)은 '기세나 세력이 불길처럼 대단하다'라는 뜻입니다. 烈(세찰 렬) 자도 본디 熾와 마찬가지로 불을 뜻하는 말입니다.

해가 불타듯 맹렬하니 단단한 얼음이 바로 녹는다.
陽火熾烈(양화치열) 堅冰立消(견빙입소)

중국의 도가 사상가 列子(열자)의 말입니다. 烈은 火勢(화세), 곧 불기운을 가리키는 점이 熾와 다릅니다.

颲(사나운 바람 렬)도 烈과 어원이 같은 말입니다. 추위가 대단히 심한 것을 栗烈(율렬) 또는 凓烈(율렬)이라 합니다. 비록 烈이 불에서 나왔지만 꼭 뜨거움하고만 관련시켜 쓰지는 않고 기세가 대단하면 쓰게 되었습니다. 어떤 것에 대한 애정이나 태도가 매우 맹렬하다는 뜻의 烈烈(열렬)도 대단한 기세를 가리키는 말입니다. 灬(불 화)

대신 冫(얼음 빙)이 들어간 冽冽(열렬)은 혹독한 추위를 뜻합니다.

　가을의 문턱 立秋(입추)를 지나고 있습니다만 아직 무더위는 꺾일 줄 모르고 氣勢騰騰(기세등등)합니다. 그래도 선선한 가을이 머지않은 것을 생각하면 다시 즐거워집니다.

魚腥草

고기 어(魚-0) 비릴 성(肉-9) 풀 초(艸-6)

魚腥草(어성초)는 '생선 비린내가 나는 풀'이라는 뜻입니다. 보통 魚腥草로 통용되지만 중국에서 부르는 이름이고 우리말 이름은 '약모밀'입니다. 생김새가 모밀, 곧 메밀 같고 藥性(약성)이 있다 해서 붙여진 이름이지요.

1945년 8월 9일 太平洋戰爭(태평양전쟁)의 終焉(종언)을 알리는 중요한 작전이 일본 하늘에서 벌어졌습니다. 미 공군 B-29폭격기가 일본 나가사키(長崎·장기)에 原子爆彈(원자폭탄)을 투하한 일입니다. 그보다 사흘 앞서 히로시마(廣島·광도)에도 原子爆彈이 떨어졌습니다. 폐허가 된 히로시마 시가지에서 가장 먼저 살아난 풀이 바로 魚腥草라고 합니다. 신기하게 생각한 사람들은 治癒(치유) 능력이 있을 것이라 믿고, 풀을 뜯어 먹고 상처에도 발랐다고 합니다. 魚腥草는 과연 신통한 능력을 발휘하여 많은 被爆者(피폭자)를 구했다고 합니다.

鴆(짐)이라는 새의 깃털에는 독이 있다고 합니다. 고대 중국에서는 사람을 毒殺(독살)할 때 鴆의 깃털을 술에 담갔다가 주곤 했습니다. 그런데 鴆의 독은 犀牛角(서우각), 곧 코뿔소의 뿔로 解毒(해독)시킬 수 있습니다.

남은 무더위에 모두 괴로운 시절입니다. 더운 濕氣(습기)에 오랫

534

동안 노출되면 병이 생기게 마련이지요. 이런 병을 瘴癘(장려)라고 부릅니다. 동남아처럼 무더운 곳에 瘴癘가 늘 창궐합니다. 그런데 檳榔(빈랑)이라는 나무 열매가 瘴癘의 약입니다. 씹으면 검붉은 물이 입을 물들이는 열매입니다. 보기에는 좋지 않으나 고마운 열매입니다.

鳩이 있는 지방에는 꼭 코뿔소가 있고 더운 濕氣로 괴로운 고장에는 꼭 檳榔이 있기 마련입니다. 만물의 相生(상생)과 相剋(상극)은 참으로 오묘한 이치입니다.

氷山

얼음 빙(氷-1) 뫼 산(山-0)

氷山(빙산)은 '얼음산'이라는 뜻입니다. 氷河(빙하)나 南北極(남북극)의 氷床(빙상)이 떨어져 나와 바다를 떠도는 얼음 덩어리를 가리키지요. 氷山은 淡水(담수), 곧 민물이 언 것입니다. 주변 바닷물보다 比重(비중)이 작기 때문에 7분의 1만 바깥에 나오게 마련입니다. 드러난 것에 비할 수 없이 큰 것이 숨어 있을 때 곧잘 '氷山의 一角(일각)'이라 말하곤 합니다.

氷山은 영어로 '아이스버그(iceberg)'입니다. 본디 영어에 없던 말인데 네덜란드에서 들어왔지요. 氷山은 네덜란드 말로 '에이스베르흐(ijsberg)'랍니다. 에이스(ijs)는 얼음, 베르흐(berg)는 산이니 얼음산이라는 뜻입니다. 北海(북해)를 다녀본 네덜란드 뱃사람이 들어왔겠지요.

이 땅에도 氷山이 있었습니다. 서양말이 들어오기 전, 氷山은 '얼음이 있는 산'을 가리켰습니다. 겨울에는 천지가 얼음이니 신기할 것 없고 천지가 절절 끓는 炎天(염천)에 얼음이 있는 산을 가리켰지요. 경남 密陽(밀양)의 '얼음골'은 지금도 유명하지만 조선시대에는 경북 義城(의성) 땅의 氷山도 유명했다고 합니다.

지금 義城邑(의성읍) 동남쪽 40리쯤에 있는 산인데 氷穴(빙혈), 곧 얼음구멍이 있어서 붙여진 이름입니다. 立夏(입하)가 지나면 구

536

멍 속에 살얼음이 엉기기 시작해 아주 더우면 얼음이 딱딱해지고, 夏至(하지) 무렵 장마가 들면 얼음이 풀린다고 했습니다.

紅豆氷山(홍두빙산)은 팥빙수의 중국식 이름입니다. 붉은빛 팥을 紅豆라 합니다. 그러고 보니 팥빙수는 잘게 간 얼음이 수북이 쌓인 모습이 산과 같습니다. 極地方(극지방) 氷山을 끌어다 避暑(피서)하지 못하는 바에야 정 괴로울 땐 紅豆氷山 한 그릇으로라도 더위에 지친 몸을 달래야겠습니다.

百中

일백 백(白-1) 가운데 중(丨-3)

百中(백중)은 '온갖 것의 가운데'라는 뜻입니다. 옛 명절의 하나이지요. '온갖 씨앗'이라는 뜻의 百種(백종)이라 부르기도 합니다. 한 해에는 중요한 보름날이 세 번 있습니다. 이를 三元(삼원)이라 합니다. 첫째 上元(상원)이 정월 대보름, 下元(하원)이 시월 보름, 그 가운데가 칠월 보름 中元(중원)입니다.

百中은 옛날 남녘땅에서 크게 치던 명절입니다. 보통 秋夕(추석)이라 부르는 新羅(신라)의 '한가위'도 百中날 시작하는 길쌈내기에서 비롯되었습니다. 한자말로 洗鋤宴(세서연)이니 洗鋤遊(세서유)니 하고 쓰는 '호미씻이'가 百中의 주요 행사입니다. 호미씻이는 호미걸이, 두레먹기라고도 하는데 농사에 수고한 사람들을 잘 먹이고 놀리는 일입니다. 걸게 먹은 사람들은 百中에 서는 百中場(백중장)을 보러 가곤 했습니다. 風物(풍물)도 치고 씨름도 하며 장꾼이 많이 꾀는 장터는 활기를 띠게 마련이었습니다.

경남 密陽(밀양)의 '밀양백중놀이'는 중요무형문화재 제68호로 지정된 유명한 百中 행사입니다. 술과 음식을 나누며 하루 즐겁게 노는 '두레굿'이지요. 두레는 共同體(공동체)가 相扶相助(상부상조)하기 위해 자발적으로 만든 조직입니다. 요즘 農樂(농악)이라 부르는 演戲(연희)를 예전에는 모두 굿이라 불렀답니다. 무당의 굿만

굿인 것은 아니지요.

밀양백중놀이는 農神祭(농신제), 작두말타기, 춤판, 뒷놀이로 구성되어 있습니다. 2008년 행사부터 모두 여섯 번으로 공연 횟수를 늘렸다고 하니 百中場도 볼 겸, 密陽에 나들이 한번 해봄 직합니다.

盂蘭盆

바리 우(皿-3) 난초 란(艸-17) 동이 분(皿-4)

盂蘭盆(우란분)은 음력 7월 15일에 지내는 불교 행사 이름입니다. 보통 盂蘭盆供(우란분공), 盂蘭盆齋(우란분재), 盂蘭盆會(우란분회)라고 부르고 盂盆齋(우분재)라고 줄여 부르기도 합니다. 盂蘭盆은 산스크리트어 울람바나(Ullambana) 또는 아발람바나(Avalambana)를 옮긴 말입니다. 람브(lamb)는 '매달다', 아바(ava)는 '위에서 아래로'이니 '거꾸로 매달다'라는 뜻입니다. 盂蘭盆은 산스크리트어를 소리대로 옮긴 말입니다. 중국 사람들은 뜻을 옮겨 倒懸(도현)이라고도 했습니다.

盂蘭盆은 석가모니의 제자 目連(목련) 이야기에서 나왔다고 합니다. 目連은 깨달음의 눈으로 惡業(악업)을 쌓아 餓鬼地獄(아귀지옥)에서 고통받는 어머니를 보았답니다. 마실 것과 먹을 것을 가져다주었지만 입에 들어가기도 전에 다 타버리고 말았다지요. 救濟策(구제책)을 묻는 目連에게 석가모니가 알려준 것이 盂蘭盆의 기원이라고 합니다. 허나 인도에는 불교보다 앞서 盂蘭盆에 해당되는 풍속이 이미 있었습니다. 불교는 그저 민간 풍속을 받아들여 제 것으로 만든 것이지요.

돌아가신 부모님을 地獄에서 좋은 곳으로 遷度(천도)시킨다는 생각은 孝道(효도)를 중시하는 동아시아에도 불교와 함께 널리 퍼졌습니다. 우리 秋夕(추석)에 해당되는 일본의 세시풍속에 오본(お盆)이 있습니다. 날짜는 7월 보름인데 오본이란 말도 盂蘭盆에서 나왔습니다. 7월 보름달은 정월 대보름에 匹敵(필적)하는 중요한 보름달입니다. 盂蘭盆은 오래전부터 있던 풍속에 불교가 덧씌워진 것이겠지요.

酸漿

초 산(酉-7) 미음 장(水-11)

酸漿(산장)은 '시큼한 국물'이라는 뜻입니다. 동남아시아 원산이지만 溫帶(온대) 지방에서도 많이 심는 여러해살이풀 '꽈리'를 가리키는 말이지요. 잘 익은 꽈리 열매는 새콤달콤한 맛이 있어 예전에 아이들의 좋은 간식거리였답니다. 여자 아이들은 열매의 씨를 빼고 뽀드득 소리를 내는 '꽈리불기'를 하면서 놀기도 했습니다.

姑娘菜(고낭채), 紅姑娘(홍고낭), 紅娘子(홍낭자) 등이 꽈리의 다른 이름입니다. 姑娘은 아버지의 누이인 姑母(고모)를 가리키기도 하고 아직 시집가지 않은 여자를 가리키는 말이기도 합니다. 아가씨 정도가 적당한 말입니다. 그래서 姑娘菜는 아가씨 풀, 紅姑娘이나 붉은 아가씨 紅娘子라고도 부르겠지요. 紅(붉을 홍) 자가 들어간 것은 꽈리 열매의 붉은 빛깔 때문이고 꽈리불기가 여자 아이들 놀이이기 때문에 姑娘이란 이름이 붙여졌는지도 모르겠습니다.

燈籠草(등롱초)나 皮弁草(피변초)도 꽈리의 다른 이름입니다. 꽈리 열매가 등불처럼 보인다고 燈籠草, 고깔모자처럼 생겼다고 皮弁草입니다. 皮弁은 옛날에 가죽으로 만들어 쓰던 고깔모자입니다.

꽈리의 붉은 껍질은 익으면서 網絲(망사) 모양이 되고 속에는 윤이 나는 둥근 열매가 있습니다. 구슬처럼 생겼다고 洛神珠(낙신주), 王母珠(왕모주)라고도 합니다. 洛神이나 王母는 중국 신화의 西王母

(서왕모)를 가리킵니다. 西王母가 사는 곳의 연못에 붉은 구슬이 달리는 나무가 있다고 했습니다. 그렇다면 꽈리를 가리키는 말에 널리 쓰인 姑娘도 그냥 아가씨가 아니라 西王母인지도 모를 일입니다.

光復節

빛 광(儿-4) 돌아올 복(彳-9) 마디 절(竹-9)

光復節(광복절)은 '빛을 되찾음을 기념하는 날'이란 뜻입니다. 빛을 되찾음은 그저 비유가 아니었을 것입니다. 1945년 8월 15일, 일본이 無條件降伏(무조건항복)을 선언했습니다. 日帝(일제)의 터무니없는 壓制(압제)와 전쟁의 慘狀(참상)에서 벗어나게 된 아시아 사람들, 특히 우리 조상님들에게 정말 캄캄한 어둠이 걷힌 듯했을 것입니다.

빛은 어둠의 반대편이니 하늘의 光明(광명)이요 하늘의 빛을 세상에 밝게 펼치니 文化(문화)입니다. 남을 짓밟고 서지 않는 밝은 마음이 세상의 希望(희망)이요 救援(구원)이 됩니다. 그러면 빛나는 名譽(명예)는 자연히 따를 것입니다.

부산 중구 中央洞(중앙동) 골목길의 白山商會(백산상회)는 白山 安熙濟(안희제) 선생이 여러 사람의 힘을 모아 세운 회사 겸 독립운동 단체입니다. 己未育英會(기미육영회)를 만들어 인재 양성에도 힘썼다지요. 역시 8월 15일에 세워진 大韓民國(대한민국) 정부의 초대 文教部(문교부) 장관 安浩相(안호상) 박사도 己未育英會가 해외 유학을 보낸 사람입니다. 白山 선생이나 安浩相 박사 모두 경남 宜寧(의령) 출신이고 박사는 선생의 집안 조카뻘입니다.

한때 光復節이냐 建國節(건국절)이냐를 두고 말썽이 생긴 적이 있습니다. 建國節 주장도 나름 一理(일리)가 있습니다만, 安浩相 박사가 제안하고 법으로 규정된 大韓民國의 교육 이념 弘益人間(홍익인간)은 깊이 새길 필요가 있습니다. 세계 여러 나라 가운데 한 나라가 아니라 세상을 널리 이롭게 할 大韓民國이란 얼마나 멋지고 高貴(고귀)할지 말입니다. 이들이 빛을 되찾음이 얼마나 복되고 기릴 만한 일인지 말입니다.

玉音放送

옥 옥(玉-0) 소리 음(音-0) 놓을 방(攴-4) 보낼 송(辵-6)

玉音放送(옥음방송)은 일본 한자말입니다. 玉音은 본디 구슬처럼 맑고 좋은 소리를 가리킵니다. 남의 편지나 말씀을 높여 부르는 말이기도 하고 임금의 소리를 가리키기도 합니다. 放送은 라디오나 텔레비전 등 大衆媒體(대중매체)를 통해 소리나 그림을 내보내는 일을 가리키는 말입니다.

최초의 玉音放送은 일본에서 8월 15일의 역사와 관련이 있습니다. 1945년 8월 15일 정오에 일본 임금 히로히토(裕仁·유인)의 라디오 방송이 예정되어 있었습니다. NHK 아나운서 히라카와 다다이치(平川唯一·평천유일)가 먼저 소개하고 일본 國歌(국가) 기미가요가 흘러나온 뒤 '친 후카쿠 세카이노 다이세이토⋯⋯'라며 떨리는 목소리가 흘러 나왔습니다.

日本帝國(일본제국)에서 이런 말을 알아들을 수 있는 사람은 극소수였지요. 玉音은 한문에 일본 말 토씨만 붙인 잡종 漢文訓讀體(한문훈독체)이기 때문입니다. 더위 속에 기립해 듣던 사람들은 放送이 끝나고도 어리둥절했습니다. 도대체 무슨 소리야? 대충 알아들은 사람이 풀어주고서야 흐느끼는 이들도 생겨났습니다.

玉音放送의 내용은 大東亞戰爭終結詔書(대동아전쟁종결조서), 곧 패전 문서입니다. 광복절을 맞아 다시 읽어보면 우습기도 합니다. '타국의 주권을 배격하고 영토를 침략하는 행위는 본디 짐의 뜻이 아니었다'라는 구절. 거짓말도 크게 치면 사람을 어리둥절하게 만듭니다. 내쳐 1941년 12월 태평양전쟁 開戰詔書(개전조서)도 읽어봅니다. '마코토니 야무오 에자루 모노 아리', '참 어쩔 수 없는 일이고'라는 구절. '야무오 에나이', '어쩔 수 없다'는 마음을 버리기 전에 아시아에서 일본의 미래는 없습니다.

匏瓜空懸

박 포(勹-9) 오이 과(瓜-0) 빌 공(穴-3) 매달 현(心-16)

匏瓜空懸(포과공현)은 '쓸모 있는 사람이 쓰이지 못하다'라는 뜻입니다. 『論語(논어)』에서 나온 말입니다. 晉(진)나라 임금을 볼모로 삼아 政事(정사)를 좌지우지하는 趙簡子(조간자)에 반기를 든 晉나라 대부가 있었습니다. 그가 孔子(공자)를 초청하자 孔子는 가려고 했습니다. 子路(자로)는 스승에게 평소 말씀과 다른 것 아니냐고 詰問(힐문)합니다. 孔子는 이렇게 대답했습니다.

내가 어찌 호리병박 같은 사람이겠느냐? 줄기에 매달려 먹히지도 못하고 우두커니 있어야만 하는 게냐? 吾豈匏瓜也哉(오기포과야재) 焉能繫而不食(언능계이불식)

쓸모 있는 사람이 쓰이질 못하니 조급증이 나는 것입니다.

쓸모를 말할 때 흔히 그릇에 비유합니다. 박으로 만든 바가지는 가장 오래된 그릇일 것입니다. 匏瓜는 葫蘆(호로), 곧 호리병박을 가리키는 말인데 葫蘆를 壺蘆(호로)라고도 씁니다. 壺는 액체를 담는 병이나 단지를 가리키는 말입니다. 액체를 담는 그릇이 제일 어려운 법이지요. 금속, 유리, 도자기로 만들지 싶은 壺는 본디 호리병박으로 만든 그릇입니다. 瓠(표주박 호)도 먼 옛날에는 壺와 바꿔 쓰는 글자였습니다.

박이 최초의 그릇 재료이기 때문인지 신화와 전설에도 자주 등장합니다. 大洪水(대홍수) 신화에서 人類(인류)를 구하는 박, 모든 것을 빨아들이는 金角(금각)·銀角(은각)의 신기한 호리병, 金銀寶貨(금은보화)를 가득 품은 興甫(흥보)의 박처럼 말입니다. 알라딘의 요술 램프도 박 신화의 변형이겠습니다. 무기처럼 죽이는 그릇이 아니라 밥그릇, 물그릇처럼 살리는 그릇이 쓸모 있습니다. 元曉(원효) 스님의 춤에서 유래한 無碍舞(무애무)에 호리병은 빠지지 않는 소품이지요. 호리병은 왠지 풍요로운 생명을 담고 있을 듯합니다.

芙蓉

부용 부(艸-4)　연꽃 용(艸-10)

芙蓉(부용)은 이맘때 산과 들에 많이 피는 큰 꽃입니다. 無窮花(무궁화)나 접시꽃처럼 아욱과 사촌입니다. 無窮花의 다른 이름 가운데 하나가 木芙蓉(목부용), 곧 나무 부용이기도 하지요. 부용꽃이 無窮花나 접시꽃처럼 생겼기 때문입니다. 蓉은 연꽃, 부용꽃, 목련꽃처럼 큰 꽃을 가리키는 말입니다. 꽃이 크고 아름다운 芙蓉은 楊貴妃(양귀비)꽃과 더불어 미인을 비유하는 말로 곧잘 쓰였지요.

芙蓉의 人氣(인기)는 이제 시들었지만 조상님들은 꽤나 아끼셨습니다. 그래서 땅이름에 芙蓉은 무던히도 나옵니다. 서울의 鎭山(진산)인 三角山(삼각산)은 白雲臺(백운대), 仁壽峯(인수봉), 萬鏡臺(만경대) 세 개의 높은 바위산을 함께 부르는 말입니다. 세 송이 芙蓉이 핀 것 같아 三角山이라 했다고 합니다. 경북 安東(안동)의 河回(하회)마을은 風水(풍수)가 좋기로 유명합니다. 그 좋다는 局勢(국세)를 보려면 강 건너 芙蓉臺(부용대)에 올라야 합니다.

이 땅에는 芙蓉山(부용산)도 여럿입니다. 그중 전라도 筏橋(벌교) 땅의 야트막한 芙蓉山이 제일 자주 입에 오르내릴 것입니다.

부용산 산허리에 잔디만 푸르러 푸르러

솔밭 사이사이로 회오리바람 타고

550

간다는 말 한마디 없이 너만 가고 말았구나

　빨치산 노래라고 마음 놓고 부르지 못했던 애잔한 노래 「부용산」의 일부입니다. 고 박기동이 죽은 누이를 그리며 지은 시에 越北(월북)한 고 안성현이 곡을 붙인 노래이지요. 역시 안성현이 작곡한 「엄마야 누나야」는 빨치산이 부르지 않은 덕에 계속 부를 수 있었습니다. 芙蓉은 가냘파 애처로운데, 우리네 近代史(근대사)도 一般(일반), 곧 마찬가지입니다.

聖月

성스러울 성(耳-7) 달 월(月-0)

聖月(성월)은 '성스러운 달'이라는 뜻입니다. 본디 天主敎(천주교)에서 하느님이나 어떤 聖人(성인)을 기리도록 정한 달을 가리키는 말입니다. 어떤 날이 아니라 어떤 달처럼 긴 기간을 섬기도록 하는 관습은 沙漠(사막) 종교의 특징인지도 모를 일입니다. 이슬람 달력의 아홉 번째 달 라마단(Ramadan)도 聖月이라 옮깁니다. 중국에서는 齋月(재월)이라 하여 가톨릭의 聖月과 구분하지요.

이슬람 달력은 달이 차고 기우는 모양을 기준으로 하는 太陰曆(태음력)입니다. 지구가 해의 둘레를 한 번 도는 기간을 1년으로 하는 太陽曆(태양력)도 함께 쓰지만 太陰曆이 기준입니다. 원나라 때 아라비아에서 들어왔는데 한자로는 回回曆(회회력)이라 합니다.

回回는 본디 回紇(회흘)이라고 하던 당나라 서북쪽의 위구르 사람들을 달리 부르는 말입니다. 페르시아에서 건너온 摩尼敎(마니교)를 믿던 용맹한 위구르 사람들은 아라비아에서 새로 일어난 이슬람 문명을 동쪽으로 옮겨주었습니다. 그래서 아라비아나 이슬람과 관련된 것에 回(돌 회) 자가 들어갑니다.

해가 있는 동안 禁食(금식)하고 禁慾(금욕)하는 달인 라마단은 太陰曆과 太陽曆의 차이 때문에 시작하는 양력 날짜가 다릅니다. 또한 라마단 개시를 선언하는 절차도 복잡합니다. 믿을 만한 目擊

者(목격자)가 이슬람 권위자들 앞에서 초승달이 떴다고 증언한 이 튼날부터 라마단이 시작되는데 초하루에 미처 달을 보지 못하기 때 문입니다.

四孟登臺

넉 사(口--2) 맏 맹(子--5) 오를 등(癶-7) 돈대 대(至-8)

四孟(사맹)은 '첫째 넷'이라는 뜻입니다. 孟은 본디 兄弟(형제) 가운데 맏이를 가리킵니다. 둘째는 仲(버금 중), 셋째는 叔(아재비 숙), 막내는 季(끝 계)이지요. 사물의 순서를 가리킬 때도 빌려 씁니다. 열두 달을 四季(사계)로 나누면 한 철이 각각 석 달씩이지요. 첫째 달에 孟, 둘째 달에 仲, 셋째 달에 季를 붙입니다. 四孟은 그래서 孟春(맹춘), 孟夏(맹하), 孟秋(맹추), 孟冬(맹동)을 묶어 부르는 말입니다.

臺는 본디 높은 집을 가리키는 말입니다. 平地(평지)보다 높은 언덕은 墩臺(돈대)라고 합니다. 본디 四方(사방)이 툭 터진 中原(중원) 땅에서 수상한 낌새가 있는지 살피는 軍事(군사) 시설입니다. 바빌로니아의 聖塔(성탑) 지구라트나 이집트의 피라미드는 더 옛적에 만든 언덕 모양의 집이고 하늘에 가까이 가려는 宗敎(종교) 시설입니다.

中原에서 산이 많은 남쪽 지방으로 도망친 사람들이 景致(경치) 좋은 높은 곳에 '아무개 臺'라는 이름의 아름다운 亭子(정자)를 짓기 시작했습니다. 亭子도 본디 옛 중국의 國營(국영) 旅人宿(여인숙)이자 望樓(망루)를 가리키는 말입니다. 軍事 시설이 觀光地(관광지)로 바뀐 셈입니다.

四孟登臺는 '四季의 첫 달 첫 날 높은 곳에 올라 展望(전망)하는 일'을 가리킵니다. 철이 바뀌니 앞으로 석 달을 어찌 살아야 할지 가다듬는다는 뜻일 것입니다. 展望은 먼 곳을 바라본다는 뜻이지만, 앞날을 헤아려 내다본다는 뜻도 있습니다. 臺처럼 높은 곳에서는 땅이나 물과 맞닿은 하늘을 볼 수 있기 때문일 것입니다.

登高

오를 등(癶-7) 높을 고(高-0)

登高(등고)는 여기서 '높은 곳에 오르다'라는 뜻입니다. 가을 산에 올라 멀리 내다보는 일을 가리키지요. 登高水(등고수)는 그래서 다른 때가 아니라 음력 9월의 黃河(황하)를 가리키는 말입니다. '높은 곳에 오르는 시절의 물'이란 뜻입니다. 산을 오르는 이유는 여러 가지일 테지만, 옛사람들은 높은 곳에 오르면 시를 읊곤 했습니다. 높은 산에 오르면 꼭 시를 지을 수 있다는 登高能賦(등고능부)라는 말은 그래서 나왔습니다.

초모랑마(Qomolungma)는 세상에서 제일 높은 산 이름입니다. '세상의 어머니'라는 뜻의 티베트 말이지요. 에베레스트라고 해야 알아듣기 쉬울까요? 지명은 현지어 표기가 원칙입니다만 원칙을 어기는 관례가 아직 많이 남아 있어 아쉽습니다.

높이 솟은 산은 아버지를 빗대야 어울리지 싶은데 어머니라니요. 女神(여신) 시대의 유산이겠습니다. 1924년 登攀(등반) 중 실종되었다가 1999년 얼어붙은 주검으로 발견된 조지 맬러리도 이 산을 올랐지요. 에베레스트에 오르기 전, 기자들에게 한 '산이 거기에 있기 때문(Because it is there)'이라는 짧은 대답도 무척 시적입니다. 無爲(무위), 뜻 없는 뜻 또는 목적 없는 행위를 웅변하기 때문에 울림이 큽니다.

登高는 보통 음력 9월 9일 重陽節(중양절)의 행사라고 알려져 있습니다. 허나 정월 초이레인 人日(인일)에도 登高, 정월 대보름에도 登高, 삼짇날에도 登高가 있었습니다. 중국 청나라 사람 趙翼(조익)이 쓴 『陔餘叢考(해여총고)』에 나오는 말입니다. 모두 하늘을 가까이하려는 생각이지 싶습니다.

그래도 가을의 登高가 뜻 깊은 이유는 자신을 돌아보게 만들기 때문이겠습니다. 杜甫(두보)의 「登高」 시가 그런 마음일 성싶습니다.

바람 빠르고 하늘 높으며 원숭이 휘파람이 슬픈데
風急天高猿嘯哀(풍급천고원소애)
……
만리타향 슬픈 가을에 나그네 되었구나
萬里悲秋常作客(만리비추상작객)

산이 높을수록 마음은 낮아집니다.

人而多石天地
人恒爭其分數
此萬二千金剛
二千金剛漢矣

「금강내산」, 정선, 비단에 엷은 색, 33.6×28.2cm, 1734년경, 고려대박물관.

處暑

살 처(虍-5) 더울 서(日-9)

處暑(처서)는 立秋(입추) 다음의 두 번째 가을 절기입니다. 햇살이 많이 누그러지고 黃昏(황혼)의 그림자도 길어집니다. 남은 늦더위를 以北(이북)에서는 '處暑 밑에 까마귀 대가리 벗어진다'고 한다니 共感(공감)이 됩니다.

處暑는 늦더위 때문에 생긴 이름입니다. 處라는 글자에는 '~에 살다, 머물다, 있다'라는 뜻이 있고 '~을 處理(처리)하다, 處分(처분)하다, 누리다'라는 뜻도 있습니다. 이제 더위가 물러나는 가을이니 處暑는 얼핏 더위를 處理한다, 곧 더위를 물리친다는 뜻일 듯합니다. 허나 사람 힘으로 더위를 어찌 할 수는 없는 법이지요. 處暑는 '아직 더위 속에 있다'라는 뜻으로 보는 것이 옳겠습니다.

處暑가 지나면 풀이 더 자라지 않고 대부분 씨를 맺기 시작합니다. 논두렁이나 山所(산소)의 풀을 깎는 伐草(벌초)를 할 때가 닥친 것이지요. 秋夕(추석) 명절도 얼마 남지 않았기 때문에 後孫(후손)들이 날을 정해 모인 뒤 祖上(조상)의 山所에 伐草도 하고 省墓(성묘)도 합니다.

後孫들이 멀리 떨어져 살거나 먹고살 만한 집안이면 位土畓(위토답)을 두고 守冢(수총)에게 맡기기도 합니다. 守冢은 묘지기의 한자말, 位土畓은 묘지기가 伐草하는 代價(대가)로 부쳐 먹는 논밭을

「폭포 감상觀瀑圖」, 장시흥, 종이에 채색, 140.9×94.2cm, 18세기, 국립중앙박물관.

가리킵니다. 位土畓은 다른 말로 '伐草사래'라고도 한답니다.

祖上이 묻힌 땅으로 돌아 가리라던 당연한 생각이 한번 바뀌더니 公園墓地(공원묘지) 가면 돼지가 되었고 公園墓地가 한번 바뀌더니 納骨堂(납골당)에 가면 돼지가 되었습니다. 살아서는 아파트, 죽어서는 納骨堂이니……. 아무리 세월 따라 바뀐다지만 處地(처지)가 어쩌다 이리 되었는지 한숨이 절로 납니다.

蜻蛉
잠자리 청(虫-8) 잠자리 령(虫-5)

蜻蛉(청령)은 하늘을 나는 昆蟲(곤충)인 '잠자리'의 한자말입니다. 봄부터 나타나지만 늦여름부터 가을까지가 제철입니다. 잠자리는 앞으로만 나아갈 뿐 뒤로 물러서지 않고 잘 날지요. 蝴蝶(호접), 곧 나비만 하더라도 날갯짓이 가벼워 바람에 휩쓸리기 십상인데 말입니다. 옛날 일본의 武士(무사)들은 그래서 잠자리 무늬를 갑옷이나 무기에 새겼습니다. 잠자리가 나는 법이 죽을지언정 싸움에서 물러서지 않는 臨戰無退(임전무퇴)의 미덕처럼 보였기 때문입니다.

잠자리는 이제 일본 말로 돔보라고 하지만 옛날에는 아키쓰(秋津·추진)라 했습니다. 섬나라 일본을 아키쓰시마(秋津島·추진도), 곧 잠자리 섬이라고 부르기도 했다니 이유가 궁금해집니다. 섬이 잠자리 몸통처럼 길어서 잠자리 섬이라 부른 것이 아닙니다. 백제계 일본 임금인 神武天皇(진무천황)이 '일본은 잠자리 한 쌍이 交尾(교미)하는 모양'이라 말한 데서 유래했다고 합니다.

잠자리는 교미할 때 서로 꼬리를 붙이고 얼싸안아 環(고리 환) 모양을 이룹니다. 環은 玉環(옥환), 곧 옥고리이지요. 옛사람들이 영원한 생명의 상징이라 여긴 것입니다. 神武天皇은 일본이 영원한 생명의 나라이길 바랐지 싶습니다.

悠悠自適(유유자적)한 것처럼 보이는 잠자리도 幼蟲(유충), 곧 애

「잠자리」, 심사정, 비단에 채색, 20.6×17.4cm, 서울대박물관.

벌레 시절이 있습니다. 잠자리의 애벌레는 水蠆(수채)라 합니다. 글자 그대로 '물 전갈'이라는 뜻이고 우리말로 '학배기'라 합니다. 올챙이가 학배기의 먹이이지만 개구리는 도리어 잠자리를 잡아먹지요. 저들은 엎치락뒤치락 생명의 고리를 질기게 잇고 있지만, 사람이라면 서로 살릴 궁리를 하는 것이 제대로 된 도리이겠습니다.

蛬音

귀뚜라미 공(虫-6) 소리 음(音-0)

蛬音(공음)은 '귀뚜라미 울음소리'라는 뜻입니다. 널리 '벌레 울음소리'를 가리키기도 합니다. 蟲聲(충성)도 벌레 울음소리라는 뜻입니다. 秋蛬(추공)은 가을에 우는 온갖 벌레를 가리킵니다. 이처럼 낱말이 따로 있을 만큼 가을은 벌레 소리의 계절이지요. 울음소리로 異性(이성)을 유혹하는 벌레들 때문에 가을밤 풀숲은 수런대기 일쑤입니다.

가을 벌레에게는 弦音器(현음기)가 특히 발달했습니다. 弦音器는 昆蟲(곤충)에게만 있는 감각기관이지요. 다리, 더듬이, 수염, 날개, 배에 주로 있다고 합니다. 弦이 떨리는 소리를 받아들이는 기관이라는 뜻처럼 振動(진동)이나 소리를 듣는 '昆蟲의 귀'입니다.

가을밤 우는 벌레 가운데도 斷然(단연) 귀뚜라미 울음소리가 으뜸일 것입니다. 귀뚜라미는 한자로 蟋蟀(실솔), 促織(촉직), 蜻蛚(청렬), 嬾婦(난부) 따위로 씁니다. 그중 嬾婦는 게으른 여자란 뜻입니다. 『개미와 베짱이』의 베짱이처럼 밤의 음악가인 귀뚜라미도 汚名(오명)을 쓰고 있습니다. '찌르륵 찌르륵'을 흉내낸 喞喞(즉즉)은 풀벌레 울음소리를 흉내낸 擬聲語(의성어)입니다. 咿咿(이이)나 啾啾(추추)도 풀벌레 소리입니다.

金鐘蟲(금종충)은 귀뚜라미의 일종인 방울벌레입니다. 또록또록

고운 소리를 내기에 예쁜 이름을 붙였지요. 喇叭蟲(나팔충)도 악기에서 이름을 딴 벌레입니다. 나팔벌레라니 喇叭처럼 큰 소리를 낼 것처럼 보이지만 생김새만 喇叭을 닮았습니다. 듣기 싫은 소리를 내는 바람에 웃기는 이름을 가진 放屁蟲(방비충)도 있습니다. 放屁는 '방귀를 뀌다'라는 뜻이니 放屁蟲은 방귀 뀌는 벌레, 곧 방귀벌레를 가리킵니다. 고운 소리든 듣기 싫은 소리든 소리가 있어 세상에 生氣(생기)가 더해집니다.

促織

재촉할 촉(人-7) 짤 직(糸-12)

促織(촉직)은 글자 그대로 '베 짜기를 재촉하다'라는 뜻입니다. 우리말 재촉은 催促(최촉)이라는 한자말이 순하게 변한 것입니다. 빨리 하라고 조른다는 뜻이지요. 催促은 달리 催會(최회)라는 한자말로도 씁니다. 織은 가늘고 긴 실을 번갈아 가로질러 옷감을 짜는 일을 가리키는 말입니다. 역시 짜는 일이지만 실이 아니라 풀이나 나무껍질을 이용하면 編(엮을 편)이란 말을 씁니다.

促織은 사실 귀뚜라미의 별명입니다. 가장 흔히 쓰는 蟋蟀(실솔)은 아주 옛말이지요. 이밖에 蜻蛚(청렬)이나 嬾婦(난부)라는 말도 있습니다. 促織은 '촉직촉직', 곧 귀뚜라미 울음소리를 흉내낸 데서 온 말입니다. 귀뚜라미 울음소리에서 여자들이 부지런히 일하기를 다그치는 글자를 조합해낸 사람은 누구였을까요?

나뭇잎 아직 푸르고 푸른데 林葉尙靑靑(임엽상청청)

귀뚜라미 섬돌 밑에 우네 蟋蟀鳴砌底(실솔명체저)

여자들은 가을에 벌써 놀라 婦女已驚秋(부녀이경추)

은근히 길쌈 서두르는데 殷勤理機杼(은근이기서)

늙은 과부만 獨有老孀嫗(독유노상구)

더위 돌아오길 손 모아 비네 拱手願復屠(공수원부서)

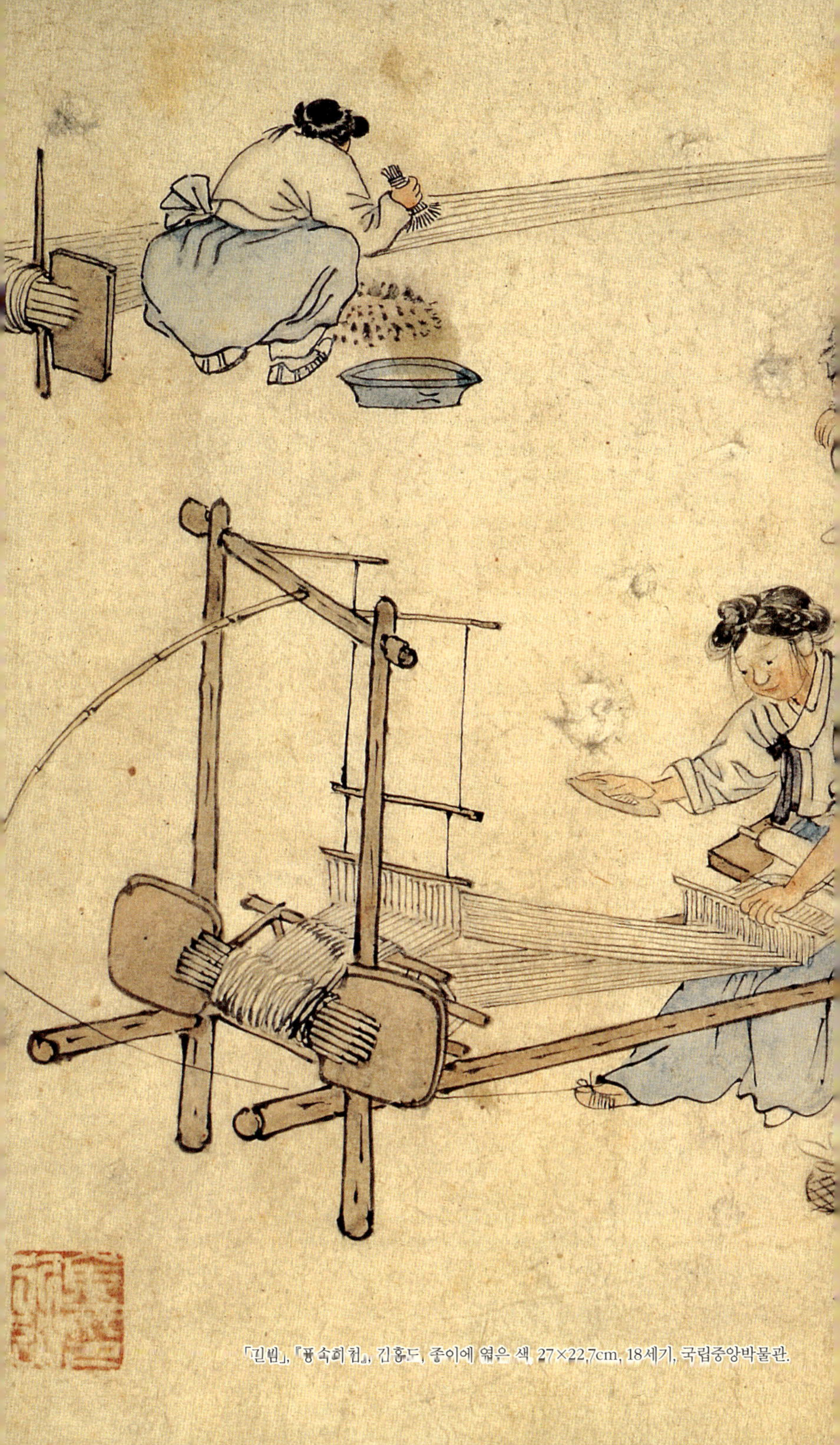

「길쌈」, 『풍속화첩』, 김홍도, 종이에 엷은 색 27×22.7cm, 18세기, 국립중앙박물관.

고려 때 사람 李奎報(이규보)의 시구는 귀뚜라미와 促織의 뜻을 읊은 노래입니다. 가을밤 귀뚜라미 소리는 여름날 게으름을 들깨우는 소리입니다. 달력을 들치니 이제 남은 날도 그리 많지 않군요. 마음이 바빠집니다.

秋霖

가을 추(禾-4) 장마 림(雨-8)

秋霖(추림)은 '가을장마'라는 뜻입니다. 그저 秋雨(추우), 곧 가을 비라고 부르기도 합니다. 장마는 여러 날 비가 내리는 일을 가리키지요. 우리나라는 여름이 시작되고 끝나갈 무렵, 이렇게 장마가 두 번 듭니다. 적당한 여름 장마는 농사에 도움이 되지만 가을장마는 가을걷이를 덜어낼 테니 근심입니다.

조선 사람 李荇(이행)의 노래 「가을장마」에도 걱정이 한가득 끼어 있습니다.

가을장마 열흘에 초사만 배우네
十日秋霖學楚吟(십일추림학초음)

楚吟은 초나라 노래라는 뜻입니다. 초나라 사람 屈原(굴원)이 지었다는 「楚辭(초사)」를 가리키지요. 노래는 한가로이 시작되지만 형편은 좋지 않습니다.

밤비 피해본들 방에서도 우산 들어야 하고
夜堂避漏常持傘(야당피루상지산)
차가운 구들 불기 없어 거문고로 불 지피네

冷竈無煙更爨琴(냉조무연경찬금)

귀하디귀하고, 아끼고 아끼는 거문고를 뻐개서 장작으로 쓰다니요! 어디 자기 형편만 그렇겠습니까.

백성들 끼니 거르는 일 차마 가여워
肯念吾民突不黔(긍념오민돌불검)
긴 칼로 겹겹 구름 자르고파
徑須長劍截重陰(경수장검정중음)

조선 사람 李植(이식)도 가을장마를 야속히 여깁니다.

누구는 너른 집에 앉아 기뻐하며
誰居廣廈自歡顏(수거광하자환안)
화려한 처마에 드리운 명주 구경하겠지
看華簷白練直(간화첨백련직)

처마 타고 줄줄 흐르는 빗물이 명주실 타래처럼 보이는 사람은

참 한가하겠습니다. 그러나

    황량한 밭에 또 퍼붓는 열흘 가을비

    荒畦又苦十日雨(황휴우고십일우)

    쌀 한 말에 동전 천 개 줘야 할 듯

    斗米欲放千緡錢(두미욕방천민전)

    해바라기도 억지로 해를 향하지만

    園中葵藿亦向日(원중규곽역향일)

    눈물 쏟는 잎사귀 어떻게 말려줄까

    淚葉泫泫何由乾(누엽현현하유건)

걱정입니다. 해바라기처럼 쳐다보며 발버둥 치는 백성의 눈물은 또
누가 닦아줄까요.

螢火

개똥벌레 형(虫-10) 불 화(火-0)

螢火(형화)는 '반딧불'이란 뜻입니다. 반딧불이는 '개똥벌레'라고
도 하는 자그마한 딱정벌레입니다. 腹部(복부) 끄트머리에 빛을 내
는 發光器(발광기)가 있습니다. 宵火(소화)나 螢爝(형작), 螢光(형광)
은 螢火의 다른 말입니다. 도깨비불이라는 뜻의 燐火(인화)도 반딧
불이란 뜻을 가지고 있습니다. 流螢(유형)은 떠도는 반딧불이라는
말입니다. 약한 벌레라서 바람에 쉬이 휩쓸리기 때문이지요.

중국 西晋(서진)시대 사람 車胤(차윤)은 집안이 가난하여 반딧불
이를 모아 책을 읽었다고 합니다. 여기서 螢學(형학)이니 車胤聚螢
(차윤취형)이니 하는 말이 나왔습니다. 車胤보다 조금 뒤인 東晋(동
진) 때의 사람 孫康(손강)도 가난 때문에 눈밭에 반사된 빛으로 공
부했다고 합니다. 이것이 소문나자 어려움을 무릅쓰고 勉學(면학)
하는 일을 車螢孫雪(차형손설)이니 螢窓雪案(형창설안)이니 부르게
되었습니다. 흔히 쓰는 螢雪之功(형설지공)과 같은 말입니다.

朝夕(조석)으로 선선한 바람이 감돌면 螢火도 힘이 없어집니다.
안사의 난 때문에 四川(사천) 땅을 떠돌던 위대한 시인 杜甫(두보)
는 767년 가을의 반딧불이를 보며 고향을 떠올렸답니다.

무산의 가을밤에 반딧불이 나는데

巫山秋夜螢火飛(무산추야형화비)

성긴 발 틈 사이로 들어와 옷에 앉네

簾疎功入坐人衣(염소공입좌인의)

거문고며 서책 차가워짐에 문득 놀라

忽驚屋裏琴書冷(홀경옥리금서랭)

추녀 밑 나가보니 별자리 드물구나

復亂簷前星宿稀(부란첨전성수희)

우물가 에워 돌며 하나하나 수가 늘어

却繞井欄添箇箇(각요정난첨개개)

꽃술도 스치며 눈부시게 희롱하네

偶經花蘂弄輝輝(우경화예농휘휘)

푸른 강에 떠도는 늙은이 널 보니

滄江白髮看汝(창강백발간여)

내년 이맘땐 고향에 갈 수 있을지

來歲如今歸未歸(내세여금귀미귀)

螽斯

누리 종(虫-11) 이 사(斤-8)

螽斯(종사)는 메뚜기나 여치를 가리키는 말입니다. 斯螽(사종)이라 뒤집어 쓰기도 합니다. 옛사람들은 여치가 한 번에 99개의 알을 낳는다고 믿었습니다. 螽斯는 그래서 夫婦(부부) 금실이 좋고 자손이 많은 子孫繁昌(자손번창)을 상징합니다. 옛 그림에 메뚜기가 자주 등장하는 것은 이 때문입니다.

'메뚜기도 한철'이라 하지요. 풀숲에서 목청을 높이던 여름 메뚜기 蟪蛄(혜고)는 여치라는 뜻인데 聒聒兒(괄괄아)라고도 합니다. 여름 메뚜기들이 선선한 바람 앞에 힘이 빠지자 가을 메뚜기들이 대신 나섰습니다. 느릿한 걸음의 蚣蝑(송서)는 베짱이, 농약 치지 않은 논에 번성하는 蚱蜢(책맹)은 벼메뚜기입니다. 벼메뚜기는 負蠜(부번), 小蝗蟲(소황충), 樗鷄(저계), 草螽(초종)이라고도 합니다. 벼메뚜기는 등에 다른 녀석을 업고 있을 때가 많습니다. 負蠜의 負(질부)는 그런 까닭에 생긴 말입니다.

갑작스레 많이 생겨나 무리를 지어 移動(이동)하는 메뚜기들도 있습니다. 飛蝗(비황), 蝗蟲(황충), 阜螽(부종), 蝗蝻(황남)이라 합니다. '메뚜기 떼가 휩쓸고 간 듯하다'라는 말에 보이듯, 남아나는 것이 없습니다. 우리말로 '누리'라고 하는 녀석들은 '풀무치'라는 커다란 메뚜기의 일종입니다. 飛蝗은 날아서 멀리 이동하기 때문에 붙

「흑묘도黑猫圖」, 작자미상, 종이에 먹, 22.2×18.1cm, 경남대박물관. 검은 고양이 뒤로 국화가 피고 여치가 날아가는 가을 풍경이 자리하고 있다.

여진 말입니다. 蝗蟲은 해로운 벌레, 곧 害蟲(해충)이라는 뜻이 강합니다. 蝗災(황재)는 메뚜기 떼가 와서 농사를 망치는 일을 가리키지요.

高溫多濕(고온다습)은 식물이 자라기도 좋지만 식물을 먹고 사는 메뚜기 떼가 繁殖(번식)하기도 좋은 조건입니다. 우리나라에는 요즘 蝗災가 들지 않습니다만 세계 각지에 蝗災가 해마다 반복되고 있습니다. 이유는? 메뚜기들이 먹을 풀밭이 자꾸 줄어들기 때문입니다.

闌暑

가로막을 란(門-9) 더울 서(日-9)

闌暑(난서)는 '늦더위'를 가리키는 말입니다. 여기서 闌 자는 攔(막을 란)의 뜻을 지녔습니다. 闌 자는 본디 문을 닫아걸 때 쓰는 빗장을 가리키기도 하고 사람이 떨어지는 것을 막거나 장식으로 설치하는 欄干(난간)을 가리키기도 합니다. 攔 자에서 그치다 또는 끝난다는 뜻이 갈려 나왔지요.

중국 남북조시대 송나라 시인 謝靈運(사영운)은 이렇게 노래한 적이 있습니다.

직무 보고 기한은 더위가 가실 무렵
述職期闌暑(술직기난서)
가을이 되어서야 배를 타고 떠났다
理棹變金素(이도변금소)

述職은 옛날 제후가 임금에게 책임진 일의 결과를 보고하는 것이고 理棹는 노를 젓는다는 뜻입니다. 金素는 여기서 가을을 가리키는 말입니다. 가을 기운이 金氣(금기), 곧 金에 속하는 기운이기 때문입니다.

가을 더위가 이어져 괴로운 요즘입니다. 옛사람들은 立秋(입추)

「산신과 호랑이山神圖」, 무명에 색, 152.0×164.5cm, 조선시대, 제주특별자치도민속자연사박물관.
중국 사람들은 늦더위가 무시무시한 탓인지 추노호秋老虎, 곧 가을 호랑이라고 부르기도 한다.

도 지나고 띄엄띄엄 닥치는 더위를 늦더위라고 했지만 지금은 예전
보다 그 기간이 더 길어졌습니다. 한풀 꺾이긴 했지만 아직 계속되
는 늦더위를 가리키는 말은 闌暑 말고도 여럿 있습니다. 남은 더위
殘暑(잔서), 殘炎(잔염), 殘熱(잔열)이라고도 하고 때늦은 더위 晩炎
(만염), 老炎(노염)이라고도 합니다.

　이렇게 점잖거나 중립적인 말은 그나마 양반이지요. 중국 사람들
은 늦더위가 무시무시한 탓인지 秋老虎(추노호), 곧 가을 호랑이란
별명으로 부를 때도 있습니다. 미국에서는 300년 넘게 인디언 서머
(Indian Summer)라고 부르지만 유럽에서는 크게 둘로 나뉩니다.
하나가 '생 마르탱의 여름'이고 다른 하나가 '할망구 더위'입니다. 老
炎이란 표현과 비슷한 할망구 더위란 말이 재미납니다.

蓮實

연밥 연(艸-11) 열매 실(宀-11)

蓮實(연실)은 여름에 핀 연꽃 열매인 '연밥'이라는 뜻입니다. 蓮子(연자), 蓮房(연방), 茄房(가방)이라고도 합니다. 蓮 자도 본디 연밥을 가리키는 말입니다. 연꽃을 가리킬 때도 그대로 蓮 자를 쓰지만 實이니 花(꽃 화)니 하는 말을 덧붙여 구분하려고 합니다.

萏(적), 蔌(격), 芍(적)은 모두 연밥이라는 뜻의 홑 글자입니다. '억' 소리가 공통이지요. 중국의 전통 언어학은 소릿값을 聲部(성부)와 韻部(운부)로 나눠왔습니다. 聲部는 우리말 初聲(초성)에, 韻部는 우리말 中聲(중성)과 終聲(종성)에 해당됩니다. 예를 들면 이러합니다. 萏의 우리말 소릿값은 'ㅈ+ㅓ+ㄱ'으로 나뉘지만 한자 소릿값은 'ㅈ+억'으로 나누는 식입니다. 그래서 'ㅈ'이 聲部, '억'이 韻部이지요. 한자를 공부하다보면 이렇게 비슷한 뜻의 글자끼리 비슷한 소리가 나는 것을 쉬이 볼 수 있습니다.

연밥은 길게 벋은 대 위에 원뿔이 거꾸로 얹힌 모양입니다. 마치 샤워기 꼭지처럼 생긴 연밥은 겉이 질기고 속이 폭신한 씨방입니다. 연밥의 살을 蓮肉(연육), 蓮子肉(연자육)이라 하는데 滋養劑(자양제)로 쓰는 한방 약재이라지요. 푸른 연밥을 거꾸로 들고 눈대중으로 절반가량 뚝 분지르면 속에 푸른 씨앗이 들어 있습니다. 씨앗을 蓮子(연자), 蓮仁(연인), 蓮薏(연의)라고 하는데 껍질을 까면 연한 노

582

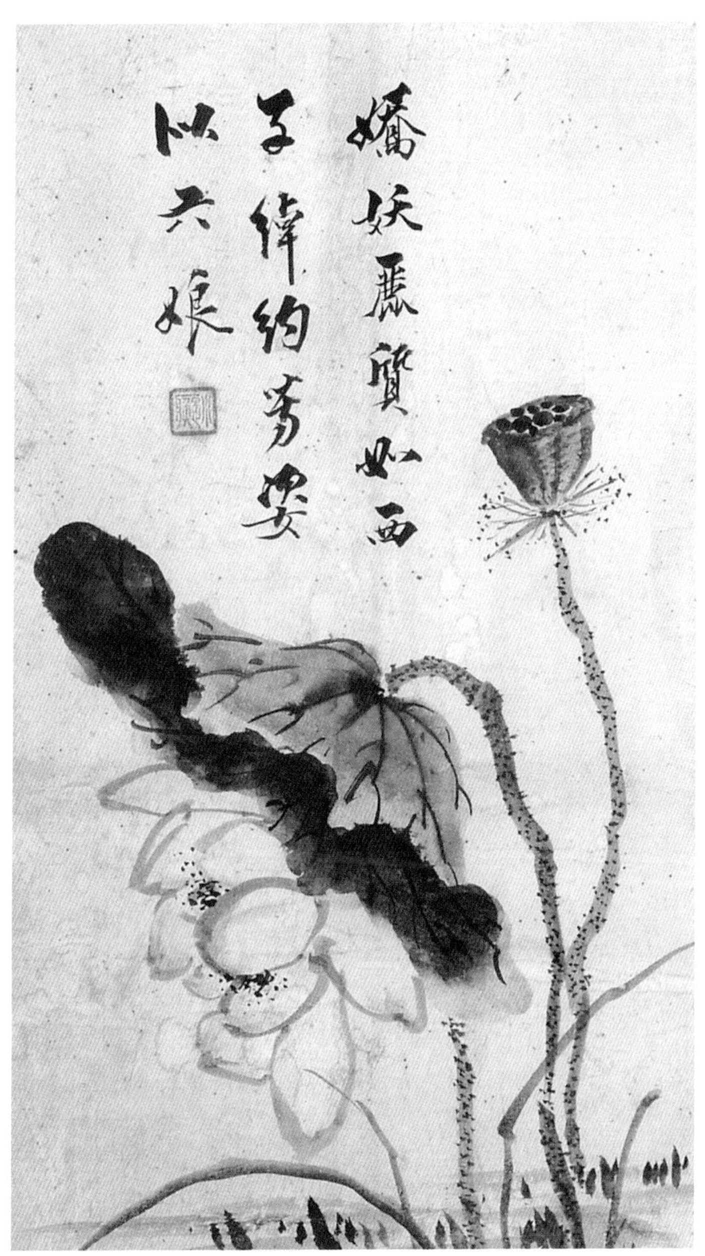

「연화蓮花圖八曲屛風」(제4폭), 허련, 종이에 먹, 19세기, 국립중앙박물관.

란색 씨앗이 들었습니다. 풋내가 도는 살짝 고소한 맛입니다.

蓮子를 넣어 죽을 끓이면 蓮子粥(연자죽) 또는 蓮仁粥(연인죽)이라 합니다. 밥이 끓을 때 연뿌리와 연밥을 넣어서 지은 쌀밥은 이름도 예쁜 玉井飯(옥정반)입니다. 여름 나기로 지친 몸, 滋養에 좋다니 죽이 되든 밥이 되든 한번 끓여볼 만합니다.

牽牛花

끌 견(牛-7) 소 우(牛-0) 꽃 화(艸-4)

牽牛花(견우화)는 나팔꽃의 한자 이름입니다. 그냥 牽牛(견우)라고 부르기도 하지요. 하늘에 牽牛星(견우성)이 나타날 때 피는 꽃이라 그리 부르는지도 모를 일입니다. 나팔꽃이 먼저 나왔을지 악기 喇叭(나팔)이 먼저 나왔을지 헷갈리지만, 喇叭과 나팔꽃은 꼭 닮았습니다.

나팔꽃은 강아지 귀처럼 생긴 풀이라고 狗耳草(구이초), 대야나 시루처럼 생긴 풀이라고 盆甑草(분증초), 하늘의 가지라고 天茄(천가)라고도 합니다. 나팔꽃이 牽牛花이니 씨를 牽牛子(견우자)라 하는 것은 당연한 일이겠습니다. 성질이 차고 便通(변통)을 시키는 약재입니다. 푸른 꽃이나 붉은 꽃의 씨는 黑丑(흑축), 흰 꽃의 씨는 白丑(백축)이라 합니다. 丑은 十二支(십이지)의 둘째이며 소를 상징합니다. 牽牛가 소를 모는 목동이라서 생긴 말일까요. 참고로 黑丑은 白丑보다 약효가 빠르답니다.

나팔꽃은 본디 메꽃과에 속하는 한해살이풀입니다. 메꽃은 美草(미초), 鼓子花(고자화), 狗腸草(돈장초), 旋葍(선복), 旋花(선화)라는 한자 이름을 가졌습니다. 초여름부터 덩굴을 벋고 연분홍색 꽃을 피우는 메꽃은 함초롬한 姿態(자태)를 지녔지만 밭에서는 雜草(잡초)로 취급당하기 마련이지요. 나팔꽃과 메꽃은 날이 저물면 봉오

「견우화원牽牛花園」, 운빙惲冰, 비단에 설채, 28.1×22.3cm, 청나라, 상하이박물관.

리를 돌돌 말고 '잡니다.' 나팔꽃은 아침, 메꽃은 한낮이 되어서야 깨지요. 起床(기상) 시간이 달라 쉽게 구분할 수 있습니다.

달콤한 고구마도 메꽃과 식물입니다. 고구마처럼 메꽃도 땅속줄기가 부풀어 오른답니다. 이것을 삶아 먹는데, 녹말이 많이 들었다고는 해도 맛은 그다지⋯⋯. 옛날에도 春窮期(춘궁기)처럼 정히 먹을 것이 없으면 먹었다고 합니다. 그래도 메꽃을 통째로 캐서 말린 것은 旋花라는 이름의 약재라니 세상에 쉽게 볼 녀석은 없는 법입니다.

葡萄美酒夜光杯

포도 포(艸-9) 포도 도(艸-8) 아름다울 미(羊-3) 술 주(酉-3)
밤 야(夕-5) 빛 광(儿-4) 잔 배(木-4)

葡萄美酒夜光杯(포도미주야광배)는 '야광배에 담긴 좋은 포도주'라는 뜻입니다. 중국 당나라 때 시인 王翰(왕한)이 지은 「涼州詞(양주사)」라는 시의 첫 구절입니다. 소리 내어 읊어보자면 이렇습니다.

葡萄美酒夜光杯(포도미주야광배)
欲飮琵琶馬上催(욕음비파마상최)
醉臥沙場君莫笑(취와사장군막소)
古來征戰幾人回(고래정전기인회)

뜻을 풀어보면 이렇습니다.

야광배에 담긴 좋은 포도주
말 위의 비파 소리는 마시라고 재촉하고
취해서 사막에 누워도 그대 웃지 마소
이제껏 전쟁터에서 돌아온 이 몇이나 되겠소

沙漠(사막) 한가운데 어느 오아시스의 별 밝은 밤입니다. 흐릿한 불빛 아래서도 빛나는 굽 높은 와인글라스에 깊은 빛깔의 술을 따르지요. 살아온 戰士(전사)에게는 전쟁터의 붉은 피처럼 보일 수도 있겠습니다. 흥을 돋우는 빠른 琵琶 소리만큼 잔을 드는 속도도 빨라지고, 전쟁터처럼 狼藉(낭자)한 잔치 끝에 戰士는 沙漠에 눕습니다. 乘馬(승마) 좋아하고 춤과 노래를 좋아했다던 王翰이라니, 豪放(호방)한 사람의 노래답지요.

涼州는 '비단길'의 한 區間(구간)인 甘肅(감숙)의 옛 이름입니다. 交易(교역)의 큰 이익이 걸린 까닭에 전쟁이 쉴 새 없었습니다. 葡萄는 交易과 전쟁의 길을 따라 서쪽에서 온 과일입니다. 생과일보다는 葡萄酒(포도주)가 먼저 전해졌을 것입니다. 먼 길을 다니는 隊商(대상)이 옮기기에 생과일은 적당하지 않았을 테니 말입니다. 이제 본격적인 葡萄의 계절입니다. 葡萄酒는 아니라도 달콤한 생과일 葡萄를 먹으며 먼 옛날부터 전해진 沙漠의 이야기를 떠올려봄 직도 합니다.

翠菊

물총새 취(羽-8) 국화 국(艸-8)

翠菊(취국)은 '물총새 국화'라는 뜻입니다. 요즈음 화단에 흔히 피는 '과꽃'의 한자말입니다. 물총새는 등이 어두운 綠色(녹색)을 띤 하늘색이고 다리가 眞紅色(진홍색)인 여름새입니다. 빛깔이 아름다운 물총새의 한자말이 翡翠(비취)입니다. 아름다운 보석 玉(옥 옥)을 달리 翡翠라고 부르는 것은 푸른 빛깔이 물총새처럼 아름답기 때문입니다.

과꽃도 翡翠처럼 아름다운 綠色 잎사귀와 津粉紅(진분홍) 꽃이 물총새를 닮았습니다. 菊이라는 말을 쓰는 것처럼 菊花(국화)와 사촌 간입니다. 달리 苦薏(고의), 唐菊花(당국화), 秋錦(추금), 秋牡丹(추모란)이라고도 합니다.

苦薏는 본디 들국화를 가리키는 말인데 과꽃에 갖다 붙였고 唐菊花는 외국에서 들어온 국화꽃이라는 뜻입니다. 秋錦은 가을 비단이라는 뜻인데 금붕어 가운데도 이 이름을 가진 녀석이 있습니다. 秋牡丹은 가을 모란이라는 뜻이니 꽃이 풍성하고 아름답기 때문이겠습니다.

'꽃밭 가득 예쁘게 핀' 과꽃을 좋아하던 누나를 그리는 노래 「과꽃」은 누구나 배운 적이 있는 동요이지요. 砲聲(포성)이 멈춘 1953년, 마침 과꽃이 피는 가을에 발표되었습니다. 魚孝善(어효선)

「물달개비와 물총새」, 김식, 비단에 엷은 색, 31.9×20.5cm, 16~17세기, 국립중앙박물관.

씨가 지은 동시에 權吉相(권길상) 씨가 곡을 붙인 노래는 전쟁의 아픔을 풀려는 念願(염원)을 담았답니다.

과꽃은 본디 白頭山(백두산)이나 滿洲(만주)가 원산지입니다. 홑꽃이던 과꽃이 일본에 건너가 조센기쿠(朝鮮菊·조선국)라 불리며 겹꽃으로 개량되고 유럽에 건너갔다가 다시 고향의 뜰에 겹꽃이 되어 돌아왔습니다. 멀리도 돌아서 왔습니다.

白露

흰 백(白-0) 이슬 로(雨-12)

白露(백로)는 '흰 이슬'이라는 뜻입니다. 白에는 흰빛 말고도 밝다, 투명하다라는 뜻도 있습니다. 白露는 그래서 透明(투명)한 이슬이라 새겨도 좋겠습니다. 세 번째 가을 절기 白露에 마침 아침저녁 선선한 바람이 불어 가을을 알립니다. 白露는 보통 음력 8월에 들고 잠시 일손이 쉬는 때이지요. 예전에 며느리들이 親庭(친정)에 다니러 가는 覲親(근친)하는 때이기도 했습니다.

白露 이후 열닷새가량의 物候(물후), 곧 철에 따라 변하는 만물의 상태는 새를 보고 살폈습니다.

白露 뒤 닷새 동안 기러기가 북쪽에서 날아오고 다음 닷새 동안 제비가 남쪽으로 날아가며 그다음 닷새 동안 모든 새가 먹이를 저장한다. 一候鴻雁來(일후홍안래) 二候玄鳥歸(이후현조귀) 三候群鳥養羞(삼후군조양수)

사람도 새도 바삐 오가는 철이 왔습니다.

物候는 기후의 변화를 알기 위한 전통 지식 체계의 일종입니다. 기후는 시간의 흐름에 따르고 冬至(동지)가 기준이라고 옛사람들은 생각했습니다. 정확한 冬至 시간의 측정은 그래서 중요하고 精密

593

「월반노안도月伴蘆雁圖」, 이경윤, 종이에 엷은 색, 37.0×27.0cm, 경남대박물관.

(정밀)한 측정을 위해 옛사람들도 요즘 사람들처럼 노력했습니다.

중국 명나라 사람 韓邦奇(한방기)는 冬至 시간을 정확하게 측정하는 방법을 고안했습니다. 방법은 이렇습니다.

흙을 두세 자 걷어버리고 세 겹의 흙집을 짓는다. 갈대를 태운 재를 넣은 12개의 대롱을 비스듬히 묻는다. 기운이 도달하면 재가 날아간다.

이때 사용하는 재는 꼭 白露에 캔 갈대여야 한다니 때맞추기는 언제나 어려운 일입니다.

白露團

흰 백(白-0) 이슬 로(雨-12) 둥글 단(口-11)

白露團(백로단)은 '이슬방울'이라는 뜻입니다. 가을이 차츰 깊어지면 이슬도 점점 짙어지지요. 處暑(처서) 다음은 이슬이 흠뻑 내린다는 白露 절기입니다. 白露團은 이런 때 시에 잘 쓰는 詩語(시어)입니다. 조선 사람 金賢孫(김현손)의 시에 이런 구절이 있습니다.

푸른 조릿대 이슬이 방울방울 白露團翠篠(백로단취소)
오래된 우물에 물안개 피네 淡煙生古井(담연생고정)

翠(물총새 취)는 새파란 빛깔, 篠(조릿대 소)는 키가 크지 않은 대나무입니다. 淡煙은 옅어서 푸른빛을 띤 연기인데, 여기서는 우물에서 피어오르는 물안개입니다. 金賢孫은 당나라 때의 대시인 白居易(백거이)에게서 뜻을 빌린 듯합니다.

밤 멀지만 푸른 아지랑이 들어와 未夜靑嵐入(미야청람입)
가을 이른데 이슬은 방울방울 先秋白露團(선추백로단)

여름에 새로 대나무 심어놓고 한철 구경 잘한 白居易가 쓴 시의 대구입니다. 靑嵐은 멀리 보이는 산의 푸르스름한 기운을 가리키고

597

未夜와 先秋는 절묘한 詩語입니다.

金賢孫은 1510년 三浦倭亂(삼포왜란) 당시 경상좌도 수군절도사로 부산진에 있었습니다. 부산과 인연이 있는 그는 시를 많이 남기지 않았습니다만, 위 구절에 앞서 이런 구절도 있습니다.

머리 풀고 짧은 지팡이 들고 散髮携短筇(산발휴단공)

옷도 되는 대로 걸쳤네 衣裳不自整(의상부자정)

더딘 걸음 빈 뜰 울리는 소리 緩步空庭曲(완보공정곡)

비척비척 외로운 그림자 따르네 齟齬隨孤影(저어수고영)

늘그막에 쓴 듯, 가을의 허허로움을 닮아 좋습니다.

金風玉露

쇠 금(金-0) 바람 풍(風-0) 옥 옥(玉-0) 이슬 로(雨-12)

金風玉露(금풍옥로)는 황금빛 번쩍이는 바람 金風과 보석처럼 반짝이는 이슬 玉露를 합친 말입니다. 가을바람과 이슬에 비겨 가을 풍물을 나타내지요. 爽快(상쾌)한 바람이나 玲瓏(영롱)한 이슬은 燦爛(찬란)한 계절 가을에 빠질 수 없습니다.

중국 당나라 때 시인 李商隱(이상은)은 이렇게 노래한 적이 있습니다.

신선들은 이별을 좋아하는 모양이다 아마
恐是仙家好別離(공시선가호별리)
그러니 아름다운 만남은 오랜만에 한번이겠지
故敎迢遞作佳期(고교초체작가기)
이제껏 푸른 하늘 은하수는 그대로인데
由來碧落銀河畔(유래벽락은하반)
곧 황금빛 바람 불고 반짝이는 이슬 내릴 때
可要金風玉露時(가요금풍옥로시)

恐(두려울 공)은 여기서 추측을 나타내고 '아마'라는 뜻입니다. 敎(가르칠 교)는 여기서 '~하게 만들다', 迢遞는 아득하게 멀다는 말입

599

니다. 由來는 시작부터 지금까지라는 뜻입니다. 碧落은 달리 碧空
(벽공), 곧 푸른 하늘을 가리킵니다. 可要는 기대를 표시하는 말입
니다. '곧 ~이 되려 한다'는 將要(장요)와 같은 말입니다.

　세상에 시인은 많아도 여기 이상은의 辛未七夕(신미칠석), 곧
'851년 칠석' 노래만큼 아름답게 金風玉露를 노래한 시인은 없습니
다. 시인은 칠석날을 빌려 헤어짐의 긴 괴로움과 만남의 짧은 즐거
움을 노래하지요. 이슬이 맺히기 시작한다는 白露(백로)가 되면 먼
길 떠났던 이들도 차가운 이슬에 놀라 집을 그리워하기 시작하는
때입니다.

仙掌露

신선 선(人-3) 손바닥 장(手-8) 이슬 로(雨-12)

仙掌露(선장로)는 '선인장에 맺힌 이슬'이라는 뜻입니다. 仙掌은 仙人掌(선인장)을 줄인 말입니다. 여기 선인장은 우리가 흔히 보는 식물이 아니라 중국 한나라 때 임금 武帝(무제)가 이슬을 採集(채집)하기 위해 세운 구리 기둥을 가리킵니다.

武帝는 욕심이 많은 사람이었습니다. 이익을 위해 匈奴(흉노)와 세 차례나 전쟁을 벌였고 영원히 산다는 神仙(신선)이 되려고 시도했습니다. 仙掌露는 그런 武帝의 노력 가운데 하나입니다. 武帝는 秦(진)나라 때 궁궐을 크게 확장한 建章宮(건장궁)을 지은 적이 있습니다. 여기에 承露盤(승로반), 곧 이슬을 받는 넓적한 그릇도 설치했습니다. 承露盤에 솟은 50미터가 족히 넘는 구리 기둥이 있었는데 이것이 仙人掌(선인장)입니다.

금속은 다른 재료보다 열에 따른 膨脹(팽창)과 收縮(수축)이 심한 편입니다. 그래서 기온차가 심할 때 공기 속의 水分(수분)이 표면에 잘 凝結(응결)되지요. 이것을 結露(결로), 곧 이슬 맺힘이라 합니다. 仙人掌은 이런 과학 원리를 응용한 기구이지요. 承露盤에 고인 이슬을 가져다 玉屑(옥설), 곧 옥가루에 개서 마셨다고 합니다. 三千甲子(삼천갑자)를 살았다는 東方朔(동방삭)이 武帝에게 이슬 마시기를 권했는데 나중에는 武帝 스스로 承露盤을 만들었다고 전합니다.

  이슬이 나타나는 가을 절기 白露(백로)를 맞아 이슬이 가진 신비로운 효능에 대한 옛사람들의 믿음을 다시 생각합니다. 덧없음의 상징인 이슬이 영원한 생명과 연결된다는 믿음 말입니다.

鶴蝨

학 학(鳥-10) 이 슬(虫-9)

鶴蝨(학슬)은 '두루미 이'라는 뜻입니다. 蝨은 피를 빠는 벌레이고 젖먹이 짐승 몸에 살지요. 두루미 같은 새에 이라니 可當(가당)치 않게 들립니다. 鶴蝨은 天名精(천명정)이라는 풀의 씨앗을 가리키는 말입니다. 蛔蟲(회충) 따위를 몰아내는 약으로 쓰이지요. 鶴蝨의 우리말 이름은 여우 오줌, 담배풀 따위이니 이것도 만만치 않습니다. 꽃에서 여우 오줌 냄새가 난다고 여우 오줌이고 잎사귀가 담뱃잎을 닮아서 담배풀입니다. 天名精을 달리 地菘(지숭)이라고도 하는데 菘(배추 숭)도 담뱃잎처럼 잎사귀가 넓습니다.

鶴蝨은 이밖에도 부르는 이름이 많은 풀입니다. 달리 蟾蜍蘭(섬여란), 蛤蟆藍(합마람), 蚵蚾草(가파초), 豕首(시수), 母猪芥(모저개), 活鹿草(활록초)라고도 하는데 모두 짐승 이름입니다. 蟾蜍, 蛤蟆, 蚵蚾는 두꺼비 豕, 猪는 돼지 鹿은 사슴입니다. 뿌리는 杜牛膝(두우슬)이라 하니 여기 牛(소 우)도 들어 있습니다. 두루미, 두꺼비, 돼지, 사슴, 소에 여우, 이, 한 가지 풀에 모두 여섯 짐승과 벌레 하나가 들었습니다.

호기심 때문에 鶴이라는 말이 들어가는 다른 식물은 무엇이 있는지 알아보고 싶습니다. 鶴蝨 말고 鶴草(학초), 鶴頂草(학정초), 鶴瓢(학표), 鶴頂梅(학정매), 鶴頂紅(학정홍), 鶴翎(학령), 鶴翎紅(학령

홍), 鶴膝竹(학슬죽) 등이 있군요. 기는 모양의 鶴草는 여름에 꽃이
핍니다. 鶴頂草는 명아주, 鶴瓢는 조롱박을 달리 부르는 이름이고
鶴頂梅는 매화, 鶴頂紅은 여지, 鶴翎은 국화, 鶴翎紅은 모란, 鶴膝
竹은 대나무의 품종 이름입니다.

桑柘

뽕나무 상(木-6) 산뽕나무 자(木-5)

桑柘(상자)는 집에서 키우거나 저절로 나는 뽕나무를 함께 가리키는 말입니다. 고대 중국의 어원사전 『說文解字(설문해자)』는 뽕나무를 '누에가 먹는 잎사귀 나무蠶所食葉木(잠소식엽목)'라고 풉니다. 누에는 귀한 비단실을 토해내니 귀하고, 뽕나무는 누에를 먹이니 몹시 귀합니다.

孟子(맹자)는 자기가 구상한 井田制(정전제)의 여러 혜택을 말한 적이 있습니다. 그중 하나가 뽕나무에서 비롯됩니다.

보통 크기의 집 둘레에 뽕나무를 심으면 오십 줄에 든 사람이 비단옷을 입을 수 있다. 五畝之宅(오무지택) 樹之以桑(수지이상) 五十者可以衣帛矣(오십자가이의백의)

당시 삶의 질을 말할 때 뽕나무는 중요한 기준이었습니다.

사람의 살림살이에서 불은 기본입니다. 불은 그래서 거룩해지고 땔감도 덩달아 거룩해집니다. 司爟(사관)은 고대 중국의 불을 맡은 벼슬아치를 가리키는 이름입니다. 계절마다 첫 불을 지피는 나무가 다른데 春夏秋冬(춘하추동) 말고 季夏(계하), 곧 늦여름에 특별히 한 번 더 불을 지폈답니다. 이때 쓰는 나무가 桑柘입니다.

얼른 그림이 떠오르지 않지만 조선시대에 '나무 심는 유학자'가 있었습니다. 正祖(정조) 임금 때 安鼎福(안정복)이 바로 그이입니다. 그는 이런 시를 쓴 적이 있습니다.

나이 서른 채 되기 전 昔我未三十(석아미삼십)
나무 심기 좋아했지 性癖好栽植(성벽호재식)
밭두둑에는 뽕 심고 田隴栽桑柘(전롱재상자)
언덕에는 솔이며 잣 邱陵植松柏(구릉식송백)

취미인 듯 말하는 그도 삶의 질과 살림살이를 생각했지 싶습니다.

天灸

하늘 천(大-1) 뜸 구(火-3)

天灸(천구)는 '하늘 뜸'이라는 뜻입니다. 鍼灸(침구)는 침과 뜸을 가리키지요. 침은 끝이 뾰족한 도구로 살을 刺戟(자극)하는 것이고, 뜸은 쑥을 짓이겨 만든 뜸쑥을 살갗에 올리고 불을 댕겨 溫熱(온열)로 刺戟하는 것입니다. 안에 든 병을 바깥의 刺戟으로 고친다는 것인데, 表裏(표리)가 통한다는 대단한 發想(발상)입니다.

天灸는 뜸이라고 했지만 실제로 불을 댕겨 뜸쑥을 태우는 일이 아닙니다. 南北朝(남북조)시대 중국 梁(양)나라 사람 宗懍(종름)은 『荊楚歲時記(형초세시기)』라는 책을 썼습니다. 시간의 흐름에 따라 생활과 풍습을 적는 歲時記의 嚆矢(효시)라고 합니다. 荊楚는 중국의 長江(장강) 유역, 특히 長江과 漢水(한수)가 만나는 오늘날 湖北(호북) 지역을 가리키는 말이지요. 그래서 『荊楚歲時記』는 '중국 남부의 세시기'라고 이해하면 되겠습니다. 여기에 이런 기록이 있습니다.

해마다 팔월 열흘날 모든 백성은 아이 머리에 붉은 점을 찍는다. 이것을 천구라고 하는데 병을 꺼리기 때문이다. 八月十日(팔월십일) 四民以朱黙小兒頭(사민이주점소아두) 名爲天灸(명위천구) 以厭疾也(이염질야)

天灸는 요즘의 豫防注射(예방주사)와 같은 생각에서 나온 풍습입니다.

머리에 찍는 붉은 점이라니 당장 印度(인도) 여자들이 이마에 찍는 빈디(Bindi)가 떠오릅니다. 빈디는 본디 結婚式(결혼식) 때 힌두교 僧侶(승려)가 꽃잎으로 만든 가루를 엄지손가락에 묻혀 이마에 찍어주는 붉은 점이지요. 祝福(축복)과 保護(보호)의 뜻이 담겨 있습니다.

天灸는 그래서 '天竺(천축)의 뜸'이라는 뜻이 아닐까 싶습니다. 天竺은 인도를 가리키는 옛 한자말입니다. 뜸은 중국 것이 아니라 북쪽에서 전해졌다고 『黃帝內經(황제내경)』도 분명히 밝혔지요. 뜸을 아는 사람이 빈디를 보자 같은 생각이라는 것을 看破(간파)했기 때문은 아닐까요.

土卵

흙 토(土-0) 알 란(卩-5)

土卵(토란)은 '땅속의 알'이라는 뜻입니다. 알처럼 둥근 뿌리줄기를 먹는 '토란'을 가리킵니다. 달리 土蓮(토련)이라고도 하는데 이때는 땅에 나는 연꽃이라는 뜻입니다. 또 土芝(토지)라고도 하는데 땅에 나는 영지버섯이라는 뜻이지요. 모두 줄기며 잎이 연꽃이나 영지를 닮아서 붙여진 이름입니다. 뿌리 때문에 붙여진 土卵과 다르게 생긴 말입니다.

토란은 본디 芋(토란 우)라고 씁니다. 그래서 뿌리줄기를 芋子(우자)니 芋芨(우잉)이니 부르기도 합니다. 중국에서 土卵이라는 말은 黃獨(황독)이라는 다른 풀을 가리키는 말입니다. 黃獨의 우리말은 '장딸기'입니다. 토란과 영 다른 풀이지요. 그런데 송나라 사람 惠洪(혜홍)은 이런 말을 한 적이 있습니다.

황독은 작은 토란일 뿐이며 강남에서 토란이라고 한다. 黃獨者(황독자) 芋魁小者耳(우괴소자이) 江南名曰土卵(강남명왈토란)

우리말 토란은 아마 중국 남쪽 말이 들어온 것인 듯합니다.

土卵은 본디 동남아시아가 원산인 식물입니다. 우리야 土卵을 밭에 기르지만 동남아에서는 논에 기르는 경우가 많습니다. 밭 토란을 루芋(한우), 논 토란을 水芋(수우)라고 합니다. 그래서 水田(수전), 곧 물을 댄 논에서 벼를 기르는 기술은 水芋를 기르는 데서 나왔다는 설도 있습니다.

土卵湯(토란탕)은 토란으로 끓인 국을 가리키는 한자말입니다. 이맘때 잘 끓여 먹지만 본디 한가위 음식이지요. 일본에서는 이즈음 사토이모(里芋·이우), 곧 토란의 수확을 알리는 축제가 많이 열립니다. 오래된 축제라는데 한가위처럼 농사의 성공을 조상에게 알리는 축제랍니다. 그래서 우리도 오래된 곡식 토란으로 한가위에 국을 끓이는지 모르겠습니다.

年登

해 년(禾-3) 오를 등(癶-7)

年登(연등)은 '豊年(풍년)이 들다'라는 뜻입니다. 年의 다른 글자꼴은 秊, 秄, 秊, 秊도 있습니다. 소리나 뜻은 모두 같지요. 글자꼴에서 보듯, 禾(벼 화), 千(일천 천)이 기본이고 人(사람 인)이 들어가기도 합니다. 禾는 벼로 대표되는 온갖 穀食(곡식)의 늘어진 이삭 모양을 본뜬 글자입니다. 그래서 禾는 이삭을 맺는 모든 穀食이라는 뜻입니다. 千은 定數(정수) 1000을 가리키기도 하지만 많다는 뜻이기도 합니다. 年은 '곡식에 이삭이 많이 달렸다'는 뜻으로 쓰다가 나중에 穀食이 자라는 기간, 곧 '한 해'라는 뜻까지 나타내게 되었습니다.

登은 癶(걸을 발)과 豆(제사그릇 두)가 합쳐진 말입니다. 본디 굽이 높은 제사그릇을 가리킵니다. 또한 豆를 癶하는 것, 곧 祭器(제기)를 祭床(제상)에 올린다는 뜻이기도 합니다. 여기서 높은 곳으로 올라가다라는 뜻이 나왔습니다. 年登과 같은 뜻의 말로는 登歲(등세), 登豐(등풍), 豊登(풍등)이 있습니다. 豊年이 크게 들면 大登(대등)이라 합니다. 농사는 하늘이 짓는다는 말이 있습니다. 豊年을 들게 해준 하늘에 감사할 일이라서 죄다 제사를 뜻하는 豆 자를 쓰지요.

豊年의 豊자도 굽이 높은 그릇을 가리키는 말입니다. 이때는 '예'라고 읽습니다. 豆에 옥으로 만든 목걸이를 제수로 하나 가득 담은

농부 가족이 추수에 감사하는 장면을 묘사한 청나라 그림.

모양을 본뜬 豐(풍) 자를 간략하게 쓴 글자이기도 합니다. 그릇에 먹을거리를 豐盛(풍성)하게 담아 示(보일 시), 곧 조상신에게 제사를 지내는 것이 禮(예절 례)입니다. 豊은 그래서 禮의 옛 글자입니다.

중국 춘추시대 사람 管子(관자)는 이런 말을 한 적이 있습니다.

창고가 가득 차야 예절을 알고, 의식이 풍족해야 영욕을 안다.
倉廩實則知禮節(창름실즉지예절) 衣食足則知榮辱(의식족즉지
영욕)

살림살이와 마음가짐이 둘이 아니라는 말입니다.

捉迷藏

잡을 착(扌-7) 미혹할 미(辶-6) 감출 장(艹-14)

捉迷藏(착미장)은 '숨바꼭질'의 중국 말입니다. 迷藏은 숨는다는 뜻이고 捉은 잡는다는 뜻입니다. '숨은 사람 잡기'라는 말이니 잡는 일이 우선입니다. 우리말 숨바꼭질은 숨는 일이 먼저인데 말입니다.

술래잡기라고도 하는 숨바꼭질은 오래된 아이들 놀이이지요. 여름 낮에도 할 수 있지만 달 밝은 가을밤이 제격입니다. 規則(규칙)은 簡單(간단)합니다. 술래를 정한 뒤 잠깐 눈을 감고 숫자를 셉니다. 다른 아이들이 숨으면 술래가 눈을 뜨고 찾아 나서지요. 다음 술래는 정하기 나름입니다.

捉迷藏과 같은 뜻의 중국 말에는 捉藏猫(착장묘), 藏猫兒(장묘아), 藏猫猫(장묘묘), 藏蒙哥兒(장몽가아), 藏蒙格兒(장몽격아) 등이 있습니다. 猫(고양이 묘)라는 말이 자주 나옵니다. 고양이처럼 살그머니 숨는 놀이 규칙 때문일 것입니다. 藏猫는 그래서 '고양이처럼 숨기'입니다.

兒(아이 아)라는 말도 자주 나옵니다. 아이들 놀이이기 때문이 아닙니다. 북쪽 異民族(이민족)이 지배한 이후 중국 북쪽 지방 말은 혀를 굴리는 그들의 영향을 받았습니다. 이것을 捲舌音(권설음), 곧 혀를 말아 내는 소리라 합니다. 兒는 捲舌音을 標記(표기)하려고 허투루 붙인 것입니다. 우리가 중국 말을 흉내낼 때 '쌀라 쌀라'

614

賭戲目包

「술래잡기 하는 모습包目戲賭」, 김준근, 조선 말기, 숭실대 한국기독교박물관.

하는 것은 혀를 굴리는 북쪽 지방의 捲舌音이 인상적이었기 때문입니다.

고양이라고 본 중국 숨바꼭질과 달리 우리 숨바꼭질은 달을 닮았습니다. 晦朔(회삭)에 숨었다가 上弦(상현)으로 커지고 滿月(만월)이 되었다가 다시 下弦(하현)으로 작아지고 숨는 달 말입니다. 기둥에서 출발한 술래든 아이든 다시 돌아와야 살 수 있다는 숨바꼭질의 回歸(회귀)도 달을 꼭 닮았습니다.

上墳

위 상(一-2) 무덤 분(土-12)

上墳(상분)은 '무덤에 오르다'라는 뜻입니다. 무덤을 돌보거나 기리는 제사를 지내기 위해 무덤에 가지요. 무덤을 찾아 돌보는 일은 省墓(성묘), 무덤을 찾아 제사를 지내는 일은 墓祭(묘제)라고 합니다. 墓祭는 달리 時祀(시사)나 時享(시향)을 가리키는 말이기도 합니다.

무덤을 늘 찾아 기리면 좋겠지만 그러기 어려워 날을 정하게 마련입니다. 중국에서는 다른 날도 있지만 淸明(청명)이 그날입니다. 식목일 무렵 寒食(한식)과 하루 이틀 상관인 때이지요. 우리나라 풍속은 중국과 다릅니다. 淸明은 치지 않고 그보다 寒食이며, 寒食보다도 설, 端午(단오), 秋夕(추석)입니다. 축제도 죽은 이와 함께 지내려고 생각한 우리입니다.

秋夕에 무덤을 찾는 풍속은 가야의 首露王(수로왕) 제사에서 비롯되었다는 말이 있습니다. 이런 풍속은 늦게까지 옛 가야 땅에 남아 있었던 모양입니다. 어떤 사람이 宋時烈(송시열)에게 '嶺外(영외)의 섬사람이 추석에만 墓祭를 지내는 것은 무식하고 정성이 부족한 탓'이라고 욕한 적이 있습니다. 嶺外는 嶺南(영남)이지만 여기서는 섬, 곧 거제도나 남해를 가리킵니다. '그것도 나름 근거가 있으니 가볍게 말하면 안 된다'고 宋時烈은 타일렀답니다.

「성묘」, 김준근, 27.8×32.8cm, 조선 말기, 모스크바 국립동양박물관.

1390년 곧 朝鮮(조선)을 세우려던 사람들은 온 나라가 『朱子家禮(주자가례)』에 따를 것을 명령했습니다. 上墳도 1년에 한 번 寒食에만 하도록 강제했습니다. 중국의 上墳과 우리의 그것이 담은 뜻을 제대로 알지 못했던 過激派(과격파)들이었던 탓입니다. 宋時烈은 그나마 좀 아는 사람이라 하겠습니다.

兔景

토끼 토(儿-5) 볕 경(日-8)

兔景(토경)은 '토끼의 볕'이라는 뜻입니다. 귀가 긴 動物(동물) 토끼가 스스로 빛을 낼 리 만무하고 兔景은 '달빛'이라는 뜻입니다. 옛날 사람들은 日烏月兔(일오월토)라 하여 해에는 三足烏(삼족오), 곧 세 발을 가진 까마귀가 살고 달에는 玉兔(옥토), 곧 옥처럼 흰 토끼가 산다고 믿었습니다. 금까마귀와 옥토끼라는 뜻의 金烏玉兔(금오옥토)도 같은 말입니다.

눈부신 햇빛은 金烏를 보여주지 않지만 은은한 달빛은 1년에 열두 번 玉兔를 환히 보여줍니다. 姮娥(항아)는 西王母(서왕모)가 남편 羿(예)에게 내린 不死藥(불사약)을 훔쳐 먹었다가 發覺(발각)되는 바람에 도망쳤다는 신화 속 인물입니다. 달로 도망간 姮娥는 두꺼비로 둔갑했고 옥토끼는 뒤쫓아온 羿를 달에 들이지 않았다고 합니다. 중국 사람들은 그로부터 姮娥가 달의 여신이 되었다고 믿지요.

달의 여신이 몸을 바꾼 두꺼비는 달의 상징입니다. 사람들은 물과 뭍을 오가는 兩棲類(양서류)인 두꺼비가 물의 힘을 가졌다고 믿었습니다. 降雨(강우)나 潮汐(조석) 등 물을 움직이는 힘이 달에서 나온다고 믿었으니 두꺼비가 달의 상징이 된 일은 이해가 갑니다.

달의 原住民(원주민) 토끼는 그냥 토끼가 아니라 '절구질하는 토끼'입니다. 절구에 찧는 것은 姮娥가 훔친 不死藥이라고도 하고 떡

620

이라고도 합니다. 달은 죽었다 되살아나는 신기한 天體(천체)이지요. 토끼의 절구질은 이런 달의 復活(부활)을 상징하고 있습니다.

秋夕(추석) 명절이 오면 집집마다 열나흘 달빛 아래 반달 모양의 송편을 빚지요. 우리 조상님들은 滿月이 죽는 달이고 반달이 힘이 세다고 믿었기 때문에 이런 모양이 되었겠지요. 更上一層樓(경상일층루)라, 한층 더 오른 수준 높은 생각입니다.

嘉俳

아름다울 가(口-11) 광대 배(人-8)

嘉俳(가배)는 팔월 보름에 쇠던 新羅(신라)의 명절입니다. 가윗날 또는 한가위를 소리 나는 대로 한자로 쓴 말입니다. 가위는 본디 가부, 가뷔라 했다 합니다. 가운데라는 뜻입니다. 달이 자라고 사그라지는 變貌(변모) 과정의 中間(중간)인 보름달을 가리키는 뜻이리라 짐작됩니다. 언제부턴가 秋夕(추석)이란 말을 자주 쓰는데, 秋夕은 본디 '가을 밤'이라는 뜻의 보통명사이지요. 한가위 같은 이름이 아름답고 정확합니다.

고려 사람 金富軾(김부식)이 쓴 『三國史記(삼국사기)』에서는 한가위의 유래를 적고 있습니다. 新羅 임금 儒理尼師今(유리 이사금) 때 여자들은 길쌈내기를 하여 진 쪽이 酒食(주식), 곧 술과 음식을 마련해서 이긴 쪽을 대접했답니다. 이때 歌舞百戱(가무백희), 곧 노래하고 춤추고 온갖 놀이를 하며 놀았다고 전하지요.

길쌈내기는 칠월 보름날 百中(백중)에 시작하여 한 달 동안 벌어졌습니다. 百中은 본디 여신 織女(직녀)를 기리는 명절인 七夕(칠석) 축제의 마지막 날입니다. 길쌈내기는 七夕 축제의 延長(연장)이었겠지요.

　머느리 말미 받아 본집에 覲親(근친) 갈 제

개 잡아 삶아 건져 떡고리와 술병이라

초록 장옷 반물치마 裝束(장속)하고 다시 보니

여름 동안 지친 얼굴 蘇復(소복)이 되었느냐

仲秋夜(중추야) 밝은 달에 志氣(지기) 펴고 놀고 오소

조선시대 『農家月令歌(농가월령가)』 「팔월령」 가운데 며느리 觀親 대목입니다. 더 이상 온 세상 며느리들을 귀하게 보지 않았던 시절, 한가위가 여신을 모시던 여자들의 축제라는 기억이 조금이나마 남았던 것인가봅니다.

玩月

희롱할 완(玉-4) 달 월(月-0)

玩月(완월)은 '달맞이' 또는 '달구경'이라는 뜻입니다. 玩은 玩賞(완상), 곧 '즐겨 구경하다'라는 말입니다. 깎은 손톱처럼 가느다란 微月(미월)이나 纖月(섬월), 굽은 달 彎月(만월)이나 반달 半月(반월), 새벽의 희미한 殘月(잔월)이나 이지러진 偃月(언월)을 맞이하거나 구경할 리는 없습니다.

玩月은 꽉 찬 滿月(만월), 곧 보름달이 제격입니다. 滿月은 따로 望月(망월), 盈月(영월)이라고도 합니다. 滿月이라 해도 정월 대보름이나 한가위의 보름달이 유달리 크고 밝아 다시 그만입니다. 구름이라도 가려 한가위 보름달을 볼 수 없다면 一年虛渡秋(일년허도추)라, '한 해 가을을 헛되이 보냈다'고 哀惜(애석)해했답니다.

지상의 豐饒(풍요)를 빌어 마지않던 옛사람에게 滿月은 배부른 암컷을 의미합니다. '빌렌도르프의 비너스'나 '로셀의 비너스'처럼 후기 구석기시대 여신을 새긴 조각상의 豐滿(풍만)한 몸매를 보면 단박에 알 수 있지요. 생명을 낳을 어머니의 몸입니다. 초사흗날 달 哉生明(재생명)은 '처음 빛이 생겼다'라는 뜻입니다. 빛이 생기고 달은 그로부터 열사흘 만에 꽉 차지요. '로셀의 비너스'가 들고 있는 뿔에 13개의 금이 그어져 있는 것은 이 때문입니다.

코르누코피아(Cornucopia)는 '豐饒의 뿔'이라는 뜻입니다. '로셀의 비너스'가 들고 있던 뿔이지요. 豐饒를 바라는 사람들은 달을 그저 쳐다보고만 있을 수 없었을 것입니다. 한가위의 강강술래는 달, 사월 초파일의 탑돌이는 탑을 중심에 두고 달이 변하는 모양을 본뜬 陣法(진법)을 펼칩니다. 달이 어서 새 생명을 낳도록 재촉하는 것일지도 모르겠습니다. 달밤의 아이들 술래잡기도 기둥을 중심에 두고 오가긴 마찬가지이지요. 玩月은 休息(휴식)이 되었지만 달밤은 본디 생명이 力動(역동)하는 부산한 시간입니다.

「로셀의 비너스」, 높이 44cm,
기원전 23000년.

松餅

소나무 송(木-4) 떡 병(食-7)

松餅(송병)은 솔잎을 깔고 찐 떡 '송편'의 한자말입니다. 쌀가루를 반죽하여 소를 넣고 반달 모양으로 빚지요. 흔히 秋夕(추석), 곧 한가위 음식으로 꼽지만 『東國歲時記(동국세시기)』에 따르면 2월 초하루 음식이랍니다. 챙겨둔 벼이삭을 대보름날 털어 흰떡을 만드는데 콩으로 소를 만들고 솔잎을 깔고 찐다고 했습니다. 올벼로 빚는 한가위 송편은 그래서 오히려 '오려송편'이라고 달리 불렀습니다.

秋夕의 중국 이름은 仲秋節(중추절)이지요. 반달 모양 송편과 달리 저들은 보름달을 닮은 月餠(월병)을 만들어 먹습니다. 꼭 茶食(다식) 모양으로 만들어 굽기 때문에 찌는 우리네 송편과 다릅니다. 慕華(모화), 곧 중국을 사모하는 마음에 젖은 조선시대 우리 조상들은 송편을 구운 月餠에 대지 못하고 저들이 端午(단오)에 쪄먹는 쭝쯔(粽子·종자)에 비기곤 했습니다.

일본에 통신사로 갔던 趙曮(조엄)은 1764년 1월 28일 일기에서 쭝쯔 받은 일을 기록한 적이 있습니다. 趙曮이 이를 靑白餠(청백병)이라 적었습니다. 쭝쯔는 대나무 잎에 싼 찰밥입니다. 대나무 잎은 푸르고 찰밥은 희니 靑白이란 말도 틀리진 않습니다. 허나, 靑白餠은 송편을 가리키는 말이 보통의 쓰임새이니 오해를 살 만한 말입니다.

    조선 사람 朴思浩(박사호)는 1828년 冬至使(동지사), 곧 동지 인사를 가는 사신 일행에 끼었던 적이 있습니다. 날마다 일기를 썼는데 12월 21일 일기에는 北京(북경)에 가까운 高麗堡(고려보)의 조선 사람들 이야기가 있습니다. 丙子胡亂(병자호란) 때 잡혀온 사람들이 사는 高麗堡 저잣거리에는 송편 따위를 高麗餠(고려병), 곧 고려 떡이라 부르며 팔고 있었답니다. 萬里他鄕(만리타향)이라도 근본은 어쩌지 못하는 모양입니다.

八珍味

여덟 팔(八-0) 보배 진(王-5) 맛 미(口-5)

八珍味(팔진미)는 '잘 차린 음식으로 꼽는 여덟 가지 진귀한 음식'이라는 말입니다. 중국의 食單(식단), 곧 메뉴에 오른 것입니다. 푸짐하게 잘 차린 음식인 珍羞盛饌(진수성찬)도 비슷한 뜻입니다. 우리네 『農家月令歌(농가월령가)』도 '八珍味 五侯鯖(오후청)'이라 하여 아주 맛난 음식의 대명사로 꼽고 있지요. 八珍味의 메뉴는 이제껏 두 가지가 전합니다.

먼저 淳母(순모), 淳熬(순오,) 炮牂(포장), 炮豚(포돈), 擣珍(도진), 熬(오), 漬(지), 肝膋(간료)가 한 가지입니다. 짐승 고기로 담근 肉醬(육장)을 기장밥에 올린 덮밥이 淳母, 쌀밥에 올린 덮밥이 淳熬입니다. 구운 양고기가 炮牂, 구운 돼지고기가 炮豚입니다. 모두 기름진 음식입니다. 현대인이야 기름기를 꺼리지만 음식은 좀 기름져야 맛있는 법이지요. 擣珍은 고기를 다져 만든 肉膾(육회), 熬는 고기를 저며 말린 肉脯(육포) 또는 절임, 漬는 술에 절인 고기, 肝膋는 개의 간을 구운 구이라 합니다.

또한 龍肝(용간), 鳳髓(봉수), 兔胎(토태), 鯉尾(이미), 鶚炙(악적), 熊掌(웅장), 猩脣(성순), 酥酪(수락)이 한 가지입니다. 龍肝은 용의 간, 鳳髓는 봉황의 등골이랍니다. 구하려 해도 구할 수 없는 재료이지요. 兔胎는 태중의 토끼 새끼, 鯉尾는 잉어 꼬리, 鶚炙은 물수리 구이, 熊掌은 곰 발바닥, 猩脣은 성성이 입술, 酥酪은 젖으로 만든 치즈입니다. 척 보아도 쉽지 않은 재료입니다.

사실 八珍味는 西王母(서왕모) 신화에 나오는 메뉴랍니다. 西王母는 생일잔치에 八仙(팔선), 곧 여덟 명의 신선을 초대하고 이런 음식을 대접했다지요. 눈여겨볼 것은 아시아의 북방 초원부터 남방 섬에 걸친 모든 재료가 나온다는 점입니다. 後食(후식)은 영생을 보장하는 하늘 복숭아 蟠桃(반도)였다니 꼭 한번 초대받았으면 하는 잔치입니다.

「요지연도瑤池宴圖」, 작가미상, 비단에 채색, 134.5×366.0cm, 19세기, 경기도박물관. 서왕모가 사는 곤륜산 요지에서 열린 연회 장면이다. 여덟 신선이 초대받았음은 물론이고, 팔진미가 차려져 있다.

蟠桃

서릴 반(虫-12) 복숭아나무 도(木-6)

蟠桃(반도)는 '3000년마다 한 번씩 열매가 열린다는 복숭아'입니다. 西王母(서왕모) 신화에 나오는 전설의 과일이지요. 신화는 西王母의 생일이 蟠桃가 열릴 때, 곧 3000년마다 한 번 돌아온다고 합니다. 蟠桃가 열리면 八仙(팔선), 곧 여덟 명의 신선을 불러 잔치를 벌였다지요. 이 잔치의 이름이 蟠桃宴(반도연)입니다. 이때 먹는 것이 八珍味(팔진미), 마시는 것이 玉液瓊漿(옥액경장)이고 마지막으로 蟠桃를 후식으로 먹는다고 합니다.

사람들은 西王母 신화로도 만족하지 못해 이야기를 새로 꾸몄습니다. 琪花瑤草(기화요초)가 우거진 蟠桃園(반도원)은 본디 蟠桃나무 과수원입니다. 여기에는 각각 3000년, 6000년, 9000년에 한 번 꽃을 피우고 열매를 맺는 복사나무가 있답니다. 이 복숭아를 먹으면 복숭아의 햇수만큼 오래 살 수 있다 하니 長生不死(장생불사)의 靈藥(영약)인 셈이지요. 西王母는 3000년, 6000년, 9000년에 한 번씩 蟠桃宴을 열었다고 합니다. 『西遊記(서유기)』의 이야기입니다. 앙큼한 원숭이 임금 孫悟空(손오공)은 배가 터지도록 복숭아를 훔쳐 먹은 뒤 죽지 않는 不死身(불사신)이 되었다지요.

西王母는 본디 표범 꼬리와 호랑이 이빨을 가진 山神靈(산신령)이 미인으로 탈바꿈한 신이라고도 생각한 사람들이 있습니다. 西王

母는 아마 桃花女(도화녀)이리라는 것이 제 추측입니다. 西王母는 주나라 武王(무왕)을 만나고 한나라 武帝(무제)도 만난 적이 있다고 합니다. 그들에게 오래 살라는 뜻으로 蟠桃를 주었다고 합니다. 별난 武帝가 蟠桃를 다 먹은 뒤 욕심을 부려 씨앗을 심으려 했지만 西王母는 중국 땅이 적당하지 않다고 말렸다 합니다. 西王母의 말뜻은 무엇이었을까요? 적당한 땅은 따로 있다는 말이겠지요.

琪花瑤草

옥 기(玉-8) 꽃 화(艸-4) 아름다운 옥 요(玉-10) 풀 초(艸-6)

琪花瑤草(기화요초)는 '옥처럼 고운 풀에 핀 구슬처럼 아름다운 꽃'이라는 뜻입니다. 중국 전설에 瑤姬(요희)라는 여신이 있습니다. 본디 炎帝(염제) 神農氏(신농씨)의 딸이라는 둥, 天帝(천제)의 딸이라는 둥, 西王母(서왕모)의 딸이라는 둥 설이 많습니다. 瑤草는 바로 瑤姬가 죽어서 생긴 풀이랍니다. 온갖 花草(화초)의 신이라고도 했습니다. 琪花는 흰빛으로 핀다는 瑤草의 꽃입니다.

고대의 환상 지리지 『山海經(산해경)』은 姑射山(고야산)에 사는 天帝, 곧 하느님의 딸이 죽어 瑤草가 되었다고 합니다. 姑射山은 莊子(장자)가 신선이 산다고 말한 邈姑射山(막고야산)입니다. 중국 초나라 사람 宋玉(송옥)도 瑤姬가 하느님의 작은딸이며 죽어서 巫山(무산)의 여신이 되었다고 합니다.

西王母는 영원히 죽지 않는 땅 西華(서화)에 산다는 어머니 신이지요. 그의 스물세 번째 딸이 瑤姬라는 말도 있습니다. 雲華夫人(운화부인)이라고도 불린 그는 禹(우)임금이 물길을 틔워 홍수를 막을 때 거들기도 했습니다. 전설에 따르면 雲華夫人이 巫山에 머물며 長江(장강)의 三峽(삼협)을 굽어보고 있다고도 합니다.

瑤는 본디 옥구슬이라는 뜻인데, 이 글자가 들어간 瑤草가 靈芝(영지)라는 말도 있고 珊瑚樹(산호수)라는 말도 있습니다. 珊瑚樹는 우리말로 아왜나무입니다. 이맘때 붉은 珊瑚 구슬 같은 열매가 알알이 달립니다. 珊瑚樹는 또 나무처럼 줄기와 가지가 있는 珊瑚를 가리키기도 합니다. 西王母가 산다는 영원한 생명의 땅에 瑤池(요지)라는 연못이 있다고 했습니다. 瑤池에 珊瑚樹라니 왠지 거기는 물속에 있다는 龍宮(용궁)이 아닐까 하는 생각이 듭니다.

柏露

측백 백(木-5) 이슬 로(雨-12)

柏露(백로)는 栢樹露(백수로)라고도 하며 '側柏(측백)나무에 맺힌 이슬'이라는 뜻입니다. 柏은 栢(백)이라고도 쓰며 측백나무나 잣나무와 같은 針葉樹(침엽수), 곧 잎이 바늘처럼 뾰족한 나무의 일종입니다. 孔子(공자)도 '날이 차가워진 뒤에야 송백이 늦게 시드는 것을 안다'고 한 적이 있지요. 松柏은 소나무와 잣나무이니 늘푸른나무의 대명사인 셈입니다.

『荊楚歲時記(형초세시기)』는 白露(백로) 절기 무렵 眼明囊(안명낭), 곧 눈 밝아지는 주머니를 매다는 풍습이 있다고 했습니다. 오월 端午(단오)의 香囊(향낭)처럼 팔월 오일이면 주고받는다 했습니다. 絲囊(사낭)이라고도 부르는 眼明囊은 수를 놓은 비단주머니입니다. 柏露를 따서 담았다가 눈을 씻는 쓸모가 있습니다.

眼明囊은 옛날 옛적 赤松子(적송자)라는 신선에게서 나왔다고 합니다. 赤松은 紅松(홍송)이라고도 하는 질 좋은 소나무이지요. 잎은 늘 푸르고 몸통은 붉디붉습니다. 赤松子는 그래서 '붉은 소나무 선생님'이라는 뜻이 됩니다. 炎帝(염제) 神農氏(신농씨)의 신하인데 머나먼 서쪽 西王母(서왕모)가 살던 동굴에서 水玉(수옥)을 먹으며 단련한 뒤 신선이 되었답니다. 水玉은 水晶(수정)이라는 보석을 달리 부르는 말입니다. 물의 精氣(정기)가 단단히 굳은 것이라 여겼습니다. 赤松子의 水玉이란 아마 소나무에 구슬처럼 맺힌 이슬을 가리킬 것입니다.

赤松子의 로맨스 하나를 말씀드릴까 합니다. 神農氏에게는 瑤姬(요희)라는 딸이 있었습니다. 赤松子를 사랑해 따라가던 瑤姬는 깊이 숨은 그를 찾지 못하고 그만 풀이 되었다고 합니다. 이 풀이 열대 바다 속의 珊瑚(산호)라고도 하고 영원한 생명을 보장하는 靈芝(영지)라고도 합니다.

海松子

바다 해(氵-7) 소나무 송(木-4) 아들 자(子-0)

海松子(해송자)는 '해송의 씨앗'이라는 뜻입니다. 海松은 적어도 세 가지 식물을 가리킵니다. 잣나무가 하나, 黑松(흑송)이라고도 하는 바닷가 소나무 곰솔이 또 하나, 바다에 나는 물풀 靑角(청각)이 다시 하나입니다. 바다 속에 나는 푸른빛 珊瑚(산호)의 일종에도 海松이라 부르는 것이 있지만 珊瑚는 동물로 분류되지요.

海松子는 잣나무 열매 '잣'을 가리키는 말입니다. 줄여서 松子(송자)라고도 하고 栢子(백자), 實栢(실백)이라고도 합니다. 栢 자가 柏(측백나무 백)의 俗字(속자)인 까닭에 柏子(백자)라고 하는 이도 있지만 柏子는 측백나무 열매이니 다른 놈입니다.

海松 말고도 잣나무의 이름은 많습니다. 잣이 열리는 나무라고 栢子木(백자목) 또는 松子松(송자송), 열매가 열리는 소나무라고 果松(과송), 목재가 붉다고 紅松(홍송), 기름기 많은 소나무라고 油松(유송)이라 합니다. 잣나무는 잎이 다섯 가닥씩 모여 나는 것이 특징입니다. 그래서 五鬚松(오수송), 五鬣松(오렵송), 五葉松(오엽송), 五粒松(오립송)이라는 이름도 있습니다.

잣나무는 또 신라 소나무 新羅松(신라송)이라고도 합니다. 잣나무가 본디 중국에 없었기 때문이랍니다. 잣나무를 가리키는 海松도 그렇다면 물 건너온 소나무라는 뜻입니다. 곰솔 海松과 뜻이 다릅니다. 송나라 사람 陶穀(도곡)은 이런 말을 한 적이 있습니다.

신라 사신이 올 때마다 잣을 파는데 이름을 옥각향 또는 용아자
라 하고 큰 벼슬아치에게 뇌물로 바쳤다. 新羅使(신라사) 每來多
鬻松子(매래다육송자) 名玉角香(명옥각향) 又名龍牙子(우명용아
자) 以此賂公卿家(이차뢰공경가)

이렇게 귀하던 잣이 중국에 건너가 뿌리를 내리고 요즘은 다시
싼값으로 수입하는 지경이 되었으니 세상사 참 묘합니다.

山臺

뫼 산(山-0) 돈대 대(至-8)

山臺(산대)는 '산처럼 높은 무대'라는 뜻입니다. 山臺놀음 등을 하려고 길가나 빈터에 마련한 임시 무대를 가리킵니다. 우리 山臺와 비슷한 것을 중국에서는 山棚(산붕) 또는 鼇山(오산)이라 합니다. 山棚은 겹겹이 쌓아올려 산처럼 높은 假設物(가설물)을 가리키지요. 鼇山은 '거북 산'이라는 뜻인데 彩山(채산), 燈山(등산)이라고도 합니다. 갖가지 빛깔의 비단을 휘감았다고 彩山, 크고 작은 등을 달았다고 燈山입니다.

鼇山은 중국 한나라 때부터 元宵節(원소절), 곧 정월 대보름의 등불놀이를 위해 만들었답니다. 그 위에서 神仙(신선)이 모인 광경을 연기했다지요. 한나라 때 많이 만들었던 유물 가운데 博山香爐(박산향로)가 있습니다. 1993년 충남 夫餘(부여)에서 발견된 국보 제287호 百濟金銅大香爐(백제 금동대향로)는 이들 가운데 으뜸인 물건이지요. 여느 博山香爐처럼 위를 받치고 있는 연꽃잎이 아주 인상적입니다. 香爐의 연꽃잎은 거북 등껍질을 닮은 것도 같습니다. 鼇山이란 이름은 그래서 博山香爐와 연결됩니다.

음력 시월 보름날은 신라와 고려 때 八關會(팔관회)를 벌이던 날 중 하나입니다. 八關會는 불교 행사이지만 우리 고유의 시월 축제를 이은 것이지요. 고구려의 東盟(동맹)이 대표적인 시월 축제입니

640

다. 고구려를 이었다고 自負(자부)한 고려
는 신라와 고구려를 잇는 국가 행사로 八關會
를 베풀었습니다. 그리고 山臺놀이는 八關
會에 늘 빠지지 않았답니다.

　고려의 八關會가 전성기를 누릴 때
일본에 처음으로 山臺가 등장했습니
다. 고려에서 건너간 것이지 싶습니
다. 일본에서는 그것을 이제 야마
카사(山笠·산립)라 합니다. 위에서
온갖 놀이를 펼치는 우리 山臺는
아닙니다. 저들은 人形(인형)을 올리고
온갖 치장을 베푼 山臺를 가마에 메고 뛰
어다니지요. 우리나라와 중국, 일본 세 나라
가 각각 하나씩 뜻을 취했지만 이들은 엄연
히 같은 데서 출발한 것이랍니다.

백제 금동대향로, 높이 61.8cm, 국보 제287호,
백제 6~7세기, 국립부여박물관.

金松

쇠 금(金-0) 소나무 송(木-4)

金松(금송)은 '금소나무'라는 뜻입니다. 일본 특산의 소나무이고 2억3000만 년 전의 모습이랑 다를 바가 없는 '살아 있는 化石(화석)'입니다. 恐龍(공룡)이 활보하던 시절부터 이제껏 銀杏(은행)나무와 함께 지구를 지킨 나무이지요.

일본에서도 귀한 金松은 일본 王室(왕실)의 존중과 보호를 받아 왔습니다. 金松의 일본 이름은 고야마키(高野槇·고야전)입니다. 아스카(飛鳥·비조) 부근의 신성한 高野山(고야산)에서 자라는 거룩한 소나무라고 이렇게 부릅니다. 高野는 소리를 옮긴 말인데 伽倻(가야)와 같은 말입니다. 高野山은 그래서 伽倻山(가야산)이라고 보면 되겠습니다.

일본의 '伽倻山'에서 나는 金松으로 만든 널판은 일본에서 가장 귀한 사람들의 葬禮(장례)에만 썼습니다. 그런 金松이 1971년 수습된 백제 武寧王陵(무령왕릉)에서 나오자 사람들은 몹시 놀랐습니다. 이런저런 말이 많지만 백제 왕실과 일본 왕실의 혈연이나 신앙이 둘이 아니라는 증명이라 보는 것이 타당할 듯합니다.

일본 식민지에서 벗어난 지도 수십 년이 지났습니다만 아직도 청산하지 못한 殘滓(잔재)가 있어 가슴 아프게 합니다. 金松도 일제 殘滓 목록에 끼어 있습니다. 國恥(국치)를 잊지 말자고 征服者(정복자)의 기념물조차 보존하는 서양 이야기는 다시 하지 않으렵니다. 金松은 소나무 종류이고 제 잘못은 없습니다. 그저 사람 생각이 문제일 뿐입니다. 나무 목숨도 살리고 사람 마음도 낫게 할 방법을 찾을 일입니다.

錢魚

돈 전(金-8) 고기 어(魚-0)

錢魚(전어)는 요즘 한창 제철을 맞은 가을 물고기입니다. 錢魚는 '돈 되는 물고기'라는 뜻처럼 보입니다. 活魚(활어)를 실어다 生鮮膾(생선회)로 파는 요즘은 말이 되는 듯도 하여 고개를 주억거리게 되지요. 허나 活魚車(활어차)가 흔해지기 전에는 사정이 달랐습니다. 초가을 오후, 얼음도 채우지 않은 錢魚를 가득 담은 나무궤짝이 어시장을 가득 채우곤 했습니다. 鮮度(선도)가 떨어지니 무치거나 구울 수밖에 없는 천한 물고기가 錢魚였지요.

조선시대 사람 丁若銓(정약전)은 『兹山魚譜(자산어보)』를 썼습니다. 兹山은 검은 산이란 뜻이니 귀양살이하던 黑山島(흑산도)를 달리 쓴 것이고 魚譜는 물고기 족보라는 뜻입니다. 요즘의 魚類圖鑑(어류도감)이 그림으로 보여주는 데 반해, 魚譜는 말로만 설명합니다.

일이 이렇게 된 데에는 사연이 있습니다. 섬으로 귀양살이를 떠난 丁若銓은 본디 글과 그림이 들어간 『어족도설魚族圖說(어족도설)』이라는 책을 구상했답니다. 이런 아이디어를 편지로 동생에게 알렸지요. 그랬더니 동생 丁若鏞(정약용)은 이런 답장을 보냈답니다. "형님, 그림은 굳이 왜 그리려고 하십니까?" 동아시아 기후 역사를 연구하는 김문기 박사가 들려준 재미나면서도 울화가 치미는 이야기입니다.

『玆山魚譜』는 錢魚를 箭魚(전어), 곧 '화살 고기'라고 부릅니다. 箭魚가 '썩어도 준치'라고 할 때의 준치라는 말도 있지만, 『玆山魚譜』는 준치를 是魚(시어)라 하여 구분합니다. 백성들은 是魚를 蠢峙魚(준치어)라 부른다 했으니 더 분명합니다. 眞魚(진어)라고도 하는 준치는 초여름에 잡히는 물고기입니다. 錢魚와 是魚는 철이 다르지만 모두 靑魚(청어)와 사촌 간인 물고기이지요.

靑魚 종류는 본디 가시가 많습니다. 是魚多骨(시어다골)은 '준치가 맛은 좋으나 가시가 많다'는 뜻입니다. 좋은 일에는 귀찮은 일도 많음을 비겨 이르는 말입니다. 好事多魔(호사다마)와 같은 뜻의 말입니다. '깨가 서 말'이란 말처럼 錢魚에 기름이 올라 맛이 무르익었습니다. 요즘 횟집에서는 보통 뼈가 씹히지 않게 썰어줍니다만, 뼈가 씹히도록 썰어달라고 청해서 인생을 함께 버무려 곱씹는 맛도 괜찮을 듯합니다.

羊乳

양 양(羊-0) 젖 유(乙-7)

羊乳(양유)는 '양의 젖'을 가리킵니다. 羊 자는 양의 머리 모양을 본뜬 글자인데, 주로 털을 이용하는 綿羊(면양)과 젖이나 고기를 이용하는 山羊(산양)을 모두 羊이라 썼습니다. 家畜(가축)을 연구하는 학자들은 둘을 구분해야 한다고 말하지만 말입니다. 山羊은 염소의 한자말입니다. 鬚髥(수염)이 있는 소라고 髥牛(염우), 곧 염소라고도 합니다.

羊乳는 '더덕'의 한자 이름이기도 합니다. 한창 더덕 캐는 철인 요즘, 통통한 더덕 뿌리를 분지르면 끈적이는 우윳빛 津液(진액)을 볼 수 있습니다. 羊乳는 이를 보고 붙인 이름입니다. 중국 청나라 사람 吳其濬(오기준)이 1848년 펴낸 『植物名實圖考(식물명실도고)』는 더덕을 奶樹(내수), 곧 '젖나무'라 했습니다. 역시 우윳빛 津液의 인상이 강했던 모양입니다.

조선 초기의 의학서 『鄕藥集成方(향약집성방)』은 더덕을 加德(가덕)이라 했습니다. 加(더할 가)는 뜻으로 '더', 德(덕 덕)은 소리로 '덕'을 표기한 吏讀(이두)입니다. 달리 부를 말이 없었나봅니다. 조선 高宗(고종) 임금 때 유명한 의사 黃泌秀(황필수)가 엮은 『名物記略(명물기략)』은 더덕을 沙蔘(사삼)이라 했습니다.

흔히 沙蔘을 더덕이라 알고 있지만 '잔대'의 한자 이름이기도 합

니다. 더덕은 덩굴로 자라고 잔대는 곧게 자라지요. 둘 다 꽃 모양
이 비슷한 초롱꽃과의 여러해살이식물입니다. 둘은 뿌리를 나물로
도 먹고 약으로 쓰는 것도 같습니다. 沙蔘은 人蔘(인삼), 玄蔘(현
삼), 苦蔘(고삼), 丹蔘(단삼)과 더불어 五蔘(오삼)이라 부른다니 몸
에 이롭겠지요. 더덕과 잔대, 둘 중 어느 것이 정말 沙蔘인지 알 수
없으나 제철을 맞아 향긋한 더덕 냄새에 취하는 것도 좋겠습니다.

南瓜

남녘 남(十-7) 오이 과(瓜-0)

南瓜(남과)는 남쪽에서 들어온 오이, 곧 호박을 가리킵니다. 호박은 胡(호)박, 곧 '오랑캐 박'이라는 뜻일 듯합니다. 아메리카 원산이라 하니 이 땅에 들어온 지는 그리 오래되지 않았습니다. 崔南善(최남선) 선생은 壬辰倭亂(임진왜란) 직후 고추와 함께 일본을 통해 들어왔다고 했습니다.

어린 호박은 애호박, 잘 여문 늙은 호박은 청둥호박이라 합니다. '청둥'은 靑銅(청동)을 쉬이 발음한 말입니다. 靑銅은 朱錫(주석), 鉛(연), 亞鉛(아연) 따위를 섞어 만든 구리 合金(합금)이지요. 鉛은 납, 亞鉛은 빛깔이 납이랑 비슷해 붙인 다른 종류의 금속입니다. 靑銅은 특히 朱錫이 중요합니다. 구리에 亞鉛이 주로 섞이면 黃銅(황동), 곧 놋쇠가 됩니다.

靑銅은 짙푸른 빛깔이라 여기기 쉽지만, 짙푸른 빛깔은 사실 靑銅에 슨 綠(녹)의 빛깔일 뿐입니다. 酸化(산화)되어 쇠붙이에 생기는 녹을 綠이라 하는 것도 오랜 靑銅의 기억 때문이겠습니다. 검붉은 褐銅(갈동)은 靑銅의 다른 말입니다. 청둥호박의 노란빛은 靑銅의 本色(본색)을 닮았습니다.

청둥호박을 말려 호박고지를 해두었다가 나물이나 호박떡을 해먹기도 합니다. 속을 긁어낸 살로는 호박범벅을 해먹기도 합니다.

동해의 섬 鬱陵島(울릉도) 특산인 호박엿은 호박으로 만든 엿이 아닙니다. 본디 厚朴(후박)나무의 껍질을 넣어 고아 만든 '厚朴엿'인데 호박엿으로 訛傳(와전)되었지요.

호박은 木瓜(모과)와 함께 생김새가 못난 여자를 놀리는 말입니다. 兒名(아명)이 '모개'인 누이가 있습니다. 本人(본인)은 무지 싫어했지만 어른들은 골리는 맛에 더 熱心(열심)이었지요. 모개는 木瓜의 사투리입니다. 兒名을 천하게 짓는 것은 古來(고래)부터 있는 풍습인데, 만에 하나 귀한 자식 동티라도 날까 저어한 탓입니다.

秋分

가을 추(禾-4) 나눌 분(刀-2)

秋分(추분)은 한 해 동안 낮밤의 길이가 같은 이틀 가운데 하루입니다. 黃經(황경) 180도가 되는 날이 秋分, 꼭 반대인 0도가 되는 날이 春分(춘분)이지요. 二八月(이팔월)은 '음력 이월과 팔월'이라는 뜻의 말입니다. 이월에 눈비가 많으면 팔월에도 비가 많고, 이월에 눈비가 적으면 팔월에도 비가 적다는 데서 상관성을 강조한 말이지요. 음력 이월의 春分과 팔월의 秋分은 그래서 서로 짝이 됩니다.

태양이 지나는 길인 黃經에서 0도는 시작을 뜻합니다. 완연한 봄기운에 생명이 넘치는 春分은 시작으로 제격입니다. 그래서 春分을 한 해의 시작으로 보는 사람이 많았습니다. 메소포타미아 사람들도 그랬지요. 春分이 되면 하늘에는 황소자리가 떠오르고 그들은 새로운 생명의 시작을 기뻐하는 祝祭(축제)를 벌였습니다.

春分은 봄이라서 한 해의 시작이라 해도 無妨(무방)한 듯하지만, 정반대인 秋分을 한 해의 시작으로 보는 것은 좀 이상하게 여길 수도 있는 일입니다. 메소포타미아의 이웃인 猶太人(유태인)은 좀 이상했지요. 春分을 설로 쇤 적도 있지만 대체로 秋分이 그들의 설이었습니다. 猶太人의 설날은 로시 하샤나(Rosh Hashana)입니다. 年頭(연두), 곧 '한 해의 첫머리'라는 뜻입니다. 猶太敎(유태교)는 기원전 3761년 10월 7일 天地(천지)가 創造(창조)되었다고 믿고 있습니

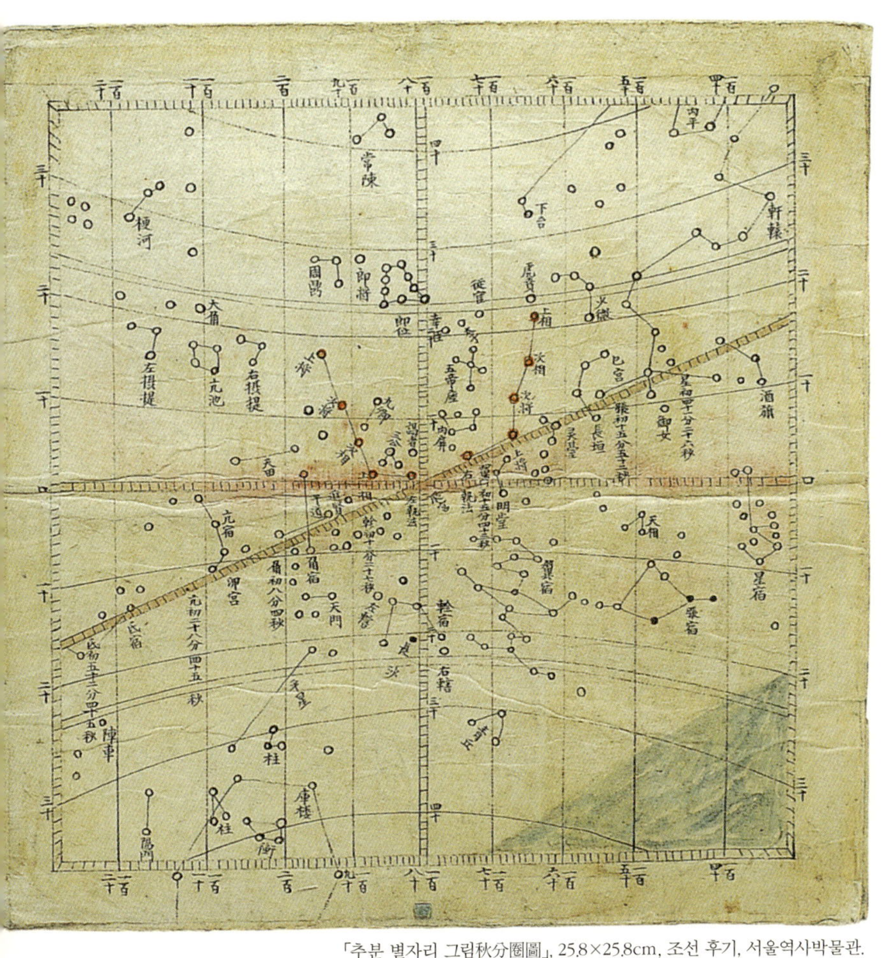

「추분 별자리 그림秋分圈圖」, 25.8×25.8cm, 조선 후기, 서울역사박물관.

다. 로시 하샤나는 바로 創世(창세)를 기념하는 날이라 합니다. 그래서 秋分이 설이 된 것이지요.

猶太人은 로시 하샤나의 시작을 전통 악기 쇼파르(Shofar)로 알립니다. 쇼파르는 본디 쇠뿔로 만든 악기입니다. 호른(Horn)은 본디 깎아낸 동물의 뿔을 불어 소리를 내는 데서 유래한 악기이지요. 쇼파르도 호른의 일종입니다. 소와 관련되었다 하니 春分을 설이라 생각한 옛 痕迹(흔적)이 조금은 묻어 있는 듯합니다.

商風

헤아릴 상(口-8) 바람 풍(風-0)

商風(상풍)은 '가을바람'을 가리키는 말입니다. 달리 商飆(상표)라고도 합니다. 헤아린다는 뜻의 商 자는 숫자 계산이 본뜻입니다. 그래서 옛날부터 商業(상업)이나 商人(상인) 등 장사나 장사치를 가리키는 말에 흔히 썼습니다. 중국 최초의 왕조인 商나라도 이와 관련이 있습니다.

숫자 계산을 뜻하는 商 자가 왜 가을을 가리키기도 하는 걸까요? 商 자를 음악에도 쓰기 때문입니다. 중국에서 정리한 음악 이론에서 기본음은 宮商角徵羽(궁상각치우) 다섯 가지입니다. 통틀어 五音(오음)이나 五聲(오성)이라 하고 서양 음계의 도레미솔라에 해당됩니다. 가을을 달리 부르는 이름의 하나인 高商(고상)도 본디 '높은 가을 소리'라는 뜻이지요.

宮商角徵羽 오음은 다섯이라는 가짓수 때문에 五行(오행)과 짝이 맞습니다. 오행은 거의 모든 분야로 확장할 수 있는 萬能(만능)의 사고방식입니다. 오음을 오행에 맞춰 보면 宮은 土(흙 토), 商은 金(쇠 금), 角은 木(나무 목), 徵는 火(불 화), 羽는 水(물 수)와 짝이 됩니다. 오행은 방위나 계절과도 연결되는데 金이 가을 기운을 가리킵니다. 金과 짝을 이룬 商은 그래서 가을일 수 있게 됩니다.

기승을 부리던 늦더위도 누그러지고 生凉(생량), 곧 선선한 가을

「산수도」, 오치吳稚, 비단에 엷은 색, 21.2×19.2cm, 1550, 국립중앙박물관. 물 위 누각에 향기로운 바람이 조금조금 불어
오는 10월에 명나라 화가가 그린 그림이다.

바람이 나기 시작합니다. 이제 바람 높은 風高節(풍고절)이지요. 月
白風淸(월백풍청), 곧 달 밝고 바람 선선한 때도 잠시일 테고 悲風
(비풍), 곧 바람 쓸쓸하고 구슬픈 철이 곧 닥칠 것입니다.

菊芋

국화 국(艸-8) 토란 우(艸-3)

菊芋(국우)는 '뚱딴지'의 한자말입니다. 뚱딴지는 본디 고집 세고 어리석으며 무뚝뚝한 사람이나 행동과 생각이 몹시 엉뚱한 사람을 놀리는 말이지요. 허나 여기 뚱딴지 菊芋는 북아메리카 원산의 여러해살이풀 이름입니다.

글자대로라면 '국화 토란'인 菊芋는 菊花科(국화과)에 속하고 해바라기와 사촌 간인 여러해살이풀입니다. 이맘때 국화처럼 생긴 꽃이 피는 까닭에 菊 자가 들어가고 땅속줄기가 土卵(토란)처럼 생겼다고 芋 자가 들어가게 되었지요.

뚱딴지는 '돼지감자'라고도 합니다. 돼지 飼料(사료)로 주고 감자처럼 생겼다고 붙여진 이름이지만 사람도 먹을 수 있는 救荒作物(구황작물)입니다. 뚱딴지의 다른 이름에는 국화 감자 菊藷(국저), 국화 생강 菊薑(국강), 서양 생강 洋薑(양강) 따위도 있습니다.

菊芋의 영어 이름은 예루살렘 아티초크(Jerusalem artichoke)입니다. 예루살렘하고도 상관없고 아티초크하고도 상관없는데 이런 이름이 붙은 것이 정말 뚱딴지 같아 보입니다. 아티초크는 엉겅퀴처럼 생긴 여러해살이풀이고 덜 핀 꽃눈을 먹기 위해 일찍부터 기른 서양 채소이지요.

감자나 토란보다 생강을 닮은 뚱딴지의 알뿌리에는 澱粉(전분)이 많이 들어 있습니다. 이것으로 단맛을 내는 甘味料(감미료)를 만들기도 합니다. 여기에 든 이눌린(Inulin) 성분은 단맛을 내지만 소화되지 않고 그냥 빠져나오는 덕분에 糖尿病(당뇨병)을 앓는 사람들이 많이 찾는답니다.

얼핏 좋아만 보이는 뚱딴지 역시 생태계를 위협할 수도 있는 外來種(외래종) 식물입니다. 우리는 뚱딴지에 따로 주의를 기울이지 않지만 이웃 일본에서는 뚱딴지를 要注意(요주의) 대상에 올려놓았다니 잘 검토해볼 일입니다.

松栮

소나무 송(木-4) 목이 이(木-6)

松栮(송이)는 버섯의 대명사 '송이버섯'의 한자말입니다. 松栮는 소나무 숲의 落葉(낙엽)이 깊고 축축한 땅에 나는 버섯입니다. 特有(특유)의 향이 짙어 귀한 料理(요리) 재료입니다. 달리 松蕈(송심)이라고도 하지요. 요즘이야 養殖(양식)하는 갖가지 버섯이 철철이 나지만 향긋한 버섯 향이 역시 제철의 숲에서 난 것을 당할 수는 없습니다.

松栮의 栮 자는 '목이', 곧 나무에 나는 버섯을 가리킵니다. 목이는 木栮라고 씁니다. 버섯은 땅에서 바로 자라기도 하지만 養分(양분)을 빨 나무에 寄生(기생)할 때가 많습니다. 그렇다고 나무에만 버섯이 나는 것은 아닙니다. 깊은 산속 바위에 자라는 버섯 石栮(석이)도 있습니다. 木栮나 石栮는 각각 木耳, 石耳라고도 씁니다. 栮자를 耳(귀 이)라고도 쓰는 이유는 버섯과 사람 귀의 생김새가 닮은 까닭에서입니다.

과연 어떤 버섯이 최고의 버섯일까요? 우리나라나 일본에서는 松栮를 으뜸으로 칩니다. 松露(송로)는 서양에서 최고로 치지요. 소나무와 관련은 없고 땅속 깊이 나기 때문에 돼지나 개를 동원해서 캔다는 松露입니다. 프랑스 料理가 서양 料理를 대표하기 때문인지 보통 프랑스 말로 트뤼프(truffe)라고 부릅니다. 좋은 것은 같은 무게의 다이아몬드 값만큼 비싸다니 입이 떡 벌어질 일입니다.

중국에서는 표고버섯을 으뜸으로 칩니다. 이유는 간단합니다. 松栮가 나지 않기 때문이지요. 덕분에 松栮와 친척뻘인 표고버섯이 최고가 되었습니다. 그래서인지 표고버섯의 중국 이름은 다양합니다. 香菇(향고), 香菰(향고), 香蘑菇(향마고), 蘑菇(마고), 香菌(향균), 香蕈(향심), 香信(향신), 草菇(초고) 따위가 있습니다. '마고'라는 이름이 눈에 띄는군요. 제철 맞은 버섯을 이것저것 맛보고 어느 것이 으뜸인지 가려보는 것도 재미날 듯합니다.

朝菌

아침 조(月-8)　버섯 균(艸-8)

　　朝菌(조균)은 '아침 버섯'이라는 뜻입니다. 아침에 배쭈룩이 고개를 쳐들었다가 곧 스러지고 마는 버섯을 말합니다. 본디『莊子(장자)』에서 나온 말이지요. 朝菌不知晦朔(조균부지회삭) 蟪蛄不知春秋(혜고부지춘추)라. '아침에 돋았다 해가 뜨면 말라 죽는 버섯은 그믐과 초하루를 모르고, 쓰르라미는 봄가을을 모른다'는 뜻입니다. 晦朔은 한 달, 春秋는 한 해를 가리킵니다.

　『淮南子(회남자)』에는 朝秀(조수)라는 말이 있습니다. 중국 청나라 사람 王念孫(왕염손)은 朝菌이 바로 朝秀라고 풀었습니다. 朝秀는 '아침에 태어나 저녁에 죽는 벌레'라고 합니다. 朝菌이 곤충이라고 생각한 모양입니다. 朝菌이 舜英(순영), 木槿(목근)이라는 말도 있습니다. 舜英이나 木槿은 무궁화의 한자 이름입니다. 나무 꽃을 가리키는 말이니 이것도 버섯이랑 다릅니다.

　『莊子』의 이야기는 이렇게 이어집니다. '冥靈(명령)이라는 나무는 500년이 봄이고 500년이 가을이다. 冥靈은 그래서 1000년을 사는 신령스런 나무다.' 여기서 봄가을, 곧 春秋는 나이라는 뜻입니다. 옛사람들은 식물이 나서 자라는 기간을 봄, 시들어 죽는 기간을 가을이라 했습니다. 여기서 한 해라는 뜻이 나오고 나이라는 뜻도 나온 것입니다. 봄가을을 갈라 春夏秋冬(춘하추동) 네 계절로 나눈 것은 나중 일입니다.

오래 사는 冥靈도 大椿(대춘)이라는 나무를 이길 수는 없습니다. 大椿은 나이가 1만6000년이라는 전설 속의 나무입니다. 700세를 살았다는 전설 속의 인물 彭祖(팽조)도 大椿에 대면 朝菌에 지나지 않습니다. 朝菌과 大椿은 극단적으로 짧은 목숨과 긴 목숨이겠지요. 삶의 덧없음에 謙虛(겸허)하라는 이야기인 듯도 합니다.

金魚

쇠 금(金-0) 고기 어(魚-0)

金魚(금어)는 '금빛 나는 물고기'라는 뜻입니다. 알록달록 여러 빛깔의 '금붕어'나 '비단잉어'라는 뜻이기도 합니다. 불교에서는 佛畫(불화), 곧 佛菩薩(불보살)과 神衆(신중) 등 갖가지 그림을 그리는 사람도 金魚라고 부르지요.

물고기는 여러 종교에서 중요한 상징입니다. 서양에는 물고기 세 마리가 뫼비우스의 띠처럼 물고 물리거나 머리 하나를 공유하는 무늬가 있습니다. 트리퀘트라(Triquetra)라 불리는 이 무늬는 영원한 생명을 상징합니다. 北歐(북구)에서 오딘(Odin) 신의 힘을 상징한다는 발크누트(Valknut), 켈트(Celt)의 聖號(성호), 기독교에서 三位一體(삼위일체)의 상징이 되기도 했습니다. 경남 金海(김해)의 首露王陵(수로왕릉) 정문에는 물고기 두 마리가 입을 마주 대고 있는 무늬, 곧 雙魚紋(쌍어문)이 새겨져 있습니다. 트리퀘트라와 매한가지 뜻일 것입니다.

金海에서 동쪽으로 洛東江(낙동강)을 건너 金井山(금정산)이 있습니다. 언젠가 하늘에서 내려온 金魚가 산꼭대기 샘에 자리를 잡았답니다. 이후 샘은 결코 마르는 법 없이 금빛 물이 흐르게 되었지요. 샘 이름이 金井(금정), 곧 '금샘'이고 샘을 품은 산은 자연스럽게 金井山이 되었습니다. 義湘大師(의상대사)는 산자락에 절을 열고

662

梵魚寺(범어사), 곧 하늘 물고기 절이라고 이름을 지었다지요.

1300여 년 전 山門(산문)을 연 梵魚寺는 해마다 10월 3일이면 開山祭(개산제)를 올립니다. 金魚 상징처럼 영원한 생명의 축제가 이어지길 바라 마지않습니다.

스웨덴 움살라 대학에 있는 고대 비석의 트리퀘트라. 룬rune 문자를 아로 새긴 용에 둘러싸여 있다.

七草

일곱 칠(一-1) 풀 초(艸-6)

七草(칠초)는 '일곱 가지 풀'이라는 뜻입니다. 계절마다 계절을 대표하는 풀이 있다는 일본 사람들의 생각을 드러내는 말입니다. 지금은 한 해를 春夏秋冬(춘하추동) 네 계절로 나누지만, 한 해가 春秋(춘추) 두 계절이라는 것은 아득한 옛적의 原初的(원초적)인 생각입니다. 일본 사람들도 그래서 春七草(춘칠초)와 秋七草(추칠초) 두 가지를 듭니다.

春七草는 미나리, 냉이, 쑥, 광대나물, 별꽃, 순무, 무를 가리킵니다. 정월 초이렛날 일곱 가지 나물을 도마에 올려 짓이긴 뒤 쑨 죽을 먹으면 萬病(만병)을 막는다고 믿었습니다. 이 죽을 나나쿠사가유(七草粥·칠초죽)라고 합니다. 秋七草는 싸리, 억새, 칡, 패랭이, 마타리 등 등골나물 도라지를 가리킵니다. 나물인 春七草와 달리 秋七草는 꽃입니다.

秋七草는 고대 일본의 노래 모음 『만요슈(萬葉集·만엽집)』에 처음 등장합니다. 야마노우에노오미 오쿠라(山上臣憶良·산상신억량)라는 사람의 노래입니다. 秋七草의 일곱이란 숫자는 중국의 乞巧(걸교) 풍습과 관련된 것이라고 어떤 일본 학자가 주장했습니다. 乞巧란 아낙네들이 베를 잘 짜게 해달라고 織女(직녀) 신에게 빌기 위해 七夕(칠석)에 지내는 고사를 가리킵니다. 이때 일곱 가지 꽃을 바쳤다지요.

어떤 민족이든 좋아하는 숫자가 있습니다. 우리는 3과 7, 일본과 중국은 8입니다. 중국 사람들은 9도 좋아하는데 우리는 '아홉수'라 하여 좋지 않다고 여깁니다. 일곱은 北斗七星(북두칠성)의 숫자입니다. 어쩌면 우리에게도 七夕에 獻花(헌화)하는 풍습이 있었을지도 모를 일입니다.

小荊

작을 소(小-0) 가시나무 형(艸-6)

小荊(소형)은 '작은 가시나무'라는 뜻입니다. 胡枝子(호지자)라고도 하는데, 산에 흔한 '싸리나무'를 가리킵니다. 7월과 8월 사이 紅紫色(홍자색) 꽃이 피지요. 小荊은 '작은 荊'이라는 뜻이지만 荊과 小荊은 잎사귀며 꽃 생김새가 다른 나무입니다. 荊은 牡荊(모형), 黃荊(황형), 楚(초)라고도 합니다. 옛날 중국 남쪽의 楚나라를 荊 또는 荊楚(형초)라고도 했으니, 荊과 楚는 소리가 달라도 뜻은 같은 말입니다.

苦生(고생)하거나 苦難(고난)을 당한다는 뜻으로 '苦楚(고초)를 겪다'라는 말을 씁니다. 苦楚는 본디 모진 매질이라는 뜻입니다. 어린 시절 잘못한 끝에 종아리를 걷고 싸리나무 회초리를 맞아보지 않은 분은 아마 없겠지요. 苦楚와 회초리는 정도의 차이뿐, 본디 같은 뜻입니다.

萩(추)도 싸리나무를 가리키는 말입니다. 萩의 본뜻은 사철쑥, 곧 茵蔯蒿(인진호)입니다. 茵蔯蒿는 흔히 인진쑥이라고도 부르는 풀이지요. 木(나무 목) 부수의 楸(추) 자 대신 艸(풀 초) 부수의 萩 자를 빌려 쓴 것입니다. 일본에서는 싸리나무를 萩라고 쓰고 '하기'라 소리 냅니다. 정강이 또는 종아리도 '하기'인 것이 재미있습니다. 싸리나무 회초리로 종아리를 치는 일이 떠오르니 말입니다.

일본에서는 싸리나무 꽃을 秋七草(추칠초)의 첫째로 듭니다. 이 상하게 생각할 분이 있을지도 모르겠습니다. 싸리 꽃은 여름에 피는 것 아니던가요? 혹시 '하기'가 가을을 대표하는 갈대꽃일지도 모르겠다는 생각도 듭니다. 갈대의 일본 말은 '아시', 발도 '아시'라고 합니다. 종아리와 발은 다르지만 무릎 아래 붙기는 매한가지입니다. 慶北(경북) 지방에서는 싸리도 싸리요 갈대도 싸리라 한다니, 옛날 '하기'라는 일본 말은 갈대와 싸리나무를 함께 가리키던 말이 아니었을까 싶습니다.

商陸

헤아릴 상(口-8)   뭍 륙(阜-8)

商陸(상륙)은 '자리공' 뿌리를 가리키는 말입니다. 자리공의 한자 이름으로는 章柳(장류), 蓫薚(축탕) 등이 있습니다. 자리공은 초여름에 흰 꽃이 피고 자줏빛 포도송이 같은 열매가 시월쯤 익는 여러해살이풀입니다. 어린 줄기나 싹은 데쳐서 商陸采(상륙채)라는 나물로 먹고 뿌리 商陸은 몸의 물을 빼는 약입니다.

『本草綱目(본초강목)』은 이렇게 말합니다.

물을 내보내는 데 전문이다. 專于行水(전우행수)

오줌이 잘 나오지 않아 생기는 부기를 뺀다는 말이지만, 많이 쓰면 독이 되는 것이 商陸입니다.

조선의 正祖(정조)는 훌륭하다고 이름난 임금이지요. 여러 제도를 정비한 그는 死罪三覆(사죄삼복), 곧 사형에 해당되는 사건을 세 번까지 거듭 審理(심리)하는 제도를 정착시킨 분이기도 합니다. 審理 과정에서 유죄와 무죄를 가리기 위해 檢屍(검시), 곧 변사자의 시신 조사도 꼭 시행하게 했습니다. 正祖 자신이 死罪 사건을 살피고 손수 판결을 내린 일을 모은 『審理錄(심리록)』이라는 책이 있는 것이 이상하지 않습니다.

『審理錄』에 1797년 경상도 丹城(단성·현재 경남 산청군 단성면)에서 벌어진 '자리공 살인 사건'이 실려 있습니다. 曹克文(조극문)이라는 사람이 술에 취해 崔斗右(최두우)와 싸운 지 사흘 만에 崔斗右가 죽은 사건입니다. 初檢(초검), 곧 처음 檢屍했을 때 발에 차인 상처를 의심하다가 얼굴이 푸르고 은비녀가 검게 변한 점을 근거로 다시 조사해 毒殺(독살)을 증명합니다. 商陸을 몰래 먹인 것이 死因(사인)이었습니다. 무슨 독으로 죽였는지 밝힌 데다 기록까지 남겨 뒷날 대비하게 했으니 대단하다 하겠습니다.

早韭晚菘

새벽 조(日-2) 부추 구(韭-0) 저물 만(日-7) 배추 숭(艸-8)

早韭晚菘(조구만숭)은 '이른 봄 부추와 늦가을 배추'라는 뜻입니다. 겉으로는 철따라 맛있는 푸성귀를 가리키는 말이지만 속으로는 소박한 삶에 만족한다는 뜻입니다. 早韭晚菘은 중국 남북조시대의 南齊(남제) 사람 周顒(주옹)의 이야기에서 나왔습니다. 불교 신자였던 그는 당시 철저한 菜食主義者(채식주의자)로 이름이 높았지요.

南齊의 황태자 文惠太子(문혜태자)조차 그에게 이렇게 물었습니다.

채식을 해보니 무슨 채소 맛이 가장 좋던가?
菜食何味最勝(채식하미최승)

周顒은 이렇게 대답했습니다.

이른 봄 부추와 늦가을 배추입디다.
春初早韭(춘초조구) 秋末晚菘(추말만숭)

남북조시대는 불교와 문학이 성행한 때이지요. 文惠太子와 周顒의 대화에도 이런 자취가 남아 있습니다. '가장 낫다'는 뜻의 最勝은 불교에서 흔히 쓰는 말로 불교 이전에는 쓰지 않았습니다. 또한 곧 황제가 될 황태자가 묻는데 무례하다 느껴질 정도로 周顎의 말이 짧은 까닭은 문학작품처럼 말하려고 했기 때문입니다. 더구나 무 자에 春初, 그리고 晩 자에 秋末의 뜻이 이미 들어 있는데도 굳이 蛇足(사족)처럼 붙인 까닭은 글자 수를 맞추기 위해서이지요.

지체 높은 王儉(왕검)도 이렇게 물은 적이 있습니다.

그대는 산속에서 무엇을 먹고 사시오?
卿山中何所食(경산중하소식)

이때도 周顎은 재치 있게 대답했습니다.

붉은 쌀과 흰 소금, 푸른 아욱과 자줏빛 여뀌를 먹지요.
赤米白鹽(적미백염) 綠葵紫蓼(녹규자료)

그의 대답에 넘치는 빛깔은 菜食하는 삶도 다양할 수 있고 풍요로울 수 있다고 말하는 듯합니다.

國慶節

나라 국(口-8)　경사 경(心-11)　마디 절(竹-9)

　　國慶節(국경절)은 '나라의 경사를 기리는 날'이라는 뜻입니다. 이를 달리 雙十節(쌍십절)이라고 사전은 풀고 있습니다. 雙十은 10이 두 개라는 뜻입니다. 1911년 10월 10일 중국 武昌(무창)에서 新式軍隊(신식군대)의 '폭동'이 일어났습니다. 청나라를 없애자고 일어선 것이지요. 이전에도 비슷한 일이 잦았지만 이번에는 달랐습니다. 革命(혁명)은 성공하고 아시아 최초로 王政(왕정)을 없앱니다. 1911년이 辛亥年(신해년)이라 이 일을 辛亥革命(신해혁명)이라 합니다. 이듬해 탄생한 中華民國(중화민국)은 그래서 10월 10일을 크게 기리지요.

　　國慶節의 비슷한 말은 國慶日(국경일)입니다. 우리나라에서 國慶日은 나라의 경사를 기리는 모든 날을 가리키는 말로 쓰입니다. 三一節(삼일절), 制憲節(제헌절), 光復節(광복절), 開天節(개천절)이 4대 國慶日입니다. 1949년 10월 1일에 정했는데 모두 節이란 말로 끝나지요. 大韓民國(대한민국)이란 나라 이름은 어쩌면 中華民國이란 이름을 본뜬 것이 아닌가 싶기도 합니다. 節이라는 이름도 그렇게 된 것은 아닌가 싶습니다.

　　國慶節은 이뿐만이 아닙니다. 하나 더 있습니다. 지금 대륙을 호령하는 中華人民共和國(중화인민공화국)을 세운 날, 바로 1949년

672

10월 1일을 가리키는 말이기도 합니다. 지금은 國慶節이라고 하면 사회주의 중국의 건국 기념일을 가리킵니다. 세월의 무상함이며, 정치의 무상함이 느껴져 왠지 쓸쓸한 말입니다.

葛花

칡 갈(艸-9) 꽃 화(艸-4)

葛花(갈화)는 '칡꽃'이라는 뜻입니다. 칡은 콩과에 속하는 蔓莖(만경) 식물입니다. 蔓은 덩굴, 莖은 줄기라는 뜻이니 덩굴이 벋는 특성이 있는 식물이라는 뜻입니다. 8월에 紅紫色(홍자색) 꽃이 핀 뒤 꼬투리가 맺히는데 꼭 콩깍지처럼 생겼습니다.

칡은 온몸에 纖維質(섬유질)이 많아 질긴 풀입니다. 葛根(갈근)은 칡뿌리를 가리키는데, 예부터 전분을 뽑아 떡이며 국수를 만들어 먹습니다. 질긴 纖維質 때문에 그냥 전분이 나오지는 않고 짓찧어야만 합니다. 몹시 수고스럽지요. 葛根은 땀을 내고 열을 내리는 약성이 있다고 합니다. 葛根湯(갈근탕)이나 葛花는 宿醉(숙취)를 푸는 데도 좋다고 유명하고요.

질겨서 좋은 점도 있습니다. 옛날 옛적 칡덩굴은 옷의 중요한 재료였습니다. 훗날에도 계속 옷감을 만들어 입었지요. 칡으로 만든 베를 葛布(갈포) 또는 葛越(갈월), 고운 칡베를 葛紗(갈사), 칡베로 지은 옷을 葛衣(갈의), 허리띠를 葛帶(갈대), 신발을 葛屨(갈구)라 합니다. 더 좋은 纖維가 나온 뒤에 입기 힘든 거친 옷의 대명사가 되었지만 한여름 시원하게 보내기에는 이만한 게 없었습니다.

평생 칡을 먹고 걸치던 옛사람들은 돌아갈 때도 칡이었습니다. 葛茀(갈불)은 칡으로 만든 밧줄을 가리킵니다. 관을 쓰지 않고 葛

葛로 송장을 칭칭 동여매 묻는 葬禮(장례)가 있었답니다. 이를 葛
溝(갈구)라 합니다. 한 겹 관도 모자라 겉에 다시 곽까지 한 겹 덧씌
운 훗날 중국 사람들은 이것을 야만적이라 보았지요. 허나 훗날 사
람들도 運柩(운구)할 때 관을 동이는 밧줄은 꼭 葛帛을 쓴다고 했
습니다. 예절 중에 가장 큰 것이 喪禮(상례)입니다. 喪禮는 바뀌기
어려운 법이지요. 葛帛은 그래서 오랜 기억의 흔적일 것입니다.

三七日

석 삼(一-2) 일곱 칠(一-1) 날 일(日-0)

三七日(삼칠일)은 '아이를 낳고 스무하루째 날'이라는 뜻입니다. 7일이 세 번 돌아온다고 통틀어 '세이레', 각각 초이레, 두이레, 세이레라 부릅니다. 세이레 새벽마다 三神(삼신)에게 꼭 흰밥과 미역국을 올립니다. 三神이 새 생명을 주신 일에 感謝(감사)하는 것이지요.

三神은 이제 産育(산육), 곧 出産(출산)과 育兒(육아)를 맡은 삼신할미라는 여신을 가리키는 말입니다. 그래서 産神(산신)을 잘못 말한 것 아니냐는 사람도 있습니다. 허나 굳이 三神이라 한 바에야 삼신할미 혼자가 아니라 桓因(환인), 桓雄(환웅), 檀君(단군) 셋이라는 말이 더 믿음직해 보입니다.

三七日에는 禁忌(금기)가 많습니다. 금줄을 치고 外人(외인)의 出入(출입)을 막는 일이 대표적입니다. 꼭 지켜야 하는 節次(절차)도 있습니다. 초이레의 아기는 새 옷을 입히고 한쪽 손을 놓아주고 두이레의 아기는 다시 새 옷을 입히고 두 손을 놓아줍니다. 짐승처럼 알몸으로 태어나 사람으로 거듭나는 과정이겠지요.

곰과 범은 神市(신시)의 소식을 듣고 찾아가 사람 되길 빌었습니다. 桓雄은 그들에게 100일의 말미를 주고 햇빛이 들지 않는 굴에 머물라고 했습니다. 햇빛을 피하는 日光(일광) 禁忌입니다. 햇빛이 그리운 범은 뛰쳐나가고 곰은 三七日이 지나 熊女(웅녀)가 되었답니

다. 잘 알려진 檀君神話(단군신화)의 한 대목입니다. 여기도 三七日
입니다.

三七日을 거쳐 사람이 된 곰은 새 생명을 얻었습니다. 햇빛 아래
다시 나왔지만 더 이상 털가죽을 쓴 곰이 아닌 사람입니다. 해마다
10월 3일 開天節(개천절)을 맞아 하늘이 열렸다는 뜻을 새겨봅니
다. 새 사람이 되라는 이치를 말이지요.

荻苗水

물억새 적(艸-7) 모 묘(艸-5) 물 수(水-0)

荻苗水(적묘수)는 '물억새 이삭이 돋은 시절의 물'이라는 뜻입니다. 음력 칠팔월의 黃河(황하)를 가리키는 말입니다. 음력 구월의 黃河는 登高水(등고수)라고 합니다. '높은 곳에 오르는 시절의 물'이라는 뜻입니다.

蘆荻(노적)은 갈대와 물억새라는 뜻입니다. 한살이가 비슷하여 함께 부르는 말입니다. 이맘때 물가에서는 함께 핀 보랏빛 荻花(적화)와 흰빛 蘆花(노화)를 볼 수 있습니다. 荻花는 물억새의 꽃이라는 뜻입니다. 참억새나 개억새는 마른 땅에 나고 물억새는 이름처럼 진 땅에서 크지요. 늘 물을 가까이했기 때문인지 潤氣(윤기)가 반지르르합니다. 蘆花는 갈대꽃이라는 뜻인데 줄여서 갈꽃이라고만 하기도 합니다.

우리네 삶에서 갈대는 아주 뜻 깊습니다. 더구나 강물과 바다가 만나는 데 자리 잡기 마련인 現生人類(현생인류)의 삶에서 갈대는 몹시 소중한 자원이지요. 갈대의 어린 순은 먹고, 잘 자란 줄기는 발, 이삭은 빗자루, 이삭에 붙은 털은 棉花(면화)가 들어오기 전에 솜으로 썼습니다. 버릴 것이 하나 없습니다. 복사나무 가지와 갈대 이삭을 엮은 빗자루인 桃列(도열)이라는 특별한 물건도 있습니다. 雜鬼(잡귀)를 쫓는 힘이 있다고 믿었다니 정신적인 삶에도 영향을 미친 셈입니다.

일본에서는 억새가 우리 갈대에 該當(해당)됩니다. 일본의 풍습 가운데 달맞이인 쓰키미(月見·월견)가 있습니다. 十五夜(십오야)라고 부르던 음력 8월 15일과 十三夜(십삼야)라고 부르던 음력 9월 13일에 달맞이 행사를 벌였습니다. 가을걷이를 신에게 감사하고 내년의 豐年(풍년)을 바라는 행사가 쓰키미입니다. 토란과 억새는 빠지지 않는 祭需(제수)였답니다. 쓰키미는 메이지(明治·명치) 이후 거의 사라진 풍습입니다. 삶에서 멀어져 한낱 구경거리가 되긴 우리 갈대나 일본 억새나 매한가지인 것 같아 아쉽습니다.

木通

나무 목(木-0) 통할 통(辵-4)

木通(목통)은 '나무가 통하다'라는 뜻입니다. 나무로 만든 통 木桶(목통)인가 싶지만 이맘때 산에 나는 열매 '으름'의 한자말입니다. 『東醫寶鑑(동의보감)』은 '木道(목도)를 통하게 하는 데 효력이 있어서 몸의 습기를 빼는 최고의 약'이라고 했습니다. 木道는 五臟(오장) 가운데 肝臟(간장)을 달리 부르는 말입니다. 木通이라 부르는 이유를 의학 입장에서 나름대로 풀었습니다.

木通은 달리 通草(통초), 林下夫人(임하부인), 燕覆子(연복자)라고도 합니다. 林下夫人은 '숲속의 여인'이라는 뜻입니다. 익으면 양쪽으로 쩍 벌어지는 열매가 여인의 陰部(음부)를 닮았기 때문입니다. 燕覆子는 '제비 뒤집기 열매' 또는 '제비집 열매'라는 뜻입니다. 林下夫人과 아무 상관없어 보여도 깊은 관계가 있는 이름입니다.

민속학의 입장에서 보면 燕覆子는 아주 재미있는 이름입니다. 제비는 탁월한 治癒(치유) 능력을 가진 돌을 집에 물어다놓는다는 전설이 있습니다. 이런 돌을 燕石(연석), 곧 제비 돌이라고 합니다. 燕石을 찾으려면 당연히 제비집을 뒤져야 하는데 이것을 '새집 뒤지기(Bird Nester)'라고 합니다.

思春期(사춘기)를 맞은 소년에게 좀 더 나이가 든 청년이 높은 나무에 있는 새집에 올라가 알 따위를 찾아오도록 시키는 일이 새집 뒤지기입니다. 일종의 成人式(성인식)인 셈이고 소년들에게 최초로 性敎育(성교육)을 시키는 일이었던 것이지요. 燕覆子는 그래서 세계 곳곳에 퍼져 있던 새집 뒤지기 풍속의 흔적이 남은 이름인 셈입니다.

獼猴桃

원숭이 미(犭-17) 원숭이 후(犭-9) 복사나무 도(木-6)

獼猴桃(미후도)는 '원숭이 복숭아'라는 뜻입니다. 산에서 나는 과일 '다래'의 한자말입니다. 다래나무는 기는 줄기가 벋기 때문에 藤天蓼(등천료)라고도 합니다. 은행나무처럼 암수가 나뉜 다래나무에 다래는 암나무에만 열립니다.

조선 사람 李德懋(이덕무)는 獼猴桃를 이렇게 말합니다.

일명 연도이고 속명은 다래다. 속어로 등리를 다래라 하는데 등리라는 말은 아주 새롭다. 一名輭桃(일명연도) 俗名達愛(속명달애) 俚語藤梨謂之炟艾(이어등리위지달애) 藤梨二字甚新(등리이자심신)

藤梨(등리)도 다래의 한자말입니다. 藤梨라는 말은 뒤늦게 중국에서 들어왔을 성싶습니다.

다래는 작고 푸르며 껍질이 매끈한 열매를 맺습니다. 다래를 쪼개면 역시 새파란 果肉(과육)에 검고 작은 씨앗이 줄지어 있지요. 온몸에 갈색 털이 난 원숭이 獼猴며 노랗게 익는 梨(배 리) 자는 왜 썼을까요? 까닭은 우리 다래와 중국의 獼猴桃가 사촌 간이지만 생김새는 좀 다르기 때문입니다.

중국의 獼猴桃는 파란 껍질에 갈색 잔털이 덮여 있습니다. 원숭이 배 獼猴梨(미후리), 털 달린 과일 毛木果(모목과) 역시 이런 생김새에서 온 말입니다. 중국 남부에서 나는 獼猴桃는 陽桃(양도)라고도 합니다.

뉴질랜드의 완가누이 여학교 교장 이사벨 프레이저는 1903년 중국 호북성 宜昌(의창)을 찾았다가 陽桃 씨앗을 가지고 뉴질랜드로 돌아갑니다. 뉴질랜드 땅에 심은 씨앗은 무척 잘 자랐고 널리 퍼졌지요. 이것이 뉴질랜드를 대표하는 과일 키위가 되었습니다.

鷄冠花

닭 계(鳥-10) 갓 관(冖-7) 꽃 화(艸-4)

鷄冠花(계관화)는 '닭의 볏을 닮은 꽃'이라는 뜻입니다. 열대 원산인 '맨드라미'의 한자말입니다. 달리 鷄冠草(계관초) 또는 鷄冠(계관)이라고도 합니다. 수탉의 붉은 볏을 닮은 꽃은 흔하며 노랗거나 흰 꽃도 있습니다. 우리나라나 일본에서는 鷄頭(계두)라고도 합니다.

鷄頭는 본디 물에 나는 '가시연꽃'을 가리키는 말입니다. 열매와 잎에 가시가 돋았다고 가시연입니다. 꽃은 鷄嘴(계취), 곧 닭 부리처럼 생겼고 열매인 연밥은 닭대가리처럼 생겨서 鷄頭라고 합니다. 가시연의 씨앗은 鷄頭實(계두실) 또는 鷄雍(계옹)이라고 하며 약재입니다. 鷄冠花와 鷄頭는 생김새가 다르고 이름도 다른 풀이니 구별해서 써야겠습니다.

조선 사람 洪萬選(홍만선)은 재미난 이야기를 전합니다.

맨드라미는 앉아서 심으면 키가 작지만 서서 심으면 사람 키만큼 큰다. 손으로 심으면 꽃이 이삭처럼 되고 키로 씨앗을 까불러서 심으면 꽃잎이 쪼가리 나서 볼만하다. 坐種則矮(좌종즉왜) 立種則與人齊(입종즉여인제) 手種則花成穗(수종즉화성혜) 用簸箕扇子種則其花成片可觀(용파기선자종즉기화성편가관)

과연 그럴까 싶지만 맨드라미의 다양한 생김새를 설명하려는 노력이 재미납니다.

고려시대의 李奎報(이규보)는 이렇게 노래합니다.

가만히 보니 이 꽃은 오래도 가누나
坐見此花今久矣(좌견차화금구의)
서리를 업신여긴 국화와 늦게까지 친하니
拒霜黃菊晚方親(거상황국만방친)

조선시대에 徐居正(서거정)도 이렇게 노래하지요.

울타리에는 서풍 불어 낙엽이 우수수한데
籬落西風落葉多(이락서풍낙엽다)
맨드라미꽃은 무수히 늦게야 피는구나
鷄冠無數晚開花(계관무수만개화)

모두 추위가 닥쳐도 꼿꼿한 맨드라미를 사랑한 시인들입니다.

「초충도」, 정선, 비단에 엷은 색, 30.0×53.3m, 1719, 서울대박물관.

栗子

밤나무 률(木-6) 아들 자(子-0)

栗子(율자)는 밤나무의 열매 '밤'의 한자말입니다. 여기서 子는 뜻 없이 쓴 말입니다. 가시가 많이 난 송이에 싸여 있어서 毛栗(모율)이니 毛栗子(모율자)라고도 합니다. 밤송이를 까면 갈색 겉껍데기 栗殼(율각)이 있고 그 안에 다시 맛이 떫은 속껍질 '보늬'가 있습니다. 보늬는 本衣(본의)라는 한자말에서 왔다 합니다. 믿거나 말거나 말이죠.

밤은 生栗(생률), 곧 날밤으로 먹기도 하고 煨栗(외율), 곧 군밤이나 熟栗(숙률), 곧 삶은 밤으로 먹기도 합니다. 고려의 충신 李穡(이색)은 이렇게 노래한 적이 있습니다.

밤송이 벌어져 자줏빛 알밤 떨어뜨리자
拆開下墜紫金丸(탁개하추자금환)
껍질 벗기니 속에 눈처럼 흰 알맹이 들었네
剝去中藏白雪團(박거중장백설단)

빛깔이며 모양을 감칠맛 나게 잘 묘사한 시구입니다.

먼 옛날에는 三韓(삼한)의 하나인 馬韓(마한)의 밤이 중국에까지 이름이 났고 조선시대에는 경기도 楊州(양주)에서 나는 楊州栗(양주율)과 龍仁(용인)에서 나는 龍仁栗(용인율)이 유명했답니다. 여기에 더해 평안도 平壤(평양)에서 나는 平壤栗(평양률)이 유명한데, 알이 잘아도 맛이 아주 달지요. 사실 平壤은 밤의 주산지라기보다 평안도 밤이 모두 모이는 집산지입니다. 흔히 平壤栗이라는 것은 평안도 강서군 咸從(함종)에서 나는 咸從栗(함종률)이지요. 평안도의 밤 주산지였기 때문입니다.

밤을 보고 가는 세월을 한탄하며 李穡은 또 이렇게 노래합니다.

흐르는 세월은 총알같이 빨라
金烏飛影似跳丸(금오비영사도환)
국화 피고 이슬 어리는 때를 또 만났네
又見黃花白露團(우견황화백로단)
지난해 밤 굽던 곳을 떠올리니
記得去年燒栗處(기득거년소율처)
동산의 달빛은 밤 깊도록 차가웠지
東山月色夜深寒(동산월색야심한)

重陽節

무거울 중(里-2) 볕 양(阜-9) 마디 절(竹-9)

重陽節(중양절)은 음력 9월 9일의 명절이라는 뜻입니다. 重에는 '거듭'이라는 뜻도 있습니다. 陽은 陽數(양수)라는 뜻입니다. 9는 홀수인데 陰陽(음양)으로 따져 陽數입니다. 그래서 陽數가 거듭 되는 날이라는 뜻이기도 합니다.

홀수 달 가운데 그달의 숫자와 같은 날은 특별하다고 생각했습니다. 1월 1일, 3월 3일, 5월 5일, 7월 7일, 9월 9일이 그런 날입니다. 이런 날은 모두 重陽節이지만 특히 9월 9일이 重陽節인 이유는 9가 陽數 가운데 가장 큰 수라고 생각한 까닭에서입니다. 또 9와 久(오랠 구)는 소리가 같습니다. 그래서 99는 久久, 곧 '오래오래'라는 뜻이며 길하다고 여겼습니다.

重陽節은 端午(단오)와 닮았습니다. 다른 것은 且置(차치)하고서라도 두 날 모두 약의 날이기 때문입니다. 端午에 약을 장만하는 藥狩(약수)가 있다면 重陽節에는 약을 사고파는 장터인 藥市(약시)가 있습니다. 어떤 약은 병을 고칠 뿐이지만 또 다른 약은 不老長生(불로장생), 먹으면 신선 되는 약일 수도 있습니다.

重陽節은 중국에서 중시하는 명절인데 四川(사천) 사람들은 더 크게 생각합니다. 중국 최대의 약재 시장은 지금도 四川의 成都(성도)이고, 여기는 본디 重陽節에 큰 藥市가 열리는 전통이 있습니다. 왁자지껄한 장터도 구경하고 약재도 사는 사람으로 人山人海(인산인해)랍니다. 행여 비라도 오면 신선이 사람들 틈에 구경하러 내려온다는 전설도 있습니다.

이 땅에는 대구 藥令市(약령시)가 있습니다. 예전에는 한 해에 두 번, 春令市(춘령시)와 秋令市(추령시)가 열렸다지요. 2008년은 藥令市가 열린 지 350년이 되는 해였습니다. 혹시 인파 속에 섞였을지 모를 신선을 만나러 한번 가봄 직도 합니다.

寒露

찰 한(宀-9) 이슬 로(雨-12)

寒露(한로)는 '찬 이슬'이라는 뜻입니다. 아침저녁 이마에 선뜻 차가운 기운이 감돌기 시작하는 때이지요. 추위가 머지않았다는 信號(신호)입니다. 이때 마침 익는 吳茱萸(오수유)는 배가 차가워 생기는 腹痛(복통)에 특효라니 옛사람들이 이맘때 시에서 즐겨 읊었던 茱萸(수유)란 吳茱萸를 가리키지 싶습니다.

茱萸는 쉬나무 열매를 가리키는 말입니다. 쉬나무는 茱萸나무를 줄여서 부르는 말이리라 짐작하지요. 茱萸라 하면 남녘땅의 3월, 잎에 앞서 샛노란 꽃부터 피우는 山茱萸(산수유)를 떠올리기 쉽습니다. 하지만 茱萸에 山茱萸만 있는 것은 아닙니다. 吳茱萸(오수유)가 하나 더 있지요. 쉬나무는 보통 吳茱萸를 가리키는 말입니다. 山茱萸는 3월 꽃이 피고 11월에 붉게 익으며, 吳茱萸는 8월 꽃이 피고 10월에 붉게 익습니다.

重陽節이 돌아오면 머리에 茱萸 가지를 꽂거나 茱萸 열매를 채운 주머니를 차고 일가 형제가 함께 높은 곳에 올라가 菊花酒(국화주)를 마시며 노니는 옛 중국의 풍습이 있습니다. 菖蒲(창포) 뿌리를 잘라 비녀처럼 꽂고 雄黃酒(웅황주)를 마시는 端午(단오)와 많이 닮았습니다.

重陽節이 端午와 다른 것이 있다면 일가 형제가 모두 모인다는

692

점입니다. 만약 멀리 헤어져 누구 얼굴이 보이지 않으면 서운함은 이루 말할 수 없습니다. 王維(왕유)의 시「九月九日憶山東兄弟(구월구일억산동형제)」는 그 심정을 아는 사람이 쓸쓸한 그리움을 노래합니다.

홀로 타향에서 나그네 되어보니
獨在異鄕爲異客(독재이향위이객)
명절마다 고향 생각 간절하네
每逢佳節倍思親(매봉가절배사친)
형제들도 오늘 언덕에 오를 테고
遙知兄弟登高處(요지형제등고처)
수유를 꽂으며 빈자리를 알겠지
遍揷茱萸少一人(편삽수유소일인)

九節草

아홉 구(乙-1) 마디 절(竹-9) 풀 초(艸-6)

九節草(구절초)는 이맘때 우리 산과 들에 흔히 피는 꽃입니다. 九節草는 九折草(구절초)라고도 씁니다. 九節은 重九(중구), 곧 음력 9월 9일을 가리키는 말일 성싶습니다. 重九는 重陽節(중양절)의 다른 이름이고 9가 거듭 든다고 붙여진 이름입니다. 九折은 아홉 번 꺾는다는 뜻이기도 하고 重九에 꺾는다고 붙여진 이름인 듯도 합니다.

重陽節에 九節草를 꺾는 이유는 꽃꽂이를 하자는 게 아닙니다. 약으로 장만하기 위함입니다. 九節草는 月經(월경)이 고르지 못하거나 冷症(냉증)이 있거나 不姙(불임)이 있는 여자를 위한 약재입니다. 비슷한 약효를 가진 풀에 益母草(익모초)가 있습니다. 그저 '어머니를 이롭게 하는 풀' 정도의 뜻인 듯도 싶습니다. 허나 九節草랑 비슷하게 생겨 山九節草(산구절초)라 부르는 '쑥부쟁이'의 또 다른 한자 이름이 仙母草(선모초)라는 것을 알면 생각이 달라집니다.

仙母는 파미르의 麻姑(마고), 서화의 西王母(서왕모), 지리산의 聖母天王(성모천왕), 경주 선도산의 神母(신모)에게 공통되는 이름입니다. 仙母草란 중국식 '신선 어머니의 풀'이 아니라 더 오랜 옛적의 '위대한 어머니 여신의 풀'이라는 뜻이겠습니다. 益母草의 잎사귀는 쑥부쟁이나 九節草를 닮았고 쓰임새도 비슷합니다. 옛사람들은 益母가 仙母라는 것을 알았던 모양입니다.

694

조센노기쿠(朝鮮野菊·조선야국)는 '조선 들국화'라는 뜻을 가진
九節草의 일본 말이지요. 일본 사람들은 九節草가 菊花(국화)의
조상이라는 것을 알고 있었습니다. 그런데 정작 菊花가 중국에서
왔다고 하는 저들 말을 들으면 왜 그럴까 하는 의문이 듭니다. 개량
종을 말하는 것일까요? 그래도 풀리지 않는 의심은 뿌리를 감추고
싶어하는 底意(저의)가 저들에게 있는 것을 여러 번 목격했기 때문
일 것입니다.

甘菊

달 감(甘-0) 국화 국(艹-8)

甘菊(감국)은 '달콤한 국화'라는 뜻입니다. 우리나라 산에 흔한 野生(야생) 들국화를 부르는 말입니다. 들국화는 甘菊 말고도 山菊(산국), 野菊(야국) 등의 이름이 있습니다. 가을이면 흔히 보이는 菊花(국화)는 甘菊을 개량한 꽃입니다. 菊花는 보는 꽃이지만 甘菊은 본디 약재로 쓰던 꽃입니다. 향긋하고 단맛이 도는 甘菊은 菊花茶(국화차)나 菊花酒(국화주)로 담가 먹습니다. 쓴맛이 나는 山菊의 꽃이 섞이지 않도록 하는 것이 중요합니다. 뜯는 要領(요령)이라면 甘菊 줄기는 붉은빛이 돌고 山菊은 그렇지 않으니 붉은 줄기의 꽃만 따는 것입니다.

음력 9월을 菊月(국월) 또는 菊秋(국추)라고 합니다. 우리 산이나 들에 菊花의 조상인 甘菊과 九節草도 흔히 핍니다. 보통 菊花의 원산지를 중국이라 하지만 우리 땅뿐 아니라 우리 주변에도 흔한 풀꽃이지요. 그래서 일찍이 新羅(신라)는 신품종 菊花를 내어 중국에서도 유명했다 하고, 박사 王仁(왕인)은 五色(오색)의 菊花를 일본에 최초로 전하기까지 했습니다.

일본 임금 집안의 紋章(문장)도 귤꽃을 쓸 때가 있습니다만 그래도 역시 菊花이지요. 일본의 나라꽃을 당연히 벚꽃이라 여기지만 사실 아직도 자신들의 법이 정한 나라꽃은 없습니다. 저들 旅券(여

권)의 겉장에 임금 집안의 紋章인 菊花를 쓰고 있으니 굳이 나라꽃
이라면 菊花일 것입니다.

　일본 사람들의 행동 중 이해할 수 없는 것이 많지만 菊花만 해도
그렇습니다. 甘菊이나 九節草가 중국에만 있는 것도 아닌데 菊花
가 굳이 중국 원산이라는 말은 무슨 말인가요? 이 좋은 菊花의 계
절에 입맛은 씁쓸합니다.

「청화백자국화문타호青華白磁菊花紋
唾壺」, 19세기, 서울역사박물관.

獻菊酒

바칠 헌(犬-16) 국화 국(艸-8) 술 주(酉-3)

獻菊酒(헌국주)는 '국화로 빚은 술을 바치다'라는 뜻입니다. 菊酒는 바로 菊花酒(국화주)입니다. 菊酒의 별명은 延命酒(연명주), 곧 목숨을 늘리는 술이니 菊酒를 바치는 일은 오래 사시라는 뜻이겠습니다. 중국 당나라 때는 菊花를 무던히도 아꼈습니다. 오래 살 수 있게 해주는 약초로 지목되었기 때문이지요. 重陽節(중양절)에 菊酒를 바치는 풍속도 바로 당나라 때부터 시작된 것입니다.

菊花(국화)의 별명은 여럿입니다. 서리 아래 핀 호걸이라 霜下傑(상하걸), 서리를 맞고도 피는 꽃이라고 霜菊(상국), 重陽節 무렵 핀다고 重陽花(중양화)라고 합니다. 먹으면 목숨을 늘릴 수 있다고 延命花(연명화), 延壽花(연수화), 壽客(수객)이라고도 합니다. 이렇게 菊花를 신비한 약으로 여긴 데는 사연이 있습니다.

諸葛孔明(제갈공명)이 살았던 중국 河南(하남)의 南陽(남양) 고을에 甘谷(감곡)이라는 동네가 있었습니다. 가을이면 뒷산에 甘菊(감국)이 흐드러졌지요. 거기서 나온 냇물을 먹고 사는 甘谷 사람들은 좀 살았다 하면 백이삼십 세요, 일흔이면 夭折(요절)로 쳤다고 합니다. 냇물의 이름이 菊水(국수)였는데, 믿거나 말거나 이를 힌트로 菊酒를 빚었답니다.

菊花로 빚은 술은 아니지만 '菊花와 술' 하면 떠오르는 사람이

陶淵明(도연명)이지요. 菊花와 술을 사랑한 시인은 그에 관한 시를 많이 썼습니다. 「飲酒(음주)」라는 제목의 스무 수나 되는 연작시에서도 다섯 번째 시가 특히 유명합니다.

동쪽 울타리 아래 국화 따다가 採菊東籬下(채국동리하)
느긋하게 남산을 바라보네 悠然見南山(유연견남산)

술을 좋아한 시인은 어쩌면 菊花茶(국화차)를 만들려고, 어쩌면 菊酒를 빚으려고 준비에 부산합니다. 그러다 짐짓, 태연한 척 시인은 시치미를 떼지요. 인간적이라 사람을 즐겁게 하는 시구입니다.

蘆葉

갈대 로(艸-16) 잎 엽(艸-9)

蘆葉(노엽)은 '갈잎', 곧 갈대의 잎이라는 뜻입니다. 갈잎은 갈대 잎뿐만 아니라, 나무의 가랑잎을 줄여 부르는 말이기도 합니다. 갈 잎의 葉序(엽서), 곧 잎차례는 어긋나기이며 생김새는 竹葉(죽엽), 곧 대나무 잎처럼 생겼습니다. 그래서 갈대는 '갈의 대나무'라는 뜻 이겠습니다. 그러면 갈은 무슨 뜻일까요? 우리말 '갈'에는 가을, 바 람, 모자 따위의 여러 뜻이 있습니다.

가을을 줄여 갈이라 하는 것은 쉽게 이해되지요. 또한 갈은 바 람, 특히 가을에 부는 西風(서풍)을 가리킵니다. 西風의 우리말은 하늬바람이라고도 합니다. 男女不問(남녀불문)하고 한 사람에 만족 치 않고 남을 넘보는 일을 바람피운다 합니다. 바람피우는 여자, 특 히 몸 파는 여자를 얕잡아 갈보라 부른 건 이 탓입니다.

折風巾(절풍건)은 우리네 三國時代(삼국시대) 조상들이 쓴 고깔 모양의 모자입니다. 折風巾도 갈이라 합니다. '바람을 꺾는 모자'라 는 뜻이니 말을 타고 바람을 가른 사람들의 모자이겠습니다. 折風 巾은 고대의 우리 조상들이 두루 쓴 모자이지요. 高句麗(고구려) 사 람들이 썼다지만 新羅(신라)의 옛 무덤에서도 나왔습니다. 새의 깃 털을 꽂으면 鳥羽冠(조우관)이라 합니다. 새는 하늘을 빨리 나는 동 물이니 그처럼 빠르기를 바란 뜻이겠습니다.

倉助利(창조리)는 나쁜 임금 烽上王(봉상왕)을 쫓아낸 高句麗 재상입니다. 擧事(거사)할 때 사람들에게 자신을 따라 蘆葉을 모자에 꽂으라 했습니다. 굳이 갈잎을 꽂으라 한 데는 이유가 있을 것입니다. 烽上王보다 조금 앞의 新羅 임금인 味鄒王(미추왕)의 넋이 竹葉軍(죽엽군)을 보내 적을 물리쳤다는 이야기나 金庾信(김유신)의 넋을 어루만졌다는 이야기에도 대나무 잎과 바람이 얽혀 있습니다. 가을 바람에 흔들리는 갈대에는 아직 풀리지 않은 이야기가 많습니다.

傳蘆

전할 전(人-11) 갈대 로(艸-16)

傳蘆(전로)는 '갈대를 전하다'라는 뜻입니다. 본디 二甲傳蘆(이갑전로) 또는 二蟹傳蘆(이해전로)라는 말의 일부이니 게와 갈대는 짝을 이룹니다. 甲은 갑옷, 蟹는 물에 사는 동물인 게를 가리킵니다. 게는 갑옷을 단단히 두른 모습이지요. 그래서 二甲이나 二蟹는 우선 '게 두 마리'라는 뜻이 되겠습니다. 순서를 매길 때 옛날에는 甲乙丙丁(갑을병정)을 썼는데 甲은 그중 일등이란 뜻입니다. 그래서 二甲이나 二蟹는 여기서 한 번도 아니고 시험에 거푸 일등으로 합격하라는 뜻입니다.

蘆는 臚(살갗 려)와 통하는 말인데, 臚는 紅臚(홍로)라는 옛날 관청을 줄인 말이기도 합니다. 紅臚는 현직이 없는 고위 관리들이 임시로 머무는 관청입니다. 傳은 임명하다라는 뜻도 있지요. 갈대를 전한다는 傳蘆는 그래서 傳臚인 셈이고 고위 관리가 된다는 뜻입니다. 게와 갈대를 그린 옛 그림이 있다면 시험에 일등으로 붙고 벼슬이 높아지라는 뜻입니다.

갈대꽃이 피는 이맘때 민물 게는 살지고 맛있어지지요. 중국 蘇州(소주) 陽澄湖(양징호)에서 나는 게를 大黃蟹(대황해) 또는 大閘蟹(대갑해)라 하며 중국에서는 최고로 칩니다. 보통 '상해 게'라고 부르는 바람에 중국 上海(상해)의 명물이라 알려졌지만 꼭 그렇지

702

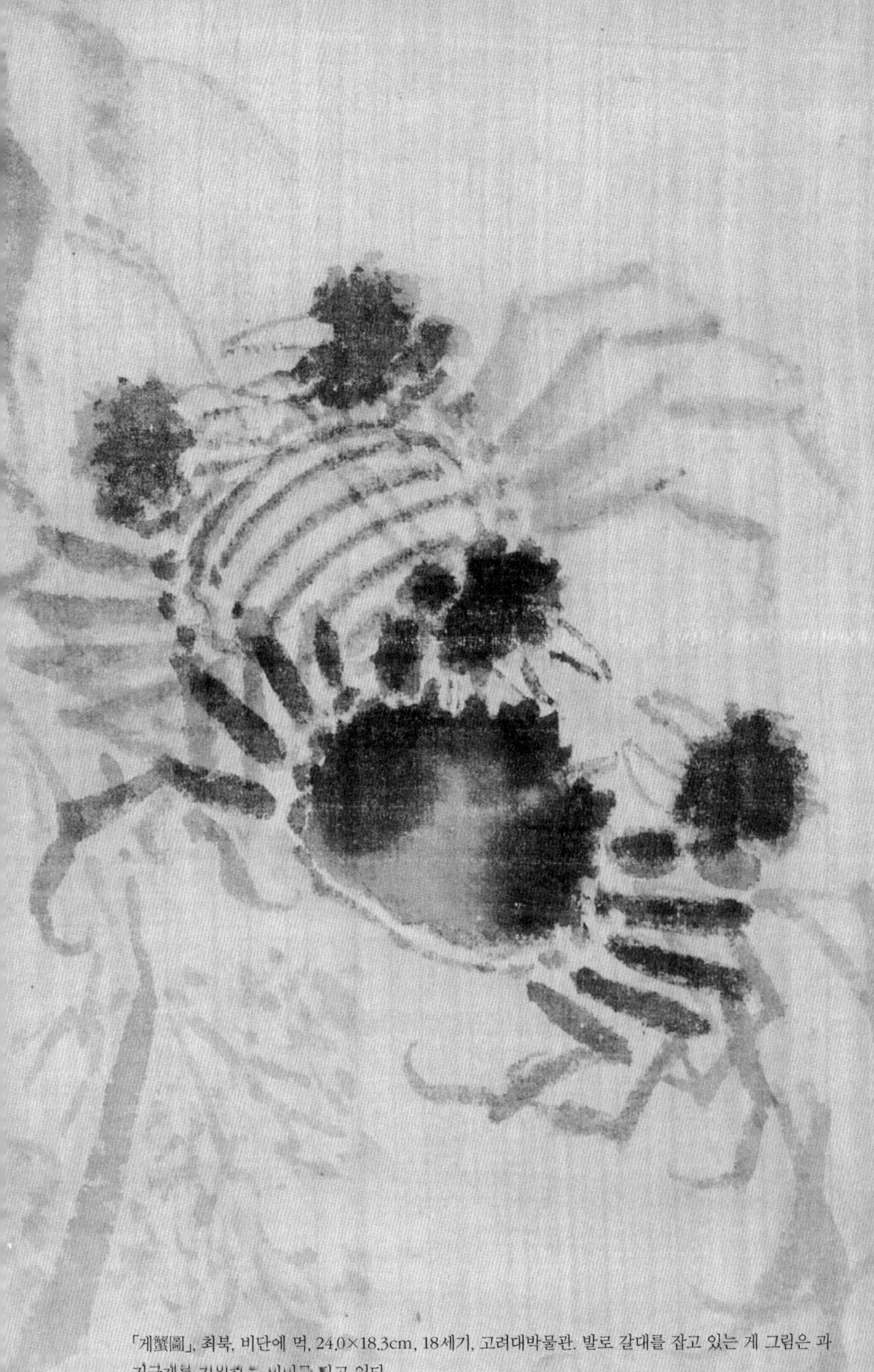

「게蟹圖」, 최북, 비단에 먹, 24.0×18.3cm, 18세기, 고려대박물관. 발로 갈대를 잡고 있는 게 그림은 과거급제를 기원하는 의미를 담고 있다.

도 않습니다.

大黃은 약초의 한 가지이지만, 大黃蟹의 大黃은 게 등딱지 속에 든 노란 蟹黃(해황)을 가리키는 말입니다. 우리가 밥도둑이라 부르는 그것입니다. 無腸公子(무장공자)는 게를 가리키는 말 가운데 하나입니다. '창자도 없는 분', 곧 시쳇말로 '배알도 없는 놈'이라는 뜻입니다. 어쩌다 이런 汚名(오명)을 쓰게 되었는지 모르지만 맛난 蟹黃을 보면 괜한 트집이 아닌가 싶습니다.

苦椒

쓸 고(艸-5) 산초나무 초(木-8)

　苦椒(고초)는 매운맛을 가진 열매를 맺는, 아메리카 원산인 고추의 본디 말입니다. 苦草(고초)라고도 쓰고 倭草(왜초), 唐椒(당초), 蕃椒(번초), 南蠻草(남만초), 南椒(남초)라고도 합니다. 倭草는 왜놈 풀이라는 뜻이니 일본에서 들어왔다는 말이겠습니다. 唐椒니 蕃椒는 일본 한자말입니다. 그들은 唐이나 蕃을 외국이라는 뜻으로 썼습니다. 南蠻도 서양이라는 뜻입니다. 南椒는 南蠻椒를 줄인 말입니다. 일본에도 서양을 통해 고추가 전래되었기 때문에 이런 이름이 붙여졌습니다.

　脾胃(비위)가 약한 일본 사람들은 고추를 毒草(독초)라고 생각했답니다. 이에 착안하여 壬辰倭亂(임진왜란) 때 조선 사람들을 毒殺(독살)하려고 가져왔다는 이야기도 있습니다. 그런데 웬걸, 毒草를 먹은 조선 사람들이 죽기는커녕 더 건강해졌습니다. 우리나라 사람이 꾸민 이야기가 아닙니다. 100여 년 전 일본 사람 쓰네야 세이후쿠(恒屋盛服·항옥성복)가 쓴 『朝鮮開化史(조선개화사)』에 나오는 이야기입니다.

　매운맛을 내는 양념은 여러 가지입니다. 五辛(오신)은 매운맛을 내는 양념을 통틀어 부르는 말이지요. 蔥(파 총), 蒜(마늘 산), 薑(생강 강), 芥(겨자 개), 胡椒(호초) 다섯 가지입니다. 胡椒는 '후추', 나중에 소리가 바뀌었습니다. 五辛은 五葷菜(오훈채)라고도 합니다. 불교에서는 수행에 방해가 된다고 금하는 먹을거리입니다.

　조선 사람들은 고추에 熱狂(열광)한 나머지 飮食文化(음식문화)를 뿌리째 뜯어고쳤습니다. 고추가 들어오기 전에도 山椒(산초), 川椒(천초), 胡椒 등으로 매운맛을 냈지만 이제 고추는 매운맛을 平定(평정)했습니다. 가을이 깊어지면서 고추는 햇볕 아래 붉은 보석처럼 빛나고 있습니다. 다른 외국 문물처럼 우리 풍경에 녹아들고 말았습니다.

柰果

능금나무 내(木-5)　실과 과(木-4)

柰果(내과)는 이제 흔히 볼 수 없는 과일인 야생 사과를 가리키는 한자말입니다. 달리 柰子(내자)라고도 합니다. 중국 송나라 때의 사전 『廣韻(광운)』에 이런 말이 있습니다.

내는 푸르고 희고 붉은 세 가지가 있다.
柰有靑白赤三種(내유청백적삼종)

柰가 능금을 가리킨다는 말도 있지만 옛사람 생각은 좀 달랐던 모양입니다.

능금은 흔히 林檎(임금)이라고 쓰는 것이 표준말입니다. 명나라 때의 약물학 사전 『本草綱目(본초강목)』에 이런 말이 있습니다.

내는 임금과 유는 같아도 종이 다르다. 열매는 능금 비슷하지만 크다. 빈파라고도 한다. 柰與林檎(내여임금)　一類二種(일류이종) 實似林檎而大(실사임금이대)　一名頻婆(일명빈파)

빈파는 사과의 다른 이름입니다. 柰는 그래서 능금이 아니라 사과입니다.

한나라 사람 劉熙(유희)가 지은 사전 『釋名(석명)』은 능금의 다른 이름으로 來禽(내금)과 文林郎果(문림랑과)를 듭니다. 來禽은 글자대로라면 '새를 오게 만든다'는 뜻이지요. 열매가 달아 새를 불러 모으기 때문에 붙여진 이름이라고 합니다. 文林郎果는 '문림랑의 열매'라는 뜻입니다. 渤海(발해) 부근 출신인 문림랑이 황하를 따라 떠내려오는 나무를 주워 심어서 열린 과일이라는 전설이 있습니다.

문림랑이 渤海 출신이라는 게 심상치 않습니다. 옛날 중국 사람들은 외국에서 뭔가 신기하고 좋은 것이 들어오면 渤海 쪽에서 왔다고 하는 일이 많았으니까요.

흔히 능금이 변해서 사과가 되었다고 하지만 능금은 능금이고 사과는 사과입니다. 능금보다 柰가 오히려 사과의 조상입니다. 沙果(사과)는 앞의 頻婆 말고 蘋果(빈과)나 苹果(평과), 花紅(화홍) 같은 한자 이름도 있습니다. 전 세계에는 700가지가 넘는 사과가 있다고 합니다. 이제 사과의 계절입니다.

林檎

수풀 림(木-4) 능금나무 금(木-13)

林檎(임금)은 '능금'을 소리 나는 대로 적은 한자말입니다. 흔한 과일 沙果(사과)의 일종입니다. 크기가 작다고 沙果에 밀리는 바람에 이제 보기 어려워졌습니다. 林檎은 綾衾(능금)이라고도 씁니다. 綾衾은 본디 '무늬가 있는 비단 이불'이라는 뜻입니다. '능금'이란 소리가 먼저이고 글은 나중에 나왔음을 알겠습니다.

예전에는 沙果도 능금의 별명이었지만 이젠 비슷한 종류의 큰 과일을 가리키는 딴말입니다. 蘋果(빈과), 苹果(평과), 頻婆(빈파), 頻婆果(빈파과) 등은 沙果와 같은 말입니다. 세계적인 컴퓨터회사 애플(Apple)을 중국에서는 蘋果公司(빈과공사)라 부르고, 홍콩에는 蘋果日報(빈과일보)라는 신문사가 있습니다. 沙果가 그만큼 친근하기 때문이겠지요.

富士(부사)니 國光(국광)이니 紅玉(홍옥)이니 하는 것은 우리 귀에 익은 이름입니다. 전 세계 沙果의 종류는 자그마치 700가지가 넘지만 모든 沙果의 고향은 중앙아시아입니다. 알마(Alma)는 카자흐스탄 말로 沙果라는 뜻입니다. 알마티(Almaty)는 '사과 덕분에 잘 산다'는 뜻의 카자흐스탄 도시 이름입니다. 옛 蘇聯(소련) 시절 알마아타(Alma-Ata), 곧 '사과의 아버지'라고 불리다가 최근에 고쳤답니다.

독일의 夢想家(몽상가) 슐리만은 어릴 적 敍事詩(서사시) 『일리아

「파리스의 심판」, 도먼 헤링, 1529, 베를린국립미술관.

스』에 푹 빠져 살았답니다. 『일리아스』가 이야기하는 트로이 전쟁의 發端(발단)은 자못 환상적입니다. 트로이 왕자 파리스가 헤라, 아테나, 아프로디테 세 여신이 아름다움을 다투는 일에 심판을 내리는 일로 말입니다. 경쟁의 賞品(상품)이 황금사과였지요. 트로이는 황금으로 부유했던 사과의 땅입니다. 탐욕스런 그리스가 트로이를 掠奪(약탈)하고서 신화로 덮은 게 아닌가 싶습니다.

燈火可親

등잔 등(火-12) 불 화(火-0) 옳을 가(口-2) 친할 친(見-9)

燈火可親(등화가친)은 '등불을 가까이할 만하다'라는 뜻입니다. 親燈火(친등화)라고도 하지요. 낮뿐 아니라 밤에도 등불을 밝히고 독서한다는 말입니다. 燈火可親之節(등화가친지절)은 그래서 독서의 계절이라는 뜻입니다. 燈火可親은 중국 당나라 때 사람 韓愈(한유)의 시에서 나온 말입니다.

바야흐로 가을장마도 그치고 時秋積雨霽(시추적우제)
산뜻한 서늘함이 시골에도 찾아오니 新凉入郊墟(신량입교허)
등불을 좀 가까이할 만하네 燈火稍可親(등화소가친)

아들의 勉學(면학)을 당부하는 긴 시의 일부입니다. 공부하는 사람이 밤낮을 가릴까마는, 여름밤의 熱氣(열기)에 뜨거운 등불은 가까이하기 힘들었을 것입니다.

이제 다양한 미디어의 시대입니다. '전자 시대'에 걸맞게 독서도 進化(진화)를 거듭하고 있지요. 책도 요즘은 電子冊(전자책)입니다. 10년쯤 전인가 종이책의 終末(종말)을, 덩달아 지식의 危機(위기)를 叱咤(질타)하는 소리가 드높았던 적이 있습니다. 종이책이 竹簡(죽간)과 羊皮紙(양피지)를 밀어냈듯 다른 미디어가 종이책을 밀어내는

「독계도督戒圖」, 작자미상, 비단에 엷은 색, 21.6×17.5cm, 경남대박물관.

건 일종의 順理(순리)입니다. 종이책이 사라진다고 바로 지식이 危機를 맞을 것이리란 생각은 지나친 비약이 아닐까요.

　세르반테스는 일찍이 '책의 죽음'을 이야기했던 에스파냐 사람입니다. 돈키호테의 下女(하녀)들은 주인의 책을 火刑(화형)시키러 온 신부와 이발사를 신나게 도왔지요. 下女들은 미치광이 주인에게 넌더리가 났고, 元兇(원흉)이라고 지목한 책의 죽음을 간절히 바랐지요. 고상한 중세 기사 돈키호테에게 책은 자신의 城砦(성채)였지만 현대적인 下女들의 大砲(대포) 같은 성화는 당할 수가 없었을 것입니다. 책의 죽음, 곧 지식의 危機는 전자 시대뿐 아니라 현대의 보편적인 현상입니다. 그런데 살 길은? 도리어 돈키호테의 想像力(상상력)뿐이 아닐까 싶습니다.

花火

꽃 화(艸-4) 불 화(火-0)

花火(화화)는 '불꽃'이라는 뜻입니다. '꽃불'이라 옮겨야 할 것 같지만 불꽃입니다. 우리말과 한자말 語順(어순)의 근본적인 차이로 어긋났기 때문입니다. 花火는 보통 祝賀(축하)의 뜻을 담아 공중으로 날리는 불꽃놀이의 불꽃을 가리키는 말입니다.

불꽃놀이는 고대 중국의 爆竹(폭죽)에서 나왔다고 합니다. 허나 소리 위주인 爆竹은 볼거리 위주인 불꽃놀이로서는 失格(실격)입니다. 어쩌면 탁탁거리며 튀는 정월 대보름의 壯大(장대)한 달집태우기나 일상의 素朴(소박)한 화톳불이 불꽃놀이가 되었는지도 모릅니다.

火藥(화약)의 발명은 불꽃을 스펙터클하게 만들었습니다. 스펙터클은 본디 '볼거리'라는 뜻인데, 壯觀(장관)이라 옮깁니다. 스펙터클은 또 16세기 이탈리아에서 비롯된 祝祭劇(축제극)의 한 경향을 가리키기도 합니다. 祝祭劇은 모두 네 가지 必須(필수)적인 요소가 있어야 합니다. 假面舞蹈會(가면무도회), 行列(행렬), 噴水(분수), 그리고 불꽃놀이이지요. 이제 祝祭라면 불꽃놀이를 떠올리는 지경이 된 것도 이 때문입니다.

焰心(염심)은 촛불 등에서 불꽃의 어두운 부분, '그늘'을 가리키는 말입니다. '전등에는 눈동자가 없다.' 촛불과 전등을 비교한 보세르의 말입니다. 焰心은 그래서 그늘진 눈동자인 셈이지요. 祝祭劇의 화려한 불꽃에는 눈동자가 없습니다. 假面舞蹈會는 눈동자 없는 불꽃 아래 눈동자만, 깊은 마음만 보려는 행사입니다. 표정은 마음을 아는 데 오히려 妨害(방해)가 되니까 말이지요.

전국에 '××불꽃축제'가 氾濫(범람)하고 있습니다. 서로 마음을 사로잡는 假面舞蹈會를 마련하지 못할 바에 불꽃놀이는 안 하는 편이 나을지도 모르겠습니다. 차라리 화톳불을 놓거나 촛불을 켜고 마음을 凝視(응시)할 四圍(사위) 고요한 자리를 마련하는 편이 바람직하겠습니다.

鯉魚風

잉어 리(魚-7) 고기 어(魚-0) 바람 풍(風-0)

鯉魚風(이어풍)은 '잉어 바람'이라는 뜻입니다. 음력 9월에 부는
바람을 가리키며 秋風(추풍), 곧 가을바람이라는 뜻이기도 합니다.
가을 잉어가 살지기 때문에 이리 부른다고 합니다.

누대 앞에 흐르는 물은 강릉 가는 길
樓前流水江陵道(누전유수강릉도)
잉어 바람 일어나니 부용꽃이 시드네
鯉魚風起芙蓉老(이어풍기부용로)

중국 당나라 시인 李賀(이하)의 「江樓曲(강루곡)」 시구입니다. 바
람이 잉어라면 비는 참새입니다. 黃雀雨(황작우), 곧 '참새 비'가 음
력 9월에 내리는 비의 이름입니다. 黃雀은 참새 말고 꾀꼬리라는 뜻
도 있습니다.
　蓼花風(요화풍)은 '여뀌 바람'이라는 뜻입니다. 세찬 가을바람을
가리키기도 합니다. 중국 고전인 『禮記(예기)』 「月令(월령)」 편에 나
온 말입니다.

　8월부터 백로 상강 무렵까지 흔들바람이 분다. 仲秋白霜節(중추

「여뀌와 물총새蓼花翠鳥」, 전 김식, 종이에 엷은 색, 16~17세기, 국립중앙박물관.

백로절) 盲風至(맹풍지)

盲風은 흔들바람이라는 뜻이며 疾風(질풍), 곧 세찬 바람이라 합니다. 이 바람을 처음 맞는 서쪽 사람들이 蓼花風이라 불렀습니다. 중국 梁(양)나라 임금 文帝(문제)는 이렇게 노래했지요.

흔들바람이 함곡관을 지나자 盲風度函谷(맹풍도함곡)
이슬이 나뭇가지 아래로 떨어지네 墜露下芳枝(추로하방지)

蓼花, 곧 여뀌는 水蓼(수료), 澤蓼(택료), 川蓼(천료), 水紅花(수홍화), 紅蓼(홍료)라는 여러 이름을 가진 풀입니다. 水(물 수), 澤(못 택), 川(내 천)이란 말로 보아 물가에 자라는 풀임을 짐작할 수 있겠지요. 紅(붉을 홍)이라 한 것은 분홍색 꽃이 피기 때문입니다. 사람의 흐르는 피를 멈추게 하는 약효가 있지만 물고기에겐 치명적인 독이랍니다. 그래서 여름 川獵(천렵) 때는 여뀌 잎을 짓찧어 물에 풀기도 합니다. 저도 어려서 따라 해보았지만 웬일인지 별 효험은 없었던 기억이 있습니다. 제가 뭔가 잘못한 것일까요?

木花

나무 목(木-0) 꽃 화(艸-4)

木花(목화)는 '나무 꽃'이라는 뜻입니다. 솜이 나기 때문에 예부터 널리 기르는 풀 '목화'의 한자말입니다. 본디 아열대 지방의 여러해살이풀인데 나무처럼 오래 산다고 木花입니다. 솜이 나는 꽃이라고 綿花(면화)라고도 부릅니다.

木花는 품종도 많습니다. 인도 데칸 고원에서 나는 印度綿(인도면), 미국에서 주로 나서 美國綿(미국면)이라고도 하는 陸地綿(육지면), 카리브에서 나는 海島綿(해도면), 아시아 재래종인 아시아면 등이 대표적입니다.

여러해살이풀 木花로는 좋은 천을 만들 수 있기 때문에 세계 곳곳에 퍼졌습니다. 겨울이 있는 곳에서는 한해살이로 적응하기도 했습니다. 木花를 달리 木綿(목면) 또는 草綿(초면)이라는 데서 알 수 있습니다. 木棉(목면)이라고 쓰기도 하는 木綿은 여러해살이 木花를 가리키고 草綿은 한해살이 木花를 가리킵니다. 조선 사람 李漢(이익)도 木棉과 草綿이 본디 같은 풀이지만 기후 때문에 달라졌을 것이라 추측했습니다.

木綿이나 草綿의 綿(솜 면) 자는 본디 緜(햇솜 면)이라 쓰던 글자입니다. 綿 자는 옛날에 없던 글자입니다. 『說文解字(설문해자)』는 緜을 '가느다란 실이 이어진 것聯微也(연미야)'이라고 했습니다. 糸

(가는 실 사) 자나 系(이을 계) 자는 본디 실타래 모양을 본뜬 글자이
지요. 帛(비단 백)은 白(흰 백)과 巾(헝겊 건)이 합쳐진 글자이니 명주
를 가리킵니다. 종이가 명주의 대용품이었던 것처럼 木花에서 얻은
무명도 명주의 대용품으로 각광받게 된 물건입니다.

冬瓜

겨울 동(冫-3) 오이 과(瓜-0)

冬瓜(동과)는 '겨울 오이'라는 뜻입니다. 비닐하우스에서 나는 오이를 가리키는 것이 아닙니다. 冬瓜는 본디 印度(인도)나 동남아시아의 더운 지방 원산이고 박과 가까운 채소입니다. 흔히 겨울에 익는다고 冬瓜라고 알지만 그렇지 않습니다. 익으면 껍질에 하얀 粉(가루 분)이 앉는데 겨울철 서리 같다고 冬瓜입니다. 희다고 白瓜(백과), 白冬瓜(백동과)라고도 합니다.

冬瓜는 여름에 길고 뚱뚱한 호박 모양의 큰 열매를 맺습니다. 그래서 베개 오이 枕瓜(침과)라고도 합니다. 중국 송나라 사람 鄭淸之(정청지)는 그래서 이렇게 노래하기도 했습니다.

생김새는 본디 둥글둥글 못생겼어도 그대 웃지 마소
生來籠統君休笑(생래롱통군휴소)

수박처럼 물이 많아 水芝(수지), 땅에서 나는 영지버섯이라고 地芝(지지)라고도 합니다. 芝(지초 지)는 신선이 먹는다는 약초이지요.

冬瓜는 실제로 약성이 뛰어나답니다. 중국의 오래된 약용식물 책 『神農本草經(신농본초경)』은 上品(상품), 곧 가장 뛰어난 등급으로 분류하고 이렇게 말합니다.

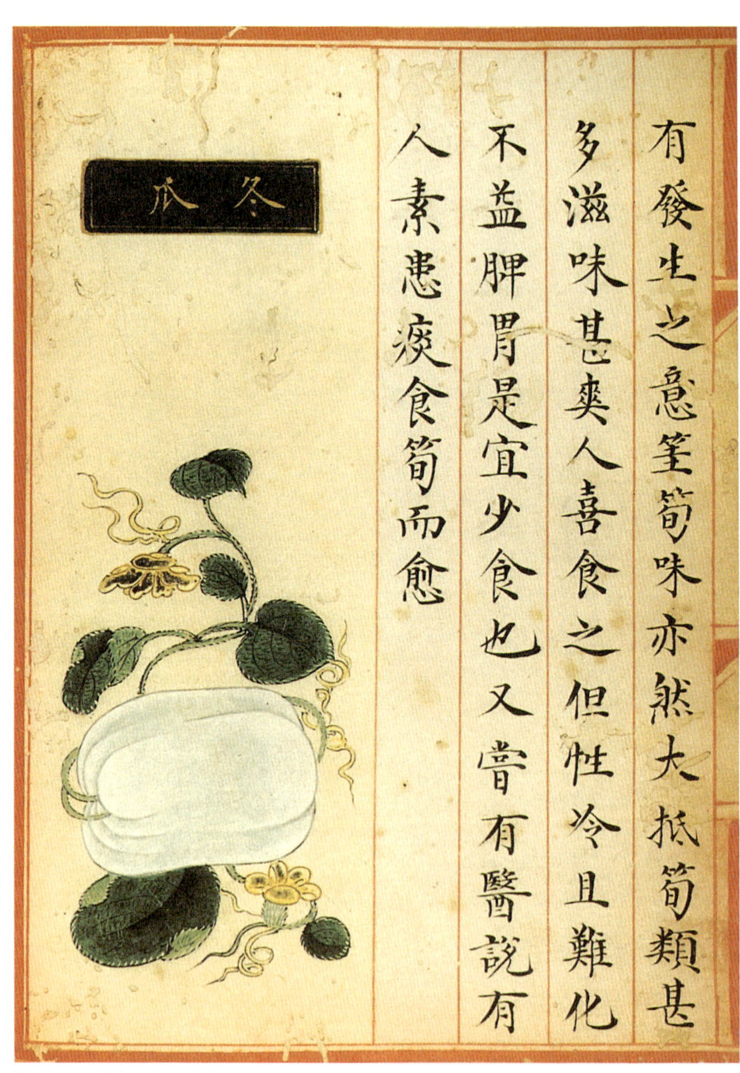

「동과冬瓜」, 『식물본초』에 수록.

사람을 기분 좋고 윤택하게 만들며 얼굴이 좋아진다. 오래 먹으면 몸이 가벼워지고 늙지 않게 한다. 令人悅澤好顔色(영인열택호안색) 久服輕身耐老(구복경신내로)

冬瓜는 살이 찌지 않게 하는 작용을 합니다.
冬瓜의 우리 이름은 '동아'입니다. 『農家月令歌(농가월령가)』에도 동아를 호박이나 박과 나란히 들고 있습니다. 그만큼 흔하던 冬瓜가 사라졌다 다시 돌아왔답니다. 돌아온 冬瓜가 반갑습니다.

蘿蔓

담쟁이넌출 라(艸-19) 덩굴 만(艸-11)

蘿蔓(나만)은 '담쟁이덩굴'의 한자 이름입니다. 葡萄(포도)와 같은 종류라니 머리가 끄덕여집니다. 잎사귀 생김새뿐 아니라 자그마하지만 송이송이 달리는 열매도 葡萄를 닮았기 때문입니다.

靑蘿(청라)는 푸른 담쟁이덩굴이라는 뜻입니다. 집을 정갈하게 건사하려는 까닭에 벽을 갉아먹는 담쟁이를 싫어하는 사람도 있습니다. 허나 靑蘿는 보기 시원할뿐더러 斷熱(단열) 효과도 있다니 담쟁이 올린 집을 앞으로 더 자주 볼 듯합니다.

蘿 자는 쑥, 무, 女蘿(여라), 松蘿(송라) 등 여러 가지 풀을 가리키는 말입니다. 女蘿와 松蘿는 나무에 자라는 이끼입니다. 나무에 옷을 입힌 듯 자라는 것이 女蘿, 머리카락을 풀어헤친 듯 자라는 것이 松蘿입니다. 공기가 맑아야 자라기 때문에 요즘은 깊은 숲이 아니면 통 보기 힘들어졌지요. 蔓은 덩굴이라는 뜻도 있지만 뿌리를 먹는 채소 '순무'를 가리키기도 합니다.

이제 담쟁이덩굴이 노랗고 붉게 形形色色(형형색색) 물들었습니다. 저 丹楓(단풍)이 지고 나면 앙상한 덩굴만 남길 것입니다. 담쟁이의 앙상한 덩굴이라니, 국어 시간에 배운 오 헨리의 「마지막 잎새」가 생각납니다.

肺炎(폐렴)으로 죽음을 앞둔 소녀는 나날이 絕望(절망)하고, 그를 안 어느 화가가 自己犧牲(자기희생)을 무릅쓰고 소녀에게 希望(희망)을 준다는 感動的(감동적)인 이야기입니다. 오 헨리의 성은 본래 포터입니다. 그는 포터일 때도 오 헨리일 때도 팍팍한 삶을 살았습니다. 마치 메마른 담쟁이덩굴 같은 삶을 살았지만 그는 그래도 누구보다도 가슴이 더운 사람이었을 것입니다.

靑女霜

푸를 청(靑-0) 계집 녀(女-0) 서리 상(雨-9)

靑女霜(청녀상)은 '청녀의 서리'라는 뜻입니다. 靑女는 서리를 내린다고 믿었던 신입니다. 아예 霳(청녀 청)이라는 글자를 만들어 쓸 정도였으니 믿음이 얼마나 깊었는지 알겠습니다. 靑女는 나중에 서리라는 뜻으로 오롯이 쓰이게 되었습니다.

중국 한나라 때 淮南(회남)의 임금 劉安(유안)은 지식욕이 대단했던 사람입니다. 학자들을 모아 아는 것을 모두 써보라고 한 적이 있을 정도였으니까요. 그렇게 엮은 책이 『淮南子(회남자)』입니다. 거기서 靑女를 이렇게 적고 있습니다.

가을이 되면 …… 청녀가 나와 눈서리를 내린다. 至秋三月也(지추삼월야) …… 靑女乃出(청녀내출) 以降霜雪(이강상설)

靑女를 달리 靑腰玉女(청요옥녀)라고도 부르는데 玉女는 仙女(선녀)를 가리키는 말입니다. 靑腰, 곧 푸른 허리라고 했으니 푸른 띠를 둘렀던가 싶기도 합니다.

중국 洛陽(낙양) 서쪽의 靑要山(청요산)은 靑女의 전설이 서린 곳입니다. 黃帝(황제)를 도와 蚩尤(치우)를 꺾은 武羅姑娘(무라고낭)이 산의 산신령이 되었답니다. 전쟁 뒤끝이라 피비린내가 천지를 진동하는 데다 이때 기후는 한 해 내내 더운 여름이라 전염병마저 돌았답니다. 전쟁에서 겨우 살아남은 사람도 죽을 지경이 된 것이지요. 武羅姑娘은 달에서 靑女를 모셔다 七絃琴(칠현금), 곧 일곱 줄 거문고를 타도록 했습니다. 거문고 가락에 霜雪(상설), 곧 눈서리가 내려 더러운 것을 씻어내자 전염병이 사라지고 덤으로 四季(사계)도 생겼다 합니다.

여자가 한을 품으면 오뉴월에도 서리가 내린다는 말이 있습니다. 달에서 왔다는 靑女도 그렇거니와, 서리는 女性(여성)입니다. 새 생명을 낳는 것도 헌 생명을 거두는 것도 女性의 일이었던 걸까요. 영원한 생명의 고리에서 死生一如(사생일여), 죽고 사는 일이 모두 한 매듭일 뿐입니다.

霜降

서리 상(雨-9) 내릴 강(阜-6)

霜降(상강)은 '서리가 내리다'라는 뜻입니다. '찬 이슬'이라는 뜻의 寒露(한로) 다음에 오는 마지막 가을 절기입니다. 快晴(쾌청)한 날씨와 잔잔한 바람이 이즈음 날씨의 특징이지요. 서리가 내릴 最適(최적)의 조건입니다. 서리는 '내리다'라고 하지만, 갑작스런 氣溫差(기온차)를 이기지 못한 공기 속 물기가 차가운 地表(지표)에 얼어붙는 현상입니다.

서리는 農業(농업)이 삶의 바탕인 중국 사람들에게 농사일의 마무리 말고는 큰 뜻이 없습니다. 굳이 있다면 서리의 여신 靑女(청녀) 신화를 꼽을 정도이겠지요. 허나 겨울이 긴 북쪽 사람들에게는 겨울의 前兆(전조)인 서리에 남다른 느낌이 있었을 것입니다. 北歐(북구), 곧 북유럽 신화에서 서리가 힘 있는 巨人(거인) 남신으로 그려진 것도 그런 이유에서입니다.

北歐 신화를 모은 『에다(Edda)』는 세상의 시작을 이렇게 노래합니다. 太初(태초)의 세상은 '魔法(마법) 또는 創造(창조)의 힘으로 가득 찬 공간'이라는 뜻의 기능아갑(Ginnungagap)이라 불렸답니다. 본디 거기에는 불과 얼음만 있었다지요. 불의 세상에서 불어온 溫氣(온기)가 얼음의 세상을 덥혔을 때 최초의 巨人 이미르(Ymir)와 얼음 암소 아우둠라(Audhumla)가 탄생했습니다. 이미르는 아우둠라의

730

젖을 빨다 잠들기를 반복했습니다. 흐림투르사르(Hrimthursar)는 '서리 巨人'이라는 뜻인데, 이미르가 잠들었을 때 바로 그의 발과 겨드랑이에서 태어난 세 巨人族(거인족)을 가리키는 말입니다. 얼음의 세상 니플헤임(Niflheim)에서 그들은 繁盛(번성)했답니다.

霜降이 지나면 다음 절기는 겨울의 시작인 立冬(입동)입니다. 한낮에는 반소매도 싫지 않은 더운 가을 탓인지, 얼음은커녕 서리도 멀어 보입니다. 에다에서 니플헤임의 반대는 불의 세상 무스펠헤임(Muspellheim)이라고 합니다. 무스펠헤임이라도 오려는 것일까요.

淸凉

맑을 청(氵-8) 서늘할 량(氵-8)

淸凉(청량)은 '맑고 서늘하다'라는 뜻입니다. 고대 중국의 어원사전 『說文解字(설문해자)』는 淸을 이렇게 풉니다.

맑은 것이다. 맑은 물 모양이다. 朗也(낭야) 澂水之貌(징수지모)

본디 물이 맑은 것을 淸이라 하고 날이 차가운 것은 淸(서늘할 청)이라고 구별하고 있었습니다. 淸을 써야 할 곳에 소리도 같고 생김새도 가까운 글자 淸은 나중에 가져다 쓰게 되었지요. 凉은 冷(찰 랭)과 暖(따뜻할 난) 사이의 온도를 가리키는 말입니다.
『楚辭(초사)』에 이런 구절이 있습니다.

가을 하늘이여 청량하고 旻天兮淸凉(민천혜청량)
거무스름한 기운이여 고명하네 玄氣兮高明(현기혜고명)

旻天은 가을 하늘을 가리키는 말입니다. 고대 중국에서 하느님이란 뜻으로도 쓰였습니다. 高明은 높고 밝다는 뜻이지만 흔히 사람의 고상하고 현명한 성품을 가리킬 때 쓰는 말입니다. 가을 날씨를 가리키는 淸凉은 이렇게 일찍부터 쓰고 있습니다.

「산사에서의 그윽한 약속하기山寺幽約」, 임득명, 24.2×18.9cm, 1786, 삼성출판박물관.

중국 남북조시대 양나라를 세운 武帝(무제)는 나중에 스님이 될 만큼 독실한 불교도였답니다. 그가 지은 「淨業賦(정업부)」에 이런 구절이 있습니다.

마음이 맑고 차갑기 얼음 같고 心淸冷其若冰(심청랭기약빙)
의지가 투명하고 깨끗하기 눈 같네 志皎潔其如雪(지교결기여설)

본디 淸冷은 얼음, 皎潔은 눈의 상태를 가리키는 말입니다. 淸冷은 寒冷(한랭)과 같은 뜻으로 쓰기도 합니다만 약간 구별되는 말입니다. 淸凉한 가을이 지나면 곧 寒冷한 겨울이 닥칠 것이라는 차이 정도입니다. 가을의 마지막 절기 霜降(상강)을 지나면서 늦가을 첫추위가 닥칠 때가 있습니다. 겨울이 머지않았습니다.

白樺

흰 백(白-0) 자작나무 화(木-12)

白樺(백화)는 '자작나무'를 가리키는 말입니다. 白椴(백단)이라고 도 하지요. 자작나무는 눈이 많이 내리는 추운 지방에 무리지어 사는 까닭에서인지 미끈한 흰 몸통을 가지고 있습니다. 그래서 '희다'는 말이 이름에 들어갔는가 싶기도 하고, '숲의 佳人(가인)'이나 '나무의 女王(여왕)'이라는 別名(별명)에 고개가 끄덕여집니다. 佳人은 美人(미인), 곧 아름다운 여인을 가리키는 말입니다. 女王도 여인이니 자작나무는 여인을 떠올리게 하는 魔力(마력)을 지녔나봅니다.

자작나무에 이런 別名이 생긴 것은 스칸디나비아 신화 때문입니다. 스칸디나비아 신화는 자작나무를 프레이야(Freja) 여신의 화신이라 합니다. 스칸디나비아와 가까운 데 살던 켈트 사람의 신화에서는 자작나무를 브리다(Bridha) 여신이라고 하지요. 그리스 신화의 헤라(Hera) 여신에 해당되는 프레이야 여신이나 브리다 여신의 이름은 사실 語根(어근)이 같습니다. 둘 다 '빛나는 나무'라는 뜻의 산스크리트 말 부라(Bhura)와 같은 뿌리에서 派生(파생)된 이름이랍니다.

고등학교 국어교과서에 실린 소설가 鄭飛石(정비석)의 金剛山(금강산) 여행기인 『山情無限(산정무한)』에도 자작나무가 나옵니다.

북구에서 시베리아 우리나라를 거쳐 북미까지 아득한 고대의 '자작나무 문화권'이 있었던지도 모를 일이다.

毘盧峯(비로봉) 동쪽은 아낙네의 살결보다도 흰 자작나무의 樹海(수해)였다. 설 자리를 삼가, 九重深處(구중심처)가 아니면 살지 않는 자작나무는 무슨 樹中(수중) 공주이던가!

金剛山은 한반도에서 자작나무의 南限界(남한계)입니다. 평안도 義州(의주) 출신의 작가에게 자작나무는 낯설지 않았을 테지요.

1973년 慶州(경주)의 옛 무덤을 열었을 때 깜짝 놀랄 일이 기다리고 있었습니다. 金冠(금관)도 놀라웠지만, 구름을 토하는 天馬(천마) 그림은 뜻밖이었습니다. 자작나무 껍질을 바탕으로 삼은 그림은 新羅(신라)와 시베리아를 연결시켜주었습니다. 新羅 사람에게도 자작나무는 낯설지 않았을 것입니다.

何首烏

어찌 하(人-5) 머리 수(首-0) 까마귀 오(火-6)

何首烏(하수오)는 '하수오'라는 약초 이름입니다. 文理(문리)를 좀 아는 사람이라면 글만 보고 '어찌 머리가 검소?'라는 뜻이라 짐작하기 쉽지요. 허나 由來(유래)를 보면 '검은 머리의 하 씨'라는 뜻입니다. 이런 이야기가 있습니다.

옛날 중국에 태생이 弱骨(약골)이라 장가도 못 가고 늙은이가 된 何田兒(하전아)라는 사람이 살았다고 합니다. 꿈에 신선을 만나 이름 모를 풀뿌리를 캐먹었는데 희던 머리가 도로 검어지고 靑年(청년)이 되었다고 하지요. 예순에 첫 장가를 들어 아들을 보고 100년을 더 살았다고 합니다.

何首烏는 암수가 나뉘는 풀입니다. 암수 그루가 늘 가까이 붙어서 나고 밤이면 덩굴을 벋어 서로 엉킨다고 사람들은 믿었습니다. 夜交藤(야교등)이나 夜合藤(야합등)은 그래서 생긴 이름입니다. 藤은 등나무를 가리키는 말이고 交合(교합)은 性交(성교)라는 뜻입니다. 回春(회춘)하게 해준다는 何首烏의 약효는 이런 이치에서 나왔을 것입니다.

何首烏는 묵은 햇수에 따라 이름이 제각각입니다. 50년짜리는 산의 종놈 山奴(산노), 100년짜리는 산의 형님 山哥(산가), 150년짜리는 산의 큰아버지 山伯(산백), 200년짜리는 산의 할아버지 山翁

(산옹), 300년짜리는 산의 정령 山精(산정)이라 합니다. 山精을 먹으면 신선이 되고 山奴만 먹어도 白髮(백발)이 도로 검어진다 했습니다.

머리에 서리가 내렸다는 말은 늙었다는 뜻입니다. 희게 센 머리카락 빛깔을 서리에 비유한 것입니다. 그런데 何首烏를 먹으면 나이 든 백인의 銀髮(은발)은 어떻게 될까요? 원래 빛깔인 金髮(금발)로 돌아갈까요? 아니면 何首烏 덕분에 까매질까요? 갑자기 궁금해집니다.

楓葉

단풍나무 풍(木-9) 잎 엽(艸-9)

楓葉(풍엽)은 '단풍나무 잎'이라는 뜻입니다. 丹楓(단풍)과 같은 뜻의 말입니다. 그렇다고 楓葉이나 丹楓이 꼭 단풍나무의 붉은 잎만 가리키는 것은 아닙니다. 온갖 빛깔로 변한 잎을 널리 가리키는 말이기도 합니다.

丹楓이 드는 원리는 과학 시간에 배운 대로입니다. 평소 잎은 葉綠素(엽록소) 때문에 푸른빛이다가 추위가 닥치면 葉綠素가 죽습니다. 그러면 본디 葉綠素랑 같이 잎에 들었던 다른 色素體(색소체)가 드러나게 됩니다. 노랑이 들었으면 노래지고 빨강이 들었으면 붉어지는 이치입니다.

霜葉(상엽)은 서리를 맞아 丹楓 든 잎사귀를 가리키는 말입니다. 중국 당나라 시인 杜牧(두목)의 「山行(산행)」 시구로 유명합니다.

수레를 세우고 앉아 단풍나무 숲의 오후를 아끼노니

停車坐愛楓林晚(정거좌애풍림만)

서리 맞은 단풍잎은 봄꽃보다 붉구나

霜葉紅於二月花(상엽홍어이월화)

滿山紅葉(만산홍엽)은 온 산의 나무에 丹楓이 들어 온통 붉은 모

「계산어은도溪山漁隱圖」, 당인, 명나라.

습을 가리키는 말입니다. 붉은 잎이라는 뜻의 紅葉은 丹楓과 같은 뜻입니다. 세계적으로 우리 산처럼 여러 나무가 자라는 곳은 흔치 않습니다. 대부분 한 가지만 자라고 丹楓 빛깔도 자연 單色(단색)인 곳이 많습니다. 滿山紅葉은 그래서 나온 말입니다. 온갖 빛깔로 한껏 치장한 우리 산은 錦繡江山(금수강산)입니다.

三紅(삼홍)은 세 가지 붉은빛이란 뜻입니다. 丹楓 때문에 산이 붉게 타는 듯하여 山紅(산홍), 그 산이 계곡을 물들여 水紅(수홍), 그런 山水(산수)에 들어간 사람도 붉어 人紅(인홍)입니다. 봄이 꽃놀이라면 가을은 단풍놀이지요. 三紅을 찾아 잠시나마 세상 시름을 잊으려는 분들이 가는 가을을 아쉬워하며 줄지어 산을 오르지 싶습니다.

腊葉

포 석(肉-8) 잎 엽(艸-9)

腊葉(석엽)은 '종이나 책 사이에 눌러서 말린 식물 잎사귀 표본'이라는 뜻입니다. 腊은 본디 고기를 저며 말린 肉脯(육포)를 가리키는 말이지요. 바싹 말라 납작한 腊葉은 肉脯를 닮았습니다. 腊은 또한 현대 중국어에서 臘(납향 랍)을 줄인 글자로도 씁니다. 臘은 소금에 절여 말린 고기를 가리키기도 하니 腊과 통하지요.

갖가지 腊葉을 가장 많이 볼 수 있는 곳이 腊葉標本館(석엽표본관)입니다. '물'이라는 뜻의 라틴어 아쿠아(Aqua)가 붙은 아쿠아리움(Aquarium)이 水族館(수족관)이듯, 허바리움(Herbarium)은 腊葉標本館의 서양 말입니다. 허바리움의 헤르바(Herba)도 '풀'이라는 뜻의 라틴어입니다. 보통 '향긋하고 약효가 있는 풀'이라는 뜻으로 쓰이는 허브(Herb)는 본디 향기가 있거나 없거나, 약효가 있거나 말거나 모든 풀을 가리키는 말입니다.

굳이 腊葉標本館으로 거창하게 行次(행차)하지 않더라도 腊葉은 우리 가까이에 있습니다. 누구나 봄이면 꽃잎, 가을이면 단풍잎을 따서 책갈피에 꽂았던 기억이 있을 것입니다. 그런 꽃잎이며 단풍잎도 腊葉입니다. 책을 읽다가 덮으면 腊葉으로 표시하곤 했지요.

이처럼 읽던 곳을 쉽게 다시 찾으려고 책갈피에 끼우는 물건을 書標(서표)라 합니다. 영어로는 북마크(Bookmark)이지요. 腊葉은 북마크 구실을 톡톡히 했습니다. 북마크는 이제 인터넷 세상에서도 늘 쓰는 말이 되었으니, 책은 사라져도 북마크는 사라지지 않을 성 싶습니다. 책갈피에 꽂힌 옛 腊葉을 찾으면 자못 감동적입니다. 그 것을 꽂을 당시 어떤 追憶(추억)을 떠올리게 하니 말입니다. 미래의 인터넷에서도 이런 감동을 맛볼 수 있을까요.

悲遊子

슬플 비(心-8) 놀 유(辵-9) 아들 자(子-0)

悲遊子(비유자)는 '나그네 신세를 서글프게 여기다'라는 뜻입니다. 遊子 말고도 나그네라는 뜻의 말은 客子(객자), 客旅(객려), 過客(과객), 旅客(여객), 旅人(여인) 등이 있습니다. 旅(나그네 려)와 客(손 객)이라는 말이 자주 눈에 띕니다. 본디 旅는 깃발을 앞세운 군인의 무리, 客은 집에 들어온 外間(외간) 사람을 가리키는 말입니다.

悲遊子는 중국 梁(양)나라 사람 江淹(강엄)이 자기 신세를 한탄하며 한 말입니다. 어느 해인가 늦가을, 江淹은 灞陵(파릉)을 지나가면서 이렇게 한숨지었습니다.

눈길 닿는 곳마다 풍경은 쓸쓸하니

向眼風物寥落(향안풍물요락)

나그네 되어 고향의 부모님을 그리는 일이 슬프기만 하구나

祇悲遊子故園之思老(지비유자고원지사로)

훗날 많은 시인이 무던히도 이 말을 써먹었습니다.

가을은 본디 길 떠난 나그네가 고향을 그리는 시절입니다. '가을 느낌'이라는 뜻의 秋興(추흥)은 고향을 그리는 마음에 다름 아니겠지요. 興은 敍情(서정), 곧 자기 느낌을 그린다는 뜻입니다. 중국 당

나라 시인 李白(이백)은 가을 노래 「秋興歌(추흥가)」를 이렇게 불렀습니다.

가을이 방랑이란 걸 나는 알았네 我覺秋興逸(아각추흥일)
가을이 슬픔이라고 누가 말했나 誰云秋興悲(수운추흥비)

賀知章(하지장)은 李白이 위대한 시인이라는 것을 처음 알아본 동시대 당나라 사람입니다. 그는 李白을 보고 이렇게 감탄했다지요.

이 사람은 지상으로 귀양 온 신선이야
是子謫仙人也(시자적선인야)

시어 興逸에서 逸(편안할 일) 자는 旅逸(여일)이라는 뜻입니다. 나그네 몸이 되어 放浪(방랑)한다는 말이지요. 가을은 그렇지 않아도 고향이 애틋해지는 계절입니다. 마음 둘 곳 없는 외로운 나그네 孤客(고객)들에게 가을은 몹시 혹독하게 구는 듯합니다.

746

天高馬肥

하늘 천(大-1) 높을 고(高-0) 말 마(馬-0) 살찔 비(肉-4)

天高馬肥(천고마비)는 '하늘이 높고 말이 살지다'라는 뜻입니다. 본디 秋高馬肥(추고마비)라 썼고, 가을만 되면 약탈하러 오는 匈奴(흉노)가 두려워 나온 말이라 합니다. 한나라 武帝(무제) 때의 장군 李陵(이릉)이 匈奴를 치러 나섰을 때, 나이 적다고 그를 시기하던 장군 路德博(노덕박)은 이렇게 주장한 적이 있답니다.

지금은 가을이라 흉노의 말이 살쪘을 테니 싸울 수 없습니다.
方秋(방추) 匈奴馬肥(흉노마비) 未可與戰(미가여전)

한나라 장군 趙充國(조충국)도 다른 기회에 이런 말을 한 적이 있지요.

가을이 되어 말이 살쪘으니 틀림없이 변이 일어날 것입니다.
到秋馬肥(도추마비) 變必起矣(변필기의)

天高馬肥처럼 오해가 많은 말도 드물 것입니다. 첫째, 한나라 때 역사를 기록한 『漢書(한서)』「匈奴傳(흉노전)」에서 나왔다고들 하지만, 그보다 앞서 司馬遷(사마천)의 『史記(사기)』에 이미 나옵니다. 둘째, 匈奴는 사나운 야만인이고 한나라는 선량한 문명인이라는 생각도 오해입니다. 둘의 충돌은 한나라의 膨脹(팽창) 욕심이 빚어낸 일이지요. 가을이면 거듭되는 匈奴의 약탈도 한나라 때부터 固着(고착)되었으니 말입니다.

가을에 말이 살지다는 말은 본디 무슨 뜻일까요? 『史記』나 『漢書』는 모두 匈奴 사람들의 가을 풍속에 대해 기록하고 있습니다.

가을에 말이 살지면 대림에 모두 모여서 가축의 등수를 매기고 비교한다. 秋馬肥大會蹛林(추마비대회대림) 課校人畜(과교인축)

蹛林(대림)은 흉노의 땅 이름이고, 多藍(다람)이나 襜襤(첨람)이라고도 씁니다. 음력 8월 가을이 오면 흉노 사람들은 하늘에 제사 지내러 여기 모인다고도 했습니다. 이것이 오늘날 몽골의 나담(Naadam) 축제로 이어지지요. 하늘에 제사지내러 모인 멀쩡한 사람을 人面獸心(인면수심)의 약탈자로 몰아붙였으니, 말을 만드는 교묘한 재주가 대단하다 아니할 수 없습니다.

石榴

돌 석(石-0) 석류나무 류(木-10)

石榴(석류)는 '석류나무'를 가리키는 말입니다. 柘榴(자류) 또는 若榴(약류)라고도 합니다. 여름에 피는 붉은 꽃은 초록빛 잎과 어울려 눈을 사로잡지요. 중국 송나라 사람 王安石(왕안석)은 石榴를 이렇게 노래한 적이 있습니다.

무성한 푸른 덤불 사이 붉은 꽃 하나
萬綠叢中紅一點(만록총중홍일점)
마음속 봄기운 움직이니 하나로 족하네
動人春色不須多(동인춘색불수다)

紅一點(홍일점)은 본디 石榴꽃을 가리키는 말입니다. 나중에 많은 남자 사이의 한 여자를 가리키는 비유로 쓰게 되었습니다.

새부리처럼 뾰족한 주둥이를 가진 사과 크기의 石榴 열매도 독특합니다. 익으면 저절로 벌어져서 半透明(반투명)하고 붉은 열매를 알알이 드러내지요. 많은 알맹이를 품은 까닭에 石榴는 예부터 多産(다산)의 상징입니다. 石榴의 영어 이름은 포머그래넛(Pomegranate)입니다. 라틴어로 사과라는 뜻의 포뭄(Pomum)과 씨가 있다는 뜻의 그라나투스(Granatus)가 합쳐진 말이지요. 씨가 많은 사과라는 뜻

749

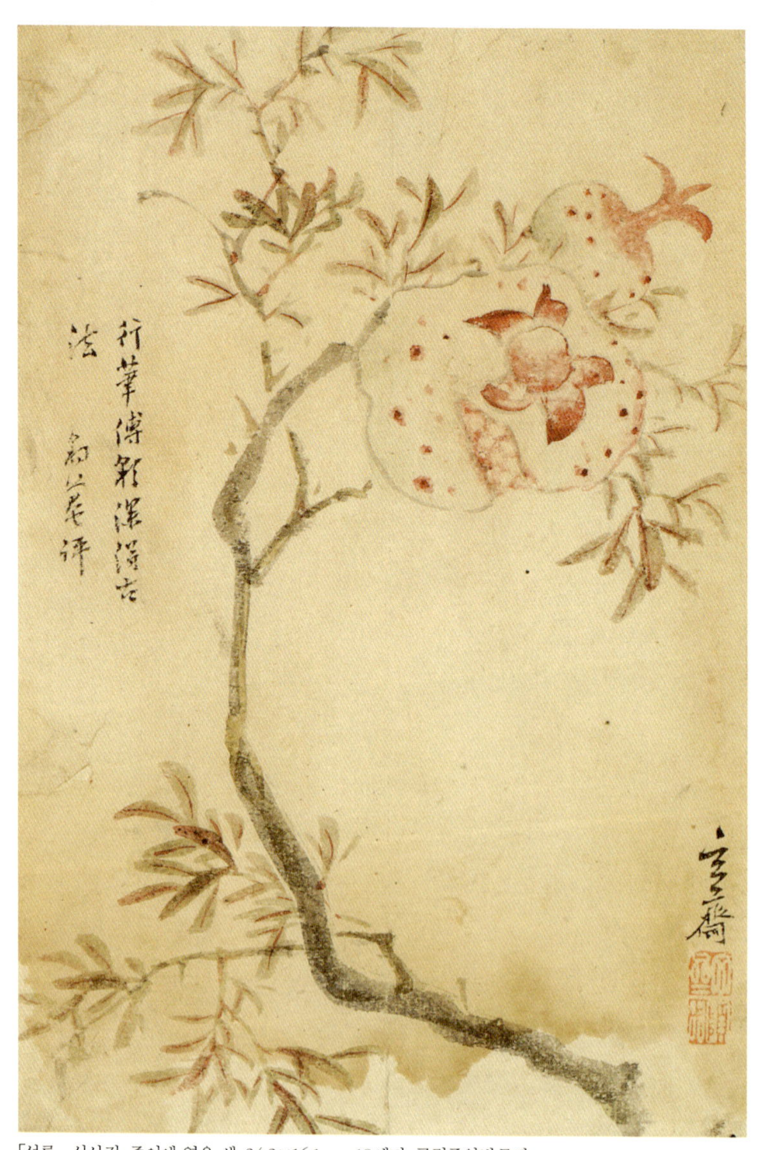

「석류」, 심사정, 종이에 엷은 색, 24.2×16.1cm, 18세기, 국립중앙박물관.

이겠습니다.

石榴는 본디 이란 高原(고원)부터 히말라야 山脈(산맥)까지 널리 자라다가 나중에 地中海(지중해)로 퍼져 나갔습니다. 여기서 얻은 별명이 '카르타고의 사과'입니다. 알프스를 넘어 로마를 기습한 한 니발의 카르타고 石榴가 유명했나봅니다. 地中海 주변에 사는 사람들은 葡萄(포도)나 無花果(무화과)와 함께 좋은 과일로 石榴를 치지요. 모두 열매가 많이 달려 풍요를 상징하는 생명의 나무들입니다.

옛날 사람들에게는 石榴가 人肉(인육), 곧 사람고기 맛이라는 전설이 있었습니다. 또 페르세포네가 지하세계인 하데스에 내려가 있는 동안은 石榴를 입에 가득 물고 있다는 신화도 있습니다. 모두 핏빛 붉은 石榴 열매를 이브의 사과, 생명이라 보았기 때문일 것입니다.

上月

위 상(—-2) 달 월(月-0)

    上月(상월)은 우리말 '상달'을 한자로 옮긴 말입니다. 상달은 음력 10월을 가리키며 '으뜸 달'이라는 뜻이겠습니다. 중국에서는 四季(사계)를 나누면서부터 시월을 方冬(방동), 開冬(개동), 孟冬(맹동)이라 부릅니다. 모두 겨울의 시작이라는 뜻입니다.

    중국에서는 또 良月(양월), 陽月(양월), 小春(소춘)이라 부르기도 합니다. 良月은 좋은 달이라는 뜻입니다. 上月과 매한가지 뜻이지요. 『春秋左傳(춘추좌전)』에는 이런 말이 있습니다.

    좋은 달이라는 건 꽉 찬 숫자이기 때문이다.
    良月也(양월야) 就盈數焉(취영수언)

    옛사람들은 꽉 찬 숫자를 좋다고 보았는데 十(십)은 小盈(소영), 곧 꽉 찬 숫자 가운데 가장 작은 것입니다. 이보다 큰 숫자는 百(백)과 萬(만)입니다.

    小春은 '작은 봄'이라는 뜻입니다. 한 해가 시작되기 바로 앞 달이라는 뜻입니다. 설 하루 앞의 섣달 그믐날을 '작은설'이라 부르는 것과 마찬가지 이치입니다. 지금의 음력은 하나라 달력처럼 범의 달 寅月(인월)이 첫 달입니다. 은나라 것은 지금의 섣달인 丑月(축월)이 첫 달, 주나라 것은 지금의 동짓달인 子月(자월)이 첫 달입니다. 小春은 그래서 주나라 달력에 따른 말이지 싶습니다.

가을걷이가 끝나면 곧 봄이란 것은 四季로 나누기 전 옛사람들의 생각입니다. 계절을 春秋(춘추)로만 나눴기 때문입니다. 시월을 크게 여기는 일은 여기에 뿌리를 두고 있습니다. 高句麗(고구려)의 東盟(동맹), 濊(예)의 舞天(무천), 扶餘(부여)의 迎鼓(영고), 三韓(삼한)의 하늘 제사가 모두 시월에 열렸지요. 세월이 흐르고 사람이 바뀌면서 國中大會(국중대회)의 본디 모습은 사라지고 '성주굿'이며 햇곡식을 '성주독'에 갈아 넣는 정도가 남았습니다. 그마저도 이제 볼 길이 없으니 큰일입니다.

麻雀

삼 마(麻-0) 참새 작(隹-3)

麻雀(마작)은 '참새'를 가리키는 한자말입니다. 黃雀(황작)이라고
도 합니다. 『物名考(물명고)』라는 책은 麻雀을 무늬가 거친 늙은 참
새, 黃雀을 부리가 노란 어린 참새라고 구분하고 있습니다. 이밖에
瓦雀(와작), 依人雀(의인작), 賓雀(빈작), 嘉賓(가빈)이라는 이름도
있습니다.

瓦雀은 참새의 습성 때문에 생긴 말입니다. 참새는 추운 겨울을
나려고 처마 밑에 깃들기 일쑤이지요. 참새의 습성 때문에 생긴 말
에는 이것 말고도 歡喜雀躍(환희작약) 같은 것이 있습니다. 歡喜雀
躍은 사실 欣喜雀躍(흔희작약)을 잘못 쓴 말입니다. 참새가 깡충깡
충 뛰듯 기쁘다는 뜻입니다. 풀씨를 먹으러 땅에 앉은 참새가 자리
를 옮길 때마다 두 발을 모으고 귀엽게 뛰어다니는 모습을 이즈음
흔히 볼 수 있습니다.

嘉賓은 본디 반가운 손님이라는 뜻이고 賓雀은 반가운 손님 참
새라는 뜻입니다. 참새는 또 흔히 힘없이 당하는 사람에 비해지거
나, 한발 더 나가 輕蔑(경멸)하는 뜻이 담기기도 합니다. 燕雀鴻鵠
(연작홍곡)은 '제비나 참새가 어찌 기러기나 고니의 뜻을 알리오'라
는 뜻입니다. 燕雀은 제비와 참새, 곧 속 좁은 사람이라는 말입니
다. 鴻鵠은 기러기와 고니라는 뜻이지요.

「고양이와 참새猫雀」, 변상벽, 비단에 엷은 색, 94.0×43.3cm, 18세기, 국립중앙박물관.

참새가 益鳥(익조)인지 害鳥(해조)인지에 대해서는 논란이 많았습니다. 여름에는 昆蟲(곤충)을 많이 잡아먹어 농사에 이로운 益鳥인데, 날이 차가워져 昆蟲이 적어지면 주로 풀씨를 먹습니다. 논에 가득한 벼이삭은 참새의 좋은 먹이일 테지요. '참새가 방앗간을 그저 지나랴'라는 속담처럼 참새는 一瞬(일순) 농사에 해로운 害鳥로 둔갑합니다.

有害鳥獸驅除(유해조수구제)라는 세상에 듣기 싫은 말이 있습니다. 해로운 새와 짐승을 몰아낸다는 뜻이지요. 예전과 달리 먹고살 만한 형편에 지나치게 刻薄(각박)하게 굴 일은 아닐 성싶습니다.

毛澤東(모택동)이 다스리던 중국에서 1950년대 有害鳥獸驅除랍시고 참새를 아주 많이 잡는 바람에 이듬해 벌레가 극성을 부려 큰 흉년이 듦으로써 사람이 많이 굶어죽은 일도 있었답니다. 인간이 똑똑한 척해도 과똑똑이의 허황된 생각 탓이겠습니다.

秋水

가을 추(禾-4) 물 수(水-0)

秋水(추수)는 '가을의 맑은 물'이라는 뜻입니다. 맑아서 칼날에 비하기도 하고 사람의 맑은 정신에 비하기도 합니다. 三尺秋水(삼척추수)는 그래서 날이 시퍼렇게 선 長劍(장검)을 가리키는 말이고, 嚴肅(엄숙)한 마음을 비기는 말이기도 합니다.

秋波(추파)는 '가을 물결'이라는 뜻입니다. 秋水의 맑음과 달리 思慕(사모)하는 마음을 드러내는 慇懃(은근)한 눈짓이라는 뜻이고, 春情(춘정)을 비기는 말이기도 합니다. 秋水는 잔물결 하나 없이 明鏡止水(명경지수)와 같아야 제격이겠지요.

소리꾼이 소리를 하기 전 흥을 돋우고 목을 풀기 위해 부르는 짧은 노래 短歌(단가) 중 '달거리' 곧 「月令歌(월령가)」가 있습니다. 여기 '추수공장천일색은 왕발의 문장이요'라는 구절이 있습니다. 추수공장천일색은 王勃(왕발)의 글에서 나왔습니다. '추수 하면 왕발'이었던 모양입니다.

낮게 드리운 저녁노을 외로운 오리와 나란히 날고
落霞與孤鶩齊飛(낙하여고목제비)
가을 물은 높은 하늘과 한가지 빛이라
秋水共長天一色(추수공장천일색)

王勃은 북쪽 지방 龍門(용문) 출신의 중국 당나라 시인입니다. 한성시 龍門은 司馬遷(사마천)의 고향이기도 한 고장이지요. 龍門을 뛰어오른 잉어는 용이 된다는 전설이 서린 黃河(황하)의 여울이 있는 곳입니다.

王勃은 머나먼 남쪽 交趾(교지)로 아버지를 뵈러 가는 바닷길에 배가 뒤집혀 스물아홉의 나이로 세상을 떴답니다. 그 여행길에 南昌(남창)을 지나다가 쓴 「滕王閣序(등왕각서)」가 유명하지요. 추수공장천일색은 그중 絕唱(절창)입니다. 속 시원하도록 淸新(청신)합니다.

一葉落

한 일(一-0) 잎 엽(艸-9) 떨어질 락(艸-9)

一葉落(일엽락)은 '잎사귀 하나가 떨어지다'라는 뜻입니다. 性急(성급)한 나뭇잎 하나가 먼저 물들어 떨어짐을 보고 가을이 머지않았음을 안다는 말입니다. 一葉知秋(일엽지추)가 비슷한 말입니다. 이 말도 나뭇잎 하나 떨어짐을 보고 곧 가을이 오는 것을 안다는 뜻입니다. 한 가지 일을 보고 장차 올 큰일을 미리 斟酌(짐작)한다는 뜻이기도 합니다.

一葉知秋는 『淮南子(회남자)』에 나오는 말입니다.

나뭇잎 하나가 떨어지면 가을이 올 것을 천하가 안다
一葉落而天下知秋(일엽락이천하지추)

중국 당나라 사람 韓愈(한유)는 이것을 패러디합니다.

회남자는 잎이 지는 것을 슬퍼했지 淮南悲葉落(회남비엽락)
이제 내 마음도 가을에 상처받았네 今我亦傷秋(금아역상추)

이제 가을 깊은 거리에 一葉이 아니라 우수수 落葉(낙엽)이 떨어질 때입니다. 가을바람 타고 흩날리는 落葉에 마음을 다친 사람이

韓愈만은 아닐 테지요.

「오동잎」은 가을이면 흔히 들을 수 있는 大衆歌謠(대중가요)입니다. '오동잎 한 잎 두 잎 떨어지는 가을밤에'로 시작하는 유명한 트로트 곡이지요. 2012년 돌아간 가수 崔憲(최헌) 씨의 쉰 듯 껄껄한 音色(음색)이 어울려 큰 인기를 모았습니다. 落葉 하면 오동잎을 연상하는 心象(심상)은 노래가 나오기 전에 이미 있었습니다.

梧桐一葉(오동일엽)은 '오동나무 한 잎'이라는 뜻입니다. 오동잎 하나가 떨어지는 것을 보고 가을이 왔음을 안다는 말입니다. 오동잎에 限定(한정)했을 뿐이지 一葉知秋와 매한가지 뜻입니다. 이밖에 같은 뜻을 가진 말로는 葉落知秋(엽락지추)도 있습니다. 툭툭 落葉이 떨어지는 소리에 마음도 함께 철렁 내려앉습니다. 정말이지 가을은 內面(내면)으로 돌아가게, 그래서 장차 닥칠 큰일을 곰곰이 생각하게 만드는 철인가봅니다.

겨울

겨울 節氣 역시 立冬(입동), 小雪(소설), 大雪(대설), 冬至(동지), 小寒(소한), 大寒(대한) 여섯 가지입니다. 節入日(절입일)은 대략 다음과 같습니다. 모두 양력 날짜이고 해마다 하루나 이틀씩 차이가 납니다.

立冬: 11월 7일 또는 8일

小雪: 11월 22일 또는 23일

大雪: 12월 7일 또는 8일

冬至: 12월 21일 또는 22일

小寒: 1월 5일 또는 6일

大寒: 1월 20일 또는 21일

立冬

설 립(立-0) 겨울 동(冫-3)

立冬(입동)은 첫 겨울 절기입니다. 겨울 채비를 시작할 때이지요. 옛사람들은 마지막 가을 절기 霜降(상강)부터 겨울에 접어드는 立冬까지 보름을 다시 닷새씩 나누었습니다.

첫 닷새에는 승냥이가 짐승을 잡아 제사를 지내고 두 닷새에는 풀과 나무가 누렇게 떨어지며 세 닷새에는 겨울잠을 자는 벌레가 모두 땅에 숨는다. 一候(일후) 豺乃祭獸(시내제수) 二候(이후) 草木黃落(초목황락) 三候(삼후) 蟄蟲咸俯(칩충함부)

『禮記(예기)』「月令(월령)」의 말입니다.

숲만 겨우살이 채비로 奔走(분주)한 것이 아닙니다. 사람도 덩달아 바빠지지요. 立冬은 본디 겨우내 먹을 김치를 담그는 김장철입니다. 김장은 고려시대에 있었던 沈藏庫(침장고)라는 창고 이름의 沈藏이 변한 말이라 합니다. 沈藏은 '가라앉아 숨다' 또는 '가라앉혀 숨기다'라는 뜻입니다. 貯藏(저장)과 같은 뜻이겠습니다. 沈藏은 중국에서는 주로 사람의 脈(맥)이 드러나지 않는 일을 가리킬 때 쓰는 醫學用語(의학 용어)였답니다.

과격한 生活樣式(생활양식)의 변화 탓에 김장철이 따로 없는 시절이 되었습니다. 좋기만 한 걸까요? 2008년 초겨울 來韓(내한)한 울리히 벡은 세계적인 獨逸(독일) 사회학자입니다. 그는 현대 사회를 危險社會(위험사회)라는 개념으로 설명하고 있는데 2012년 널리 회자되었습니다.

그는 2008년 우리나라에 와서 '近代化(근대화)가 극단적으로 실험된 나라'라고 했습니다. 우리가 實驗室(실험실)에 살고 있다는 말에 가슴이 찌릿합니다. 김장철이 사라진 일이나 우리가 危險社會에 살게 된 일은 다른 일이 아닐 것입니다. 옛 김장철을 맞아 우리 內心(내심)을 돌이켜볼 일입니다.

紅柹

붉을 홍 (糸-3) 감 시 (木-5)

紅柹(홍시)는 '붉은 감'이라는 뜻입니다. 흠씬 익어 말랑말랑해졌다고 '軟(연)감'이라고도 합니다. 언제부터 감나무를 기르기 시작했는지는 모르지만, 저절로 자라는 桾櫏(군천), 곧 고욤나무를 개량했다고 추정합니다.

小柹(소시), 牛嬭柹(우내시), 紅椑棗(홍영조) 등은 고욤 열매를 가리키는 말입니다. 주렁주렁 달린 열매는 보기만 해도 배부르지만, 자그마한 열매에 씨만 많아 성가십니다. 그래서 예전에는 서리 맞은 고욤 열매를 항아리에 담아 푹 삭도록 두었다가 숟가락으로 퍼먹곤 했습니다.

이 땅에서 나는 유명한 감은 경북 醴泉(예천)의 高宗柹(고종시), 경북 義城(의성)의 舍谷柹(사곡시), 경북 慶山(경산)의 盤柹(반시), 경북 高靈(고령)의 水柹(수시), 전북 南原(남원)의 黑柹(흑시) 따위가 있습니다.

高宗柹는 高宗 임금에게 진상했다 하여 붙여진 이름입니다. 舍谷柹는 그 감이 나는 義城의 행정구역, 사곡면의 이름에서 나왔습니다. 盤柹는 납작한 모양이라 납작감이라고도 하는데 요즘은 외려 경북 淸道(청도) 것이 慶山 감의 자리를 대신 차지했습니다. 水柹는 물기가 많다고 붙여진 이름입니다. 黑柹는 이름처럼 검은 감이라

먹감이라고도 부릅니다.

검은 빛깔 黑枾도 있지만 감은 역시 紅枾가 제격입니다. 가지에 달린 채 서리를 맞은 霜枾(상시)의 붉은빛을 기억하는 분들이 있을 겁니다. 霜枾의 붉은빛이 거저 나는 것은 아닙니다. 봄여름을 무사히 지내고 서리를 맞는 고통을 겪은 뒤에 붉어진 것이지요.

霜枾와 같은 말에 熟枾(숙시)가 있습니다. 허나 쓸모는 조금 다릅니다. 노력도 없이 이익만 바라는 좋지 않은 마음을 가리킬 때 씁니다. 熟枾主義(숙시주의)라고요. 잘 익은 감을 맛보려면 마냥 기다릴 수 없는 법이지요. 붉은 감이 기울인 노력의 萬分(만분)의 一(일)이라도 생각해주어야 할 것입니다.

附子

붙을 부(阜-5) 아들 자(子-0)

附子(부자)는 '붙은 것'이라는 뜻이고 '바곳'이라는 풀의 덩이뿌리를 부르는 말입니다. 보통 원뿌리를 烏頭(오두), 토란 모양의 곁뿌리를 附子라 부릅니다. 까마귀 머리라는 뜻의 烏頭는 빛깔과 모양 때문에 붙었고 附子는 그저 곁에 붙은 것을 가리키는 말이다가 烏頭의 곁뿌리를 가리키는 전용 명사가 되었지요.

附子는 달리 烏喙(오훼), 草烏(초오), 天雄(천웅), 側子(측자), 僧鞋菊(승혜국), 川烏(천오)라고도 합니다. 烏喙는 까마귀 부리, 草烏는 풀 까마귀, 天雄은 하늘 수컷, 側子는 곁뿌리, 僧鞋菊은 스님 가죽신 국화, 川烏는 중국 四川(사천)에서 나는 烏頭라는 뜻입니다.

附子의 이름이 이렇게 많은 까닭은 중요한 약초이기 때문입니다. 성질이 덥고 독성이 강한 附子는 下品(하품), 곧 낮은 품질의 약으로 쳤습니다. 『東醫寶鑑(동의보감)』은 이렇게 설명합니다.

부자에 중독되면 가슴이 타는 듯하고 답답하며 심하면 머리가 아프고 온몸이 다 검어져서 반드시 죽는다. 中者(중자) 心煩燥悶(심번조민) 甚則頭岑岑然(심칙두잠잠연) 遍身皆黑(편신개흑) 必死(필사)

그래서 附子로 賜藥(사약)을 만들기도 했는데 생각만큼 독성이 강하지 않습니다. 조선 사람 宋時烈(송시열)은 한 사발로 모자라 한 사발 더 가져오라고 호통을 쳤다는 말이 있는 지경이니 말입니다.

향기로운 부자 香附子(향부자)와 흰 부자 白附子(백부자)는 附子와 다른 약초입니다. 香附子는 산에 흔한 莎草(사초)의 뿌리줄기이고 白附子는 노랑돌쩌귀라는 풀의 뿌리입니다. 마비를 푸는 약인 白附子는 우리나라 특산 약재로 일찍부터 유명했습니다. 싹이며 뿌리가 附子와 비슷한 白附子는 그래서 新羅白朮(신라백육)이란 이름을 얻기도 했답니다.

木瓜

나무 목(木-0)   오이 과(瓜-0)

木瓜(모과)는 '나무 참외'라는 뜻입니다. 이즈음 노랗게 익은 모과나무 열매를 가리킵니다. 韓方(한방)에서는 약재로 쓸 때 木果(목과)라고 합니다. 나무 참외라 하지만 동그스름하니 미끈한 배를 길쭉하게 잡아 늘인 모양 같기도 합니다.

木瓜는 참 오래전부터 기른 과일입니다. 『詩經(시경)』에도 木瓜를 노래한 시가 있습니다.

제게 모과를 던져주세요 投我以木瓜(투아이모과)
아름다운 옥으로 보답할게요 報之以瓊琚(보지이경거)
보답은 아니죠 匪報也(비보야)
영원히 잘 지내자는 거예요 永以爲好也(영이위호야)

衛風(위풍)의 「木瓜」 시입니다. 이를 근거로 投木報瓊(투목보경)이라는 성어가 나왔습니다. 보잘것없는 선물에 값진 답례를 한다는 뜻입니다.

毛詩序(모시서)는 위기에 처한 위나라 戴公(대공)과 文公(문공)을 구해준 齊(제)나라 桓公(환공)을 기려 위나라 백성들이 부른 노래라고 했습니다. 굳이 역사를 들먹이지 않는다면, 친구 또는 애인 사이

768

에 선물을 주고받으며 부른 노래라는 해석이 설득력 있습니다. 청나라 학자 崔述(최술)의 말입니다.

'魚物廛(어물전) 망신은 꼴뚜기가 시키고 果物廛(과물전) 망신은 모과가 시킨다'는 속담이 있습니다. 木瓜의 생김새가 볼품없기에 꾸짖는 뜻을 담았습니다. 모양새가 별 볼 일 없다지만 木瓜는 탁월한 효능을 지닌 훌륭한 약입니다. 가을에 딴 木瓜를 꿀이나 설탕에 재웠다가 따끈하게 끓여낸 木瓜茶(모과차)는 감기약으로도 이름 높지요.

중국 속담에 '배는 손해가 백 개라면 이익이 하나이고 모과는 이익이 백 개라면 손해가 하나이다梨百損一益(이백손일익) 木瓜百益一損(모과백익일손)'라고 했습니다. 모든 것을 생김새만 보고 섣불리 판단할 일은 아닌 법입니다.

柚子

유자나무 유(木-5) 아들 자(子-0)

柚子(유자)는 '유자나무의 열매'입니다. 유월에 향기로운 꽃이 피고 이맘때 샛노랗고 향기로운 열매가 익습니다. 柚子의 향기는 精油(정유) 때문입니다. 芳香油(방향유)라고도 하는 精油는 갖가지 식물에 모두 들어 있는 기름 성분을 가리킵니다. 橘(귤)이나 오렌지 껍질을 까고 나면 손이 매끈거리고 향기가 나는 것도 이 때문이지요. 중국에서 柚子를 香橙(향등), 곧 향기로운 오렌지라고 부르는데 이것도 다 향기 때문입니다.

柚子는 달콤한 맛은 없고 아주 새콤한 과일입니다. 일본에서는 그래서 食酢(식초)로 쓰기도 합니다. 옛날에는 유스(柚酢·유초)라고 쓰다가 유스(柚子)로 글자만 바뀌었습니다. 새콤한 柚子를 맛본 사람이라면 柚子라는 말만 들어도 입에 침이 고일 것입니다. 望梅解渴(망매해갈) 또는 望梅止渴(망매지갈)이란 말은 '매실을 바라고 갈증이 풀리다'라는 뜻의 성어입니다. 더위에 탈진한 부하들을 북돋울 요량으로 梅實(매실)이 코앞에 있다는 거짓말을 한 曹操(조조)의 이야기에서 나왔습니다. 신맛으로 따지자면 柚子도 梅實에 지지 않습니다.

柚子는 西域(서역) 티베트 長江(장강) 상류에 이르는 넓은 지역이 본고장입니다. 탱자와 蜜柑(밀감)이 자연 상태에서 섞이면서 탄생했답니다. 현재 세계에서 柚子를 가장 많이 생산하고 소비하는 나라는 일본입니다. 저들은 다양한 調味料(조미료)의 원료로 쓰지요. 汁(즙)을 짜서 風味(풍미)를 더하거나 신맛을 내기도 하고, 말린 껍질을 갈아 시치미 도가라시(七味唐辛子·칠미당신자)에 넣기도 합니다. 우리는 꿀에 재어 柚子茶(유자차)를 만듭니다. 柚子 향기를 가장 잘 즐길 수 있는 지혜로운 선택이라 하겠습니다.

天狼星

하늘 천(大-1) 이리 랑(犬-7) 별 성(日-5)

天狼星(천랑성)은 이맘때 한밤중 서쪽 하늘에서 빛나는 별입니다. 푸르스름한 빛깔이 늑대 눈을 닮았는지 天狼星, 곧 하늘늑대 별이라 부릅니다. 서양에서는 큰개자리의 으뜸별 시리우스(Sirius)라고 합니다. 시리우스는 '이글거리는'이란 뜻의 그리스 말 세이리오스(Seirios)에서 나온 라틴어입니다.

天狼星은 생명의 별입니다. 天狼星은 夏至(하지) 무렵 日出(일출) 직전에 떠서 아침을 알린 뒤 집니다. 이집트 사람들은 이를 소프뎃(Sopdet)이라 부르며 이시스(Isis) 여신의 化身(화신)으로 모셨지요. 이시스는 나일 강과 同一視(동일시)된 여신입니다. 나일 강이 氾濫(범람)해야 먹고살 수 있는 이집트 사람들에게 天狼星은 福音(복음)이었을 것입니다. 이때 이집트에 마침 무더위가 닥치기 때문이지요. 그래서 天狼星이 나일 강과 해를 연결시킵니다. 서양에서 더운 여름날을 '개의 날들(Dog days)'이라 부르는 것도 天狼星 때문입니다.

天狼星은 전쟁의 별이기도 합니다. 늑대의 사나운 이미지를 생각하면 그러려니 싶습니다. 허나 무리를 짓는 習性(습성) 때문에 사람을 가장 닮은 짐승이 늑대라는 동물학자 데즈먼드 모리스의 말은 傾聽(경청)할 필요가 있습니다. 늑대의 후손인 개는 사람과 가장 가까운 짐승이지요. 戰鬪民族(전투민족)들은 늑대나 개를 숭배하든가 同一視했습니다.

　트라키아(Thracia)의 전쟁 신은 '개 屠殺者(도살자)'라는 뜻의 칸다온(Kandaon)입니다. 게르마니아의 지그프리트, 로마의 로물루스, 튀르크의 阿史那(아사나), 몽골의 부르테 치노(Börte-čino) 등도 모두 늑대지요. 늑대의 系譜(계보)는 경북 慶州(경주) 들판의 狼山(낭산)까지 이어진답니다. 이 땅에도 늑대族이 들어와 살았던 모양입니다.

橡實

상수리나무 상(木-12) 열매 실(宀-11)

橡實(상실)은 '상수리나무 열매'라는 뜻입니다. 통틀어 '도토리'라고 부르는 참나무 열매를 가리킵니다. 橡子(상자)나 槲實(곡실)이라고도 씁니다. 참나무는 키가 훌쩍 크고 쓸모가 많은 나무입니다. 훌륭한 材木(재목)이기도 하지만 먹을거리 不足(부족)한 시절 고마운 양식이기도 했습니다.

산에서 따온 도토리는 澁味(삽미), 곧 떫은맛 때문에 그냥 먹지 못합니다. 말려서 절구에 찧은 뒤 물에 담가두면 물이 짙은 褐色(갈색)으로 변합니다. 타닌(Tannin) 때문입니다. 사나흘 동안 물을 갈면서 타닌을 우려낸 도토리 綠末(녹말)로 갖은 음식을 만듭니다.

도토리 하면 우선 떠오르는 음식이 橡實乳(상실유), 곧 도토리묵입니다. 도토리묵은 그냥 먹어도 맛있지만 썰어 말렸다가 반찬을 해먹어도 좋습니다. 이밖에 도토리가루에 멥쌀가루를 섞어 시루떡 橡子餅(상자병)을 해먹거나 죽을 쑤어 橡子粥(상자죽)을 해먹기도 합니다. 심지어 도토리가루로 술을 담그기도 했는데 이를 橡子酒(상자주)라 합니다.

농사를 짓는 지금이야 도토리가 別味(별미)일 뿐이지만 농사를 짓기 전에는 도토리가 主食(주식)이었습니다. 우리나라뿐 아니라 세계 곳곳의 新石器(신석기) 유적에서는 그래서 도토리가 나옵니다.

「다람쥐」, 정선, 비단에 엷은 색, 16.6×16.1cm, 18세기, 서울대박물관.

특히 농사가 더디 시작된 일본의 조몬(繩文·승문) 사람들은 늦게까지 도토리를 두고 다람쥐와 다퉜지요.

도토리 하면 떠오르는 짝이 다람쥐입니다. 동요에도 곧잘 등장하지요.

산골짝에 다람쥐 아기 다람쥐
도토리 점심 가지고 소풍을 간다

다람쥐는 栗鼠(율서) 또는 鼫鼠(석서)라고 합니다. 청설모의 등쌀에 수가 점점 준다는데, 청설모는 靑鼠毛(청서모)가 원말이며 靑鼠(청서)라고도 씁니다.

眞木
참 진(日-5) 나무 목(木-0)

眞木(진목)은 '참나무'를 가리키는 말입니다. 특히 材木(재목)으로 쓰는 참나무를 가리키는 말이지요. 보통 참나무는 상수리나무, 떡갈나무 따위를 가리키고, 그 열매를 통틀어 도토리라고 합니다. 도토리가 쓰고 있는 껍질은 깍정이, 곧 殼斗(각두)라 합니다. 植物學(식물학)에서는 그래서 참나무 무리를 통틀어 殼斗科(각두과)로 분류합니다. 殼斗科에는 도토리나무뿐 아니라 밤나무까지 들어갑니다. 열매나 材木이 모두 훌륭한 나무들입니다.

참나무는 쓰임새가 많은 나무입니다. 집을 짓거나 家具(가구)를 만드는 材木, 표고버섯을 기르는 槽木(골목), 숯을 굽는 炭木(탄목) 등으로 씁니다. 橡實(상실), 곧 도토리는 묵을 만들기도 하고 韓藥(한약)으로 쓰기도 합니다. 地中海(지중해)에는 彈力(탄력)이 좋은 코르크(Cork) 참나무가 자랍니다. 포르투갈 같은 데서는 9년에 한 번씩 코르크 참나무 껍질을 수확한답니다. 코르크 마개 없는 葡萄酒(포도주) 병은 생각할 수도 없으니, 껍질조차 쓸모가 있는 셈입니다.

추운 겨울을 나려면 준비할 것이 많지만 그중에서도 땔감은 빠질 수 없습니다. 요즈음 땔감으로야 石油(석유)나 天然(천연)가스가 대세이지만 예전에는 風土(풍토)에 따라 땔감도 다양했습니다. 우리네 風土에서는 長斫(장작)이 으뜸이었습니다. 長斫은 본디 '길쭉하게 베다'라는 뜻입니다. 또는 그렇게 쪼갠 땔나무를 가리키는 말입니다.

長斫은 뭐니 뭐니 해도 眞斫(진작), 곧 참나무 長斫이 으뜸입니다. 밥도 짓고 구들도 덥히지만, 아궁이에서 꺼낸 재조차 猛灰(맹회)라고 소중히 씁니다. 猛灰는 '독한 재'라는 뜻입니다. 재를 물에 우린 것이 잿물이지요. 잿물로는 빨래도 하고 그릇 구울 때 釉藥(유약)으로도 씁니다. 허투루 버리는 게 하나 없는 조상들의 再活用(재활용)에는 혀를 내두를 뿐입니다.

落葉

떨어질 락(艸-9) 잎 엽(艸-9)

落葉(낙엽)은 '떨어진 나뭇잎'이란 뜻입니다. 바야흐로 落葉의 계절입니다. 먼 산뿐 아니라 드디어 화려한 도시의 나무도 옷을 벗고 裸木(나목)이 되어갑니다. 가을이면 잎을 떨어뜨리는 闊葉樹(활엽수)뿐 아니라 결국 落葉松(낙엽송) 같은 轉向者(전향자)도 續出(속출)합니다. 秋風落葉(추풍낙엽)이라더니, 세월이 정녕 이리도 無常(무상)한가 싶습니다.

거리에 구르는 하찮은 落葉도 한때 어느 나무에게는 귀하디귀한 金枝玉葉(금지옥엽)이었겠지요. 落葉은 삭아 朽葉(후엽)이 될 테고 朽葉은 썩어 腐葉土(부엽토)로, 고향으로 돌아갈 것입니다. 落葉歸根(낙엽귀근)이라 했던가요. 모든 일은 처음으로 돌아가는가 싶습니다.

2008년 崔啓洛文學賞(최계락문학상)을 수상한 윤상운 시인은 「행복한 나뭇잎」이라는 아름다운 노래를 우리에게 주었습니다. 참 고운 노래입니다.

나뭇잎들이 어제 떠났습니다.

눈길을 걸어 봄까지 가면

멧새도 휘파람새도 어디선가 날아와

새 순이 돋도록
봄 하루가 짧다 연초록빛 울음을 울겠지요

당신은 해 뜨는 그리운 아침들과
까맣게 윤이 나는 외로운 밤들을
나뭇잎에게 허락하셨습니다.
나뭇잎으로 지상에 머무는 일
나뭇잎으로 지상을 떠나는 일
아름다운 일임을 조금씩 알아갑니다.
나뭇잎으로 태어나 행복합니다.

踏葉(답엽)길에 아르헨티나의 눈먼 시인 보르헤스의 「은총의 시」
가 겹칩니다.

어느 누구도 歎息(탄식)이나 非難(비난)쯤으로 貶下(폄하)하지
않기를.
기막힌 아이러니로 내게 책과 밤을 동시에 주신
신의 오묘함에 대한 나의 所懷(소회)를

敬物

공경할 경(攴-9) 만물 물(牛-4)

敬物(경물)은 '물건을 공경하는 일'이라는 뜻입니다. 東學(동학)이 전하는 三敬(삼경), 곧 세 가지 공경의 하나입니다. 三敬은 敬天(경천), 敬人(경인), 敬物을 한데 묶어서 부르는 말입니다. 敬天은 하늘 공경이고 敬人은 사람 공경입니다.

東學의 두 번째 교주 海月(해월) 崔時亨(최시형) 선생은 極甚(극심)한 彈壓(탄압) 탓에 여기저기 숨어다녔답니다. 머슴살이도 마다치 않던 선생은 藁工藝(고공예), 곧 짚으로 물건을 만드는 짚공예에 특히 솜씨가 좋았다 합니다.

사람의 도덕은 敬物에까지 이르러서야 그 極致(극치)를 볼 수 있다.

이렇게 極盡(극진)한 말이 나온 것도 이런 까닭에서겠지요.

경기도 安城(안성)은 鍮器(유기), 곧 놋그릇으로 유명합니다. 만물을 일깨우는 소리를 내는 징도 놋쇠로 만듭니다. 놋그릇 만드는 鍮器幕(유기막)에서는 징을 '울리게 한다' 따위로 건방지게 말하지 않고 '울음을 깨운다'라고 거룩하게 말한답니다. 물건의 허락을 받아야 한다는 말이지 싶습니다.

2008년 국제 금융 위기가 닥치자 미국에서 冷笑主義(냉소주의)가 다시 고개를 들었던 적이 있습니다. 오스카 와일드는 寸鐵殺人(촌철살인)하는 오묘한 말을 많이 남긴 사람입니다. 그는 冷笑主義者(냉소주의자)를 이렇게 평합니다.

모든 것의 價格(가격)을 알고 있다지만 아무런 價値(가치)도 모르는 사람.

겨울은 五行(오행)으로 물에 해당되는 계절입니다. 물은 潤下(윤하), 곧 만물을 윤택하게 만들어주지만 자신은 낮춘답니다. 敬物도 물처럼 자신을 낮춘 사람이라야 가능한 것이겠지요. 敬物도 못하는데 敬人은 어찌할 것이며 나아가 敬天은 어찌할 수 있겠습니까.

小雪

작을 소(小-0) 눈 설(雨-3)

小雪(소설)은 '작은 눈'이라는 뜻입니다. 다음 절기는 '큰 눈'을 뜻하는 大雪(대설)입니다. 이 무렵, 정확히는 음력 10월 20일 무렵 부는 차가운 바람을 孫乭風(손돌풍)이라 합니다. 乭은 우리가 만든 한자입니다. 돌쇠 등 우리말에 쓰기 위해 만들었답니다. 돌이라는 뜻을 취해 孫石風(손석풍)이라 쓰기도 합니다.

옛날 孫乭이라는 사공이 살았답니다. 어느 임금인지 孫乭의 배를 타고 江華島(강화도)로 건너가던 중, 갑자기 風浪(풍랑)이 거세져 배가 심하게 흔들렸지요. 임금은 사공이 故意(고의)로 흔들었다고 의심하여 孫乭을 죽였습니다. 그곳을 손돌목이라 하고 그날이 10월 20일이라 합니다. 그때부터 10월 20일이 되면 어김없이 孫乭風이 분다고 합니다.

小雪이 지나 본격적인 겨울이 되면 虹霓(홍예), 곧 무지개가 더 이상 뜨지 않는다고 합니다. 虹霓는 虹蜺(홍예)라고도 쓰고 螮蝀(체동), 彩虹(채홍)이라고도 했습니다. 중세 이슬람부터 근대 서양 哲學者(철학자)까지 무지개에 至大(지대)한 관심을 가졌습니다. 무지개를 알아야 光學(광학)의 비밀을 풀 수 있었기 때문입니다.

과학에 앞서 신화도 무지개를 풀려고 노력했습니다. 길가메시 敍事詩(서사시)는 이슈타르(Ishtar) 여신이 大洪水(대홍수)를 잊지 않

「밤의 여왕」, 높이 49.5cm, 기원전 1775년, 대영박물관. 3800년 전의 메소포타미아 부조. 이슈타르 신상이라고 알려져 있다.

겠다는 盟誓(맹세)로 하늘에 건 목걸이가 무지개라고 합니다. 이것이 大洪水 이야기의 히브리 버전인 노아의 方舟(방주) 이야기에도 나타나지요. 그리스와 北歐(북구)에서는 무지개가 두 세계를 연결하는 다리라 했습니다. 인도에서는 무지개를 인드라다누시(Indradhanush)라고 불렀는데, 천둥번개와 비를 管掌(관장)하는 인드라 신의 활이라는 뜻입니다. 무지개를 중국에서 天弓(천궁), 帝弓(제궁)이라고도 하는 것은 인도의 영향 때문이겠지요.

候鳥

기후 후(人-8) 새 조(鳥-0)

候鳥(후조)는 '철따라 옮겨 다니며 사는 새', 곧 철새를 가리킵니다. 氣候鳥(기후조)라고도 합니다. 氣候에 따라 움직인다는 뜻이겠습니다. 移行鳥(이행조) 역시 철새라는 뜻, 공간 이동을 위주로 부르는 말입니다. 漂鳥(표조) 역시 철새라는 뜻으로 쓰지만 본디 가까운 곳을 여기저기 옮겨 다니는 '떠돌이새'를 가리킵니다.

철새는 繁殖地(번식지)와 越冬地(월동지)를 번갈아 오갑니다. 차가운 북쪽의 짧은 여름에 繁殖하고 겨울에 우리나라로 와서 越冬하는 철새가 冬鳥(동조), 곧 겨울새입니다. 반대로 따뜻한 남쪽에서 越冬하고 봄에 우리나라로 와서 繁殖한 뒤 가을에 다시 남쪽으로 가는 철새가 夏鳥(하조), 곧 여름새입니다.

하늘을 훨훨 나는 새는 棲息地(서식지)의 폭이 넓습니다. 馴鹿(순록) 같은 네발짐승도 철따라 옮겨 다니지만 새에 비할 수는 없습니다. 새는 大海(대해)나 高山(고산)이 가로막아도 아랑곳 않고 제 갈 곳으로 가지요. 새는 그래서 自由(자유)의 상징이겠습니다.

허나 철새는 결코 自由롭지 않습니다. 移動(이동)을 시작하는 때며 經路(경로)와 方法(방법)도 한 치 흐트러짐 없이 정해져 있다는 것입니다. 이것 말고도 철새는 自由롭지 않다고 말할 수 있는 이유가 있습니다. 철새는 자기에게 적당한 곳만 늘 찾아다니기 때문에 새로운 상황이나 기후에 적응하지 않기 때문이지요. 거주지를 넓히고 적응한 인간의 이주와 아주 다릅니다.

철따라 옮기는 褶性(습성) 때문에 제 이익에 따라 이리저리 기웃거리는 사람을 빗대 철새라 하기도 합니다. 특히 所信(소신) 없이 이런저런 政黨(정당)을 기웃거리는 정치인을 빗대지만, 이는 철새를 욕보이는 汚名(오명)입니다. 차라리 제 길을 벗어난 迷鳥(미조), 곧 '길 잃은 새'라 하는 것이 옳지 싶습니다.

藥果

약 약(艸-15) 실과 과(木-4)

藥果(약과)는 '약이 되는 실과'라는 뜻입니다. 藥菓(약과)라고도 씁니다. 實果(실과)는 본디 과일을 가리키지만 菓子(과자)를 가리키기도 합니다. 韓菓(한과)는 우리 菓子를 가리키는 말입니다. 달기는 매한가지이겠으나 중국이나 일본 菓子와 다른 맛을 냅니다. 대표적인 韓菓로는 강정, 茶食(다식), 藥果, 正果(정과) 등이 있습니다.

우리 菓子를 통틀어 油蜜果(유밀과), 줄여서 蜜果(밀과)라고도 합니다. 만드는 방법과 재료에서 온 말입니다. 기름에 지지기 때문에 油(기름 유), 벌꿀로 단맛을 내기 때문에 蜜(꿀 밀)입니다. 油蜜果는 쌀가루나 밀가루를 반죽하여 모양을 빚은 뒤 바싹 말려 기름에 튀기고 꿀이나 造淸(조청), 곧 물엿을 바르고 튀밥이나 갖은 고물을 입히지요. 모양을 빚기 때문인지 造菓(조과)라고도 합니다.

藥果는 아예 기름과 꿀도 밀가루에 넣어 반죽한 뒤 기름에 지져서 만듭니다. 본디 쌀가루가 아닌 밀가루를 썼습니다. 밀가루는 麥粉(맥분), 小麥粉(소맥분)이라고도 하지만, 요즘과 달리 예전에는 귀하다고 眞末(진말), 곧 진짜 가루라고도 불렀습니다.

조상님들은 菓子를 통틀어 '과즐'이라고 불렀습니다. 지금은 과즐을 부르기 편하게 '과줄'이라 합니다. 아마 중국 말을 그대로 따서 소리내다 이리 된 말이지 싶습니다. 어릴 적, 어머니가 과줄을 해주시곤 했습니다. 밀가루를 반죽하여 平菓子(평과자)처럼 납작하고 길게 편 뒤 칼집을 내서 꼰 것을 기름에 튀겨 만들었습니다. 이것이 他來菓(타래과)라는 것은 나중에 알았습니다. 他來菓는 보통 梅雀果(매작과)라고 하면 더 알기 쉬울 것입니다. 他來는 우리말 '타래', 곧 실타래의 타래를 소리 나는 대로 쓴 말입니다. 소박했지만 그때 과줄이 그리운 초겨울입니다.

銀杏

은 은(金-6) 살구나무 행(木-3)

銀杏(은행)은 은행나무의 열매를 가리키는 말입니다. 9월 말 지천으로 익어 10월이 넘도록 銀杏 껍질이 썩는 고약한 냄새가 街路(가로)마다 물씬 풍깁니다. 이제 노랗게 물든 잎사귀는 늦가을의 화려함을 뽐내고 있지요.

은행나무는 公孫樹(공손수), 鴨脚樹(압각수), 白果樹(백과수)라고도 합니다. 公孫에는 여러 뜻이 있습니다. 우선 '제후의 자손'이라는 뜻이 있고 여기서 갈려 나온 '공손'이라는 姓氏(성씨)를 가리키기도 합니다. 또 '恭遜(공손)하다'는 말을 달리 쓴 것이기도 합니다. 허나 여기서 公孫은 '할아버지와 손자'라는 뜻입니다. 은행나무는 '할아버지가 심으면 손자가 은행을 먹을 수 있다公種而孫得食(공종이손득식)' 할 정도로 더디 자라기 때문입니다. 중국 명나라 사람 周文華(주문화)의 『汝南圃史(여남포사)』에 실린 이야기입니다.

鴨脚은 '오리 다리'라는 뜻입니다. 잎사귀가 물갈퀴 달린 오리 발 모양으로 생긴 나무라고 이리 부릅니다. 4월에 움튼 은행잎은 아주 독특한 초록빛을 띠지요. 그래서 이런 초록빛을 가리키는 銀杏色(은행색)이라는 말이 있을 정도입니다. 銀杏을 鴨脚子(압각자)라 부르는 이유가 잎사귀 때문이라면 白果는 '흰 열매'라는 뜻입니다. 銀杏의 빛깔을 보고 나무 이름을 정했습니다.

「행단고슬杏壇鼓瑟」, 심신, 비단에 채색, 23.2×29.8cm, 1750년경, 독일 성오틸리엔 수도원.

杏壇(행단)은 '은행나무 아래 높은 곳'이라는 뜻입니다. 학문을 닦는 곳을 가리키는 말입니다. 孔子(공자)가 울창한 숲의 杏壇에서 제자들과 머물렀다는 『莊子(장자)』의 이야기에서 유래했습니다. 이를 곧이곧대로 믿은 後世(후세) 사람들이 학교에 은행나무를 많이 심었습니다. 杏은 본디 살구나무를 가리키는 말입니다. 혹시 孔子가 살구나무 아래에서 가르친 것은 아닌지 의심하기도 합니다.

靑魚

푸를 청(靑-0) 고기 어(魚-0)

靑魚(청어)는 '푸른 고기'라는 뜻입니다. 건강에 좋다는 등 푸른 생선은 죄다 靑魚라 하겠지만, 등에 淡黑色(담흑색)을 띤 푸른 비늘이 달리고 배가 銀白色(은백색)인 물고기를 가리킵니다. 어떤 사람들은 鯖魚(청어)라는 말도 靑魚와 같은 말이라고 생각합니다. 소리도 같고 쓰는 법도 비슷한 탓이겠지요. 허나 鯖魚는 고등어를 가리킵니다.

싱싱한 靑魚는 '비웃', 말린 靑魚는 '과메기'라 합니다. 비웃은 靑魚를 가리키는 말인 鯡魚(비어)에서 왔지 싶고, 과메기가 貫目(관목)에서 나온 것은 상식입니다. 貫目에서 왔다는 과메기는 貫目魚(관목어)라고도 씁니다. 본디 靑魚 燻製(훈제)인 烟貫目(연관목)이 과메기이지요. 지금은 겨울 東海(동해)에서 잡힌 靑魚를 그냥 꾸덕꾸덕 말린 먹을거리입니다. 靑魚가 귀해지면서 꽁치로 만든 과메기가 진짜 행세를 하고 있는 형편입니다만 말이지요.

서양에서는 기름진 靑魚를 燻製해 먹기도 했지만, 기름을 짜서 魚油(어유)를 만들어 썼습니다. 14세기 이후 발트 해의 靑魚잡이는 주변 나라들에 엄청난 富(부)를 안겨주었습니다. 처음에는 魚油 때문에 잡았지만 나중에는 기름을 짠 뒤 남은 건더기가 목적이었습니다. 이것이 땅을 기름지게 하는 훌륭한 肥料(비료)이기 때문입니다.

돈을 주고 사고파는 肥料를 金肥(금비)라 합니다. 靑魚 金肥는 유럽이 잘사는 데 큰 보탬이 되었습니다. 19세기 일본에서도 똑같은 일이 벌어졌습니다. 홋카이도(北海道·북해도) 부근의 靑魚는 일본 농업의 生産性(생산성)을 끌어올렸으니 말이지요. 靑魚로 일어선 자본주의적 농업은 자본주의 體制(체제)를 세계로 퍼뜨렸으니 靑魚는 참 역사적인 물고기입니다.

乾柹

마를 건(乙-10) 감 시(木-5)

乾柹(건시)는 '마른 감'이라는 뜻입니다. 감나무의 열매인 감을 깎아 말린 '곶감'을 부르는 말입니다. 단감이 나기 이전에는 떫은 날감 澁柹(삽시)뿐이었습니다. 澁味(삽미), 곧 떫은맛은 타닌 때문이지만 탓할 일만은 아닙니다. 柹澁(시삽), 곧 감에서 짜낸 감물은 옷감을 물들이는 데도 썼습니다. 裙欔子(군천자)는 말린 고욤나무 열매인데 딸꾹질을 멈추게 하는 약입니다. 감꼭지 柹蔕(시체)도 딸꾹질을 그치게 하는 效驗(효험)이 있습니다.

늦가을 서리가 내리고 감이 붉게 익으면 따다가 곶감을 만듭니다. 방법은 간단합니다. 깎아서 엮은 뒤 응달진 처마에 달아 한 스무 날쯤 그냥 두면 바람이 알아서 만들어줍니다. 다만 일교차가 큰 곳이라야 잘됩니다. 선뜩하게 차가운 새벽과 따가운 햇살의 낮을 거치는 동안 糖分(당분)이 돌아 거죽을 흰 가루 柹雪(시설)이 뒤덮게 됩니다. 柹雪은 柹霜(시상)이라고도 합니다. 눈과 서리라는 말이 등장하는 것은 곶감이 이제 곧 닥칠 겨울을 떠올리게 하기 때문입니다. 곶감을 왜 白柹(백시)라고 하는지도 알 만합니다.

감의 種名(종명)은 디오스피로스(Diospyros)인데, 고대 그리스 말 디오스 퓌로스(Dios pyros)에서 유래했습니다. 디오스는 神(신)이라는 뜻입니다. 고대 그리스에서 神이라고만 하면 最高神(최고신)

제우스(Zeus)를 가리키지요. 퓌로스는 열매라는 뜻이므로 감은 '신의 열매' 또는 '제우스의 열매'라는 뜻이 됩니다.

감을 뜻하는 영어 퍼시몬(Persimmon)은 본디 인디언 말입니다. 지금의 美國(미국) 버지니아 州(주) 동부에 살던 포와탄 족은 감을 페사민(Pessamin)이라고 불렀답니다. 포와탄 족은 모히칸 족과 마찬가지로 알공킨 어족에 속하는 사람들입니다. 페사민은 '마른 열매'라는 뜻이라는데, 혹시 저들도 곶감을 먹었던 것은 아닌지 모를 일입니다.

蘿蔔

무 나(艸-19) 무 복(艸-11)

蘿蔔(나복)은 뿌리를 먹는 채소인 '무'를 가리키는 말입니다. 蘿는 본디 덩굴로 기는 쑥의 일종인 莪(지칭개 아)를 가리키는 말입니다. 蔔도 덩굴식물인 䓯(메꽃 부)와 뜻이 같지만 모양은 다른 글자입니다. 蘿蔔은 蘿卜(나복), 蘿蕧(나복), 萊菔(내복), 蘿白(나백)이라고도 씁니다. 이렇게 여러 글자로 한 가지 사물을 일컫는 것은 소리가 중요하기 때문입니다. 이밖에 무를 가리키는 말에 菜頭(채두), 薺根(제근), 地酥(지소), 土酥(토소)도 있는데 이것은 모두 뜻을 중시해서 붙인 말입니다.

무는 地中海(지중해) 지역이 원산인 매운맛의 채소입니다. 무의 種名(종명)인 라파누스(Raphanus)는 '빨리 싹트다'라는 뜻의 그리스말에서 나왔습니다. 蘿蔔이나 蘿蕧, 蘿卜, 萊菔, 蘿白은 모두 라파누스의 '라파'라는 소리와 닮았습니다. 무가 地中海에서 동쪽으로 오면서 흔적을 남겼기 때문이 아닐까요? 蘿蔔菹(나복저), 곧 '나박김치'는 배추와 무를 재료로 담근 국물김치입니다. 여기 나박도 萊菔이나 蘿白이랑 소리가 아주 닮았으니 나박김치는 '라파누스 김치'는 아닐까요?

무가 서쪽에서 동쪽으로 온 채소라면, 순무는 동쪽에서 서쪽으로 간 채소입니다. 순무는 蔓菁(만청), 蕪菁(무청)이라 씁니다. 길쭉

「배추와 붉은 무蔬菜圖」, 최북, 종
이에 엷은 색, 21.5×30.5cm, 18세
기, 국립중앙박물관.

하고 푸른 대가리를 가진 무와 달리 보통 동그랗고 紫朱(자주) 빛을 띕니다. 예부터 江華島(강화도)에서 난 순무가 유명했고, 나박김치는 순무로 담가야 제맛이라 합니다.

농사도 에너지를 펑펑 쓰며 짓는 통에 푸른 채소가 사철 지천으로 널렸습니다. 따로 김장철이 없는 好時節(호시절)은 얼마나 갈지 모르겠습니다. 무며 배추를 장만하여 내남없이 겨울나기를 준비하던 아름다운 모습과 따뜻한 마음이 그래서 더욱 그리워집니다.

菘菜

배추 숭(艸-8) 나물 채(艸-8)

菘菜(숭채)는 우리가 가장 즐겨 먹는 채소인 '배추'를 가리키는 한 자말의 하나입니다. 그냥 菘이라고만 하기도 했고 靑菜(청채), 白菜(백채), 黃芽菜(황아채)라고도 했습니다. 배추는 結球(결구), 곧 잎이 여러 겹으로 겹쳐 속이 드는 알들이에 따라 나누지요. 겉이 시퍼렇다고 靑菜, 줄기가 희다고 白菜, 속이 옅은 노란빛이라고 黃芽菜라 합니다. 배추는 이 가운데 白菜에서 온 말입니다.

배추는 본디 結球하지 않고 상추처럼 줄기가 길고 잎만 자라는 채소였습니다. 아삭아삭 쌈으로 먹기는 좋지만 오래 保存(보존)하지 못하는 것이 큰 단점이었지요. 禹長春(우장춘) 박사가 양배추와 接(접)붙여 우리 입맛에 맞는 배추 씨앗을 만들었답니다. 양배추는 단단히 結球하는 채소입니다. 요즈음 배추는 菘菜의 후손이지만 모양은 양배추에 가까워졌습니다.

옛날 무가 뿌리만 먹는 채소, 곧 根菜(근채)가 아니었듯 배추도 잎만 먹는 채소, 곧 葉菜(엽채)가 아니었습니다. 배추 꼬랑이, 곧 菘尾(숭미)는 맵싸한 맛이 일품인데 이즈음에는 뿌리가 굵은 菘菜가 귀해 얻어 먹기 힘들어졌습니다. 菘尾湯(숭미탕)은 바로 배추꼬랑이로 끓인 국입니다. 이것도 귀하긴 매한가지입니다. 그저 노란 배추 속대를 찐 菘心蒸(숭심증)의 고소한 맛에 만족할 정도입니다. 菘心

蒸은 이맘때 최고의 쌈 재료입니다.

예전 김장철에는 김치도 담그지만 따로 土壙(토광), 곧 흙구덩이를 열어 무와 배추를 묻기도 했습니다. 그렇게 땅이 지켜준 무며 배추를 겨우내 꺼내 먹다보면 어느새 봄이 옵니다. 봄이 오는 기운은 땅에 묻힌 채소가 먼저 알지요. 荒芽菜(황아채)는 묻어둔 채소 뿌리에서 자란 순으로 만든 나물입니다. 이것을 먹을 때가 되면 이제 겨울은 저만치 물러갔을 것입니다.

悅口子

기쁠 열(心-7) 입 구(口-0) 아들 자(子-0)

悅口子(열구자)는 '입을 기쁘게 하는 것'이라는 뜻입니다. 우리가 보통 神仙爐(신선로)라고 부르는 음식을 조선시대 궁중에서 이리 불렀다고 합니다. 悅口子湯(열구자탕), 熱口子湯(열구자탕), 悅口늅(열구지)라 쓰기도 합니다. 湯은 국물이 있는 국이나 찌개를 가리키는 말입니다. 悅口子湯은 悅口子에 국물이 있다는 뜻, 熱口子湯은 입을 뜨겁게 하는 국이란 뜻, 悅口늅는 입맛을 기쁘게 한다는 뜻입니다.

神仙爐는 '신선의 화로'라는 뜻입니다. 장국을 붓고 갖은 魚肉(어육)과 채소를 끓여 먹는 그릇입니다. 石耳(석이), 胡桃(호도), 銀杏(은행), 黃栗(황율), 實柏(실백), 실고추 따위의 고명도 얹습니다. 꼭 중국 한자말 같은 神仙爐는 사실 우리 한자말입니다. 중국에서는 명나라 때 사람 繆希雍(요희옹)이 쓴 『神農本草經疏(신농본초경소)』에 단 한 번 神仙爐라는 말이 나오긴 하지만 음식 그릇은 아닙니다.

神仙爐는 그릇 모양도 독특합니다. 마치 博山香爐(박산향로)처럼 생겼습니다. 博山香爐는 신선이 산다는 三神山(삼신산)을 본뜬 물건이지요. 神仙爐와 비슷한 음식은 중국의 훠궈(火鍋·화과)나 일본의 나베모노(鍋物·과물) 등이 있습니다. 그들은 모두 움푹하거나 납작하거나 냄비를 씁니다. 유일하게 우리 神仙爐와 비슷한 그릇을 쓰는 요리가 중국 回族(회족)에게서 유래한 솬양러우(涮羊肉·쇄양육)입니다. 어쩌면 神仙爐는 유목민의 그릇일 수도 있겠습니다.

神仙爐는 조선조 연산군 때 사람 鄭希良(정희량)이 발명했다는 이야기가 전해집니다. 鄭希良은 『周易(주역)』에 밝았는데 『周易』의 63번째 괘 旣濟(기제)의 원리에 따라 神仙爐를 만들었다고 합니다. 우리 神仙爐는 그래서 철학을 담은 그릇이라고 보아도 좋지 싶습니다.

暖寒會

따뜻할 난(日-9) 찰 한(宀-9) 모일 회(曰-9)

暖寒會(난한회)는 '추위를 따뜻하게 만드는 모임'이라는 뜻입니다. 暖寒會의 유래는 이러합니다. 중국 당나라 때의 큰 부자 王元寶(왕원보)는 大雪(대설) 무렵만 되면 하인들에게 자기 집 대문부터 골목 입구까지 눈을 쓸게 했다고 합니다. 그렇게 길이 트이면 골목 입구에 나가 손님들을 몸소 맞아서 자기 집에 데리고 들어가 酒炙(주자), 곧 술과 구운 고기를 차리고 잔치를 베풀었답니다. 그때 사람들은 이 잔치를 暖寒之會(난한지회)라고 불렀다 합니다.

이 이야기는 중국 五代(오대) 시대의 사람 王仁裕(왕인유)가 쓴 『開元天寶遺事(개원천보유사)』라는 책에 전합니다. 開元과 天寶는 당나라 현종 때의 年號(연호)이고, 遺事는 예부터 전해오는 이야기라는 뜻입니다. 一然(일연) 스님이 쓴 『三國遺事(삼국유사)』도 그래서 三國시대의 이야기를 모은 책이란 뜻이겠습니다.

중국 송나라 때 책인 『類說(유설)』에는 自煖杯(자난배)라는 酒杯(주배), 곧 술잔 이야기가 있습니다. 헝클어진 실 같은 무늬가 있고 종이처럼 얇은 잔이라는데, 궁중 창고인 內庫(내고)에 보관되어 있었다고 합니다. 自煖杯는 '저절로 따뜻해지는 잔'이라는 뜻입니다. 푸른빛 잔에 술을 부으면 따뜻해지는 기운이 있다가 차차 끓는 것처럼 뜨거워진다니 대단한 물건입니다.

겨울이 오고 내 몸이 움츠러들수록 남을 생각하게 됩니다. 暖寒
會 같은 모임도 다른 계절보다 겨울에 많고, 기부도 줄어들 것 같지
만 느는 것이 겨울이라고 합니다. 溫情(온정)은 自煖杯 같은 물건이
겠지요. 천천히 따뜻해지더라도 한 사람 두 사람 전해지면 전해질
수록 더 뜨거워질 테고, 덩달아 자신도 따뜻해질 테니 말입니다.

蜜柑

꿀 밀(宀-8) 감자나무 감(木-5)

蜜柑(밀감)은 '꿀처럼 달콤한 감자'라는 뜻입니다. 여기서 감자는 쪄먹는 덩이뿌리 채소가 아니라 柑子(감자), 곧 밀감나무의 열매를 가리킵니다. 蜜柑은 달콤한 맛도 맛이려니와, 燦然(찬연)한 빛깔과 싱그러운 향기가 一品(일품)인 과일이지요.

첫겨울이면 누런빛을 띤 붉은 열매가 주렁주렁 달립니다. 蜜柑은 붉다고 紅橘(홍귤)이라고도 하고 누렇다고 黃柑(황감)이라고도 합니다. 따뜻한 南海岸(남해안)에서도 기르지만 濟州島(제주도) 것이 여전히 으뜸입니다. 조선시대에는 濟州島에서 黃柑이 올라오면 특별 시험을 치는 법도가 있었습니다. 이를 黃柑製(황감제)니 黃柑科(황감과)니 하고 불렀고 柑製(감제)라고 줄여 말하기도 했습니다. 濟州島를 아직 낯선 異國(이국)으로 대접한 까닭입니다.

예전 蜜柑 포장지에는 으레 '온주밀감'이라는 말이 있었습니다. 밀감은 蜜柑인 줄 알았으나 온주는 뭐지 하고 생각했지요. 나중에야 溫州蜜柑(온주밀감)이라는 걸 알게 되었습니다. 중국 浙江(절강)에 溫州(온주)라는 고을이 있고, 본디 蜜柑 명산지로 유명한 곳입니다. 온주밀감은 중국 땅 이름에서 온 말입니다.

蜜柑을 까면 조각조각 주머니에 싸여 있습니다. 이런 귤 조각을 橘包(귤포)라 합니다. 오물오물 까먹고 남은 껍질은 橘皮(귤피) 또는

柑皮(감피)라 합니다. 오래 묵은 귤껍질은 陳皮(진피)라는 약재입니다. 扁桃腺(편도선)이 부어 목이 따가운 자식에게 어머니는 陳皮와 生薑(생강)을 끓인 물에 꿀을 타주셨지요. 신통하게 들을 때면 어린 마음에 무척이나 신기했습니다. 感氣(감기)라도 올라치면 어머니가 끓여주신 그때의 陳皮生薑湯(진피생강탕)이 간절합니다.

大雪

클 대(大-0) 눈 설(雨-3)

大雪(대설)은 '큰 눈'이라는 뜻입니다. 大雪 추위와 함께 눈이 제법 흩뿌리는 때입니다. 이 무렵 初雪(초설), 곧 첫눈이 오기 쉽지요. 많은 눈이 내린다는 大雪은 '겨울의 絕頂(절정)'이라는 冬至(동지)로 가는 길목입니다.

三冬雪寒(삼동설한)은 눈이 오고 추운 겨울 석 달을 가리키는 말입니다. 눈은 겨울을 대표하는 風物(풍물)입니다. 早雪(조설)은 제철보다 일찍 내리는 눈을 가리키지요. 새로 내리는 눈을 新雪(신설)이라고도 합니다. 눈이 내리면 積雪量(적설량)을 예상하고 쌓인 분량을 알려주게 마련입니다. 積雪量을 줄여서 雪量(설량)이라고도 부릅니다.

눈의 이름은 오는 모양에 따라 달리 부릅니다. '意見(의견)이 紛紛(분분)하다'라는 말이 있듯, 紛紛은 뒤섞여 어수선하게 흩날리는 모양을 가리키는 말입니다. 紛紛雪(분분설)은 그래서 풀풀 날리는 눈을 가리키는 말입니다. 粉雪(분설)은 粉(가루 분) 자를 쓰고 밀가루나 쌀가루처럼 잘게 내리는 눈, 細雪(세설)은 가랑비처럼 잘디잘게 내리는 눈을 가리킵니다. 알갱이가 엉긴 싸락눈은 소리를 내며 내리지요. 이처럼 눈 내리는 소리를 淅瀝(석력) 또는 浙瀝(절력)이라 합니다. 凍雨(동우)는 겨울에 내리는 찬 비 또는 진눈깨비를 가리킵니다. 눈비가 섞여 내린다고 雨雪(우설)이라고도 합니다.

눈이 내리더라도 자주 내리면 생활에 불편을 가져옵니다. 暴雪(폭설)이라도 내리면 도시는 痲痺(마비)되고 말지요. 허나 며칠 불편을 겪더라도 가문 겨울날에는 暴雪도 반가운 瑞雪(서설)이 되겠지요.

黃雀炙

누를 황(黃-0) 참새 작(隹-4) 뜸 구(火-3)

黃雀炙(황작구)는 '참새구이'라는 뜻입니다. 黃雀은 어린 참새라는 뜻이고 炙는 鍼(침)과 더불어 한의학의 중요한 治療法(치료법) 가운데 하나입니다. 炙에는 불에 直接(직접) 굽는 料理法(요리법)이라는 뜻도 있습니다.

'기와 참새'라는 뜻의 瓦雀(와작)도 참새를 가리킵니다. 날이 차가워지면 처마 밑에 깃드는 참새의 습성에 따라 붙여진 말입니다. 屋如七星(옥여칠성)은 지붕이 헐어서 北斗七星(북두칠성) 모양의 구멍이 뚫렸다는 뜻이며, 없는 살림을 가리키는 말입니다. 짚으로 엮은 초가지붕은 꼭 가난하지 않아도 구멍이 많았습니다. 그리고 겨울 참새에게도 초가집은 따뜻한 제집이었습니다.

網羅(망라)는 빠짐없이 널리 모은다는 뜻입니다. 본디 물고기를 잡는 그물 網과 날짐승을 잡는 그물 羅가 합쳐진 말입니다. 참새가 떼로 다니는 철이면 새그물로 잡지만, 겨울밤에는 더 쉽게 손에 넣을 수 있습니다. 초가지붕 밑의 구멍을 뒤져 자는 참새를 꺼내기만 하면 됩니다.

膾炙(회자)는 널리 전해진다는 뜻입니다. 본디 肉膾(육회)와 肉炙(육적)을 가리키는 말입니다. 肉膾는 양념한 짐승의 날고기이고 肉炙은 꼬챙이에 꿰어 굽거나 지진 散炙(산적)입니다. 炙와 炙은 글자

꼴이 비슷한 말입니다. 둘 다 불에 直接 굽는 '直火(직화)구이'를 가리키는 말입니다. 쇠로 만든 燔鐵(번철)이 나타난 뒤부터 灸와 炙의 구분이 생겼을지도 모릅니다.

소금 기름장을 살살 발라가며 구운 黃雀炙는 겨울 珍味(진미)라 합니다. 겨울 참새가 깃들 만한 지붕은 사라지고 珍味를 찾는 사람들만 남았으니 참새의 앞날도 順坦(순탄)치는 않을 듯합니다.

千里雪

일천 천(十-1) 마을 리(里-0) 눈 설(雨-3)

千里雪(천리설)은 '천 리에 걸쳐 쌓인 눈밭'이라는 뜻입니다. 千里는 꼭 실제 거리를 가리키는 말이 아니고 먼 거리를 어림잡아 하는 말입니다. 千里雪은 그래서 '끝없이 펼쳐진 눈밭'이라는 뜻입니다. 『楚辭(초사)』「招魂(초혼)」에 이런 구절이 있습니다.

겹겹이 쌓인 얼음 아슬아슬 치솟고 層氷峨峨(층빙아아)
날리는 눈발은 끝이 없네 飛雪千里些(비설천리사)

이렇게 눈 닿는 곳 너머까지 펼쳐진 눈밭을 雪原(설원)이라 합니다. 萬年雪(만년설), 곧 언제나 녹지 않고 눈이 쌓인 곳도 雪原이라 합니다. 招魂 구절 아래에 '북쪽은 늘 춥다北方常寒(북방상한)'고 말한 王逸(왕일) 같은 사람은 萬年雪이 쌓인 雪原을 본 적이 있었던 것일까요? 북쪽 땅에 내리는 눈은 朔雪(삭설)이라 합니다.

눈이 내린 뒤 온 세상이 흰빛 한가지인 것을 乾坤一色(건곤일색)이라 합니다. 乾坤은 『周易(주역)』에서 처음에 나오는 두 개의 卦(괘) 이름입니다. 乾은 天(하늘 천), 坤은 地(땅 지)를 상징하니 乾坤은 天地의 다른 말입니다. 눈이 많이 내려 은빛으로 덮인 雪景(설경)을 銀世界(은세계)라고 하기도 합니다.

「눈 속에 가까이 마주앉기雪裏對炙」, 임득명, 24.2×18.9cm, 1786, 삼성출판박물관.

雪國(설국)은 '눈의 나라'라는 뜻입니다. 눈이 많이 오는 나라나 지방을 가리키는 말입니다. 가와바타 야스나리(川端康成·천단강성)의 소설 제목으로 유명합니다. 한 편의 敍情詩(서정시) 같은 소설은 1968년 노벨문학상을 받으며 일본문학을 세계에 알렸지요. 소설의 배경인 니가타(新潟·신석)의 에치고유자와(越後湯澤·월후탕택)라는 관광지는 온천으로 유명한 곳입니다. 바다까지 넘어가긴 그렇고 가까운 곳의 눈 구경도 괜찮겠습니다.

鳳炭

봉새 봉(鳥-2) 숯 탄(火-5)

鳳炭(봉탄)은 상상 속의 날짐승 鳳凰(봉황)의 이름을 딴 숯입니다. 중국 당나라 때 권력자인 楊國忠(양국충)이 만들어 땠다던 숯입니다. 楊國忠은 則天武后(측천무후) 시기의 권력자 張易之(장역지) 누이의 아들이지요. 더구나 楊貴妃(양귀비)의 육촌 오빠로서 권력을 잡았답니다.

육촌 누이가 寵愛(총애)를 받자 楊國忠도 덩달아 15개 職責(직책)을 겸한 권력자가 되었습니다. 먼 남쪽 나라 南詔(남조)를 두 번이나 쳤지만 애꿎은 병사 20만 명을 잃었습니다. 그래도 임금의 寵愛가 이어지고 職責이 도리어 40여 개로 늘었습니다. 공공연히 뇌물을 받고 사사로이 사람을 쓰는 專橫(전횡)을 일삼았으니, 安祿山(안녹산)이 난리를 일으킬 때 名分(명분)도 楊國忠 打倒(타도)였던 것은 당연한 귀결이겠습니다. 당나라를 말아먹은 장본인이 바로 楊國忠이라 해도 모자랄 지경이었으니까요.

鳳炭은 아주 사치스러운 땔감입니다. 鳳炭 만드는 법은 이렇습니다. 먼저 숯을 가루 내어 꿀에 개어 이긴 뒤 雙鳳(쌍봉), 곧 두 마리 봉새 모양을 만듭니다. 숯 때는 법도 남달랐답니다. 먼저 火爐(화로)에 귀한 나무인 白檀(백단)을 밑불로 깔고 鳳炭을 올립니다. 白檀은 흰 꽃을 피우는 박달나무인데, 白檀香(백단향)이라고도 합니다. 동남아 지역에서 나는 향나무이니 향기로운 냄새가 굉장했을 법합니다.

살림살이 팍팍한 庶民(서민)들에게 鳳炭은 꿈도 꾸지 못할 사치였을 것입니다. 白檀의 향내야 어디 꿈이나 꿀 수 있을까요? 아직도 煉炭(연탄) 때는 분들 中毒(중독) 사고나 나지 않길 바랄 뿐입니다.

羊羔酒

양 양(羊-0)　새끼양 고(羊-4)　술 주(酉-3)

羊羔酒(양고주)는 옛날 중국의 유명한 술 이름입니다. 羔兒酒(고아주)라고도 합니다. 원나라 때 사람 宋伯仁(송백인)은 山西(산서)의 대표적인 술이라 했습니다. 『本草綱目(본초강목)』『遵生八牋(준생팔전)』『增便民圖纂(증편민도찬)』등의 많은 책에는 담그는 법이 조금씩 달리 전합니다. 종합하자면 이렇게 만듭니다.

糯米(나미), 곧 찹쌀 1섬을 물에 불려 고두밥을 찐다. 살진 양고기 7근을 찐 뒤 깍둑썰기로 썬다. 杏仁(행인), 곧 살구씨 1근을 찐 양고기와 함께 푹 삶는다. 국물이 7되 정도 될 때까지 끓여 식힌다. 고두밥에 누룩 14량과 木香(목향) 1량을 넣고 건더기째로 국물을 부어 잘 버무린다. 열흘을 삭히면 다 익는다.

송나라 때 군대 총사령관인 太尉(태위) 벼슬을 지낸 党進(당진)이라는 사람이 있었습니다. 党進은 나중에 大夏國(대하국)을 세운 党項族(당항족) 출신이지요. 부족 이름에서 姓(성)을 땄는데, 거칠기로 유명한 사람입니다.

陶穀(도곡)은 茶(차)로 유명한 인물이지요. 党太尉(당 태위)의 집에서 黨寒(벽한)이라는 退妓(퇴기)를 사온 적이 있습니다. 눈 오는 어느 날, 눈을 끓여 茶를 달이며 '이런 건 처음 봤지'라며 鬪寒에게 뻐긴 적이 있습니다. 그녀는 '그는 무인이니 어찌 이런 정경이 있겠습니까? 銷金帳(소금장)을 치고 나직이 노래 부르며 羊羔酒나 마실 뿐이죠'라 대답했답니다.

銷金帳은 금실로 짠 장막이고 羊羔酒는 당시 최고급으로 치던 술입니다. 그런 사치를 누려본 적 없던 陶穀은 말문이 막혔다지요. 師心自是(사심자시)라, 저만 옳은 척하는 선비가 슬기로운 退妓 하나도 당해내지 못하는 것입니다.

黃鐘

누를 황(黃-0) 쇠북 종(金-12)

黃鐘(황종)은 '누런 종'이라는 뜻입니다. 우리말은 종을 쇠북, 곧 쇠로 만든 북이라고도 합니다. 북이나 종은 두드려서 소리를 내는 악기이지만 북이 종보다 먼저 나왔기 때문이겠습니다. 黃鐘은 또한 중국 사람들이 '모든 소리의 시작'이라고 생각한 소리 이름입니다. 소리는 높낮이에 따라 모두 열두 가지로 나누기 때문에 十二律(십이율)이라 합니다.

十二律은 黃鐘, 大呂(대려), 太簇(태주), 夾鐘(협종), 姑洗(고선), 仲呂(중려), 蕤賓(유빈), 林鐘(임종), 夷則(이칙), 南呂(남려), 無射(무역), 應鐘(응종) 열두 가지입니다. 낮은 소리부터 높은 소리 순서로 늘어놓았습니다. 우주의 모든 소리가 담겼다는 열두 가지 소리에서 열둘이라는 숫자가 意味深長(의미심장)하지요. 열두 달과 통하기 때문입니다.

黃鐘은 동짓달, 곧 음력 11월을 달리 부르는 말이기도 합니다. 그 까닭은 冬至(동지) 때문입니다. 冬至는 陽氣(양기)가 처음 자라기 시작하는 날입니다. 陽氣는 생명의 힘이니 冬至는 생명이 새로 시작하는 날이라고 할 수 있겠습니다. 생명은 동짓달부터 음력 10월까지 열두 달을 循環(순환)하고, 소리도 黃鐘부터 應鐘까지 열두 소리를 循環한다는 믿음을 가진 사람들 생각입니다.

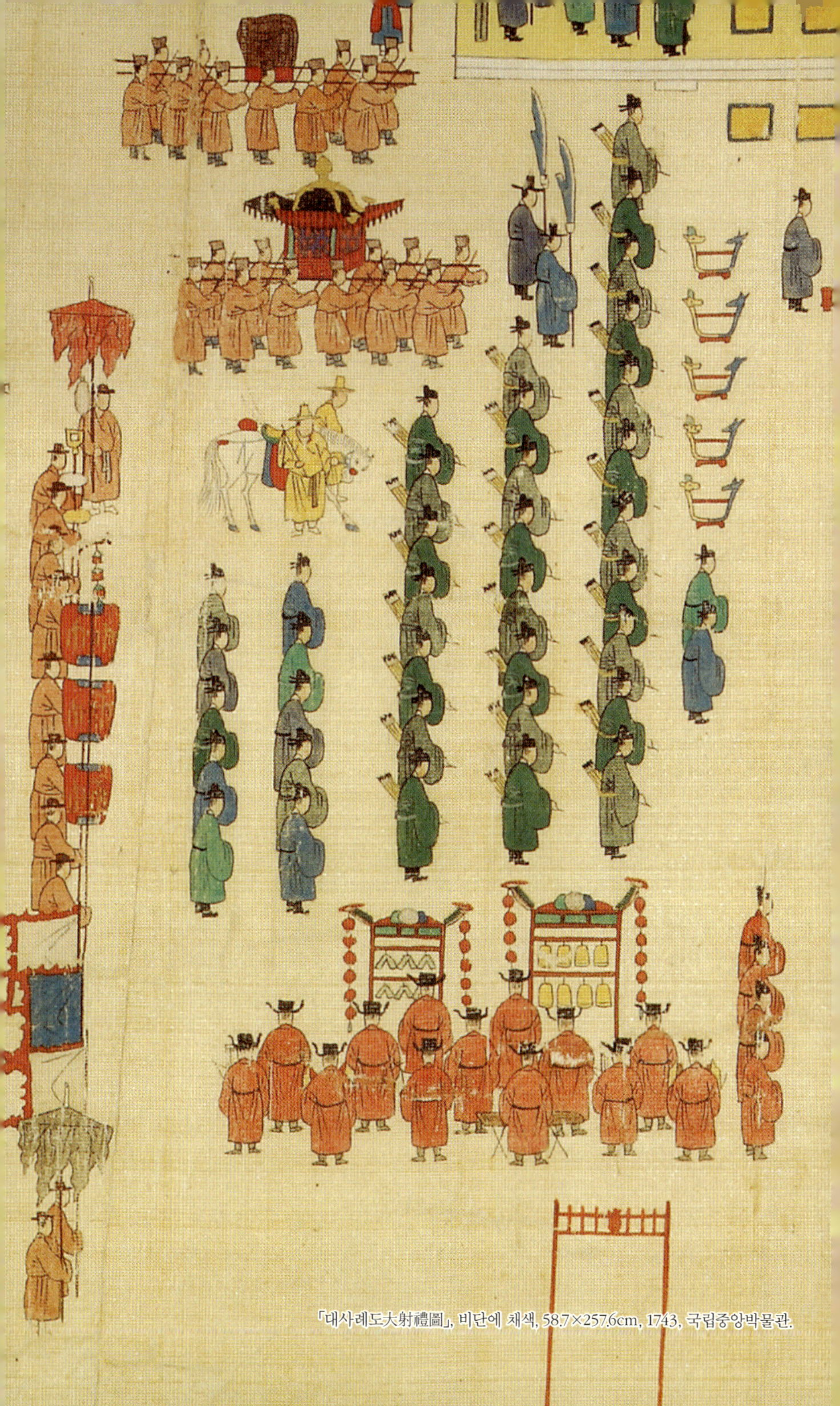

「대사례도大射禮圖」, 비단에 채색, 58.7×257.6cm, 1743, 국립중앙박물관.

應鐘은 종소리에 반응한다는 뜻입니다. 黃鐘이 생명의 시작이기에 應鐘은 생명의 완성입니다. 金聲玉振(금성옥진)은 孟子(맹자)의 말입니다. 전통 음악은 본디 金聲, 곧 編鐘(편종) 소리로 시작해서 玉振, 곧 編磬(편경) 소리로 끝나는 법입니다. 孟子는 孔子(공자)의 성스러움을 기려 이런 말을 했습니다. 孔子는 일을 맺고 푸는 데 조리가 있었던 모양입니다. 동짓달이 깊어지면 곧 冬至가 돌아옵니다. 헌 것을 맺고 새 것을 시작할 때가 닥친 것입니다.

鰱魚

연어 련(魚-11) 고기 어(魚-0)

鰱魚(연어)는 민물에서 태어나 바다로 갔다가 回歸(회귀)하는 물고기입니다. 고향으로 돌아오는 습성 때문에 사람들이 각별하게 생각하지요. 우리나라 鰱魚는 東海(동해)로 흘러드는 河川(하천)에서 태어나 北太平洋(북태평양)까지 갔다가 다시 돌아온답니다.

鰱魚는 중국 말로 三文魚(삼문어)라 합니다. 다리 여덟 개 달린 바다 생물 文魚(문어)가 있으니, 三文魚는 얼핏 '文魚 세 마리'라는 뜻일 성싶습니다. 허나 흐물흐물한 文魚의 꼴을 鰱魚의 날렵한 생김새에 어디 댈 수 있겠습니까.

三文魚는 영어 이름 새먼(Salmon)을 들리는 대로 옮긴 말입니다. 三文은 동전 세 닢, 곧 '서 푼'이라는 뜻도 가지고 있습니다. 三文魚는 그래서 '서 푼짜리 고기', 곧 싸구려라는 뜻일 법도 합니다. 허나 鰱魚는 아주 비싼 물고기라서 유럽에서는 일찍이 15세기부터 人工孵化(인공부화)를 시작했을 정도랍니다.

歐美(구미)에서는 제 口味(구미)에 맞는 鰱魚 자원을 보호하려고 나라별 割當量(할당량)을 줍니다. 흔히 쿼터라고 부르는 割當量은 그 나라에 오는 鰱魚 숫자에 달렸다지요. 遠洋漁業(원양어업)이 위주인 우리나라도 빠질 수는 없는 일입니다. 그래서 시작한 일이 새끼 鰱魚를 풀어주는 일입니다.

그저 쿼터를 받을 생각에 돌아오는 어른 鰱魚는 생각지도 않으니 나오는 奇想天外(기상천외)한 일이 非一非再(비일비재)합니다. 鰱魚의 회귀를 막는 河川 바닥의 콘크리트 洑(보)를 헐 생각도 하지 않고 그저 稚魚(치어)만 놓아주고 있으니 말입니다. 洑에 가둔 물을 쓰는 농민들 반발도 있긴 합니다만, 어민도 살고 농민도 살 길을 찾아야 하지 않겠습니까.

蔦蘿

담쟁이 조(艸-11) 담쟁이넌출 라(艸-19)

蔦蘿(조라)는 나무에 寄生(기생)하는 늘푸른나무인 '겨우살이'를 가리키는 말입니다. 흔히 자신만 利益(이익)을 챙기고 남에게 損害(손해)를 끼치는 관계를 寄生이라 하지요. 겨우살이의 영어 이름 미슬토(Mistletoe)는 본디 똥을 뜻하는 미슬(Mistle)과 작은 가지를 뜻하는 탠(Tan)이란 앵글로색슨 單語(단어)가 결합된 말입니다.

유라시아와 아프리카에 널리 분포하는 겨우살이는 神話(신화)의 나무입니다. 서양에서 겨우살이의 별명은 金枝(금지), 곧 황금가지(Golden bough)입니다. 아에네아스(Aeneas)는 트로이가 망하자 이탈리아로 건너가 로마를 세웠다는 英雄(영웅)입니다. 豫言(예언)의 여신 시빌라(Sibylla)의 안내로 저승에 갈 때 그가 열쇠로 사용한 것이 황금가지였다지요. 겨우살이는 그래서 亡者(망자)와 저승의 徵標(징표)이기도 합니다. 켈트의 英雄 브란(Bran) 이야기도 비슷합니다. 다만 妖精(요정) 나라에 들어가는 열쇠가 銀枝(은지), 곧 은가지인 점이 다릅니다.

북유럽 神話에서도 겨우살이는 죽음과 관련되어 있습니다. 발드르(Baldr) 신은 최고신 오딘(Odin)과 豫言의 여신 프리그(Frigg)의 둘째 아들입니다. 아들을 사랑한 여신은 생명력 넘치는 좋은 것 모두를 만들었습니다. 로키(Loki) 신은 발드르를 질투하여 겨우살이로

그를 죽였지요. 발드르는 최후의 戰爭(전쟁) 라그나뢰크(Ragnarök)
이후에야 겨우 되살아난다고 합니다. 서양의 여러 神話는 죽음과
삶을 넘나드는 문의 열쇠, 復活(부활)의 열쇠를 겨우살이라고 指目
(지목)하고 있습니다.

夏扇冬曆

여름 하(夂-7) 부채 선(戶-6) 겨울 동(冫-3) 책력 력(日-12)

夏扇冬曆(하선동력)은 '여름 부채와 겨울 冊曆(책력)'이라는 뜻입니다. 음력 5월 5일 端午(단오)에 윗사람이 아랫사람에게 부채를 膳賜(선사)하고, 동짓날에 아랫사람이 윗사람에게 冊曆을 바치는 옛 풍속이 있습니다. 그래서 '제철에 맞는 선물'이라는 뜻으로 씁니다.

夏扇冬曆처럼 '여름에는 무엇이고 겨울에는 무엇이다' 꼴의 말은 여럿입니다. 夏葛冬裘(하갈동구)는 '여름철의 칡베 옷과 겨울철의 갖옷'이라는 뜻입니다. '제격이다'라는 뜻으로 씁니다. 夏爐冬扇(하로동선)은 '여름 화로와 겨울 부채'라는 뜻인데, 冬扇夏爐(동선하로)라고 뒤집어서 쓰기도 합니다. 이들은 각각 철이 지나 所用(소용)이 없는 물건이라서 '쓸모가 없다'라는 뜻으로 씁니다.

동짓날 바치는 冊曆은 달력의 일종입니다. 商工業(상공업)으로 주된 삶을 꾸리는 현대의 달력은 '빨간 날'과 그렇지 않은 날, 곧 休日(휴일)과 勞動日(노동일)을 위주로 표시합니다. 冊曆은 農漁業(농어업)이 위주이던 예전 달력이지요. 철과 날씨가 중요하지, 일하고 노는 날이 따로 나뉘지 않았습니다. 冊曆은 그래서 해와 달의 運行(운행)과 그에 따른 節氣(절기), 日蝕(일식)과 月蝕(월식), 특별한 氣象(기상) 현상 따위를 날의 순서에 따라 적습니다.

冊曆은 또한 曆書(역서), 曆日(역일), 正朔(정삭)이라고도 불렀습

니다. 그중 正朔은 본디 '정월 초하루'를 가리키는 말입니다. 정월 초
하루는 한 해가 시작되는 基準(기준)이 되는 날입니다. 옛날 임금은
이런 날을 정하는 特權(특권)을 가지고 있었습니다. 임금이 하느님
의 代理人(대리인)이라고 믿었기 때문입니다. 그래서 임금은 시간을
지배하며 백성들에게 膳賜하는 것입니다.

閏月

윤달 윤(門-4) 달 월(月-0)

閏月(윤월)은 '윤달'의 한자말입니다. 윤달이 들어 날짜 수가 여느 해보다 많은 해를 閏年(윤년)이라 하지요. 달의 운동을 기준으로 한 太陰曆(태음력)은 한 해의 날수를 360일로 잡지만 남는 시간이 많이 생기게 마련입니다. 閏月을 두어 열세 달이 되는 해가 19년 동안 일곱 번 돌아오지요.

閏月을 정하는 방법이 無中置閏法(무중치윤법)입니다. 中이 없으면 閏을 둔다는 뜻인데, 中은 中氣를 가리킵니다. 한 해 24節氣(절기)는 12달이 시작되는 節入日(절입일)인 節氣와 보름쯤 지난 뒤 그 달의 기운이 왕성해지는 節氣 두 가지로 나뉩니다. 中氣는 바로 그 달의 기운이 왕성해지는 節氣입니다.

閏月이 절대 들지 않는 달이 있습니다. 바로 동짓달입니다. '윤동짓달 초하룻날 빚을 갚겠다'는 농담 같은 말이 생긴 까닭입니다. 閏月이 가장 많이 드는 달은 오월입니다. 『東國歲時記(동국세시기)』는 閏月이 '결혼하기에 좋고 壽衣(수의) 만드는 데 좋다. 모든 일을 꺼리지 않는다'고 했습니다. 이제는 閏月에 결혼하기를 꺼리게 되었습니다. 또 서울 강남구 奉恩寺(봉은사)를 비롯해서 전국의 절에 윤달 내내 極樂往生(극락왕생)을 비는 풍속이 있다 했습니다. 옛사람들은 閏月에 좋은 죽음에 대해 생각했던 모양입니다.

冬至粥

겨울 동(冫-3) 이를 지(至-0) 죽 죽(米-6)

冬至粥(동지죽)은 '동짓날 먹는 죽'이라는 뜻입니다. 동짓날에는 으레 팥죽을 쑤어 먹으니 冬至粥은 '동지팥죽'을 가리킵니다. 노란 메주콩은 大豆(대두), 붉은 팥은 小豆(소두), 赤豆(적두), 紅豆(홍두)라 합니다. 콩으로 쑨 죽을 통틀어 부를 때 豆粥(두죽)이라 하고, 동짓날 먹는 팥죽은 冬至豆粥(동지두죽)이라고도 합니다. 冬至粥은 동짓날이란 때를 강조해서 冬至時食(동지시식), 冬至節食(동지절식)이라 쓰기도 합니다.

冬至라고 꼭 팥죽만 먹는 것은 아닙니다. 冬至가 上旬(상순)에 들면 '애동지'라 해서 팥떡을 찌고 中旬(중순)에 들면 '중동지'라 해서 팥밥을 하고 下旬(하순)에 들면 '노동지'라 해서 팥죽을 쑤지요. 중동지에는 팥죽을 쑤어도 되지만 애동지에는 팥죽을 쑤지 않는 법입니다. 冬至에 팥죽을 먹는 것은 우리네와 일본입니다. 중국 江南(강남) 지방에서는 赤豆飯(적두반), 곧 팥밥을 지어 먹습니다. 팥을 넣어 지은 찰밥입니다. 冬至에 팥을 먹는 유래는 어디서 왔을까요?

공공씨에게 고약한 아들이 있어 동짓날에 죽은 뒤 돌림병을 옮기는 귀신이 되었다. 그는 팥을 두려워했기 때문에 동짓날에 팥죽을 쑤어 그를 물리쳤다. 共工氏有不才之子(공공씨유부재지자)

830

以冬至死爲疫鬼(이동지사위역귀) 畏赤小豆(외적소두) 故冬至日
作赤豆粥(고동지일작적두죽) 以禳之(이양지)

『荊楚歲時記(형초세시기)』가 전하는 이야기입니다. 疫鬼(역귀)는
疫神(역신)이라고도 하며 '돌림병 귀신'이라는 뜻입니다. 여기서 돌림
병은 天然痘(천연두), 곧 마마입니다. 팥과 마마의 發疹(발진)이 닮
았기 때문에 팥죽으로 액땜하려 했던 생각이지 싶습니다.

亞歲

버금 아(二-6) 해 세(止-9)

亞歲(아세)는 '설날에 버금가는 날'이라는 뜻입니다. '작은설'이라고도 하는 冬至(동지)를 가리킵니다. 옛사람들은 동짓날을 起點(기점)으로 해가 復活(부활)한다고 여겼습니다. 冬至는 그래서 해를 숭배하는 사람들에게 남다른 날입니다. 冬至는 중국에서는 주나라의 설날이었습니다. 중국 한나라 때 太初曆(태초력)이 하나라 달력을 따르면서 冬至와 설이 비로소 나뉘게 되었습니다.

亞歲가 다른 뜻을 담았을 수도 있습니다. 亞 자와 歲 자가 아주 특별한 글자이기 때문입니다. 『說文解字(설문해자)』는 亞를 이렇게 풉니다.

추하다는 뜻이다. 사람의 등이 구부러진 모양을 상형하였다. 醜也(추야) 象人局背之形(상인국배지형)

亞 자의 본뜻을 등이 휜 '곱사등이'라고 풀이하고 있습니다. 그런 까닭에 亞에서 '구불구불하다' '나쁘다'라는 뜻이 나오게 되었지 싶습니다. 亞를 弓(활 궁) 자 또는 己(자기 기) 자가 서로 등 돌리고 서 있는 紋樣(문양)에서 나온 글자라고 보기도 합니다. 이런 紋樣을 黻(수 불)이라 하는데, 共工氏(공공씨)의 徽章(휘장)이라 합니다.

亞 자의 본뜻을 곱사등이라고 푼 『說文解字』는 반만 맞습니다. 중국 고대 왕조인 商(상)나라 임금의 무덤은 亞 자 꼴입니다. 미국 다트머스 대학 교수인 세라 앨런은 商나라 임금 무덤이 天圓地方(천원지방), 곧 하늘은 둥글고 땅은 네모나다는 옛날 생각을 잘 보여 준다고 하면서 요모조모 따집니다. 앨런은 결국 그것이 거북의 모양을 본떴다는 것을 증명하지요.

歲는 본디 '한 해'라는 뜻의 祳(드디어 수) 자를 대체한 글자입니다. 歲 자는 戌(개 술) 자와 步(걸음 보)가 합쳐진 꼴인데, 지금은 止(발 지) 자 부수에 들어 있습니다. 歲의 異體字(이체자), 곧 꼴이 다른 글자에는 崴(해 세)가 있습니다. 崴는 山(뫼 산) 자를 부수로 하는 글자입니다. 止와 山의 글자 꼴이 비슷하다고 그냥 지나칠 수도 있습니다. 허나 崴와 같은 글자에 屵(해 세), 岇(해 세)도 있으니 山의 뜻이 작지 않습니다. 그중 岇는 본디 '섬 이름 불'이라 새기는 글자입니다. 亞歲가 해를 숭배하는 共工氏 부족의 설날인 冬至를 특별히 가리키는 말인지도 모를 일입니다.

進九

나아갈 진(辶-8) 아홉 구(乙-1)

進九(진구)는 '아홉으로 나아가다'라는 뜻이고 冬至(동지)를 달리 가리키는 말입니다. 여기서 아홉은 크게 두 가지 뜻이 있습니다. 아홉은 우선 陽(볕 양)에 비기는 숫자이기 때문에 進九는 陽氣(양기)가 많은 상태로 나아간다는 뜻입니다. 아홉은 또 九九(구구), 곧 아흐레씩 아홉 번 거듭되는 날을 가리키는 숫자라서 進九는 九九로 나아간다는 뜻도 있습니다.

九九는 흔히 구구셈에서 쓰는 말이지요. 그런데 九九를 셈법이 아니라 계절과 관련해서 쓰기 시작한 것은 중국 남북조시대부터입니다. 겨울 추위가 여든 날하고 하루 동안 지속된다고 여겼기 때문입니다. 중국에 이런 속담이 있습니다.

추위는 삼구이고 더위는 삼복이다.
冷在三九(냉재삼구) 熱在三伏(열재삼복)

三伏 더위는 들어봤어도 三九 추위라는 말은 生疎(생소)하지요. 冬至부터 시작해 아흐레씩 세 번을 헤아린 날이 三九입니다. 바로 동짓날 다음 27일째 되는 날입니다. 이때가 바로 한 해에서 가장 춥다는 小寒(소한) 무렵이지요.

834

송나라 무렵 생겨 명나라 때 대단히 유행한 중국 민요 「九九歌(구구가)」가 있습니다. 여러 버전이 있지만 15세기 명나라 북경에서 유행한 노래 가사는 이러합니다.

일구 이구에는 손을 내밀지 않고
一九二九不出手(일구이구불출수)
삼구 사구에는 얼음판을 걷네 三九四九氷上走(삼구사구빙상주)
오구와 육구에는 五九和六九(오구화육구)
강가에서 버들 구경 河邊看楊柳(하변간양류)
칠구에 얼음 풀리고 七九凍河開(칠구동하개)
팔구에 기러기 돌아오네 八九雁歸來(팔구안귀래)
구구 지나 아흐레 뒤 九九加一九(구구가일구)
밭을 가는 소가 천지 耕牛遍地走(경우편지주)

언제 이런 노래가 유행했는지 안다면 그 무렵 기후를 오늘날과 비교할 수 있는 좋은 기준이 됩니다. 地球溫暖化(지구온난화)를 몹시 걱정하는 처지에 많은 것을 생각하게 합니다.

凍冰

얼 동(冫-8) 얼음 빙(冫-4)

凍冰(동빙)은 '물이 언다'는 뜻입니다. 달리 結冰(결빙)이라 하고 반대말은 解冰(해빙)입니다. 凍結(동결)이라는 말에서도 보듯, 凍은 물이 단단히 굳는 일을 가리키는 말입니다. 단단한 물체를 固體(고체)라 하고 본디 固體 아닌 놈이 단단히 굳는 일을 凝固(응고)라 합니다. 凝(엉길 응)은 凍과 바꿔 쓸 수 있는 말입니다.

얼음을 뜻하는 冰은 본디 仌(얼음 빙)이라고 썼습니다. 그 흔적이 冰의 왼쪽 冫(얼음 빙)으로 남았지요. 고대 중국의 어원사전 『說文解字(설문해자)』는 仌을 이렇게 풉니다.

언다는 뜻이다. 물이 어는 모양을 상형하였다.
凍也(동야) 象水凝之形(상수응지형)

凝은 본디 冰과 뜻이 같다는 것을 알 수 있습니다. 『詩經(시경)』 「七月(칠월)」에는 이런 노래가 있습니다.

섣달에는 탕탕 얼음 깨 二之日鑿冰冲冲(이지일착빙충충)
일월에는 얼음 창고에 넣지 三之日納于凌陰(삼지일납우능음)

836

凌陰은 응달에 있는 얼음 창고를 가리키는 말입니다. 凌(능가할 룽)은 冫과 夌(언덕 룽)으로 이뤄진 글자입니다. 凌 자체가 본디 氷庫를 가리키는 말이었고 『詩經』 시대에 이미 얼음 창고가 있었던 모양입니다.

여름 무더위를 以熱治熱(이열치열)로 날 수도 있겠지만 차가운 얼음으로 식히고 싶은 것은 人之常情(인지상정)입니다. 옛사람도 겨울에는 흔해빠진 얼음을 여름에 귀하게 쓰고 싶었겠지요. 그래서 생긴 것이 얼음 창고인 氷庫(빙고)입니다. 신라에도 氷庫典(빙고전)이라는 벼슬 이름이 나오니 그때 이미 氷庫가 있었던 모양입니다.

『시경』 「칠월」은 섣달을 왜 두 번째라고 하고 일월을 세 번째라고 했을까요? 『시경』 시대 사람들은 동지를 1년의 시작으로 생각했기 때문입니다. 동짓달이 열한 번째가 아니라 첫 번째였던 셈이지요.

消寒

사라질 소(氵-7) 찰 한(宀-9)

消寒(소한)은 '추위를 사라지게 하다', 곧 추위를 이겨낸다는 뜻입니다. 추위를 녹인다는 뜻으로 銷寒(소한)이라고도 합니다. 陰氣(음기)가 절정에 도달한 冬至가 되면 아직 미약하지만 陽氣(양기)가 생긴다는 것이 옛사람 생각입니다.

옛사람들은 冬至부터 시작해서 매일 九九消寒圖(구구소한도)를 그리며 陽氣 가득한 봄을 손꼽아 기다렸지요. 구구 팔십일이니 九九消寒圖는 여든하나라는 숫자와 상관있습니다. 여든하나 매화 꽃잎을 매일 하나씩 칠하는 것이 畫九(화구)입니다. 속을 비우고 테두리만 그린 글씨를 한 획씩 채우는 것이 寫九(사구)입니다. 그림이나 글씨를 통해 추위를 잊으려는 생각이지요.

명나라 사람 劉侗(유동)과 于奕正(우혁정)이 함께 쓴 『帝京景物略(제경경물략)』은 이렇게 말합니다.

동짓날이 되면 매화 가지를 하나 그리는데 꽃잎은 여든한 개이다. 매일 하나씩 칠해서 다 칠하면 구구팔십일도 끝난다. 그러면 봄이 깊었을 텐데 이것이 구구소한도이다. 日冬至(일동지) 畫素梅一枝(화소매일지) 爲瓣八十有一(위판팔십유일) 日染一瓣(일염일판) 瓣盡而九九齣(판진이구구척) 則春深矣(즉춘심의) 曰九九消

838

『화조도花鳥圖』, 조속, 삼베에 먹, 32.0×23.5cm, 17세기, 경남대박물관.

寒圖(왈구구소한도)

조선 사람 李滉(이황)이며 申緯(신위)며 金正喜(김정희) 같은 대가
들도 九九消寒圖의 매화를 그렸답니다.

정자 앞의 수양버들은 진중하게 봄바람을 기다리네.
亭前垂柳(정전수류) 珍重待春風(진중대춘풍)

寫九할 때의 대표적인 구절입니다. 한 글자는 꼭 아홉 획이고 한
구는 꼭 아홉 글자입니다. 하루에 한 획씩 테두리 속을 채워 완성할
때가 되면 봄입니다. 여든하고도 하루를 채워야 끝나는 九九消寒
圖는 그래서 봄을 기다리는 희망의 그림이자 글씨이지요.

聖誕節

성스러울 성(耳-7) 태어날 탄(言-7) 마디 절(竹-9)

聖誕節(성탄절)은 '임금이나 聖人(성인)이 태어난 일을 기리는 명절'이라는 뜻입니다. 달리 聖誕祭(성탄제)라고도 하고 聖誕(성탄)이라 줄여 쓰기도 합니다. 이제는 救援者(구원자) 예수가 태어난 일을 기리는 크리스마스를 가리키지만 옛날에는 임금의 생일, 특히 힘센 나라 임금의 생일을 가리키는 말이었습니다.

나라와 나라가 관계를 맺는 일을 外交(외교)라 합니다. 예전 동아시아의 불평등 外交는 朝貢(조공)과 冊封(책봉)이라는 방식으로 이뤄졌습니다. 힘센 나라가 이웃 나라의 지위를 결정하고 그것을 보장하는 문서를 주는 일이 冊封이고 약한 나라가 힘센 나라에 예를 표시하는 일이 朝貢입니다.

조선시대에는 동짓날 冬至(동지) 정월 초하루 正朝(정조) 임금 생일 聖節(성절)에 朝貢하는 것이 보통이었습니다. 이때는 명나라와 청나라 같은 통일 왕조가 있었기 때문에 聖誕節은 1년에 한 번이었지요. 고려시대에는 사정이 달랐습니다. 송나라 임금의 생일에는 송나라에 사신을 보내 축하하고 금나라 임금의 생일에는 금나라에 사신을 보내 축하했습니다. 聖誕節이 1년에 두 번 있었던 셈입니다.

오늘날 聖誕節은 힘센 나라의 임금 생일이 아닙니다. 스스로 낮추다 못해 스스로 버림으로써 平和(평화)와 救援을 주려고 했던

「만국래조도萬國來朝圖」, 299.0×207.0cm, 청대, 북경고궁박물원. 연경 자금성에 모인 여러 나라 사신들의 모습을 그린 것이다. 성탄절은 원래 임금의 생일을 가리키는 말로, 예전에는 조공 등의 형식으로 큰 나라의 임금에게 예를 표하곤 했다.

거룩한 이가 태어난 일을 축하하는 날입니다. 믿는 이들은 이 소식
을 福音(복음)이라 합니다. 복된 소리가 넘쳐나는 날이 되었으면 합
니다.

猩猩木

성성이 성(犬-9) 성성이 성(犬-9) 나무 목(木-0)

猩猩木(성성목)은 본디 멕시코와 중앙아메리카가 원산인 포인세티아(Poinsettia)의 한자말입니다. 줄여서 猩木이라고도 합니다. 19세기부터 크리스마스를 裝飾(장식)하는 식물의 하나가 되었습니다. 우리는 포인세티아라는 外來語(외래어)를 그대로 쓰지만, 중국에는 猩猩木 말고 一品紅(일품홍), 聖誕紅(성탄홍), 聖誕花(성탄화), 老來嬌(노래교), 象牙紅(상아홍) 등의 이름도 있습니다.

이름에 紅(붉을 홍)이 붙은 이유는 붉은 잎사귀 때문입니다. 一品은 '으뜸가는 것'이라는 뜻이니 一品紅은 최고로 붉다는 말입니다. 또한 聖誕은 크리스마스를 가리키니 聖誕紅은 크리스마스 무렵 붉다는 뜻입니다. 聖誕花는 크리스마스의 꽃이라는 뜻입니다. 포인세티아는 얼핏 꽃처럼 보이지만 잎사귀가 붉은 나무이지요. 포인세티아 꽃은 사실 노랗게 피고 아주 보잘것없습니다.

老來는 '늘그막'이라는 뜻, 보통 老年(노년)이란 말을 씁니다. 老來嬌는 그래서 '늘그막에 아리땁다' 정도의 뜻입니다. 크리스마스가 사람으로 치면 늘그막인 年末(연말)이라서 붙여진 이름이겠습니다. 포인세티아 줄기와 잎에 있는 우윳빛 樹液(수액)은 사람이나 동물에게 炎症(염증)을 일으키기도 한다니 보기만 해야 합니다. 象牙紅은 포인세티아의 우윳빛 樹液에서 온 말일지도 모릅니다. 象牙의

844

흰빛과 우윳빛은 닮았으니 말입니다.

猩猩은 성성이, 곧 오랑우탄을 가리키는 한자말입니다. 성성이의 털빛은 어두운 오렌지 빛깔, 猩紅(성홍)이라는 말이 따로 있을 정도로 독특한 빛깔입니다. 포인세티아는 밝은 느낌의 붉은빛 鮮紅(선홍)이 아니라, 어두운 붉은빛입니다. 猩紅이란 말을 쓰다가, 성성이를 떠올리고 猩猩木이란 이름을 지은 듯합니다.

莞納

빙그레 웃을 완(艸-7) 들일 납(糸-4)

莞納(완납)은 '빙그레 웃으며 받아달라'는 뜻입니다. 주로 편지를 끝맺을 때 쓰는 말입니다. '빙그레 웃으며 받아주시길 바랍니다希莞納(희완납)'라는 형태로 쓸 때가 많습니다. 편지에 膳物(선물)을 딸려 보낼 때 겸손하게 쓰는 말이니, 편지만 보낼 때 쓰면 안 되겠지요. 같은 뜻의 말로 笑納(소납), 곧 '웃으며 받아달라'도 있습니다.

莞은 본디 '왕골' 또는 '골풀'이라는 뜻입니다. 물에서 자라는 풀이고 돗자리 따위를 만드는 데 씁니다. 왕골은 莞草(완초), 小蒲(소포)라 합니다. 蒲는 부들이라는 물풀입니다. 小蒲라는 말을 보면 왕골이 부들보다 작은 것을 알겠습니다. 부들도 왕골처럼 자리를 만드는 데 씁니다. 중국에서는 왕골을 水葱(수총), 席子草(석자초)라고도 합니다. 水葱은 '물 파'라는 뜻입니다. 파처럼 생긴 물풀이라는 말입니다. 席子는 돗자리나 방석 같은 깔개를 가리킵니다. 席子草는 그래서 '돗자리 풀'이라는 뜻입니다.

茵席(인석)은 왕골이나 부들로 매거나 친 자리를 가리키는 말입니다. 莞席(완석)은 왕골로 짠 자리만 가리키는 말이고, 莞簟(완점)은 莞席과 竹簟(죽점)을 합쳐 부르는 말입니다. 竹簟은 대나무를 쪼갠 대오리로 짠 자리를 가리킵니다. 왕골로 기물을 만드는 장인을 莞草匠(완초장)이라 하는데, 우리나라는 중요무형문화재 제

103호로 지정해두었습니다.

한 해도 다 지나고 年末(연말)이 되면 한 해의 감사한 마음을 전하기 위해 膳物을 주고받습니다. 아무리 형편이 어려워지더라도 작은 人情(인정)을 그냥 지나치기 어렵겠지요. 설령 莞納이나 笑納처럼 선물에 붙인 글이 빠지더라도 안부나마 묻는 것이 道理(도리)이지 싶습니다.

暖玉鞍

따뜻할 난(日-9) 옥 옥(玉-0) 안장 안(革-6)

　暖玉鞍(난옥안)은 '옥으로 만든 따뜻한 안장'이라는 뜻입니다. 중국 당나라 임금 玄宗(현종)의 아우 가운데 李範(이범)이라는 사람이 있었습니다. 임금의 아우이니 岐王(기왕)에 봉해졌지요. 그에게 겨울만 되면 꺼내 쓰는 옥으로 만든 안장이 하나 있었답니다. 아무리 추운 날의 나들이라도 안장은 溫火之氣(온화지기), 곧 불을 땐 것처럼 따뜻한 기운이 있었다지요.

　暖玉鞍은 중국 당나라 때 이야기를 모은 『開元天寶遺事(개원천보유사)』에 전합니다. 옥으로 만든 안장이라니, 奢侈(사치)가 대단합니다. 요즘 乘用車(승용차) 좌석에 달린 熱線(열선)이야 성능은 못지않겠으나 값어치는 그를 따를 수 없겠습니다. 그래도 岐王이 크게 奢侈로 욕먹지 않은 것은 예술가들의 後援者(후원자)로 명성을 날린 덕입니다.

　詩聖(시성), 곧 시의 성인이라는 杜甫(두보)도 岐王의 후원을 받았던 사람입니다. 「江南逢李龜年(강남봉이구년)」, 곧 「강남에서 이구년을 만나다」라는 杜甫의 시는 그런 사정을 전합니다.

　기왕의 저택 안에서 늘 보았고

　岐王宅裏尋常見(기왕택이심상견)

848

최구의 집 앞에서 몇 번을 들었던가

崔九堂前幾度聞(최구당전기도문)

마침 강남의 풍경이 좋은데

正是江南好風景(정시강남호풍경)

꽃 지는 시절 다시 그대를 만났구려

落花時節又逢君(낙화시절우봉군)

李龜年은 당시의 名唱(명창)입니다. 安史(안사)의 난 때문에 둘은 각자 江南을 떠돌았습니다. 우연히 만났을 때 둘의 행색은 말이 아니었겠습니다. 꽃 지는 시절이었던 것이지요.

杜甫의 시는 요즘 말보다 조선시대에 옮긴 杜詩諺解(두시언해)가 더 좋지 싶습니다.

岐王ㅅ 집 안해 샹녜 보다니

崔九의 집 알픠 몃 디윌 드러뇨

正히 이 江南애 風景이 됴ᄒᆞ니

곳 디ᄂᆞᆫ 時節에 ᄯᅩ 너를 맛보과라

呵牙筆

꾸짖을 가(口-5) 어금니 아(牙-0) 붓 필(竹-6)

呵牙筆(가아필)은 '象牙(상아) 붓을 불다'라는 뜻입니다. 呵는 꾸짖는다는 뜻도 있지만 입김을 분다는 뜻도 있습니다. 추운 겨울날, 잠시 추위를 謀免(모면)할 생각에 입김을 호호 불곤 합니다. 牙筆(아필)은 코끼리의 엄니인 象牙로 붓대를 만든 고급 붓입니다.

詩仙(시선), 곧 시의 신선이라는 李白(이백)은 중국 당나라 황제인 玄宗(현종)을 가까이서 모신 적이 있습니다. 임금이 있는 곳인 便殿(편전)에서 황제의 명령서인 詔(고할 조)와 誥(고할 고)를 받아 적는 일을 맡았습니다. 이른 추위가 찾아온 음력 시월 어느 날, 붓이 몽땅 얼어버린 적이 있습니다. 황제는 宮女(궁녀) 열 명에게 李白을 모시라는 명령을 내렸지요. 궁녀들이 맡은 임무는 각자 牙筆을 쥐고 입김으로 호호 불어 얼지 않도록 하는 일이었답니다.

呵牙筆도 당나라 때 이야기를 모은 『開元天寶遺事(개원천보유사)』에 전합니다. 宮嬪呵筆(궁빈가필)이라고도 하는데, 宮嬪은 宮女를 가리키는 말입니다. 보통 李白에 대한 황제의 사랑이 얼마나 두터웠는지 말해주는 佳話(가화), 곧 아름다운 이야기라 합니다.

象牙는 예전부터 工藝品(공예품), 印章(인장), 피아노 鍵盤(건반) 등에 귀하게 쓰인 고급 재료입니다. 많은 사람이 象牙를 찾아 아프리카로 갔지요. 象牙 集散地(집산지)가 생겼는데 그 이름이 아이보리 코스트(Ivory coast), 곧 象牙 海岸(해안)입니다. 그곳에 생긴 나라가 코트디부아르 共和國(공화국)입니다. 한자말로 옮긴다면 나라 이름이 좀 나라 이름답지 않습니다. 象牙海岸共和國이니까요.

중국이 경제성장을 거듭하면서 資源掠奪(자원약탈)이라는 비난을 받는 시절이 되었습니다. 중국에서 최근 象牙 소비가 급증한 까닭에 象牙 密去來(밀거래)가 기승한다고 합니다. 1990년대 이래 금지된 象牙 貿易(무역)도 끊임없이 해제해달라고 요구하는 지경입니다. 일본의 捕鯨(포경) 허용 주장까지 겹쳐 이래저래 복잡합니다. 코끼리나 고래를 대량 학살한 것은 서양이면서 왜 이제 와서 책임을 전가하느냐는 역사 논쟁까지 끼어들었습니다. 과거사도 분명히 따져야겠지만 미래를 내다보는 자세도 필요하겠습니다.

臘肉

납향 랍(肉-15) 고기 육(肉-0)

臘肉(납육)은 본디 '臘享(납향)에 쓰려고 사냥한 산짐승 고기'라는 뜻입니다. 臘享은 臘祭(납제)라고도 부르는 제사입니다. 臘祭는 臘日(납일)에 지내는 법이고, 고려시대까지는 冬至(동지) 뒤 세 번째 戊日(술일)을 臘日이라 했습니다. 이것은 중국 송나라의 제도를 따른 것입니다.

臘祭는 한 해 동안의 농사일 및 다른 일들까지 여러 신에게 고하는 제사입니다. 그런데 '농사일'을 알리는 제사에 '사냥한' 산짐승 고기를 올리는 일은 왠지 어울리지 않습니다. 이것은 臘祭와 蜡祭(사제)를 혼동한 탓입니다.

臘 자는 腊(포 석)이라고도 쓰는데, 腊은 肉脯(육포)를 가리키는 말입니다. 오랫동안 보존하기 위해 얇게 저며 말린 짐승고기가 腊입니다. 그래서 臘祭는 사냥꾼의 제사라고 보아야 맞겠지요. 蜡 자는 蠟(밀 납)이라고도 씁니다. 꿀벌이 벌집을 만드는 재료 蜜蠟(밀랍)을 가리킵니다. 蜡祭는 본디 여덟 명의 신에게 농사일을 고하는 고대 중국의 제사이지요.

臘과 蠟의 글자꼴이 비슷하고 소리가 같은 바람에 腊과 蜡까지 혼동한 것입니다. 그래서 臘祭와 蜡祭는 근본이 다른 제사로 보는 것이 옳겠습니다. 臘祭는 사냥꾼의 제사이고 蜡祭는 농사꾼의 제사입니다.

臘肉에는 소금에 절여 말린 고기라는 뜻도 있습니다. 곧잘 돼지 고기를 쓰는데 臘乾(납건)이라 부르기도 합니다. 서양에서 들어와 흔히 먹는 햄이나 베이컨 같은 것입니다. 베이컨은 본디 멧돼지를 가리키는 독일어 바헨(Bachen)에서 왔다지요. 베이컨은 燻製(훈제) 한 것이고 臘肉은 燻製하지 않고 자연 건조시킨 것이 다릅니다. 臘肉과 가장 가까운 것은 오히려 스페인의 하몽(Jamon) 같은 햄일 것입니다.

蜡祭

납향 사(虫-8) 제사 제(示-6)

蜡祭(사제)는 한 해 동안 농사지은 형편을 신에게 알리는 고대 중국의 제사입니다. 褯(납향 자)라 쓰기도 하는데, 보통 臘祭(납제)와 같은 제사로 혼동하곤 합니다. 하나라 때는 嘉平(가평), 은나라 때는 淸祀(청사), 주나라 때는 大蜡(대사)라고 불렀습니다.

蜡祭는 농사꾼의 제사입니다. 司馬遷(사마천)은 이렇게 전하고 있습니다.

염제 신농씨는 처음으로 농사일을 했고 그래서 사제를 지내 하늘과 땅에 알렸다. 炎帝神農氏以其初爲田事(염제신농씨이기초위전사) 故爲蜡祭(고위사제) 以報天地(이보천지)

신이 모두 여덟이라 八蜡(팔사)라고도 불렀답니다. 여덟 신 가운데 가장 눈에 띄는 신은 昆蟲(곤충)입니다. 벌레는 농사를 망치는데 신일 수 있느냐며 合理的(합리적)인 학자들은 昆蟲이 신이라는 사실을 부정했습니다.

昆蟲은 사실 蜡祭에서 가장 중요한 신입니다. 蜡라는 글자는 크게 제사 이름, 구더기, 蜜蠟(밀랍)이라는 뜻입니다. 구더기는 하얀 몸을 꿈틀거리는 파리의 幼蟲(유충)이고 蜜蠟은 벌집의 재료입니다.

854

왜 구더기와 蜜蠟이라는 뜻이 같은 글자에 들었을까요? 벌의 애벌레가 구더기와 닮았기 때문이 아닌가 싶습니다.

아피스(Apis)는 肥沃(비옥), 豐富(풍부), 再生(재생)을 상징하는 고대 이집트의 신입니다. 이집트 사람들은 아피스를 황소 모양이고 뿔 사이의 햇무리로 표현했습니다. 養蜂(양봉)도 했던 이집트 사람들은 황소를 죽여 뿔만 땅 밖으로 나오게 묻어두면 벌이 저절로 생긴다고 믿었답니다. 벌도 태양의 벌레이니 태양의 짐승인 황소가 죽어 벌로 再生하는 일은 당연하다고 여겼기 때문일지도 모릅니다.

농업을 기리는 蜡祭의 기원은 농업 昆蟲이자 신화적 뜻을 가진 벌 제사였을 수도 있지 싶습니다. 그리고 서쪽에서 멀리 동쪽으로 전해진 것일지도 모르겠습니다. 만약 그렇다면 벌 제사의 뜻은 그만 잊혔을 수도 있겠지요.

臘八

섣달 랍(肉-15) 여덟 팔(八-0)

臘八(납팔)은 '음력 섣달 초여드레'라는 뜻입니다. 臘은 臘享(납향)이라는 제사 이름이니 보통 '납향 랍'이라 풉니다. 섣달 초여드레는 불교에서 佛成道日(불성도일), 곧 釋迦牟尼(석가모니) 부처님이 깨달음을 얻은 날이라고 크게 기리기도 하지요.

臘八은 옛날 중국에서 큰 명절입니다. 죽을 쑤어 먹는 풍속이 있었답니다. 청나라 때 책인 『淸嘉錄(청가록)』에는 李福(이복)이란 사람이 쓴 「臘八粥(납팔죽)」이라는 시가 실려 있습니다. 그는 섣달 여드레에 죽을 먹는 풍습이 梵王國(범왕국), 곧 인도에서 왔다고 했습니다.

섣달 여드레 먹는 죽은　臘月八日粥(납월팔일죽)

인도에서 전해졌다네　傳自梵王國(전자범왕국)

일곱 가지 좋은 재료 조화로우니　七寶美調和(칠보미조화)

온갖 맛과 향이 스며들었네　五味香摻入(오미향섬입)

臘八粥은 줄여서 臘粥(납죽)이라고도 하지만, 일곱 가지 재료를 넣어 온갖 맛이 나는 죽이라고 七寶五味粥(칠보오미죽)이라고도 합니다. 쌀이야 기본으로 들어가고 팥, 대추, 밤, 개암, 땅콩, 잣, 蓮子

(연자), 胡桃(호두), 桃仁(도인), 杏仁(행인) 등등 일곱 가지가 아니라 스무 가지도 넘습니다.

인도에서 전래되어서 그런지 좀 잘 쑨다는 집에서는 獅子(사자) 모양을 만들어 죽 그릇마다 올렸다고 합니다. 씨를 빼고 구운 대추로 몸통, 반으로 쪼갠 胡桃로 머리, 桃仁으로 다리, 杏仁으로 꼬리를 만든 獅子입니다.

우리는 臘八을 쇠지 않고 冬至(동지)를 크게 쇠지요. 죽도 동지에 팥죽을 쑤어 먹습니다. 중국 杭州(항주)의 오래된 절 天寧寺(천녕사)에서는 臘粥을 福壽粥(복수죽) 또는 福德粥(복덕죽)이라 부르며 함께 나눈답니다. 臘粥은 여럿이 함께 복을 누리자는 뜻이니, 冬至와 날짜는 달라도 뜻은 한결같습니다.

芹誠

미나리 근(艸-4) 정성 성(言-7)

芹誠(근성)은 '미나리를 바치는 정성'이라는 뜻입니다. 芹忱(근침)과 같은 뜻의 말인데, 변변치 않은 선물이라는 뜻이지요. 獻曝之忱(헌폭지침), 곧 '햇볕을 바치는 정성'이라는 『列子(열자)』 楊朱(양주)편의 이야기를 응용해서 나온 말입니다. 이야기는 이렇습니다.

송나라에 어떤 농부가 살았다. 자기는 얇은 베옷으로 僅僅(근근)이 겨울을 나지만, 남들이 따뜻한 방에서 갖옷을 입고 지내는지 몰랐다. 따뜻한 봄이 오자 아내에게 이렇게 말했다.
'사람들은 등에 비치는 따뜻한 볕을 모르오. 내가 임금에게 따뜻한 볕을 바치면 큰 상을 주실 게요.'
같은 동네 부잣집 사람이 농부에게 말했다.
'옛날 戎菽(융숙), 枲莖(시경), 芹(근), 萍子(평자)를 맛있다는 사람이 있었소. 마을의 부자에게 나물을 칭찬하니 부자가 맛보았는데, 나물은 바늘처럼 입을 찌르고 腹痛(복통)을 일으켰지요. 사람들이 마구 웃자 그는 크게 부끄러워했소. 당신이 이런 짝이요.'

戎菽은 콩잎, 枲莖은 모시풀, 芹은 미나리, 萍子는 물풀입니다. 따뜻한 봄볕은 누구라도 누리는데 그걸 임금에게 바치겠다는 농부의 생각이 소박하기도 하고 어리석기도 합니다. 웃음은 기가 막혀 나는 것이지요.

小寒(소한)은 '작은 추위'라는 뜻의 겨울 절기입니다. 冬至(동지)와 大寒(대한) 사이에 드니 마침 한겨울입니다. 양력 새해에 처음 맞는 절기이고 가장 추운 때이지요. 옛사람들은 이즈음 芹乃榮(근내영), 곧 미나리가 무성하다는 걸 알았습니다.

『詩經(시경)』에도 나오는 미나리는 참 오래된 푸성귀입니다. 물에서 자란다고 水芹(수근) 또는 水靳(수근)이라 하고, 楚葵(초규), 水英(수영), 芹菜(근채), 水芹菜(수근채), 野芹菜(야근채)라고도 합니다.

『列子』는 맛도 없는 하찮은 菜蔬(채소)로 미나리를 들고 있습니다. 허나 미나리는 향이 좋기도 하거나와 푸성귀가 귀한 겨울철에 나지요. 이른 봄까지 제철이니 한창 맛이 좋을 때입니다. 미나리는 淸熱(청열), 곧 열을 푼다고 했습니다. 추위로 속에 갇힌 열을 푸는 것도 좋을 듯합니다.

冬眠

겨울 동(冫-3) 잠잘 면(目-5)

冬眠(동면)은 '겨울잠'이라는 뜻입니다. 몇몇 짐승이 잠을 자듯 땅속이나 물속에서 겨울을 나는 일을 가리킵니다. 또는 '活動(활동)을 멈추고 쉬는 상태'를 비기는 말로 쓰기도 합니다. 예를 들어 컴퓨터를 쓰다가 한동안 멈추면 畫面(화면)이 캄캄해지지요. 윈도 運營體制(운영체제)에서는 이를 '最大節電(최대절전) 모드', 맥 運營體制에서는 '재우기'라고 합니다. 이 기능은 영어로 하이버네이션(Hibernation)이라 하는데 본디 冬眠이라는 뜻입니다.

冬眠하는 짐승들은 몸집이 작은 것이 많습니다. 昆蟲(곤충) 가운데 冬眠하는 놈이 많은 것은 이런 까닭에서죠. 개구리, 뱀, 거북 따위의 變溫動物(변온동물)뿐 아니라 박쥐, 들쥐, 다람쥐, 고슴도치, 오소리, 곰 등 恒溫動物(항온동물)도 冬眠합니다. 더위를 피하기 위해 거꾸로 '여름잠'을 자는 짐승도 있는데, 여름잠은 夏眠(하면)이라 합니다.

고대 로마의 플리니우스는 서기 77년 완성한 『博物誌(박물지)』에서 제비가 冬眠한다고 썼습니다. '겨울 제비는 물고기다'라든지 '제비는 겨울에 조개가 된다'는 서양의 믿음을 反映(반영)한 것이겠지요. 鳥類學者(조류학자) 화이트(Gilbert White)도 1789년 작 『셀본의 博物誌』에서 플리니우스의 말을 확인해주고 있습니다. 1700년

「쥐와 연근」, 양지, 20.9×15.0cm, 19세기 후반, 온양민속박물관. 겨울에 동면하는 수많은 동물 가운데 쥐가 있다.

이나 지난 뒤에도 말입니다.

　東西洋(동서양)을 막론하고 옛사람들은 冬眠하는 짐승이 모두 특별하다고 여겼습니다. 신은 自由自在(자유자재)로 모습을 바꾸는 힘이 있는데, 冬眠하는 짐승들이 신처럼 變形(변형)하는 힘을 지니고 있다고 믿었기 때문입니다.

冒雪

무릅쓸 모(冂-7) 눈 설(雨-3)

冒雪(모설)은 '내리는 눈을 무릅쓰다'라는 뜻입니다. 오는 둥 마는 둥 微雪(미설)이거나 발자국이 겨우 찍힐 만큼 온 薄雪(박설)이었다면 그나마 괜찮을 텐데, 갑작스레 많이 내리는 暴雪(폭설)이나 장하게 많이 온 壯雪(장설)이라면 내리는 눈을 무릅쓰기 어려울 것입니다. 눈길을 무릅쓰는 데는 틀림없이 이유가 있겠지요.

冒의 부수 冂(먼데 경)은 무언가에 씌우는 물건 모양입니다. 冒雪은 그래서 '눈에 덮이다'라는 뜻이기도 합니다. 조선 사람 李德懋(이덕무)는 이렇게 노래한 적이 있습니다.

눈 덮인 빈숲 가까이 또 멀리 울고
冒雪空林鳴近遠(모설공림명근원)
햇볕 쬐는 참새들 높고 낮게 잠들었네
曬暉群雀睡高低(쇄휘군작수고저)

시인은 숲이 빈 줄만 알았더니 다시 새들의 울음을 들었습니다. 겨울 햇빛 아래 옹기종기 모인 참새들은 쉬면서 봄을 기다리는 모양입니다. 生命(생명)은 휴식을 필요로 합니다.

눈밭에서 生命의 꿈틀거림을 보는 사람과 달리 不動(부동)의 기상을 보는 사람도 있습니다. 눈 덮인 숲속에 꿋꿋한 소나무는 특히 剛健(강건)해 보이지요. 鐵甲(철갑)을 두른 듯 넘치는 기상은 절로 勇氣(용기)를 내게 만듭니다.

소나무는 눈 덮일 때 심지 더욱 강해지네
松冒雪時心更傲(송모설시심갱오)

조선 사람 宋時烈(송시열)의 노래가 이런 뜻인 모양입니다. 같은 풍경을 보아도 사람의 처지에 따라 보이는 것이 다른 듯합니다. 오늘 우리는 눈을 무릅쓰는 困窮(곤궁)에서 무엇을 찾는 것일까요.

雪天

눈 설(雨-3) 하늘 천(大-1)

雪天(설천)은 '눈 내리는 하늘'이라는 뜻입니다. 눈이 내리기 전에 눈이 올 듯 잔뜩 흐린 하늘은 눈의 기운이 있다고 雪氣(설기), 눈 내릴 뜻이 있다고 雪意(설의)라고 합니다. 눈이 고요한 하늘에서 내리면 다행이지만 세찬 바람에 실리기도 합니다. 이를 눈바람 風雪(풍설), 雪風(설풍), 雪寒風(설한풍)이라고 합니다.

바람이 있건 없건 많이 내리는 눈을 強雪(강설)이라 하고 바람에 휘날리며 세차게 내리는 눈은 狂雪(광설)이라 합니다. 정도를 넘어 엄청나게 많이 내리는 눈은 災異(재이)라고 보기 때문에 雪異(설이)라 부릅니다. 깊이 쌓인 눈을 深雪(심설)이라 하는데 무릎이 빠질 정도면 尺雪(척설)이고 사람 키만큼 쌓이면 丈雪(장설)이라 합니다. 丈雪 정도면 雪異라 할 만합니다.

雪後(설후), 곧 눈이 내린 뒤의 경치는 시인의 마음을 움직이지요. 시인이 눈을 노래하는 일을 詠雪(영설)이라 합니다. 조선 사람 權韠(권필)도 멋진 시를 남겼습니다.

올해도 겨우 이틀만 남았는데 今年纔二日(금년재이일)

우리는 마침 세 사람이구나 我輩恰三人(아배흡삼인)

안개 걷히매 산은 그림 같고 霧罷山如畵(무파산여화)

「비설천산도飛雪千山圖」, 남영藍瑛, 비단에 채색, 178.0×56.0cm, 명나라 1650, 국립중앙박물관.

강물 차갑고 눈은 은빛이어라 江寒雪似銀(강한설사은)

雪寒(설한)은 '눈의 차가움'이라는 뜻입니다. '눈 내리는 때'나 '눈 내린 뒤의 추위'를 가리킵니다. 차가운 눈 寒雪(한설)이 내리고 나면 雪冱(설호), 곧 눈이 오고 땅이 얼지요. 천지가 꽁꽁 어는 철입니다. 눈 내린 뒤 곧잘 추위가 닥치니 대비를 잘 해야겠습니다.

吹雪

불 취(口-4) 눈 설(雨-3)

吹雪(취설)은 '눈을 불다'라는 뜻입니다. 세찬 바람이 눈을 날리는 '눈보라'를 가리킵니다. 조용히 내리는 눈은 사람 마음을 차분하게 만들지만, 吹雪은 근심 걱정을 가득 채우기 일쑤입니다. 몹시 세찬 바람이 불면서 내리는 비를 暴風雨(폭풍우)라 하듯, 그렇게 내리는 눈은 暴風雪(폭풍설)이라 합니다.

우리 땅은 여름철 颱風(태풍) 길에 들기 때문에 暴風雨에 대해서 敏感(민감)하지만, 겨울철 暴風雪에 대해서는 鈍感(둔감)한 편입니다. 우리 땅의 기후가 좋은 축에 들기 때문입니다. 서양 사람들은 暴風雪에 敏感합니다. 우리말에 아직 옮길 만한 적당한 말도 없는 아이스 스톰(Ice storm)이니 스노 스톰(Snow storm) 등을 그들은 나누지요. 그들 사는 곳에 暴風雪이 잦기 때문입니다.

暴風雪 가운데 가장 유명한 것이 블리자드(Blizzard)일 것입니다. '블리자드'라는 말을 듣고 몇몇 유명한 컴퓨터게임을 떠올린다면 당신은 젊은 축에 드는 사람입니다. 블리자드는 본디 極地(극지)에서 불어오는 暴風雪 이름입니다. 부란(Buran)이나 부르가(Burga)라고도 하지요.

세계의 중심지 미국 東部(동부)가 블리자드의 길에 들어 있습니다. 어떤 해에는 中部(중부)로 치우치기도 하지만 보통 東部로 오지

868

요. 1888년 3월 12일부터 14일까지 사흘 동안 몰아닥친 블리자드는 歷史上(역사상) 최악으로 기록되었습니다. 이때의 暴風雪은 아예 그냥 '대눈보라(Great Blizzard of 1888)'라고 부릅니다. 그러니 이만한 터를 잡아주신 조상들께 다시 감사드릴밖에요.

海氷

바다 해(氵-7) 얼음 빙(氷-1)

海氷(해빙)은 '바닷물이 얼어서 생긴 얼음'을 가리키는 말입니다. 넓게는 바다로 흘러드는 氷河(빙하)나 氷山(빙산)도 넣지만 좁게는 바닷물 자체가 어는 일을 가리킵니다. 보통의 조건에서 淡水(담수), 곧 민물은 0도에서 얼지만 海水(해수), 곧 바닷물은 소금기 때문에 영하 1.8도 정도가 氷點(빙점), 곧 어는점입니다. 추위에도 바다가 얼지 않는 것은 바닷물의 온도가 氷點 이상으로 높기 때문입니다.

19세기 후반의 조선 사람 李南珪(이남규)는 오늘날 충남 서천군에 속하는 庇仁(비인) 고을을 돌아보고 이런 시구를 남겼습니다.

바다 얼음은 들로 쳐들어오고 海澌侵野動(해시침야동)
푸른 산자락은 마을을 감쌌네 山翠擁村圍(산취옹촌위)

海澌(해시)도 바다 얼음을 가리키는 말입니다. 19세기 충청도 바닷가도 무척 추웠던 모양입니다.

동아시아 氣候史(기후사)를 연구하는 부경대학교 金文基(김문기) 박사는 海氷도 연구하고 있습니다. 그에 따르면 15세기부터 19세기까지 이어진 세계적 규모의 小氷期(소빙기)에 바다가 언 기록이 여러 번이랍니다. 중국은 아홉 번, 조선도 아홉 번 바다가 얼었다니

870

말이지요. 1708년과 1709년에는 한여름에도 江原道(강원도) 앞바다가 얼어붙어 조정이 떠들썩했을 정도였답니다.

연일 이어지는 매서운 寒波(한파) 때문에 요즘 겨울에는 우리네 바다에도 海氷 내지 海瀰가 생겼습니다. 물론 바다 자체가 언 것은 아니지만 대단한 일임에는 틀림없습니다. 이상 기후가 이어지면 생활이 불안정해지고 정치와 사회 변동이 극심해지는 법입니다. 할 수 있는 한 대비를 철저히 해야겠습니다.

懸氷

매달 현(心-16) 얼음 빙(氵-4)

懸氷(현빙)은 고드름을 가리키는 말입니다. 위에서 아래로 떨어지는 물줄기 落水(낙수)가 얼어붙어 공중에 길게 매달려 있는 얼음을 가리킵니다. 고드름은 달리 얼음기둥 氷柱(빙주), 가느다란 얼음가지 氷條(빙조), 얼음 젓가락 氷筯(빙저), 죽순처럼 생긴 얼음 氷笋(빙순), 송곳처럼 생긴 얼음 氷錐(빙추)라고도 합니다. 또한 氷凌(빙릉)이나 氷稜(빙릉)이란 말도 있습니다.

고드름의 生滅(생멸), 곧 나고 죽는 일은 다른 만물과 거꾸로 갑니다. 꽁꽁 얼어붙어 숨이 멈춘 듯한 겨울에 나고 모두 살 만해지는 봄이면 사라지는 운명을 시인들이 놓칠 리 없습니다.

우리나라 시인 가운데 고드름을 가장 자주 노래한 이는 고려시대 사람 李穡(이색)입니다. 왕조가 시드는 風雲(풍운) 속의 시인은 고드름의 운명에 느낌이 있는 듯합니다.

처마에 드리운 고드름 찬 빛을 내고

簷垂玉筯冷生光(첨수옥저냉생광)

……

처마의 고드름 옥 젓가락 드리운 듯

簷氷玉筯垂(첨빙옥저수)

아름답습니다. 이것도 잠시, 세월의 부침은 덧없는 법이겠지요.
시인은 이렇게 말을 잇습니다.

한낮에는 처마의 고드름 떨어지니 日午簷氷落(일오첨빙락)

이런 시절 시인은 어떻게 할까요?

마음공부는 거울 갈듯 꾸준하니
心地功夫磨似鏡(심지공부마사경)
시인의 집에는 재료가 땔감처럼 쌓였네
詩家材料積如薪(시가재료적여신)
병중에 다시 처마 고드름 떨어지는 걸 보고
病中又見簷氷墜(병중우견첨빙추)
꽁꽁 언 붓 잡으니 신통한 말이 나오는걸
凍筆拈來語有神(동필염래어유신)

大寒

큰 대(大-0) 찰 한(宀-9)

大寒(대한)은 '큰 추위'라는 뜻입니다. '작은 추위' 小寒(소한) 다음에 오는 겨울의 마지막 절기입니다. 다음 절기는 봄의 시작인 立春(입춘)이지요. 말은 大寒이 큰 추위라 하지만, 정작 小寒 추위가 더 매섭습니다. 그래서 '大寒이 小寒 집에 가서 얼어 죽었다'느니 '춥지 않은 小寒 없고 포근하지 않은 大寒 없다'느니 '小寒 얼음 大寒에 녹는다'는 속담이 있는 것이겠지요.

大寒은 겨울의 끝이지만 겨울은 또 한 해의 끝입니다. 『說文解字(설문해자)』는 冬(겨울 동)을 달리 설명하지 못하고 이렇게만 말합니다.

네 계절이 끝났다. 四時盡也(사시진야)

冬의 뜻 부분인 아래쪽 冫(얼음 빙)은 겨울 추위를, 소리 부분인 위쪽 夊(끝날 종)은 한 해의 끝을 말합니다. 冫은 본디 仌(얼음 빙) 자를 줄여 쓴 것이지요. 『說文解字』는 仌을 이렇게 풉니다.

언다는 뜻이다. 물이 어는 모양을 상형하였다. 凍也(동야) 象水凝之形(상수응지형)

874

「설경도雪景圖」, 이경윤, 비단에 수묵, 31.1×24.8cm, 16세기, 고려대박물관.

옛날에 夂은 終(끝날 종)과 꼴이나 뜻이 같은 글자였습니다.

大寒은 한 해의 끝 무렵입니다. 방이나 마루에 콩을 뿌려 묵은 不淨(부정)이나 귀신을 몰아내는 '해넘이'라는 풍속이 있습니다. 중국이나 일본에도 콩 뿌리기 풍속이 있는데 그들은 立春 전날에 합니다. 날짜는 다르지만 뜻은 한결같겠지요.

해가 넘어가는 大寒 무렵에도 팥죽을 쑤어 온 食口(식구)가 함께 먹는 풍습이 있었습니다. 멀리 外地(외지)에 나갔던 사람도 이맘때면 歸鄕(귀향)을 하지요. 이렇게 모인 사람들이 먹는 팥죽 이름을 口數粥(구수죽)이라고 합니다. 食口 숫자대로 먹는 죽이라는 뜻입니다. 大寒 무렵부터 시작되는 새해맞이 축제가 대보름 무렵까지 펼쳐지는 것이 예전의 살림살이였습니다.

臘日

납향 랍(肉-15) 날 일(日-0)

臘日(납일)은 臘享(납향)이라는 제사를 지내는 날입니다. 臘享은 농사일을 맡고 있다는 신들에게 지내는 제사인데, 사냥꾼의 제사와 농사꾼의 제사가 합쳐진 것이지 싶습니다. 신라시대에는 범의 날 寅日(인일)이 臘日이었답니다. 고려시대에는 개의 날 戌日(술일)인 적도 있지만, 대체로 大寒(대한) 앞뒤로 드는 용의 날 辰日(진일)이 臘日이었습니다.

臘日은 음력 연말 무렵에 해당되기에 '연말'이나 '섣달 그믐날'을 가리키는 말로도 씁니다. 나라에서는 臘日에 宗廟(종묘)와 社稷(사직)에 제사를 올리고 민간에서도 제사를 지냈답니다. 제사에 올리는 고기는 臘肉(납육)이라 하며 꼭 사냥한 산짐승 고기를 올렸다지요.

三水甲山(삼수갑산)은 함경도에 있는 三水와 甲山 두 고을을 합쳐 부르는 말입니다. 산골의 대명사입니다. 甲山에는 올가미나 덫으로 참새를 잡아 독 안에 모아두었다가 섣달 그믐날에 구워 먹는 풍속이 있었습니다. 참새고기는 보통 雀肉(작육)이라 하지만, 섣달 그믐날에 잡은 참새는 특별히 臘鳥(납조)라 합니다. 약이 된다고 믿었답니다.

이처럼 특별한 날이기에 臘日에 내린 눈도 심지어 특별한 힘을 지니고 있다고 믿었습니다. 이 눈을 아예 臘雪(납설)이라 부를 정도이

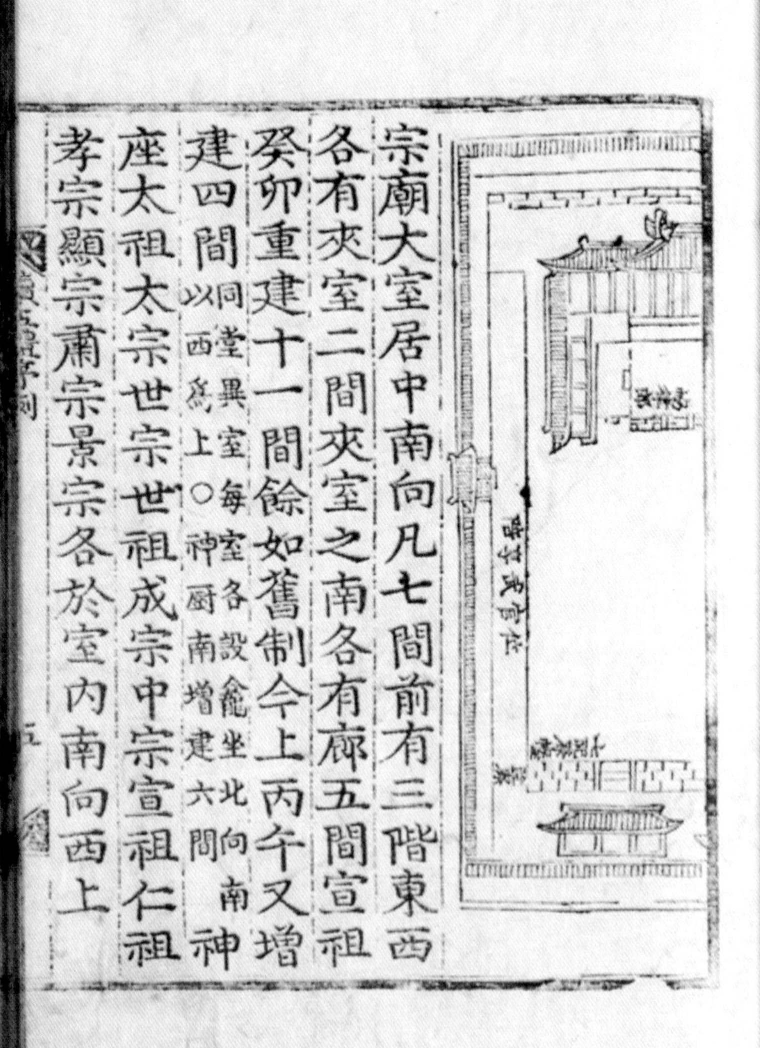

宗廟大室居中南向凡七間前有三階東西
各有夾室二間夾室之南各有廊五間宣祖
癸卯重建十一間餘如舊制今上丙午又增
建四間以同堂異室每室各設龕坐北向南
西爲上○神廚南增建六間神
座太祖太宗世宗世祖成宗中宗宣祖仁祖
孝宗顯宗肅宗景宗各於室內南向西上

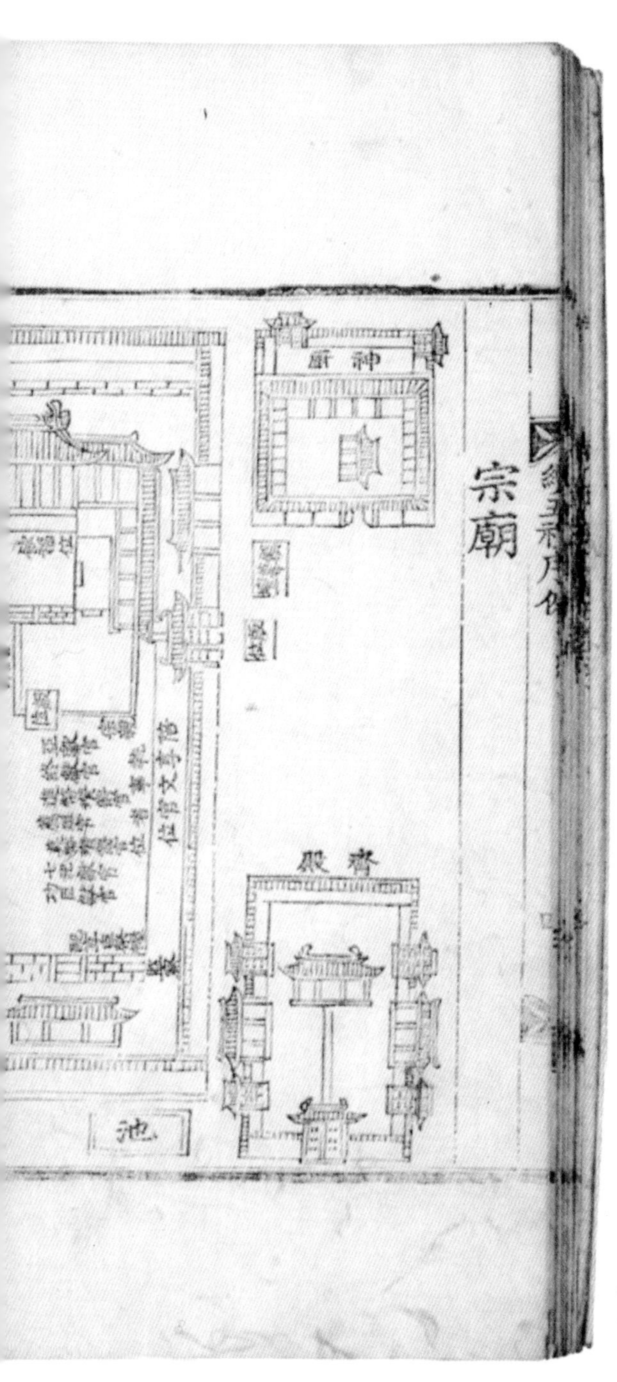

「종묘전도」, 『국조오례의』, 33.2×22.4cm, 1611, 한국학중앙연구원 장서각. 납일에는 종묘와 사직에 제사를 올리고 민간에서도 제사를 지냈다.

니 말입니다. 臘雪이 녹은 물을 臘雪水(납설수)라고 합니다. 벌레를 죽이는 약이기도 하고 독을 풀어주는 약으로도 썼다니 믿음이 어느 정도였는지 짐작이 됩니다.

問歲餘

물을 문(口-8) 해 세(止-9) 남을 여(食-7)

問歲餘(문세여)는 '해포를 묻다'라는 뜻입니다. 歲餘는 우리말 '해포'라고 하고 '한 해가 조금 넘는 동안'이라는 뜻입니다. '한 달이 조금 넘는 동안'이라는 뜻의 우리말은 '달포'입니다. 한자말은 당연히 月餘(월여)이겠고 朔餘(삭여), 月頃(월경)이라고도 합니다. 해포를 묻는다는 것은 가는 한 해와 오는 한 해의 인사를 한다는 말입니다.

인사에 선물이 빠질 수는 없겠지요. 옛날에는 새해 선물로 꿩을 보냈답니다. 새해 선물로 보내는 꿩을 歲雉(세치)라 부르다가, 나중에는 설에 보내는 선물이라는 뜻으로 쓰게 되었습니다. 꿩 말고 물건을 보내게 되면서 歲雉 대신 歲物(세물)이란 말을 쓰게 됐지요.

莞納(완납)이란 말은 편지에 선물을 딸려 보낼 때 편지 끄트머리에 쓰는 말입니다. '略少(약소)하지만 웃으면서 받아달라'는 뜻입니다. 편지에 精誠(정성)이 담긴 선물을 딸려 보내는 것이 禮節(예절)입니다. 그래서 선물이 딸리지 않은 편지는 '빈 편지', 곧 空簡(공간)이라 합니다.

歲餘는 겨울이라는 뜻으로 만든 말입니다. 중국 魏(위)나라 때 사람 董遇(동우)는 유명한 말을 남겼지요.

책을 백 번만 읽으면 뜻은 저절로 드러난다. 讀書百遍義自見(독

「두 마리 꿩雙雉圖」, 심사정, 비단에 엷은 색, 19.3×21.7cm, 조선시대.

서백편의자현)

대학 도서관 같은 데 가보면 벽에 흔히 걸려 있는 유명한 말입니다. 董遇는 또 三餘(삼여)라는 성어도 남겼습니다. 열심히 공부하는데 시간이 없다고 투덜대는 학생에게 하는 말입니다. 三餘는 겨울, 밤, 비오는 날을 가리킵니다. 모두 쉴 때조차 열심히 공부하라는 뜻이겠지요. 蘇軾(소식)은 이를 비틀어 이렇게 노래한 적이 있습니다.

취하고 배부르며 잘 자는 것이 진짜 사업일세
醉飽高眠眞事業(취포고면진사업)
이 삶에 맛이 있다면 삼여에 있겠지
此生有味在三餘(차생유미재삼여)

董遇는 진지하고 蘇軾은 짓궂습니다.

歲杪

해 세(止-9) 끝 초(木-4)

歲杪(세초)는 '한 해의 끝'이라는 뜻입니다. 본디 1년을 가리킬 때는 豕(드디어 수) 자를 썼습니다. 歲는 나중에 대신 쓰게 된 글자입니다. 杪는 나뭇가지 끝을 가리키는 말입니다. 杪 자는 梢(나무 끝 초)라고 써도 좋습니다. 요즘 한 해의 끝 무렵을 가리킬 때 年末(연말)이라는 말을 압도적으로 많이 씁니다. 末(끝 말) 자도 본디 나뭇가지 끝을 가리키는 말이니 歲杪는 歲末(세말)이라고 바꿔 써도 온전한 말입니다.

歲末이라는 말도 예전에 많이 썼지만 역시 歲暮(세모)라는 말을 가장 많이 썼습니다. 歲暮는 저녁에 해가 저무는 것처럼 한 해가 저무는 때를 비기는 말이지요. 歲暮를 뒤집어 暮歲(모세)라고도 쓰고 歲晩(세만), 곧 한 해의 저녁이라고도 씁니다. 우리말 '세밑'에 해당되는 한자말은 歲底(세저)입니다. 세밑이라는 말에는 歲終(세종), 終歲(종세), 終年(종년), 年終(연종), 宿歲(숙세), 窮臘(궁랍), 曆尾(역미) 따위가 더 있습니다. 窮臘은 臘月(납월), 곧 섣달이 끝났다는 뜻이고 曆尾는 달력의 꼬리라는 뜻입니다.

지나가는 한 해를 돌이켜보면 쓸쓸한 마음이 들기도 합니다.

푸른 연잎은 이슬 받던 손바닥 꺾어 고개 숙이고

綠藕摧垂承露掌(녹우최수승로장)

붉은 파초는 서리 견딘 심지 다퉈 끊었네

紅焦鬪斷耐霜心(홍초투단내상심)

보드랍던 온갖 화초 세밑으로 달려가니

冉冉群芳趨歲暮(염염군방추세모)

남모를 시름 어지러워 거문고에 의지하네

幽愁撩亂倚枯琴(유수요란의고금)

조선 사람 丁若鏞(정약용) 선생의 훌륭한 시구입니다. 안타까운
한 해를 보내며 후회는 없는지 돌이켜볼 일입니다.

黎明

검을 여(黍-3) 밝을 명(日-4)

黎明(여명)은 '검은빛'이란 뜻입니다. 희뿌옇게 날이 밝아오는 빛이나 동틀녘을 가리키는 말이지요. 달리 검은 아침 黎旦(여단)이나 아침 빛 旦明(단명)이라고도 합니다. 旦(아침 단)은 지평선이나 수평선을 나타내는 一(한 일) 자 위에 日(해 일)이 떠오르는 모습을 그린 글자입니다.

黎明은 아직 밝지 않은 밤 未明(미명)에서 이른 아침 早朝(조조)까지의 사이를 가리키는 말입니다. 송나라 사람 程大昌(정대창)은 새벽부터 아침까지 시간을 이렇게 분류한 적이 있습니다.

지명은 아직 밝아지는 때에 도달하지 않은 것이고 궐명이나 질명은 이미 새벽이 된 것이다. 遲明(지명) 未及乎明也(미급호명야) 厥明質明(궐명질명) 則已曉也(즉이효야)

遲明(지명), 厥明(궐명), 質明(질명)은 하늘 빛깔의 변화에 따라 黎明을 더 잘게 나눈 말입니다. 質明의 質(바탕 질) 자는 質問(질문)하다라는 뜻입니다. 아직 어두워서 서로 낯빛을 알아보지 못하기 때문에 누구냐고 묻는 때이기 때문입니다. 일본에서는 質明에 해당되는 때를 가레다레도키(彼誰時·피수시)라고 합니다. 彼誰는 '그대는 누구'라는 뜻입니다.

검다는 뜻의 黎 자를 比(견줄 비)의 뜻으로 푸는 경우도 있습니다. 그러면 黎明은 '곧 밝으려고 하는 때將明之時(장명지시)'라는 뜻이 됩니다. 黎明을 곧 밝으려고 하는 때라고 한다면 아침을 완성으로 보는 셈이 되지요. 왠지 저문다는 느낌인 어둠의 입장에서는 억울할 수도 있는 말입니다. 黎明은 빛과 어둠이 엇갈리는 역동적인 시간이자 둘에 걸친 묘한 시간입니다. 黎明은 黎明으로 봐줄 필요가 있겠습니다.

제 글이 세상에 나오는 데 도움을 주신 분들에게 감사드리고자
합니다. 누구에게나 처음은 있다지만 부족한 사람을 국제신문사에
추천해주신 한국해양대학교 동아시아학과 김태만 교수님께 먼저
감사드리는 것이 마땅하겠습니다. 연재 기간 동안 서툰 글이며 그림
을 보기 좋게 다듬어주시고 묵묵히 믿고 맡아주신 국제신문사 문
화부 서동오 부장님께 감사드립니다. 부장님 덕분에 안심하고 마음
껏 글을 쓸 수 있었습니다.

필로아트랩 이지훈 박사님, 자유 연구가 우치수 선생님께도 깊이
감사드립니다. 형들의 가차 없는 비평이 없었다면 제가 약간이나마
성장하는 것도 불가능했을 것입니다. 연재 내내 늘 관심을 기울이
고 많은 대화를 나눠준 친구 김문기 박사에게 감사드립니다. 동아
시아 기후 역사 분야에서 최고의 학자를 가까이 둔 것은 큰 행운입
니다.

동생들, 임영애와 임영수에게 깊이 감사드립니다. 그들이 아주 오

랫동안 제 무거운 짐을 대신 져주지 않았다면 이처럼 보잘것없는 글쓰기도 불가능했을 것입니다. 첫 번째 독자 이유미 씨에게도 깊이 감사드립니다. 좋은 날이나 궂은 날이나 글이 꾸준할 수 있었던 것은 그의 격려 덕분입니다.

연재를 마치고 책으로 엮는 일을 상의해주시고 글항아리 출판사를 소개해주신 동의대학교 철학윤리문화학과 박문현 교수님께 감사드립니다. 선생님이 아니셨다면 변변찮은 글을 훌륭한 출판사에서 펴낼 기회를 갖지 못했을 것입니다. 글을 살펴주시고 신문 연재에 실린 들쭉날쭉한 그림을 고르게 만들어주신 글항아리 출판사, 특히 이은혜 편집장에게 감사드립니다.

여러 경로로 관심을 보여주신 과거의 독자들께도 감사드리며, 미래의 독자들께도 미리 감사 말씀을 올립니다. 고백해야 할 빚이 많습니다만 이만 줄이겠습니다.

한자견문록

ⓒ 임형석 2012

1판 1쇄 2012년 12월 24일
1판 2쇄 2016년 9월 2일

지은이 임형석
펴낸이 강성민
편집장 이은혜
편집 장보금 박세중 이두루 박은아 곽우정
편집보조 조은애 이수민
마케팅 정민호 이연실 정현민 김도윤 양서연
홍보 김희숙 김상만 이천희
독자모니터링 황치영

펴낸곳 (주)글항아리 | 출판등록 2009년 1월 19일 제406-2009-000002호

주소 10881 경기도 파주시 회동길 210
전자우편 bookpot@hanmail.net
전화번호 031-955-8891(마케팅) 031-955-2670(편집부)
팩스 031-955-2557

ISBN 978-89-6735-033-8 03900

글항아리는 (주)문학동네의 계열사입니다.

이 도서의 국립중앙도서관 출판시도서목록(CIP)은 e-CIP홈페이지(http://www.nl.go.kr/ecip)와
국가자료공동목록시스템(http://www.nl.go.kr/kolisnet)에서 이용하실 수 있습니다.
(CIP제어번호 : CIP2012005658)